权威·前沿·原创

皮书系列为
"十二五""十三五""十四五"时期国家重点出版物出版专项规划项目

B

BLUE BOOK

智 库 成 果 出 版 与 传 播 平 台

西北蓝皮书
BLUE BOOK OF NORTHWESTERN CHINA

中国西北发展报告
（2024）

NORTHWESTERN CHINA DEVELOPMENT REPORT
(2024)

主 编／马文锋　段庆林　王林伶

社会科学文献出版社
SOCIAL SCIENCES ACADEMIC PRESS (CHINA)

图书在版编目（CIP）数据

中国西北发展报告 . 2024 / 马文锋，段庆林，王林
伶主编 . -- 北京：社会科学文献出版社，2023.12
（西北蓝皮书）
ISBN 978-7-5228-2665-3

Ⅰ . ①中… Ⅱ . ①马… ②段… ③王… Ⅲ . ①区域经
济发展-研究报告-西北地区-2024 Ⅳ . ①F127.4

中国国家版本馆 CIP 数据核字（2023）第 200593 号

西北蓝皮书
中国西北发展报告（2024）

主　　编／马文锋　段庆林　王林伶

出 版 人／冀祥德
责任编辑／陈　颖
责任印制／王京美

出　　版／社会科学文献出版社·皮书出版分社（010）59367127
　　　　　地址：北京市北三环中路甲 29 号院华龙大厦　邮编：100029
　　　　　网址：www. ssap. com. cn
发　　行／社会科学文献出版社（010）59367028
印　　装／天津千鹤文化传播有限公司

规　　格／开　本：787mm×1092mm　1/16
　　　　　印　张：25　字　数：414 千字
版　　次／2023 年 12 月第 1 版　2023 年 12 月第 1 次印刷
书　　号／ISBN 978-7-5228-2665-3
定　　价／168.00 元

读者服务电话：4008918866

《中国西北发展报告（2024）》
编辑委员会

主要编辑者简介

马文锋 宁夏社会科学院党组副书记、院长、高级记者。曾在宁夏日报报业集团从事新闻工作30余年，2022年1月调到宁夏社会科学院工作。享受国务院政府特殊津贴专家。获得第四届全国各族青年团结进步优秀奖、第八届长江韬奋奖，被评为全国宣传文化系统"四个一批"人才、全国新闻出版行业领军人才、宁夏"塞上英才"、"宁夏十大杰出青年"等。获中国新闻奖4次，其中一等奖2次，获国家社会科学基金项目1项。

段庆林 宁夏社会科学院副院长、党组成员、二级研究员。兼任中国生态经济学学会常务理事，中国区域经济学会常务理事及少数民族地区经济专业委员会副主任，宁夏回族自治区人民政府特殊津贴专家，自治区空间规划评议委员会专家委员，第十届自治区政协委员。主要研究方向为"一带一路"、内陆开放型经济、中国农村经济、西北区域经济、生态经济、宁夏经济社会重大发展战略问题等。主持执笔完成各类课题数十项，完成科研成果100多万字。出版有《中国农村家庭经济研究》《城与乡——宁夏二元结构变迁研究》等专著，主编我国首部《黄河流域蓝皮书》、首部《中阿蓝皮书》、首部《中国枸杞产业蓝皮书》，以及《宁夏经济蓝皮书》《西北蓝皮书》《宁夏智库丛书》等数十部。在《管理世界》《社会学研究》《战略与管理》《中国农村经济》《中国软科学》《经济学家》等学术期刊公开发表论文百余篇。有10余篇论文被中国人民大学复印报刊资料全文转载，或被《中国社会科学文摘》等摘编，学术成果获省部级奖励10余次。对策报告数十次获得自治区党政领导肯定性批示。

王林伶　宁夏社会科学院综合经济研究所所长、副研究员，宁夏回族自治区第十一、十二届政协委员，自治区"青年拔尖人才"、哲学社会科学"领军人才"。自治区重大决策社会稳定风险评估专家库专家、自治区监察委员会第二届特约监察员、自治区人力资源社会保障厅第二届专家咨询委员会委员、宁夏经济学会常务理事。主要研究方向为"一带一路"与内陆开放型经济、区域经济与产业经济、资源环境开发与保护。主持完成国家社科基金项目、省级社科规划项目、智库课题、重大现实问题项目、社会招标等课题40余项；参与国家社科基金项目、软科学项目、社会委托课题20余项。出版学术专著及主编图书9部；在《城市问题》等核心期刊、报刊发表学术论文110余篇；著作、论文获省部级一等奖、二等奖及省部级表彰8项，获得各类先进与优秀工作者称号20余次；有20余篇研究报告获省部级领导肯定性批示与转化。

摘　要

　　《中国西北发展报告》是我国西北地区陕西、甘肃、宁夏、青海、新疆五省区社会科学院联合组织专家学者撰写的反映中国西北地区改革发展和年度经济社会形势的综合性研究报告，是研究西北地区经济社会发展中共同面临的重大理论和现实问题的重要成果。

　　2023年是全面贯彻党的二十大精神的开局之年，是向第二个百年奋斗目标进军和实施"十四五"规划关键之年。为准确把握西北五省区年度经济、社会、文化、生态等各方面发展的形势特点，全面反映西北地区现代化建设和高质量发展取得的新进展、新成效，面临的新机遇，出现的新难题，科学判断西北地区现代化建设的新态势，本书聚焦中国式现代化西北五省区的实践、历程、形势及对策，新征程中中国式现代化西北地区的战略选择，西北地区十年来现代化建设的历史性成就及其主要问题，中国西北地区市县现代化进程综合评价等方面的研究。

　　总报告针对中国式现代化西北地区的战略选择、西北地区现代化发展阶段、西北地区经济结构特征、2023年西北地区经济社会发展形势等作了深入分析。利用中国地区投入产出表，详细分析了西北地区产业结构及其国内省（区）外的流入流出和进出口情况，以及如何融入国内国际经济大循环格局问题。及时关注了西北五省区党委、政府最新发展战略，陕西培育壮大战略性新兴产业、新疆"八大产业集群"、宁夏"六新六特六优"产业等特色优势产业发展，以及西北地区新能源及储能产业发展热潮、黄河黑山峡开发、中吉乌铁路建设等事关西北地区长远发展的重大项目，并就中国西北地区现代化建设提出了对策建议。

　　本书从经济、社会、文化、法治、生态等方面系统分析总结了西北五省区2023年发展的基本情况，认为西北五省区经济呈现总体平稳、质效提升的态势，社会安定和谐有序，公共文化服务基础设施明显改善，法治建设特色彰显、成效突出，生态文明建设取得重要进展。在对2024年西北五省区经济社会发展进行分析和预测后，提出相关对策：在经济方面，西北地区要培育发展政策环境新优势，构建城市群融合发展新格局，加快产业体系升级，带动经济发展动力更强、效益更好、质量更高，实现高质量发展；在社会方面，要完善收入分配制度体系、促进高质量充分就业、提高养老托育服务水平、提高社会治理水平、全面推进社会事业建设；在文化方面，要进一步补齐公共文化服务短板、梳理区域文化资源、深耕文化消费市场、提升社会文明程度、推动文旅产品提档升级；在法治方面，要严格规范公正文明执法、扎实推进依法行政、持续完善西北地区地方立法体系、提高依法科学民主决策水平；在生态方面，要树立生态共同体理念，坚持生态保护优先、完善天然草地利用和保护机制、转变社区居民生产经营方式，推进产业绿色发展。

本书紧跟新时代西北五省区中国式现代化陕西、甘肃、宁夏、青海、新疆的实践历程、发展形势及战略选择进行研究，分别就未来陕西高标准建设秦创原平台、打造面向世界科技前沿的创新高地和人才中心，甘肃持续优化营商环境提升产业发展空间，宁夏构建安全高效的能源资源供应保障体系，青海建设"四地"产业，新疆依托"一带一路"打造向西开放新高地等提出对策建议。同时，通过对西北地区城市现代化进程进行综合评价，发现西北五省区间市域现代化水平差距逐渐缩小、部分后发省区增速增长较快、社会现代化与生态文明现代化指数整体提升，针对创新发展动能较弱、区域内发展分化明显、可持续发展挑战难度高等问题，报告提出以创新催生新发展动能、加强区域协调发展、建设现代化生态体系、大力发展绿色经济等建议。

本书聚焦当前西北地区面临的新情况、新形势，对西北地区扩大内需、西北地区构建现代化产业体系、西北地区人口发展、西北地区打造红色旅游走廊、西北地区高铁线路优化等战略性问题展开了研究。

本书就区域特色及具有代表性的课题开展了深入研究，分别对陕西建设文化强省指标体系、甘肃工业高质量发展中产业优化升级路径、西北地区藏医药产业发展及其态势、新疆对外经贸合作高质量发展等进行了研究，并就相关问题提出建议。

关键词： 西北现代化　特色产业　西北人口　对外经贸

Abstract

The "*Northwestern China Development Report*" is a comprehensive research report jointly written by experts and scholars from Academy of Social Sciences of Shaanxi, Gansu, Ningxia, Qinghai, and Xinjiang provinces, reflecting reform, development, and annual economic and social situation in the northwest region of China. It is an important achievement in studying the major theoretical and practical issues confronting the economic and social development of the northwest region.

2023is the beginning year of fully implementing the spirit of the 20th National Congress of the Communist Party of China, and is also a crucial year for advancing towards the Second Centenary Goal and implementing the "14th Five Year" Plan. In order to accurately grasp the development characteristics of the annual economic, social, cultural, ecological and other aspects of the five provinces and regions in the northwest, comprehensively reflect the new progress, new achievements, new opportunities and new problems faced by the modernization and high-quality development of the northwest, and scientifically judge the new situation of the modernization of the northwest, this book focuses on the practice, process, situation and countermeasures of Chinese modernization of the five provinces and regions in the northwest, the strategic choice of Chinese modernization in northwest China in the new journey, the historical achievements and major problems of modernization construction in northwest China in the past ten years, and the comprehensive evaluation of the modernization process of cities and counties in northwest China.

The general report makes an in-depth analysisof the strategic choices of Chinese modernization in northwest China, the modernization development stage of northwest China, the economic structure characteristics of northwest China, and the economic and social development situation of northwest China in 2023. Using the input-output table of the Chinese regions, it analyzes the industrial structure of the northwest region, as well as the inflow, outflow, import and export situation both domestically and internationally, and how to integrate into the domestic and international economic circulation pattern. It also pays close attention to the latest development strategies of the Party committees and governments of the five provinces and regions in northwest China, the development of characteristic and advantageous industries such as the development of strategic emerging industries in Shaanxi, the "eight industrial clusters" in Xinjiang, and the "six new, six special, and six superior" industries in Ningxia, as well as the development of new energy and energy storage industries in the northwest region, the development of Black Mountain Gorge in Yellow River, and the construction of the China-Kyrgyzstan-Uzbekistan Railway, which are all major projects related to the long-term development of northwest China and puts forward countermeasures and suggestions for the modernization construction in northwest China.

This book systematically analyzes and summarizes the basic development situation of the five provinces and regions in northwest China in 2023 from the aspects of economy, society, culture, rule of law, ecology, etc. It is believed that the economy of the five northwest provinces and regions presents an overall stable and improved quality and efficiency trend, the society is stable and harmonious, the public cultural service infrastructure is significantly improved, the rule of law construction is distinctive and effective, and the ecological civilization construction has made significant progress. After analyzing and predicting the economic and social development of the five provinces and regions in the northwest in 2024, this book puts forward relevant countermeasures: in terms of economy, the northwest region should cultivate and develop the new advantages in the policy environment, build a new pattern of integrated urban development, accelerate the upgrading of industrial systems, drive stronger economic development momentum, better efficiency, and higher quality, and achieve high-quality development; in terms of society, it is necessary to improve the income distribution system, promote high-quality and full employments, improve the level of endowment and childcare services, raise the level of social governance, and comprehensively promote the construction of social undertakings; in terms of culture, it is necessary to further supplement the shortcomings of public cultural services, sort out regional cultural resources, deepen the cultural consumption market, enhance social civilization, and promote the upgrading of cultural and tourism products; in terms of the rule of law, it is necessary to strictly regulate fair and civilized law enforcement, solidly promote lawful administration, continuously improve the local legislative system in northwest China and promote the level of scientific and democratic decision-making in accordance with the law; in terms of ecology, it is necessary to establish the concept of an ecological community, adhere to ecological protection priority, improve the utilization and protection mechanism of natural grasslands, transform the production and operation methods of community residents, and promote green industrial development.

This book closely follows the new era to study the practice course, development situation and strategic choices of the five northwestern provinces of Chinese modernization in Shaanxi, Gansu, Ningxia, Qinghai and Xinjiang, respectively supply countermeasures and suggestions for the future of Shaanxi's high-standard construction of Qinchuangyuan platform, building an innovative highland and talent center facing the world's scientific and technological frontier, the Gansu's continuous optimization of business environment to enhance industrial development space, the Ningxia's construction of a safe and efficient energy and resource supply guarantee system, the Qinghai's "four regions" industry and building a new highland for Xinjiang's opening to the west relying on the "one Belt and one Road". And through a comprehensive evaluation of the modernization process of cities in the northwest region, the report also finds that the gap in modernization levels of cities in the five provinces in the northwest has gradually narrowed, some underdeveloped provinces and regions are growing faster, and the overall index of social modernization and ecological civilization modernization is increasing. In response to the problems of weak innovation development momentum, significant regional development differentiation, and high difficulty of sustainable development challenges, the report proposes to generate new development momentum through innovation, strengthen regional coordinated development, build a modern ecological system, and vigorously develop green economy.

The book focuses on the new situation and new challenges facing the northwest region, and conducts research on strategic issues such as expanding domestic demand, building a modern industrial system, population development, building a red tourism corridor, and optimizing high-speed rail lines in the northwest region.

This bookalso conducts in-depth research on regional characteristics and representative topics and puts forward suggestions on relevant issues including the indicator system for building a strong cultural province in Shaanxi, the industrial optimization and upgrading path of high-quality industrial development in Gansu, the development and trend of the Tibetan medicine industry in northwest China, and the high-quality development of foreign economic and trade cooperation in Xinjiang.

Keywords: Northwest Modernization; Characteristic Industries; Northwest Population; Foreign Economic and Trade Cooperation

目 录 ▷

Ⅰ 总报告

Ⅱ 综合篇

Ⅲ 中国式现代化篇

Ⅳ 专题研究篇

Ⅴ 区域特色篇

皮书数据库阅读**使用指南**

CONTENTS ⟪⟫

I General Report

Ⅱ   Comprehensive Chapter

Ⅲ   The Chapter of Chinese Modernization

IV The Chapter of Special Research

V The Chapter of Regional Characteristics

总 报 告

B.1
中国式现代化新征程中西北地区的
战略选择
——中国西北地区经济社会形势分析与预测（2024）

段庆林*

摘　要： 本报告回顾了新中国成立以来中国西北地区现代化建设的历程及其成就，利用中国地区投入产出表对西北地区各省区产业结构及其参与国内国际经济大循环情况进行了实证分析，并对2023年度西北地区经济社会形势进行了分析。本报告提出坚持以经济建设为中心，把实施扩大内需战略同深化供给侧结构性改革有机结合起来，深化生产要素改革，推动经济高质量发展；积极发展区域特色优势产业，构建绿色制造体系和现代产业体系，走高端化、智能化、绿色化发展道路；加快中吉乌铁路等基础设施建设，加快形成陆海内外联动、东西双向互济的开放格局；积极推进南水北调西线工程和黑山峡工程，促进黄河流域生态保护和高质量发展；优化西北地区人口发展战略，共同建设中华民族现代文明，实现共同富裕。

---

* 段庆林，宁夏社会科学院副院长、二级研究员，主要研究方向为中国区域经济学、农村经济学、生态经济学，以及宁夏经济社会重大发展战略问题等。

关键词： 中国式现代化　经济社会形势　西北地区

现代化是工业革命以来人类社会所发生的一系列深刻变化，工业化是现代化的核心，现代化实质上是现代工业生产方式和工业化生活方式的普遍扩散化的过程。现代化是伴随着技术革命，人类生活从农业社会走向工业社会乃至信息社会的历史过程，并带来社会形态、文化心理、价值观和生活方式的改变。

中国式现代化是对中国共产党领导下的现代化道路的基本特征的历史性总结。中国式现代化是人口规模巨大的现代化，是全体人民共同富裕的现代化，中国西北地区的现代化历程充分体现了中国式现代化的人民性，发展成果更多更公平地惠及了西部欠发达地区的人民。中国式现代化是物质文明和精神文明相协调的现代化，是人与自然和谐共生的现代化，按照新发展理念，充分推动共享式发展和可持续发展，在西北地区有大量实践经验，中国式现代化也是走和平发展道路的现代化，为构建人类命运共同体、实现人类现代化提供了中国方案。

新中国成立特别是改革开放以来，中国西北地区取得了现代化的辉煌成就，也面临着新时代经济社会诸多问题与挑战。在实现"中国梦"的新征程中，充分发挥西北地区的比较优势，积极推进共同富裕，是西北地区各省区必须高度重视的战略选择。

一　中国西北地区现代化发展阶段分析

西北地区工业化起源于清末，左宗棠经营西北，清同治八年（1869年）创立了西安机器局，同治十一年（1872年）底创办兰州制造局，引进一批德国机械，从江南制造和金陵制造征调了一批熟练工人。光绪三年（1877年）兴办甘肃织呢总局，初步形成了兵工、机械、纺织、电力等工业。从晚清到民国，由于气候变化和社会腐败，西北地区频繁遭遇旱灾、战乱等，长期处于经济凋敝衰败的境况。

新中国成立后，中国经历了从站起来到富起来、强起来的历史性飞跃。西北地区的现代化在不同的历史阶段也具有不同的时代特征。

（一）新中国成立后的均衡发展阶段：1949~1977年

新中国成立初期，西北地区工业基础薄弱。1952年，西北地区工业增加值3.82亿元，占全国工业增加值的3.18%，工业化率只有10.2%。

社会主义建设时期，我国主要实行区域均衡发展战略。1953年，中国共产党确立了过渡时期总路线，提出"要在一个相当长的时期内，逐步实现国家的社会主义工业化，并逐步实现国家对农业、对手工业和对资本主义工商业的社会主义改造"。[①]借鉴苏联经验，我国实施优先发展重工业战略。在沿海和内地两大经济地带中，"一五"时期，苏联援建的156个项目主要布局于东北地区和中西部地区，其中陕西24项、甘肃16项、新疆3项。1956年，毛泽东同志在《论十大关系》中，特别论述了重工业、轻工业、农业的关系，以及沿海工业和内地工业的关系。1958年设立七大"经济协作区"，西北经济协作区正式确立。1964年，中央划分了一线、二线、三线，西北地区陕甘宁青绝大部分属于三线地区，新疆属于一线地区。三线建设投入资金2052亿元，投入人力400多万人，采用沿海老厂迁建、援建、包建、改建和扩建五种形式，安排数千个项目，建设国家战略后方基地。一批沿海地区的骨干企业迁移到三线地区，成为西北地区工业化的主要力量。1966年1月，中央批准成立西北局三线建设委员会，青海、甘肃、陕西是国家重点建设的"大三线"地区，1966~1979年国家在陕西投入208.38亿元建设资金，建成工业企业2400个，形成了钢铁、煤炭、国防、机械、化工、电子、仪器、仪表等工业体系。国家向甘肃累计投资155.53亿元，建设了酒泉钢铁集团、金川有色金属公司、天水长城开关厂、西北铝加工厂和西北铁合金厂等重点企业。青海省自1965年开始从东部、东北等地迁建大量工业企业，基本是以机械、冶金、军工电子、基础化工为主的工业体系。宁夏从沿海和东北迁建了大批骨干企业，如吴

[①] 《为动员一切力量把我国建设成为一个伟大的社会主义国家而斗争——关于党在过渡时期总路线的学习和宣传提纲》，载中共中央文献研究室编《建国以来重要文献选编（第4册）》，中央文献出版社，1991，第602页。

忠配件厂、青山试验机厂、长城机床厂、银川起重机厂等。[①]

三线建设大大提高了西北地区的工业化水平，1978 年，西北地区工业化率提高到了 45.35%，其中陕西为 45.05%、甘肃为 53.55%、宁夏为 43%、青海为 35.8%、新疆为 37.1%，基本形成了比较完备的传统工业体系，许多落后地区填补了工业化和产业空白。

1952~1978 年，中国西北地区 GDP 从 37.49 亿元增加到 213.41 亿元，占全国比重从 5.52%提高到 5.80%。区域均衡发展战略和三线建设，加快了内陆地区的发展，使西北地区经济社会现代化水平大幅提高，在一定程度上缩小了地区差距（见表 1）。

新中国成立后，国家还建设了大量铁路、公路、航空、水利等基础设施，加强医疗卫生和文化教育等社会事业，提高了社会发展水平，我国人口平均预期寿命从新中国成立前的 35 岁提高到 1978 年的 65.5 岁。西北地区年末总人口从 2896 万人增加到 5370 万人（见表 2）。

（二）改革开放以后的非均衡发展阶段：1978~2012 年

1978 年 12 月，在中央工作会议上，我党作出了把工作重心转移到经济建设上、实行改革开放的重大历史性决策，我国开始了从均衡发展战略向非均衡发展战略的转变。1985 年，邓小平在全国科技工作会议上指出："我们提倡一部分地区先富裕起来，是为了激励和带动其他地区也富裕起来，并且使先富裕起来的地区帮助落后的地区更好地发展。"[②] 1979 年，中央决定设立深圳、珠海、汕头、厦门经济特区。1984 年，14 个沿海港口城市和海南岛分别被确定为开放城市和开放地区。1986 年，国家"七五"计划首次提出东部、中部、西部三个地带的划分。1988 年 9 月，邓小平第一次将沿海和内地的发展关系概括为"两个大局"战略思想。由此，国家投资大幅度向沿海地区倾斜，1982~1989 年，东部、中部、西部三大地带累计投资分别为 1214.1 亿元、

---

① 梁月兰等：《陕西"三线"建设的历史回顾——访陕西省原基本建设委员会主任任钧》，《百年潮》2009 年第 3 期；《甘肃省"三线企业"发展现状、成果与对策研究》，新浪网，http://finance.sina.com.cn，2004 年 12 月 6 日。

② 邓小平：《一靠理想二靠纪律才能团结起来》，《邓小平文选》（第三卷），人民出版社，1993，第 111 页。

表 1　主要年份中国分区域 GDP 及占全国比重

单位：亿元，%

年份	全国 GDP	比重	东部地区 GDP	比重	中部地区 GDP	比重	西部地区 GDP	比重	#西北地区 GDP	比重	#西南地区 GDP	比重	东北地区 GDP	比重
1952	679.00	100.00	322.26	47.46	146.17	21.53	126.57	18.64	37.49	5.52	64.11	9.44	84.00	12.37
1978	3678.70	100.00	1721.12	46.79	750.00	20.39	721.58	19.62	213.41	5.80	374.25	10.17	486.00	13.21
1992	27194.50	100.00	13877.71	51.03	5305.90	19.51	5122.39	18.84	1422.39	5.23	2631.70	9.68	2888.50	10.62
2002	121717.40	100.00	62830.84	51.62	23522.42	19.33	20080.90	19.20	5815.87	4.78	10425.20	8.57	11586.50	9.52
2012	538580.00	100.00	295992.00	51.30	116277.70	20.20	113904.80	19.80	30606.84	5.68	53145.10	9.87	50477.30	8.80
2022	1210207.00	100.00	622018.30	51.70	266512.70	22.10	256885.00	21.40	70395.29	5.82	137130.20	11.33	57946.30	4.80

资料来源：国家统计局《新中国六十年统计资料汇编》，各省区市历年统计年鉴、统计公报等。

表 2　主要年份中国西北五省区人口、GDP 及占全国比重

年份	西北地区年底总人口(万人)	陕西 总人口(万人)	GDP(亿元)	比重(%)	甘肃 总人口(万人)	GDP(亿元)	比重(%)	宁夏 总人口(万人)	GDP(亿元)	比重(%)	青海 总人口(万人)	GDP(亿元)	比重(%)	新疆 总人口(万人)	GDP(亿元)	比重(%)
1952	2896	1528	12.90	1.90	1065	13.32	1.96	142	1.73	0.25	161	1.63	0.24	465	7.91	1.16
1978	5370	2779	81.07	2.20	1870	64.73	1.76	356	13.00	0.35	365	15.54	0.42	1233	39.07	1.06
1992	6662	3405	531.63	1.95	2314	317.79	1.17	482	83.14	0.31	461	87.52	0.32	1581	402.31	1.48
2002	7294	3662	2253.39	1.85	2531	1232.03	1.01	572	377.16	0.31	529	340.65	0.28	1905	1612.64	1.32
2012	7595	3787	14142.41	2.63	2578	5393.12	1.00	659	2131.00	0.40	571	1528.48	0.28	2253	7411.83	1.38
2022	8044	3856	32772.68	2.71	2865	11201.60	0.93	728	5069.57	0.42	595	3610.10	0.30	2587	17741.34	1.47

资料来源：国家统计局《新中国六十年统计资料汇编》，西北五省区历年统计年鉴、统计公报等。

712.2 亿元和 285.8 亿元①。1978~2002 年，西北地区 GDP 从 213.41 亿元增加到 5815.87 亿元，但占全国 GDP 比重从 5.80% 下降到 4.78%，西北地区与东部发达地区的差距逐步扩大（见表 1）。从"八五"计划开始，促进地区经济的合理分工和协调发展成为重要思想。1999 年 11 月，中央经济工作会议部署实施西部地区大开发战略。2003 年 10 月，中共中央、国务院发布《关于实施东北地区等老工业基地振兴战略的若干意见》。2004 年 3 月，政府工作报告中正式提出"促进中部地区崛起"的重要战略构想。"十一五"规划在"实施区域发展总体战略"中提出要"坚持实施推进西部大开发，振兴东北地区等老工业基地，促进中部地区崛起，鼓励东部地区率先发展的区域发展总体战略，健全区域协调互动机制，形成合理的区域发展格局"，促进了西北地区发展。到 2012 年，西北地区 GDP 增加到 30606.84 亿元，占全国 GDP 比重提高到了5.68%（见表 1）。

西部大开发以来，西北地区经济加速发展。1997~2005 年，西北地区 GDP年均递增 10.24%，比全国平均水平高 1.12 个百分点。2008~2012 年，西北地区GDP 年均递增 12.06%，比全国平均水平高 2.62 个百分点（见图 1、表 3）。

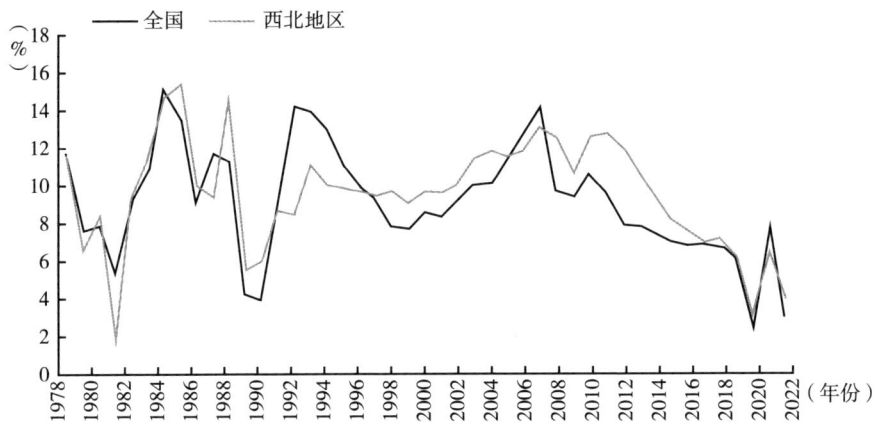

图 1　中国西北地区 GDP 增长率

资料来源：国家统计局《新中国六十年统计资料汇编》，各省区市历年统计年鉴、统计公报等。西北地区 GDP 增长率根据西北五省区 GDP 增长率加权计算。

---

① 彭乔良、齐凤：《新中国成立以来中国经济地理格局的变迁》，《团结报》2020 年 4 月 17 日。

表3　中国西北地区 GDP 阶段性增长率

单位：%

阶段	全国	西北地区	陕西	甘肃	宁夏	青海	新疆
1978~1981 年	8.03	6.86	7.55	3.49	6.26	11.96	8.54
1982~1990 年	9.74	10.07	10.63	10.93	10.52	8.07	11.14
1991~1996 年	11.87	9.63	9.57	10.17	8.62	8.04	9.96
1997~2005 年	9.12	10.24	11.2	10.13	9.79	10.23	9.13
2006~2007 年	13.45	12.47	13.31	12.16	11.71	12.38	11.58
2008~2012 年	9.44	12.06	13.21	11.39	11.52	11.91	10.73
2013~2019 年	6.94	8.00	8.16	7.4	7.68	8.06	8.19
2020~2022 年	4.40	4.43	4.28	5.07	4.86	3.13	4.53

资料来源：根据历年中国统计年鉴及西北五省区统计年鉴计算。

改革开放以后中国城镇化得到加快发展，西北地区城镇化率从 1978 年的 17.96%提高到 2022 年的 60.14%（见表4）。特别是 1998 年城镇住房制度改革以后，城镇化进入了快速提升阶段。地方财政通过低价征用集体所有或其他用途的土地，经过土地整理和招拍挂方式，以高价获得土地出让收入，土地财政成为地方政府推动城乡建设的主要收入来源，有些地方土地财政甚至超过了地方税收收入。城镇化建设既大大改善了居民居住条件，也通过优惠招商建立起了大量工业园区，又投入资金建设了大量基础设施。

表4　中国西北地区城镇化率变化趋势

单位：%

年份	城镇化率		西北地区总人口占全国比重	西北地区城镇人口占全国比重
	全国	西北地区		
1978	17.92	17.96	6.86	6.88
1983	21.62	21.73	6.85	6.88
1992	27.46	—	7.04	—
2000	36.22	30.44	7.16	6.02
2001	37.66	31.27	7.16	5.94
2002	39.09	32.23	7.16	5.90
2003	40.53	33.30	7.16	5.89
2004	41.76	34.38	7.16	5.90
2005	42.99	35.70	7.18	5.96
2006	44.34	36.95	7.19	5.99

续表

年份	城镇化率		西北地区总人口占全国比重	西北地区城镇人口占全国比重
	全国	西北地区		
2007	45. 89	38. 06	7. 20	5. 97
2008	46. 99	39. 01	7. 21	5. 98
2009	48. 34	39. 87	7. 21	5. 95
2010	49. 95	42. 60	7. 21	6. 15
2011	51. 83	43. 99	7. 22	6. 13
2012	53. 10	45. 55	7. 21	6. 19
2013	54. 49	47. 04	7. 20	6. 21
2014	55. 75	48. 66	7. 20	6. 28
2015	57. 33	50. 29	7. 22	6. 33
2016	58. 84	51. 89	7. 23	6. 38
2017	60. 24	53. 56	7. 26	6. 45
2018	61. 50	55. 11	7. 28	6. 52
2019	62. 71	56. 41	7. 29	6. 56
2020	63. 89	58. 62	7. 34	6. 73
2021	64. 72	59. 57	7. 33	6. 75
2022	65. 22	60. 14	7. 34	6. 77

资料来源：根据历年《中国统计年鉴》西北五省区统计年鉴计算。

随着城镇化快速发展，西北地区一些城市土地短缺成为制约因素。西北地区一些城市处于山坳之间，城市扩张缺乏土地资源，如兰州、延安就采取了削山建城方式。2010 年在秦王川设立兰州新区，2018 年规划建设榆中生态创新城，但与主城区距离远、生活不便等因素，始终使大兰州都市圈"一心两翼、三城联动"规划难以完全落实。早在 2012 年，兰州市就全面启动了城市空间再造工程，截至 2018 年，兰州市开山造地区域已经达到 267 平方公里。2023 年 7 月 24 日，甘肃省召开强省会行动工作推进大会，提出高质量建设"兰北现代城"，将其作为兰州"北进"战略推进的关键举措。2011 年 12 月，延安市第四次党代会决定实施"中疏外扩、上山建城"的城市发展新战略，通过"削山、填沟、造地、建城"，形成了 78.5 平方公里的延安新区，在城市周边的沟壑地带建造一个 2 倍于城区的新城。与此同时，2012 年，宁夏回族自治区和银川市"十二五"规划决定建设银川阅海湾中央商务区，定位于总部基地和 CBD。在全国新区建设热潮影响下，银川市决定在黄河东岸建设滨河新区，定位于产城融合发展。滨河新区投入大量资金基本完成了基础设施建设，但由于投资分散，招商引资效果不佳，政府背负了沉重的债务。西北地区削山造城和新区建设，延续了经济高速增长时期城市化扩张性发展的思路。

（三）党的十八大以来的高质量发展新阶段：2013年至今

党的十八大以后，区域协调发展战略进一步深化。提出了实施"一带一路"建设、京津冀协同发展、长江经济带发展、长三角一体化战略。党的十九大报告要求"建立更加有效的区域协调发展新机制"。2019年9月，习近平总书记在河南郑州主持召开了黄河流域生态保护和高质量发展座谈会，黄河流域生态保护和高质量发展上升为国家战略。党的二十大报告提出"深入实施区域协调发展战略"等，"推动西部大开发形成新格局，推动东北全面振兴取得新突破，促进中部地区加快崛起，鼓励东部地区加快推进现代化"，并要求"支持革命老区、民族地区加快发展，加强边疆地区建设"，"推进京津冀协同发展、长江经济带发展、长三角一体化发展，推动黄河流域生态保护和高质量发展。高标准、高质量建设雄安新区，推动成渝地区双城经济圈建设"。

随着我国经济由高速增长阶段转向高质量发展阶段，受中美经济摩擦乃至脱钩、国际金融危机等影响，2013~2019年，我国GDP年均增长速度降低到6.94%，西北地区GDP年均增长8%。2020~2022年，受新冠疫情影响，西北地区GDP年均增长率为4.43%，与全国平均增长水平相当。西北各省区经济增长速度也逐步降低。

改革开放以来，我国西北地区人均GDP水平从1978年的201.06元增加到2022年的67980.85元，占全国人均GDP（85698元）的79.3%，全国按年平均汇率折算，人均GDP达到12741美元，相当于中等偏上收入国家水平。我国在改革开放前基本构建起了传统工业体系，改革开放以后主要是工业内部的转型升级，基本形成了现代工业体系，以信息技术、绿色技术等改造传统产业。城镇化水平大幅度提高，是改革开放以来的鲜明特征，1978~2022年，我国城镇化率从17.92%提升到65.22%，开始进入后工业化时期，西北地区城镇化率从17.78%提高到60.14%。1978~2022年，全国外贸依存度从9.65%提高到34.76%，西北地区从0.89%提高到11.63%。2022年，西北地区外贸依存度比较高的是陕西和新疆。城乡居民人均可支配收入大幅度提高，农村居民收入水平增长加快，城乡收入比中农村居民收入相对于城镇居民收入水平提高更多（见表6）。

表5 2009~2022年部分年份中国西北地区GDP及工业增加值增长率

单位：%

年份	全国		陕西		甘肃		宁夏		青海		新疆	
	GDP	工业增加值	GDP	工业增加值	GDP	工业增加值	GDP	工业增加值	GDP	工业增加值	GDP	工业增加值
2009	9.4	9.1	12.2	8.4	10.2	11.5	11.9	13.1	10.1	10.17	8.1	6.2
2014	7.4	6.7	9.6	10.5	9.0	7.8	8.0	8.4	9.2	8.84	10.0	10.1
2018	6.7	6.1	8.1	8.5	6.1	5.2	6.8	8.1	7.14	8.4	6.1	3.9
2019	6.0	4.8	6.0	4.6	6.2	4.9	6.5	7.4	6.05	6.9	6.2	3.7
2020	2.2	2.4	2.1	0.7	3.8	5.9	3.9	4.2	1.46	0.49	3.4	5.8
2021	8.4	10.4	6.5	8.3	6.9	7.8	6.7	7.9	5.69	8.8	7.0	7.2
2022	3.0	3.4	4.3	5.7	4.5	6.0	4.0	6.4	2.3	14.3	3.2	6.2

资料来源：根据全国及西北五省区统计年鉴、年度统计公报等整理。

表6 1978年、2022年中国及西北五省区主要统计指标变化

指标	全国 1978年	全国 2022年	西北地区 1978年	西北地区 2022年	陕西 1978年	陕西 2022年	甘肃 1978年	甘肃 2022年
人均GDP(元)	385.00	85698.00	201.06	67980.85	291.00	82864.00	348.00	44968.00
工业化率(%)	44.10	33.20	45.35	36.65	45.05	40.15	53.55	29.44
城镇化率(%)	17.92	65.22	17.78	60.14	16.34	64.02	14.41	54.19
外贸依存度(%)	9.65	34.76	0.89	11.63	0.03	14.75	0.92	5.22
城镇居民人均可支配收入(元)	343.40	49282.90	339.18	40020.85	310.00	42431.30	408.00	37572.40
农村居民人均可支配收入(元)	133.60	20132.80	120.00	14922.60	134.00	15704.30	101.00	12165.20
城乡收入比(农村/城镇)	0.389	0.409	0.354	0.373	0.432	0.370	0.248	0.324

指标	宁夏 1978年	宁夏 2022年	青海 1978年	青海 2022年	新疆 1978年	新疆 2022年
人均GDP水平(元)	370.00	69781.00	428.00	60724.00	313.00	68552.00
工业化率(%)	43.00	41.30	35.80	34.03	37.10	33.95
城镇化率(%)	17.17	66.34	18.59	61.43	26.07	57.89
外贸依存度(%)	3.92	5.08	1.18	1.19	1.03	13.89
城镇居民人均可支配收入(元)	346.10	40193.70	—	38735.80	319.00	38410.20
农村居民人均可支配收入(元)	115.90	16430.30	113.00	14456.20	119.00	16549.90
城乡收入比(农村/城镇)	0.335	0.409	—	0.373	0.373	0.431

资料来源：国家统计局《新中国六十年统计资料汇编》、西北五省区历年统计年鉴、统计公报等。

二　中国西北地区经济结构特征与地区投入产出分析

依据投入产出表，可以分析中国西北地区产业结构及其与国内和国际经济联系，从而研究西北地区如何融入国内国际经济大循环格局之中。

（一）西北地区在双循环新格局中的地位及其特征

改革开放以来，中国经济开始融入现代世界产业体系。1992年，邓小平南方讲话后，改革开放掀起新一轮热潮。2001年，中国加入WTO，逐步融入世界经济体系。

2013年中国提出"一带一路"倡议，努力促进欧亚大陆贸易合作，截至2023年7月底，中欧班列累计开行达1万列。2023年10月，在北京举办了第三届"一带一路"国际合作高峰论坛，习近平主席作了"建设开放包容、互联互通、共同发展的世界"的主旨演讲，系统总结了"一带一路"建设十年来的成就和经验，并提出了中国支持高质量共建"一带一路"的八项行动。

2020年4月，习近平总书记强调要构建以国内大循环为主体、国内国际双循环相互促进的新发展格局。构建新发展格局，是应对国际经济环境变化的重要举措。本报告通过投入产出资料，来分析西北地区在双循环格局中的地位及其特点。

中国西北地区贸易存在如下特点。

一是对内对外贸易快速增长。2007~2017年，中国西北地区国内省（区）外流入额从11931.9亿元增加到60856.9亿元，增长4.1倍，国内省外流出额从9546.9亿元增加到46912.5亿元，增长3.9倍。西北地区进口额、出口额也分别增长2.4倍、36.4%。国内贸易以比外贸更高的速度快速增长。

二是国内市场是西北地区最重要的市场。西北地区大部分作为内陆地区，一直是以国内市场的经济循环为主。2007~2017年，国内省外流出额是出口额的倍数从3.5倍增加到12.4倍，国内省外流入额是进口额的倍数从7.5倍增加到11.3倍。西北地区一直以国内经济循环为主体，在能源、化工、农牧业等诸多方面与全国经济保持紧密的联系。西北地区中，陕西和新疆是内外贸大省区，2017 年，陕西占西北地区出口额的 55.4%，新疆占 33.7%，甘宁青三省区只占 10.8%；西北地区进口额中新疆占 72.9%，陕西占 20.9%，甘宁青三省区只占 6.2%。陕西为出口大省，新疆为进口大省。在国内经济循环中，陕西和新疆的国内省外流出额分别占西北地区的 65.6% 和 19%，陕西、新疆分别占西北地区国内省外流入额的 56.7%、21.7%，甘宁青三省区占西北地区国内省外流出额和国内省外流入额的 15.4% 和 21.6%。

三是西北地区对内贸和外贸的依存度大幅度提高。中国西北地区的外贸依存度，1997 年只有 9.4%，2007 年达到 14.6%，2017 年达到 20.1%，2022 年外贸依存度降低到 11.6%，进出口额为 8183.5 亿元。西北地区内贸依存度，从 1997 年的 7.6%，迅速提高到 2007 年的 72.3%，2017 年达到 236.2%，内贸依存度提高的程度远远高于外贸依存度。其中陕西和新疆是外贸依存度和内贸依存度双提高，宁夏和青海是外贸依存度下降而内贸依存度提高，甘肃是内外贸依存度双下降。陕西和新疆因其在"一带一路"中具有重要的地位而在内外贸中地位提高，而甘宁青则开始内贸化趋势。

四是西北地区商品和服务流出流入率大幅度提高，贸易活动日趋活跃。流出包括出口和国内省外流出两部分，流入包括进口和国内省外流入两部分。2007～2017 年，中国西北地区省外流出率从 41.4% 提高到 111.1%，省外流入率从 45.5% 提高到 145.2%。其中宁夏、新疆、陕西三省区的流出率和流入率显著提高，青海省流出率降低而流入率提高，甘肃省流出率和流入率双降低。宁夏作为一个小省区，其经济与国内国际经济联系广泛，2017 年流出率和流入率分别高达 93.1% 和 201.2%。国内流出流入率比国际出口进口率高出很多（见表 7）。

（二）西北地区贸易结构

在西北地区出口结构中，2017 年，陕西省在通信设备、计算机和其他电子设备，建筑，电气机械和器材等产业具有较强的比较优势；新疆在纺织服装鞋帽皮革羽绒及其制品、纺织品、化学产品等制造业具有比较优势；宁夏在化学产品、金属冶炼和压延加工品、纺织服装鞋帽皮革羽绒及其制品等产业具有比较优势；甘肃和青海在金属冶炼和压延加工品上也具有一定地位（见表 8）。

表7 2007年、2017年中国西北地区投入产出表流出流入情况

单位：亿元，%

指标	西北地区		陕西		甘肃		宁夏		青海		新疆	
	2007年	2017年	2007年	2017年	2007年	2017年	2007年	2017年	2007年	2017年	2007年	2017年
总产出	31566.9	114200.7	12804.2	54144.7	6473.0	17877.1	2260.9	8863.0	1870.9	6493.2	8158.0	26822.7
GDP	29714.0	45635.5	21898.8	21473.5	2675.1	7336.7	919.1	3200.3	720.1	2465.1	3500.9	11159.9
出口	2762.6	3769.5	1659.7	2089.9	127.8	90.5	83.2	289.5	17.2	28.8	874.7	1270.8
国内省（区）外流出	9546.9	46912.5	5537.9	30776.5	1754.3	4004.2	572.6	2688.8	173.2	535.0	1509.0	8908.0
进口	1588.8	5401.3	1059.9	1130.1	293.4	196.6	37.9	119.1	29.2	15.7	168.3	3939.8
国内省（区）外流入	11931.9	60856.9	6392.5	34488.8	1727.4	5004.0	937.7	6319.7	370.0	1822.7	2504.4	13221.7
内外贸易比	4.9	11.8	4.4	20.3	8.3	31.4	12.5	22.0	11.7	53.0	3.8	4.2
外贸依存度	14.6	20.1	12.4	15.0	15.7	3.9	13.2	12.8	6.4	1.8	29.8	46.7
内贸依存度	72.3	236.2	54.5	303.9	130.1	122.8	164.3	281.5	75.4	95.6	114.6	198.3
流出率	41.4	111.1	32.9	153.1	70.4	55.8	71.3	93.1	26.4	22.9	68.1	91.2
流入率	45.5	145.2	34.0	165.9	75.5	70.9	106.1	201.2	55.4	74.6	76.3	153.8

资料来源：根据《2007年中国地区投入产出表》《2017年中国地区投入产出表》计算。

表 8 2017 年中国西北地区出口额十大产业分析

单位：亿元，%

产业	西北地区	陕西	甘肃	宁夏	青海	新疆
通信设备、计算机和其他电子设备	1229.7	1193.1	14.7	4.8	0.1	16.9
纺织服装鞋帽皮革羽绒及其制品	643.6	16.2	1.7	21.9	3.5	600.3
建筑	238.4	236.3	0.0	0.0	0.0	2.1
化学产品	231.7	80.4	5.9	70.1	0.9	74.5
电气机械和器材	148.9	81.3	1.8	13.7	0.2	51.9
金属冶炼和压延加工品	122.6	31.6	15.4	36.7	11.2	27.8
食品和烟草	117.8	32.3	5.5	5.0	0.7	74.4
交通运输、仓储和邮政	117.2	69.1	0.0	5.6	0.0	42.5
批发和零售	105.9	27.8	0.0	19.7	0.0	58.5
纺织品	103.2	15.8	0.7	6.8	4.6	75.3
合计	3059.0	1783.9	45.7	184.2	21.1	1024.1
出口额十大产业占全部产业比重	81.2	85.4	50.5	63.6	73.4	80.6

资料来源：根据《2017 年中国地区投入产出表》整理计算。

在西北地区进口结构中，2017 年，西北地区较大的进口行业石油和天然气开采产品、燃气生产和供应业，均以新疆为主。陕西主要进口通信设备、计算机和其他电子设备，金属矿采选产品，化学产品等；甘肃主要进口金属矿采选产品、金属冶炼和压延加工品等；宁夏主要进口石油和天然气开采产品、金属矿采选产品、化学产品等；青海主要进口金属冶炼和压延加工品、专用设备等（见表 9）。

表 9 2017 年中国西北地区进口额十大产业分析

单位：亿元，%

产业	西北地区	陕西	甘肃	宁夏	青海	新疆
石油和天然气开采产品	2462.0	0.0	0.0	24.6	0.0	2437.4
燃气生产和供应	1250.3	0.0	0.0	0.0	0.0	1250.3
通信设备、计算机和其他电子设备	634.0	623.5	10.2	0.1	0.0	0.3
金属矿采选产品	246.6	77.2	114.2	11.8	0.1	43.4
金属冶炼和压延加工品	134.9	35.5	50.8	4.3	6.6	37.7
专用设备	101.7	63.2	3.2	5.5	5.5	24.3
化学产品	95.7	76.7	1.5	8.2	0.7	8.6
交通运输、仓储和邮政	55.0	22.1	0.0	4.2	0.0	28.7

产业	西北地区	陕西	甘肃	宁夏	青海	新疆
通用设备	53.8	42.6	1.3	5.5	1.3	3.0
农林牧渔产品和服务	48.1	21.2	1.5	4.8	0.2	20.4
合计	5082.1	962.0	182.7	69.0	14.4	3853.9
进口额十大产业占全部产业比重	94.1	85.1	92.9	57.9	91.9	97.8

资料来源：根据《2017 年中国地区投入产出表》整理计算。

在西北地区国内省外流出结构中，2017 年，位居前列的金属冶炼和压延加工品、农林牧渔产品和服务，以陕西和新疆为主，甘肃和宁夏、青海也具有一定比重。建筑、批发和零售以陕西和甘肃两个人口众多的省份为主。化学产品，食品和烟草，石油、炼焦产品和核燃料加工品，通信设备、计算机和其他电子设备、交通运输设备等行业都是以陕西为主，其他省区也有一定数量。石油和天然气开采产品以新疆为主，陕西、青海也有一些。宁夏流出最大量为化学产品（见表10）。

表 10　2017 年中国西北地区国内省外流出额十大产业分析

单位：亿元，%

产业	西北地区	陕西	甘肃	宁夏	青海	新疆
金属冶炼和压延加工品	4984.8	2246.4	1032.4	483.0	137.3	1085.6
农林牧渔产品和服务	4854.6	2395.2	629.7	48.8	156.3	1624.6
建筑	4630.3	4129.1	501.0	0.0	0.3	0.0
批发和零售	3534.3	3475.5	58.8	0.0	0.0	0.0
化学产品	3478.6	2235.0	323.4	653.8	60.3	206.0
石油和天然气开采产品	3359.5	693.9	2.1	7.7	118.7	2537.2
食品和烟草	3014.5	2363.4	300.5	167.7	0.7	182.2
石油、炼焦产品和核燃料加工品	2344.4	1264.7	374.8	272.8	0.1	432.1
通信设备、计算机和其他电子设备	1539.0	1379.7	63.1	69.0	2.6	24.7
交通运输设备	1500.3	1447.0	12.6	3.6	0.2	36.8
合计	33240.3	21629.9	3298.4	1706.4	476.5	6129.2
流出额十大产业占全部产业比重	70.9	70.3	82.4	63.5	89.1	68.8

资料来源：根据《2017 年中国地区投入产出表》整理计算。

在西北地区国内省外流入结构中，西北地区流入较大的行业是建筑，化学产品，金属冶炼和压延加工品，非金属矿物制品，批发和零售，通信设备、计算机和其他电子设备，专用设备，电气机械和器材，食品和烟草，交通运输、仓储和邮政等，总体上是矿产品、农产品、服务业、机械设备等流入多。陕西、新疆和甘肃建筑流入数量较大。批发和零售是陕西、新疆和宁夏数量较多。流入量在各行业之间比较分散和广泛（见表11）。

表11 2017年中国西北地区国内省外流入额十大产业分析

单位：亿元，%

产业	西北地区	陕西	甘肃	宁夏	青海	新疆
建筑	11579.1	5714.7	1116.7	883.1	345.2	3519.4
化学产品	4365.5	2583.7	588.3	333.9	66.6	793.0
金属冶炼和压延加工品	3962.8	2669.0	264.5	317.0	191.5	520.8
非金属矿物制品	2931.8	1808.2	361.8	177.9	52.7	531.2
批发和零售	2633.5	1312.4	0.0	646.3	0.2	674.6
通信设备、计算机和其他电子设备	2590.9	1823.6	143.8	172.5	25.1	425.9
专用设备	2450.8	1347.3	139.1	381.3	53.4	529.7
电气机械和器材	2290.8	1247.8	147.0	213.6	28.7	653.7
食品和烟草	2271.4	1325.5	414.1	161.6	62.8	307.4
交通运输、仓储和邮政	2024.2	701.4	74.0	390.7	54.2	803.7
合计	37100.8	20533.6	3249.3	3677.9	880.4	8759.5
流入额十大产业占全部产业比重	61.0	59.5	64.9	58.2	48.3	66.3

资料来源：根据《2017年中国地区投入产出表》整理计算。

出口和国内省外输出代表在国际市场和国内市场上具有比较优势，进口和国内省外输入代表在国际市场和国内市场上具有比较劣势。陕西最大的出口优势是通信设备等，电气、交通、通用设备等制造业，以及化学产业、建筑业、住宿和餐饮业等也出口较多。甘肃出口最大的优势是非金属矿物制品、金属冶炼和压延加工品，甘肃进口最大的也是金属矿采选产品、金属冶炼和压延加工品。宁夏出口和国内省外流出最大的是化学产品，在国际市场上农产品、纺织服装鞋帽等制品出口也较多，在国内市场上仪器仪表、食品业和纺织业等也具有优势。金属冶炼和压延加工品在青海内贸外贸上具有重要地位，其纺织业和农产品加工业也具有优势。新疆在纺织服装制品和纺织品出口上具有比较优势，其进口额最大的是石油和天然气，国内省外输出最大的也是石油和天然气。西北五省区国内省外流入最大的行业均是建筑业，还有陕西和青海的金属冶炼和压延加工品业，陕西、甘肃等地的化学产品，宁夏的批发和零售业，新疆的纺织服装业等都是省外输入的重点产业（见表12）。

表12 中国西北地区分省区十大内外贸产业

序号	陕西省出口	陕西省进口	陕西省国内省外流出	陕西省国内省外流入
1	通信设备、计算机和其他电子设备	通信设备、计算机和其他电子设备	建筑	建筑
2	建筑	金属矿采选产品	批发和零售	金属冶炼和压延加工品
3	电气机械和器材	化学产品	农林牧渔产品和服务	化学产品
4	化学产品	专用设备	食品和烟草	通信设备、计算机和其他电子设备
5	交通运输、仓储和邮政	通用设备	金属冶炼和压延加工品	非金属矿物制品
6	交通运输设备	金属冶炼和压延加工品	化学产品	农林牧渔产品和服务
7	通用设备	仪器仪表	交通运输设备	租赁和商务服务
8	住宿和餐饮	电气机械和器材	通信设备、计算机和其他电子设备	专用设备
9	食品和烟草	交通运输、仓储和邮政	煤炭采选产品	食品和烟草
10	金属冶炼和压延加工品	租赁和商务服务	石油、炼焦产品和核燃料加工品	批发和零售

序号	甘肃省出口	甘肃省进口	甘肃省国内省外流出	甘肃省国内省外流入
1	非金属矿物制品	金属矿采选产品	金属冶炼和压延加工品	建筑
2	金属冶炼和压延加工品	金属冶炼和压延加工品	农林牧渔产品和服务	化学产品
3	通信设备、计算机和其他电子设备	通信设备、计算机和其他电子设备	建筑	食品和烟草
4	农林牧渔产品和服务	非金属矿物制品	石油、炼焦产品和核燃料加工品	非金属矿物制品
5	化学产品	专用设备	化学产品	金属矿采选产品
6	食品和烟草	造纸印刷和文教体育用品	食品和烟草	金属冶炼和压延加工品
7	专用设备	仪器仪表	非金属矿物制品	造纸印刷和文教体育用品
8	通用设备	农林牧渔产品和服务	金属制品	纺织服装鞋帽皮革羽绒及其制品
9	金属制品	化学产品	金融	交通运输设备
10	电气机械和器材	通用设备	交通运输、仓储和邮政	电气机械和器材

续表

序号	宁夏回族自治区出口	宁夏回族自治区进口	宁夏回族自治区国内省外流出	宁夏回族自治区国内省外流入
1	化学产品	石油天然气开采产品	化学产品	建筑
2	农林牧渔产品和服务	批发和零售	金属冶炼和压延加工品	批发和零售
3	金属冶炼和压延加工品	金属矿采选产品	仪器仪表	交通运输、仓储和邮政
4	纺织服装鞋帽皮革羽绒及其制品	石油、炼焦产品和核燃料加工品	石油、炼焦产品和核燃料加工品	专用设备
5	造纸印刷和文教体育用品	非金属矿物制品	食品和烟草	仪器仪表
6	批发和零售	化学产品	纺织品	化学产品
7	非金属矿物制品	通用设备	煤炭采选产品	金属冶炼和压延加工品
8	电气机械和器材	专用设备	非金属矿物制品	石油、炼焦产品和核燃料加工品
9	金属制品	农林牧渔产品和服务	电力、热力的生产和供应	石油和天然气开采产品
10	通用设备	金属冶炼和压延加工品	通信设备、计算机和其他电子设备	交通运输设备

序号	青海省出口	青海省进口	青海省国内省外流出	青海省国内省外流入
1	金属冶炼和压延加工品	金属冶炼和压延加工品	农林牧渔产品和服务	建筑
2	纺织品	专用设备	金属冶炼和压延加工品	金属冶炼和压延加工品
3	纺织服装鞋帽皮革羽绒及其制品	通用设备	石油和天然气开采产品	非金属矿和其他矿采选产品
4	石油、炼焦产品和核燃料加工品	食品和烟草	化学产品	电力、热力的生产和供应
5	造纸印刷和文教体育用品	化学产品	金属矿采选产品	化学产品
6	农林牧渔产品和服务	仪器仪表	电气机械和器材	食品和烟草
7	化学产品	农林牧渔产品和服务	通信设备、计算机和其他电子设备	租赁和商务服务
8	食品和烟草	煤炭采选产品	住宿和餐饮	文化、体育和娱乐
9	非金属矿物制品	金属矿采选产品	造纸印刷和文教育用品	交通运输、仓储和邮政
10	交通运输设备	石油、炼焦产品和核燃料加工品	非金属矿物制品	专用设备

续表

序号	新疆维吾尔自治区出口	新疆维吾尔自治区进口	新疆维吾尔自治区国内省外流出	新疆维吾尔自治区国内省外流入
1	纺织服装鞋帽皮革羽绒及其制品	石油和天然气开采产品	石油和天然气开采产品	建筑
2	纺织品	燃气生产和供应	农林牧渔产品和服务	纺织服装鞋帽皮革羽绒及其制品
3	化学产品	金属矿采选产品	燃气生产和供应	交通运输、仓储和邮政
4	食品和烟草	金属冶炼和压延加工品	金属冶炼和压延加工品	化学产品
5	批发和零售	交通运输、仓储和邮政	石油、炼焦产品和核燃料加工品	批发和零售
6	造纸印刷和文教体育用品	专用设备	交通运输、仓储和邮政	电气机械和器材
7	电气机械和器材	农林牧渔产品和服务	居民服务、修理和其他服务	非金属矿物制品
8	交通运输、仓储和邮政	造纸印刷和文教体育用品	化学产品	专用设备
9	交通运输设备	食品和烟草	电力、热力的生产和供应	金属冶炼和压延加工品
10	金属冶炼和压延加工品	化学产品	食品和烟草	交通运输设备

资料来源：根据《2017年中国地区投入产出表》整理。

（三）西北地区的分配模式

总体而言，1997～2007 年，在我国增加值中劳动者报酬比重下降，而企业营业盈余比重上升较多，说明在经济高速增长过程中，企业贡献了较大比重。2007～2017 年，劳动者报酬比重上升，而企业营业盈余比重下降较多，说明在劳动力短缺和经济紧缩形势下，劳动力价格上升，而企业利润减少。中国西北地区除陕西 2007 年数据异常外，其他四省区也基本呈现与全国一致的规律（见表 13）。

从地域来说，一般发达地区的分配结构中，企业营业盈余比重较高，而劳动者报酬比重较低；欠发达地区劳动者报酬比重较高，而企业营业盈余比重较低。发达地区比较多的是技术密集型、资本密集型产业，而欠发达地区较多的是劳动密集型产业，决定企业利润的要素不同，赢利能力也不同。如 2017 年，上海、广东、江苏、浙江等省市企业营业盈余比重分别为 26.9%、24.9%、30%、26.8%，远高于西北地区水平；劳动者报酬比重分别为 44.4%、49.1%、43.5%、47.6%，远低于西北地区水平。陕西省更接近沿海发达地区模式，而新疆更具有欠发达地区分配特征。

三　2023年西北地区经济社会发展形势分析

2023 年，我国经济走出了三年新冠疫情影响，开始出现恢复向好的态势，根据党中央决策部署，各级党委、政府坚持稳中求进工作总基调，突出做好稳增长、稳就业、稳物价工作。2023 年 1～9 月，西北地区农业生产平稳发展，工业经济稳步恢复，现代服务业快速增长，但也出现了房地产投资减速、消费市场后劲不足、对外贸易形势严峻等新问题。

（一）地区经济整体恢复向好态势

2023 年前三季度，西北地区 GDP 为 52314.67 亿元，其中第一产业 4808.62 亿元，占 9.19%；第二产业 22309.14 亿元，占 42.64%；第三产业 25196.91 亿元，占 48.17%（见表 14）。

表13 中国西北地区宏观分配结构分析

项目	全国						西北地区			陕西		
	1992年	1997年	2002年	2007年	2012年	2017年	1997年	2007年	2017年	1997年	2007年	2017年
增加值（亿元）	26644.3	75704.1	121858.9	266043.8	536800.2	823215.7	3484.8	13620.4	45898.3	948.6	5574.8	21510.0
劳动者报酬比重（%）	45.2	54.9	48.4	41.4	49.2	51.4	55.3	50.0	54.9	53.1	52.7	46.3
生产税净额比重（%）	12.3	13.5	14.3	14.5	13.7	11.5	13.8	16.8	12.0	14.3	23.8	14.8
固定资产折旧比重（%）	13.3	13.6	15.4	14.0	13.4	13.4	15.3	16.4	14.3	15.3	17.3	12.9
营业盈余比重（%）	29.2	18.0	21.9	30.2	23.7	23.6	15.6	16.8	18.7	17.3	6.2	26.0

项目	甘肃			宁夏			青海			新疆		
	1997年	2007年	2017年	1997年	2007年	2017年	1997年	2007年	2017年	1997年	2007年	2017年
增加值（亿元）	948.6	2752.7	7334.1	210.9	899.2	3243.3	202.0	797.4	2624.8	1174.7	3596.4	11186.1
劳动者报酬比重（%）	53.1	45.7	62.9	60.0	45.0	51.7	64.7	48.6	50.6	56.3	50.7	68.2
生产税净额比重（%）	14.3	15.0	8.9	12.2	13.1	13.4	10.7	12.5	13.2	13.7	9.0	8.0
固定资产折旧比重（%）	15.3	16.9	14.4	15.9	19.9	22.3	16.0	18.6	21.7	15.2	13.3	13.1
营业盈余比重（%）	17.3	22.4	13.8	11.9	22.1	12.7	8.7	20.2	14.4	14.8	26.9	10.6

资料来源：根据历次中国投入产出表和中国地区投入产出表整理计算。

表14　2023年前三季度中国西北地区主要经济指标

单位：亿元

指标	全国	西北地区	陕西	甘肃	宁夏	青海	新疆
地区生产总值	913027	52314.67	23681.34	8635.4	3749.74	2695.7	13552.49
第一产业	56374	4808.62	1360.23	1256.5	270.26	206.9	1714.73
第二产业	353659	22309.14	11169.39	2894.9	1737.63	1127.9	5379.32
第三产业	502993	25196.91	11151.72	4484.0	1741.85	1360.9	6458.44
固定资产投资	375035	—	—	—	—	—	—
社会消费品零售总额	342107	15533.56	7790.67	3255.2	995.33	728.8	2763.56
进出口总额	308021	6063.94	2962.94	382.4	155.7	34.5	2528.4
出口	176025	4269.74	1908.14	93.1	115.1	19.6	2133.8
进口	131996	1794.21	1054.81	289.3	40.6	14.9	394.6

资料来源：根据中国及西北五省区2023年月度形势分析报告整理。

2023年1~9月，西北五省区经济形势分化（见表15）。其中，陕西省GDP仅增长2.4%，主要是第二产业增加值下降1.1%，工业增加值下降1.5%，制造业增加值下降4.2%，电力、热力、燃气及水的生产供应业下降3.7%，工业经济疲软趋势还没有根本改变。其他省区GDP增速处于全国中等水平。青海GDP增长5.6%，工业经济发展强劲，制造业增加值增长12.2%，非农产业增长带动经济发展。甘肃三次产业分别增长5.8%、6.3%、6.9%，其中制造业增加值增长9.8%。宁夏GDP增长6.4%，第一产业增加值增长7.3%，采矿业增加值增长14.3%，制造业增加值增长11.3%，采矿业和农业贡献较大。新疆GDP增长6.1%，制造业，采矿业，电力、热力、燃气及水的生产供应业分别增长3.7%、5.5%和6.8%。

（二）农业生产平稳发展

2023年前三季度，西北地区第一产业增加值为4808.62亿元。陕西、甘肃、青海、新疆农林牧渔业增加值增长率分别为3.6%、6%、4.2%、6.5%。夏粮生产基本稳定，夏粮播种面积3253.5千公顷，预计夏粮总产量1532.5万吨。受"烂场雨"影响，陕西等地小麦略有减产，但依然为历史较好水平，

表15 2023年1~9月中国西北地区GDP增长率

单位：%

时间	全国		陕西		甘肃		宁夏		青海		新疆	
	GDP	工业增加值	GDP	工业增加值	GDP	工业增加值	GDP	工业增加值	GDP	工业增加值	GDP	工业增加值
2023年1~2月		2.4		4.7		7.5		10.4		13.2		8.8
2023年1~3月	4.5	3.0	5.3	3.2	6.7	7.8	7.5	9.8	5.1	14.5	4.9	9.1
2023年1~4月		3.6		2.2		7.9		8.5		12.8		8.8
2023年1~5月		3.5		0.9		7.0		7.1		11.4		7.0
2023年1~6月	5.5	3.8	3.7	0.3	6.8	6.8	6.5	7.2	6.8	9.6	5.1	5.2
2023年1~7月		3.8		-1.2		6.8		7.8		8.7		4.5
2023年1~8月		3.9		-1.4		7.2		8.8		8.4		4.6
2023年1~9月	5.2	4.0	2.4	-1.5	6.6	7.5	6.4	9.6	5.6	8.2	6.1	4.8

资料来源：根据全国及西北五省区2023年统计月报等整理。

秋粮长势良好。陕西省经济作物生产形势向好，油菜籽喜获丰收，畜牧业稳定发展。甘肃省蔬菜、瓜果、园林水果产量分别增长 7.4%、10%、7.5%，猪牛羊禽肉产量增长 11.5%，家禽出栏量增长 32.8%。宁夏特色农业发展迅速，肉牛、羊、家禽出栏量同比分别增长 16.5%、21.5%、14.7%，牛奶产量增长 26.8%。新疆粮食喜获丰收，猪牛羊出栏量增长 9.7%，猪牛羊禽肉产量增长 11.1%。青海省粮食生产大局稳定，青饲料种植面积增长 20%，畜牧业生产企稳回升，羊出栏量增长 5.7%，生猪出栏量下降 15.9%。

（三）现代产业体系逐步优化

一是传统能源、化工等产业快速增长。1~9 月，受国际环境趋紧、国内需求不足、大宗商品价格下滑影响，传统产业出现分化走势。陕西省规上能源工业增加值比上年同期增长 1.1%，规上非农业工业增加值下降 5.9%。甘肃省工业增加值增长 7.5%，制造业增长 9.8%，电气机械和器材制造业、有色金属冶炼和压延加工业、烟草制品业分别增长 77%、19.3% 和 10.1%，精炼铜、铅、电解铝、原油产量快速增长。宁夏规模以上工业增加值增长 9.6%，其中轻工业增加值增长 13.4%，重工业增长 9.3%，规模以上纺织业增长 62.5%，晶硅等电子产业增长 50.5%，有色金属产业增长 11.3%，煤炭行业和石油石化行业分别增长 11.1%，冶金产业增长 7.7%，机械产业增长 5.4%。上半年，新疆"八大产业集群"工业增加值增长 4.6%，占规上工业增加值比重为 88.1%，煤炭开采和洗选业、纺织业、有色金属冶炼和压延加工业增加值分别增长 16.6%、12.4% 和 5.4%。

二是加快现代产业转型升级，产业结构继续调整优化。前三季度，陕西装备制造业增长 3.8%，其中汽车制造业增长 29.1%，计算机、通信和其他电子设备制造业增长 16.9%，太阳能电池产量增长 1.29 倍，新能源汽车增长 42.1%。宁夏全区高技术制造业、装备制造业增加值占规模以上工业增加值的 38.6%、33.6%。宁夏主要工业品单晶硅、化学纤维、化学农药原药、轮胎外胎、滚动轴承产量分别增长 1.5 倍、1.1 倍、61.4%、45.4% 和 18.1%。青海省规模以上工业 34 个大类行业中，有 16 个行业增加值同比增长，其中计算机、通信和其他电子设备产业增长 1.4 倍，医药制造业增长 44.3%，非金属矿采掘业增长 38.1%。青海省多晶硅、单晶硅、化学药品原药、碳纤维、太阳能电池、铝合金、碳酸锂等产量分别增长 3.0 倍、1.5 倍、1.2 倍、71.9%、71.5%、58.5%、58.5%。

三是新兴动能增势强劲。2022 年，我国 R&D 经费投入强度为 2.54%，其中陕西为 2.35%，甘肃为 1.29%，青海为 0.85%，宁夏为 1.57%，新疆为 0.51%，虽然西北地区科研投入偏低，但各地区均在积极促进创新驱动发展。陕西省已经形成国家创新型产业集群 9 家、高新技术企业 537 家，带动电子信息、装备制造、生物医药、新材料、高端能化等战略性新兴产业。甘肃以构建西北地区重要的科创中心为目标，积极做好区域创新高地建设、重大创新平台打造、企业创新能力提升、关键核心技术攻关等八个方面重点工作，做大做强生物医药、新材料、石油化工、装备制造、航天航空等主导产业。新疆出台了《新疆科技体制改革攻坚实施意见（2022—2024 年》《科技创新支撑新疆高质量发展行动方案（2023—2025 年）》，新疆大力发展烯烃、芳氢、纺织服装等产业链耦合发展，达到"减油增化"目标；发展新能源新材料产业，支持氢能产业示范区建设，引导硅基企业向绿色低碳转型。前三季度，陕西航空航天器及设备制造业投资增长 32.4%，铁路运输业投资增长 50.2%。宁夏高技术产业投资同比增长 50.2%，全区规模以上高技术制造业增加值增长 41%。装备制造业、信息产业投资和产值大幅度增加。青海省新能源产业增长 99.4%，高技术制造业、装备制造业、生物产业增加值分别增长 78.9%、77.3%、19.4%。

四是现代服务业快速恢复增长。前三季度，第三产业快速增长，陕西增长 5.4%、甘肃增长 6.9%、宁夏增长 4.9%、青海增长 6.2%、新疆增长 4.3%，尤其是疫情后接触类聚集型服务业恢复明显。青海省交通运输、仓储和邮政业，住宿和餐饮业增加值增长 16.8% 和 15.3%，全省货运量增长 17.6%，铁路货运中金属矿石和煤炭运输量大幅度增加。快递业务收入增长 35.2%，文化体育娱乐业营业收入、居民服务修理和其他服务业收入分别增长 52.%、47.8%，批发和零售业增加值依然有所下降。陕西省住宿和餐饮业增加值增长 13%。科技、文娱、交通运输等服务业增长明显。甘肃全省规模以上服务业企业营业收入增长迅速，航空和铁路客运量均增长了 1.2 倍，住宿和餐饮业、交通运输、仓储和邮政业，信息传输软件和信息技术服务业增加值分别增长 22.6%、18.3% 和 12.3%，人员流动和餐饮业的恢复非常明显。1～8

月，新疆交通运输服务业快速增长，其中民航客运量增长 73.4%，铁路客运量增长 81.3%。

五是工业经济效益下降压力较大。前三季度，全国工业生产者出厂价格指数（PPI）下降 3.1%，其中新疆下降 7.9%，宁夏下降 7%，陕西下降 5.9%，甘肃下降 4.9%，青海下降 3.8%；全国工业企业生产者购进价格同比下降 3.6%，其中甘肃下降 7.9%，新疆下降 7.4%，陕西下降 6.4%，宁夏下降 5.6%，青海下降 1.5%。生产者出厂价格下降，表明企业赢利能力下降；西北地区 PPI 下降幅度高于全国平均水平，说明西北地区企业赢利能力低于全国水平。前三季度，全国规模以上工业企业总利润下降 9%，第一季度下降 21.4%，第二季度下降 12.7%，第三季度增长 7.7%，全国工业企业营收形势恢复向好。利润增长较多的是电力热力生产供应业、电气机械和器材制造业、专用设备、汽车制造业等，利润下降幅度较大的行业是化学原料和化学制品制造业、煤炭及其燃料加工业、非金属矿物制品业、煤炭开采和洗选业、计算机通信和其他电子设备制造业、有色金属冶炼和压延业、农副食品加工业、纺织业等。1~7 月，陕西省全省规上工业企业实现营业收入同比下降 6.5%，利润总额下降 26.4%；甘肃省规模以上工业企业实现利润总额同比下降 27%。

（四）消费市场在疫情后迅速恢复

消费的目的是满足人类物质和精神生活需要。自 2009 年以来，中国乃至西北地区全社会消费品零售总额增长率持续下降。新冠疫情三年中，2020 年和 2022 年消费呈现减少的局面。2023 年，4 月和 5 月全国及西北地区消费增长率较高，是由于上一年度受疫情影响基数较低。从前三季度看，全社会消费品零售总额增长率，全国已经接近 2019 年水平，甘肃、青海、新疆消费市场已经超过 2019 年疫情之前的水平（见表 16），可以说，消费将整体恢复到疫情发生前的水平。宁夏消费品零售业出现负增长，陕西消费品零售额也增速较低。10 月，宁夏出台《关于恢复和扩大消费的若干政策措施》，提出了 22 条支持消费的措施。

表 16 近年来中国及西北地区全社会消费品零售总额增长率

单位：%

时间	全国	陕西	甘肃	宁夏	青海	新疆
2009 年	15.6	19.7	18.9	19.0	14.3	14.3
2014 年	11.7	12.8	12.6	10.3	13.0	9.9
2018 年	8.8	10.2	7.4	6.1	6.8	5.5
2019 年	8.0	7.4	7.7	5.2	5.4	5.5
2020 年	-3.9	-5.9	-1.8	-7.0	-7.5	-15.3
2021 年	12.5	6.7	11.1	2.6	8.0	17.0
2022 年	-0.2	1.5	-2.8	0.2	-11.2	-9.6
2023 年 1~2 月	3.5	17.1	5.3	1.3	2.8	3.7
2023 年 1~3 月	5.8	8.6	8.8	1.8	3.6	5.1
2023 年 1~4 月	8.5	12.1	11.0	1.7	10.3	7.3
2023 年 1~5 月	9.3	9.2	10.6	0.8	15.0	7.6
2023 年 1~6 月	8.2	6.7	9.2	-1.2	12.8	6.4
2023 年 1~7 月	7.3	4.6	9.8	5.8	10.9	5.4
2023 年 1~8 月	7.0	3.3	9.7	4.8	11.3	9.4
2023 年 1~9 月	6.8	3.1	9.2	-2.3	13.1	12.9

资料来源：根据全国及西北五省区统计年鉴、年度统计公报、2023 年统计月报等整理。个别省区月度数据为限额以上企业消费品零售额。

2009~2019 年消费增长率降低，是由于城市经济增长速度降低，大量流动人员离开了城市，城乡居民收入增长率降低，相应地对消费产生了抑制作用。近年来，消费已经成为中国经济增长的首要因素。2023 年的消费，并非经济增长放缓的主要因素。

一是餐饮等接触类消费快速恢复，消费潜力不断释放。1~9 月，陕西限额以上客房收入增长 23.8%，餐饮业收入增长 10.3%，规上旅行社及相关服务业收入约增长 2.5 倍。餐饮业营业收入青海增长 14.6%，新疆增长 18.4%，甘肃增长 19.4%。

二是基本生活类商品稳步增长。陕西金银珠宝类零售额增长 12.2%。甘肃饮料类、烟酒类零售额分别增长 23.5%、17.2%。9 月，宁夏金银珠宝类、通信器材零售额分别增长 26.3%、43.8%。青海省书报杂志类、金银珠宝类零售额分别增长 21.1%、7.3%。

三是新兴消费模式兴起。前三季度，陕西新能源汽车零售额增长68.2%。甘肃汽车类、石油及制品类零售额同比增长11.2%和13%。青海新能源汽车增长2倍。新疆限额以上住宿和餐饮业通过公共网络实现客房收入和餐费收入分别增长96.1%和29.5%。

四是旅游带动消费。前三季度，新疆出台《2023年自治区恢复扩大消费工作实施方案》，旅游消费成热点，旅客运输量、接待游客和旅游总收入分别增长44.8%、77.7%、1.6倍，网络购物、预订客房和餐饮收入也大幅度增加。甘肃接待游客人数、实现旅游收入分别增长1.6倍和2.3倍。青海全省接待旅游人数同比增长99.2%，旅游总收入增长1.7倍，限额以上住宿业和餐饮业营业额同比增长48.2%和31.5%。1~8月，陕西接待国内游客增长78.4%，实现国内旅游收入增长123.9%。

（五）对外贸易喜忧参半

贸易是发挥比较优势、参与国际分工的需要。2008年发生金融危机后，2009年中国对外贸易额大幅度减少。2009~2019年，受多种因素影响对外贸易额波动较大。2021~2022年，受美国量化宽松政策影响，大宗商品价格上涨，刺激了中国特别是西北地区商品的价格上涨和出口。近年来，净出口额对中国经济增长的贡献率较低。

2023年5月后，进出口增长率急剧下降，前三季度，全国货物进出口额下降0.2%。西北地区新疆、青海进出口空前活跃，而陕西、甘肃外贸却出现了持续减少，宁夏的外贸形势也不容乐观（见表17）。新疆进出口额增长47.3%，进出口额首次突破2500亿元，达到2528.4亿元。其中出口额增长48.8%，进口额增长39.8%。呈现对外贸易南疆和北疆双强格局，对共建"一带一路"国家进出口额占49.7%，尤其是对中亚五国进出口增长53.8%，喀什、霍尔果斯、阿拉山口、乌鲁木齐四个综合保税区进出口额增长101.8%。进出口形式以边境小额贸易为主，出口产品主要是机电产品、农产品、服装鞋靴等，太阳能电池、锂电池、电动载人汽车出口高速增长；进口主要是金属矿机矿砂、铜材、机电产品、农产品等。青海进出口额增长19.7%，对东盟、欧盟等贸易伙伴进出口额快速增长；锂电池、太阳能电池出口成倍增长，冬虫夏草等特色农产品出口强劲，莴苣等高原冷凉蔬菜实现首次出口；铝矿砂及精矿、多晶硅等进口增长幅度较大。甘肃出口增长5.3%，进口下降16.6%，其中镍矿砂进口大幅度增长，对铜矿砂及其精矿进口大幅度减少，对美国出口下降，对哈萨克斯坦、澳大利亚、刚果（金）进口下降幅度较大，对共建"一带一路"国家进出口额占总进出口额的74%。宁夏进出口额下降5.7%，对美国出口增长11.2%，美国是宁夏第一大出口市场，对共建"一带一路"国家进出口增长2.9%，对印度、马来西亚、泰国、越南出口增长较快，对欧盟、日本出口下降较多。出口商品中蔬菜及食用菌、高新技术产品、纺织纱线织物及其制品、汽车轮胎、双氰胺增长幅度较大，单晶硅切片出口增长3.37倍；纺织服装、机电产品、基本有机化学品、枸杞出口下降。进口商品中对农产品、多晶硅增长迅速，对金属矿机矿砂进口下降幅度较大。10月，宁夏从新西兰进口240余头种牛，这是宁夏首次引进种牛。陕西出口下降14.6%，进口下降21.6%，加工贸易出口额下降。对共建"一带一路"国家贸易额增长，对欧盟等进出口额下降。出口增长较快的是汽车、钢材、纺织品等，进口主要是煤及褐煤、铁矿砂等，机电产品进口下降。

表17　近年来中国及西北地区进出口额增长率

单位：%

时间	全国	陕西	甘肃	宁夏	青海	新疆
2009年	-13.9	0.9	-37.3	-36.2	-14.9	-37.8
2014年	2.3	35.0	-15.4	69.0	—	0.4
2018年	9.7	29.3	21.2	-27.0	3.5	-2.7
2019年	3.4	0.1	-3.9	-3.3	-22.7	18.5
2020年	1.9	7.3	-2.0	-48.8	-39.2	-9.8
2021年	21.4	25.9	28.4	73.4	36.4	13.7
2022年	7.7	2.0	18.8	23.7	35.5	51.0
2023年1~2月	-0.8	-16.6	-8.4	6.7	48.3	86.4
2023年1~3月	4.8	-11.3	4.9	4.9	44.8	80.3
2023年1~4月	8.5	-9.0	0.8	0.7	156.9	82.7
2023年1~5月	7.0	-12.3	—	-0.6	17.5	85.9
2023年1~6月	2.1	-14.0	-11.6	2.5	19.2	65.2
2023年1~7月	2.1	-16.8	-14.0	3.1	0.4	59.3
2023年1~8月	-0.1	-18.6	-16.5	-2.5	20.9	51.2
2023年1~9月	-0.2	-17.3	-12.2	-5.7	19.7	47.3

资料来源：根据全国及西北五省区统计年鉴、年度统计公报、2023年统计月报等整理。

可以看出，中国西北地区对共建"一带一路"国家及中亚等周边地区贸易增加，对欧盟等贸易下降，机电产品、服装、农产品出口增加，高端机械设备及矿产资源进口减少。

（六）各省区投资形势分化

投资是提高劳动生产率的手段。2019 年全国投资增长率为 5.1%，疫情三年期间略有降低，2023 年 1~9 月为 3.1%，投资增长率甚至低于 2022 年。分省区看，新疆、宁夏、甘肃投资增长快于全国平均水平，主要是工业投资和基础设施投资增长加快。而陕西、青海较低，呈负增长（见表 18）。主要是房地产投资增长乏力。从全国来看，房地产投资同比下降 9.1%，也是拖累经济增长的主要因素。

表 18　近年来中国及西北地区全社会固定资产投资增长率

单位：%

时间	全国	陕西	甘肃	宁夏	青海	新疆
2009 年	25.7	35.1	42.9	25.0	25.7	25.1
2014 年	13.5	17.4	21.1	19.4	17.1	25.2
2018 年	5.9	10.2	-3.9	-18.1	7.3	-25.2
2019 年	5.1	2.4	6.6	-11.1	5.0	2.5
2020 年	2.7	3.6	7.9	4.8	-12.2	16.2
2021 年	4.9	-3.1	11.1	2.7	-2.9	15.0
2022 年	4.9	7.9	10.1	8.2	-7.6	7.6
2023 年 1~2 月	5.5	8.5	12.2	20.8	—	10.7
2023 年 1~3 月	5.1	9.0	13.4	19.8	8.6	18.6
2023 年 1~4 月	4.7	8.3	13.8	15.4	-0.6	14.7
2023 年 1~5 月	4.0	5.0	13.6	10.4	7.9	13.6
2023 年 1~6 月	3.8	1.4	13.4	10.4	-5.2	10.2
2023 年 1~7 月	3.4	-2.8	10.6	7.5	-5.0	6.8
2023 年 1~8 月	3.2	-7.2	8.2	6.5	-6.3	8.4
2023 年 1~9 月	3.1	-8.7	6.7	7.2	-7.9	9.1

资料来源：根据全国及西北五省区统计年鉴、年度统计公报、2023 年统计月报等整理。

房地产是涉及国民经济最为广泛的支柱产业，房产也是城市居民家庭最主要的财产。从房地产市场来看，商品房销售面积 2022 年比 2021 年下降

24.3%。2019~2022 年，西北地区各省会（首府）城市新建房地产价格从高增长转为负增长或低增长。西安市和银川市因宜居而房地产市场相对较强，而兰州市、西宁市则房价下降。2019~2022 年，西北地区商品房销售面积从9320.7 万平方米减少到 7215.3 万平方米，销售额从 6955 亿元减少到 5636.5亿元，分别下降 22.6%和 19%。西北地区房地产需求端呈弱势盘整态势。土地购置面积从 1638 万平方米减少到 1002 万平方米，新开工面积从 14822.8 万平方米减少到 10330.5 万平方米，分别下降 38.8%和 30.3%，房地产市场供给端也在收缩（见表 19）。2023 年 1~8 月，房地产投资陕西下降 13.2%、甘肃下降 12.4%、青海下降 31.6%，新疆下降幅度收窄，宁夏略有下降。

基础设施投资也是影响经济增长的重要因素。2023 年 1~8 月，全国基础设施投资增长 6.4%，其中甘肃增长 4.3%，新疆增长 24.7%，青海下降3.9%。甘肃中川机场三期扩建工程、天水至陇南铁路等重大工程稳步推进。新疆出台《关于进一步推进全区投资项目建设提质增效工作的通知》，先后召开 9 次全区投资项目建设调度会议，落实推进项目建设"十大机制"和"六重清单"，1~8 月，总投资在 10 亿元以上的重点项目投资增长 51%，乌鲁木齐至尉犁高速公路、S12 那拉提至巴伦台、乌鲁木齐绕城高速公路等加快建设。青海铁路运输业投资高速增长，正在加快建设青藏铁路西宁至格尔木段提质工程，新建西宁至成都铁路等。还在推动引大济湟西干渠工程、那棱格勒河水利枢纽工程等。宁夏出台《扩大有效投资百日攻坚工作方案》，银川至兰州高铁已经开通，银川至包头高铁正在加快建设。6 月，我国第一条以开发沙漠光伏大基地、输送新能源为主的特高压输电通道——宁夏至湖南 800 千伏特高压直流输电工程开始建设。1~9 月，陕西新基建投资同比增长 32.6%，铁路运输业投资增长 50.2%，加快建设西十高铁、西康高铁、西延高铁，西安咸阳国际机场三期扩建工程加快推进。

工业投资促进高新技术产业发展。2023 年前三季度，陕西高新技术产业增长较快，航空航天器及设备制造业投资增长 32.6%，石油煤炭及其他燃料加工业投资增长 24.4%，电气机械及器材制造业投资增长 22.7%，汽车制造业增长 12.4%。甘肃工业投资增长 33.6%，其中高新技术制造业投资增长 27%。青海工业投资增长 10.7%，制造业投资增长 18.9%，高技术制造业投资增长17.8%。宁夏正在建设宝丰储能全产业链项目，打造千亿级清洁能源产业集群。

表 19 中国及西北地区房地产主要指标变化

项目	全国		西北地区		陕西		甘肃		宁夏		青海		新疆	
	2019年	2022年	2019年	2022年	2019年	2022年	2019年	2022年	2019年	2022年	2019年	2022年	2019年	2022年
房地产开发投资(亿元)	132194.3	132895.4	7044.8	7611.4	3903.6	4254.8	1257.8	1481.7	403.1	419.9	406.3	296.1	1074.0	1158.9
商品房销售面积(万平方米)	171558	135837	9320.7	7215.3	4401.1	3308.7	1705.3	1470.4	1009.6	715.6	480.5	204.4	1724.2	1516.2
商品房销售额(亿元)	159725.1	133307.8	6955.0	5636.5	3960.2	3270.5	1019.3	835.5	573.9	502.1	367.3	145.0	1034.3	883.5
商品房平均价格(元/米²)	9310	9814	7462	7812	8998	9884	5977	5682	5684	7016	7644	7093	5999.0	5827.0
房地产新开工面积(万平方米)	171558	135837	14822.8	10330.5	6431.2	4413.4	3307.3	2105.3	1185.7	766.2	865.9	422.5	3032.7	2623.1
土地购置面积(万平方米)	25822	10052	1638.0	1002.0	485	113	144	91	221	143	166	77	622.0	578.0
土地成交价款(亿元)	14709.30	9166	351.7	209.9	157.0	72.8	43.2	15.9	30.9	50.0	28.7	22.3	91.9	48.9
土地平均价格(元/米²)	5696.4	9118.6	2147.1	2094.8	3237.1	6442.5	3000.0	1747.3	1398.2	3496.5	1728.9	2896.1	1477.5	846.0
年末省会(首府)城市新建房价格涨跌(%)	—	—	—	—	11.2	2.0	4.9	-5.6	12.3	2.3	13.8	-3.6	1.5	1.7

资料来源：国家统计局历年《中国统计摘要》，西北五省区历年统计年鉴、统计公报等。

新疆工业投资增长 30.6%，其中风力光伏发电项目、塔里木油田开发项目、石油天然气勘探开发项目等大项目投资增长迅速。

西北地区民营经济投资下降。1~8 月，全国民营企业投资下降 0.7%，陕西下降 15.1%，青海下降 18.7%，西北地区民营经济面临巨大压力。

（七）城乡居民收入持续增加

中国城乡收入，除了 1980 年代联产承包变革时期农村居民人均纯收入增长速度高于城镇外，绝大多数年份都是城镇居民收入增长率高于农村；2010年以来，出现了中国农村居民人均可支配收入增长率连续 13 年高于城镇的现象。扣除价格因素后，城镇居民人均可支配收入 2009 年增长 9.8%，2022 年增长 1.9%，农村居民人均可支配收入，2009 年增长 8.5%，2022 年增长 4.2%。

2017~2022 年，中国城镇居民人均可支配收入增加额中，57.2%来自工资性收入，18.3%来自转移性净收入，11.8%来自经营性净收入。中国农村居民人均可支配收入增加额中，44%来自工资性收入，29%来自经营性净收入，23.9%来自转移性净收入。与 2013~2017 年相比，城镇居民收入中工资性收入比重提高，转移性净收入比重下降，经营性净收入比重略微提高；农村居民收入中工资性收入比重下降，经营性净收入比重提高，转移性净收入比重未变，说明近年来随着经济出现新常态，城镇居民更多地依靠工资性收入增加，而许多农民工返回乡村，农村居民对工资性收入依赖减少，更多地依靠经营性收入。2012 年，新疆城镇居民 80.5%的收入增加来自工资性收入，农村居民66.3%收入增加来自经营性净收入（见表 20）。

2023 年前三季度，全国城镇、农村居民人均可支配收入分别实际增长4.7%、7.3%，超过了疫情前的 2019 年水平。其中农村居民人均可支配收入，宁夏增长 8.0%，甘肃增长 7.9%，青海增长 7.8%、陕西增长 7.6%，新疆增长 7.4%。

（八）中国经济增长形势总体向好

中央经济工作会议指出我国经济发展面临需求收缩、供给冲击、预期转弱三重压力。2023 年，我国经济韧性强、潜力大、活力足，长期向好的基本面

表 20　中国及西北五省区城乡居民收入结构变化

项目	全国		陕西		甘肃		宁夏		青海		新疆	
	2012 年	2022 年	2012 年	2022 年	2012 年	2022 年	2012 年	2022 年	2012 年	2022 年	2012 年	2022 年
城镇居民人均可支配收入（元/人）	24564.7	49282.9	20733.9	42431.3	17156.9	37572.4	19831.4	40193.7	17566.3	38735.8	17920.7	38410.2
#1. 工资性收入比重（%）	70.6	60.0	—	—	72.9	—	—	—	71.8	—	80.5	—
2. 经营净收入比重（%）	10.4	11.3	—	—	6.6	—	—	—	6.8	—	9.1	—
3. 财产净收入比重（%）	19.0	10.6	20.8	—	20.5	—	16.8	—	21.4	—	10.4	—
4. 转移性收入比重（%）		18.0		—		—		—		—		—
农村居民人均可支配收入（元/人）	7916.6	20132.8	5762.5	15704.3	4506.7	12165.2	6180.0	16430.3	5364.4	14456.2	6393.7	16549.9
#1. 工资性收入比重（%）	43.5	42.0	47.3	—	39.7	—	40.6	—	37.1	—	15.8	—
2. 经营净收入比重（%）	44.6	34.6	39.8	—	46.9	—	49.7	—	41.4	—	66.3	—
3. 财产净收入比重（%）	3.1	2.5	3.5	—	2.5	—	1.6	—	1.8	—	2.7	—
4. 转移性收入比重（%）	8.7	20.9	9.4	—	10.9	—	8.1	—	19.7	—	15.3	—

资料来源：国家统计局历年《中国统计摘要》，西北五省区历年统计年鉴、统计公报等。

依然不变，还没有进入经济紧缩状态。西北地区经济虽然内生动力不强，有效需求不足，经济转型压力不断加大，营商环境还需要继续优化，但总体上已经从三年新冠疫情困难时期走了出来，走上了复苏发展、总体向好的道路。

四　中国西北地区现代化建设政策建议

西北地区应坚持以经济建设为中心，全面贯彻新发展理念，主动融入新发展格局，努力推动高质量发展，为全面建设现代化强国、实现伟大中国梦做出西北贡献。

（一）坚持以经济建设为中心，把实施扩大内需战略同深化供给侧结构性改革有机结合起来，推动经济高质量发展

抓经济是当前最大的政治，必须坚定不移地稳中求进，切实落实"六稳""六保"任务，实现经济质的稳步提升和量的合理增长。

一是以扩大有效投资为主实施扩大内需战略。总需求不足是当前我国经济运行中的主要矛盾，亟须加快培育完整内需体系。实施扩大内需战略是满足人民对美好生活向往的现实需要。2022 年 12 月，中共中央、国务院印发了《扩大内需战略规划纲要（2022-2035 年）》。内需端涉及消费和投资两部分，疫情防控新阶段，居民消费虽然有很大幅度恢复，但就业和收入形势欠佳，消费率始终未能达到疫情前的水平，而且未来不确定因素增加，居民存款长期化增加。在投资领域，突出表现在房地产市场疲软上。近年来，政府把主要政策侧重于减税降费等措施上，但效果并不显著。当前，中国经济面临的主要问题是需求不足问题，如果不能为供给过剩寻找到足够的市场，则中国经济将面临经济紧缩的趋势。增发国债支持基础设施投资是稳定中国经济增长的关键①。

二是恢复民营企业信心必须高度重视市场环境变化的影响。2023 年 1～7月，全国民间投资下降 0.5%，而国有投资增长 7.6%。民间投资中，陕西下降 10.7%、青海下降 0.5%、宁夏增长 3.6%，宁夏民间工业投资增长 21.1%，

---

① 余永定：《中国宏观经济当前形势和政策》，中国金融四十人论坛，2023 年 7 月 20 日。

呈现分化走势。2023 年 7 月，《中共中央、国务院关于促进民营经济发展壮大的意见》（以下简称《意见》）印发，首提民营经济是"推进中国式现代化的生力军"，有利于澄清思想混乱，努力恢复民营企业信心。针对一些地方在市场准入、项目招标投标等方面对民营企业设置了不合理的限制和隐性壁垒，《意见》首先提出持续破除市场准入壁垒，全面落实公平竞争政策制度，完善社会信用激励约束机制，完善市场化重整机制。还出台了完善融资、支持用工等政策，使民营企业能够获得支持政策直达快享机制。强化民营经济发展法治保障，持续完善知识产权保护体系。积极支持民营企业提升科技创新能力，着力推动民营经济实现高质量发展。全面构建亲清政商关系，培育和弘扬企业家精神，支持民营企业更好地履行社会责任，营造有利于民营经济发展壮大的社会氛围。9 月，中央编办正式批复在国家发展改革委内设立民营经济发展局。在《2023 中国民营企业 500 强》中，新疆广汇实业、特变电工、天山铝业、农六师铝业公司，陕西隆基绿能、东岭集团、泰丰盛合、荣民控股、黄河矿业，宁夏天元锰业、宝丰集团等大型企业入围。

三是促进房地产业健康发展。2023 年 7 月 24 日，中共中央政治局会议对我国房地产市场供求关系发生重大变化作出新判断，要求适时调整优化房地产政策，切实防范化解重点领域风险。7 月，全国楼市继续探底，房价跌幅有扩大趋势，过去房地产市场过热时出台的一些过分严厉的调控政策有优化的空间。8 月，国家住建部、人民银行、财政部、税务总局等陆续出台了改善性住房换购税费减免、个人首套住房贷款"认房不认贷"政策，延续实施支持居民换购住房有关个人所得税政策、继续实施公共租赁住房税收优惠政策等。目前大部分城市从卖方市场转变到买方市场，住宅成交规模将维持弱复苏主基调。西北地区经济发展滞后、人口流出增加，应该保持房地产业稳定健康发展。房地产业是支柱产业，房地产市场对众多行业具有带动作用，可以起到保增长立竿见影的作用，但政策放松的负面效应和风险也在逐步累积，西北地区不宜将房地产业作为保增长的主要工具。应该大力支持刚性和改善性住房需求，积极推动城中村改造，扎实推进保交楼、保民生、保稳定工作。一些人口减少的市县，房价大幅度下降，要防范化解市场风险。一些行政事业单位改革开放以来没有新建办公楼，目前处于危楼状态，应该适当开展政府公用设施的更新改造，以及"平急两用"公共基础设施建设。

（二）积极建设现代产业体系，走高端化、智能化、绿色化发展道路，加快融入新发展格局

一是大力发展特色优势产业。充分发挥资源优势，把资源优势转化为经济优势，发挥比较优势，通过补链、造链、强链，打造特色优势产业集群。2022年5月，陕西提出培育壮大高端装备制造、新一代信息技术、新能源汽车、新材料、生物医药等战略性新兴产业，加快有色、冶金、食品、纺织等传统产业高端化、智能化、绿色化升级，前瞻布局生命健康、氢能与储能等未来产业。青海依据习近平总书记"加快建设世界级盐湖产业基地，打造国家清洁能源产业高地、国际生态旅游目的地、绿色有机农畜产品输出地"指示精神，明确了将建设产业"四地"作为推动青海高质量发展的主攻方向和行动路径。甘肃提出实施强科技、强工业、强省会、强县域"四强"行动，打造全国重要的清洁能源及新材料基地、西北地区重要的科创中心、现代寒旱特色农业高地、"一带一路"开放枢纽、西部生态安全屏障。2022年6月，宁夏提出"着力打造'六新六特六优'产业"，加快新型材料、清洁能源、装备制造、数字信息、现代化工、轻工纺织"六新"产业发展，大力发展葡萄酒、枸杞、牛奶、肉牛、滩羊、冷凉蔬菜"六特"产业，大力发展文化旅游、现代物流、现代金融、健康养老、电子商务、会展博览"六优"产业。2023年8月，宁夏首次评选出10家企业为重点产业链"链主"企业，政府给予每家企业500万元奖励，支持链主企业积极通过技术升级等方式延长产业链。2023年5月，新疆出台《关于深入学习贯彻习近平新时代中国特色社会主义思想推动新疆经济社会高质量发展的行动方案（2023—2025年）》和《关于促进南疆高质量发展的若干政策措施》，提出高质量打造以油气生产加工、煤炭煤电煤化工、绿色矿业、粮油、纺织服装、有机果蔬、优质畜产品、新能源新材料等"八大产业集群"为支撑的现代化产业体系，增强特色优势产业发展的接续性和竞争力。新疆积极在准格尔、吐哈、伊犁、库拜等区域建设一批大型现代化智能化煤矿，积极推动"疆煤外运""疆电外运"通道建设，加快建设准东、哈密等国家级现代能源和煤化工示范区。

二是大力发展绿色经济、构建绿色制造体系。西北地区是以传统产业为主的地区，高耗能产业和高耗水产业比重大，对资源消耗量大，对生态环境的污

染也较为严重，应该积极发展环保产业，大力发展绿色经济，改造传统产业。2023 年 9 月，宁夏出台了《关于深入学习贯彻习近平总书记重要讲话精神，全面推进新征程生态文明建设、加快建设美丽宁夏的意见》及环境整治、生态修复、绿色发展、组织保障 4 类专项文件，打好美丽宁夏建设"九大战役"，筑牢西北地区重要生态安全屏障。

绿色经济是以效率、和谐、持续为发展目标，以生态农业、循环工业和持续服务产业为基本内容的经济结构、增长方式和社会形态。绿色经济以资源节约型和环境友好型经济为主要内容，以可持续发展为目标，其中包括生态农业、生态工业、生态旅游、环保产业、绿色服务业等。

生态农业一般要求尽量少用或不用人工合成的化肥、农药、饲料添加剂等，而是依靠作物轮作、有机肥等补充养分，如宁夏供港蔬菜，充分发挥宁夏特殊气候及绿色、无污染的生产环境优势，开展绿色、有机、GAP 认证，2006 年以来，以宁夏菜心为主的蔬菜产品畅销粤港澳大湾区、长三角等高端市场及东南亚等国家。新疆盐碱水资源丰富，可以模拟海水生态环境，又日照时间长，远离城市和工厂污染，近年来，引进南美白对虾、澳洲淡水龙虾、三文鱼、螃蟹等水产品，克服了运输距离远、冬季漫长寒冷等劣势，产品远销东南沿海甚至俄罗斯、新加坡等国家。

生态工业以减量化、再利用、再循环为原则，按照自然生态系统物质循环和能量流动规律运行的经济模式，改变"先污染、后治理"的传统模式。绿色制造体系是生态工业的主要抓手，主要包括绿色工厂、绿色设计产品、绿色园区和绿色供应链的建设。从 2016 年以来，我国已经基本构建起绿色制造体系，西北地区虽然在绿色工业和绿色园区上有一定成功经验，但在绿色供应链和绿色设计产品方面与东南沿海地区还有巨大的差距。如西北地区较多地建设工业循环经济园区，对促进园区内能源、原料、供气供热等基础设施建设，以及废渣、废气、废水等方面循环利用，起到了较好的效果。

现代绿色服务业主要集中于生态物流和生态旅游等方面，生态物流要求在包装、运输、装卸、仓储和流通过程中，尽量节约资源，降低废弃物排放，减少物流对环境的干扰破坏。生态旅游以自然为基础，欣赏享受自然风光，减少旅游活动对自然环境的污染和干扰。西北地区大量旅游景区属于生态旅游带，要减少对旅游景区的干扰，打击猎杀动物、破坏植被行为，坚持山水林田湖草沙一体化保护和系统治理。

三是稳妥推进碳达峰碳中和。据测算，2015~2019 年，西北地区碳排放量从 1584.6 百万吨增加到 1974.5 百万吨，占全国碳排放总量的比重从 10% 提高到 10.8%。2019 年，中国碳排放量最大的是山东、河北、江苏、广东、山西等省，碳排放强度最大的是宁夏、内蒙古、新疆、山西等省区，西北地区中甘肃、青海、陕西等碳排放强度也较大。发电行业是碳排放的主要来源，宁夏、青海、甘肃等省区单位 GDP 中能源消耗量较大，中央提出尽早实现从能耗"双控"向碳排放总量和强度"双控"转变，西北地区双碳目标主要是降低碳排放强度。我国已经向全球作出了"双碳"的庄严承诺，这标志着中国绿色低碳发展的决心，以及从传统工业经济向绿色发展模式转型的开始。推动"双碳"转型，首先是节能增效，必须壮大节能环保等战略性新兴产业，提高节能技术进步水平，加强重点用能单位的效率提升。其次是促进产业结构转变，西北地区产业结构过分倚能倚重，应该大力发展现代服务业，发展新能源产业，降低高载能产业比重。电气化也是促进能效提升和产业转型的重要手段。西北地区碳排放主要是火电行业，中国是世界上燃煤发电效率最高的国家，应进一步提高燃煤发电技术效率，发展电能替代，提高电气化水平。发展循环经济，加强资源循环利用，建设"无废城市"，也是减碳措施之一。西北地区具有能源和新能源优势。2023 年 6 月，宁夏至湖南 ±800 千伏特高压直流工程在宁湘两地同时开工，这是中国第一条以开发沙漠光伏大基地、输送新能源为主的特高压输电通道。西北地区产业结构决定了实现"双碳"目标任务艰巨，不可能一蹴而就，应该稳妥推进减碳目标。

四是稳健发展储能产业。中国储能产业正在迎来高速发展期。目前注册的储能企业数量以广东、江苏、浙江、山东等沿海地区为主。但根据规划，到 2025 年，中国西北地区几乎占据了全国储能装机目标的 1/3。其中，甘肃、青海规划储能装机分别为 600 万千瓦，宁夏为 500 万千瓦，规划规模处于全国前列，陕西计划装机 200 万千瓦，新疆出台允许风电光伏发电项目建设按 25% 配比、有 4 小时以上时长的储能项目政策，致使储能产业成倍增长。截至 2022 年底，宁夏累计储能装机规模达到 90 万千瓦，排名全国第二。宁夏已经形成锂电生产基地 13 个，钒电池生产基地 2 个，氢能生产基地 5 个。宁夏锂电产业在宝丰集团、宁夏汉尧等企业带领下，已初步形成了从单晶硅到光伏产品、从电池正负极材料到储能动力电池全产业链的发展格局。新疆储能产业大有后来居上势头，2023年6月30日，新疆库车光伏绿氢示范项目顺利投产，这是我国首个万吨级光伏制氢项目；7月，新华发电莎车储能一体化项目在新疆成功并网投运，该项目是目前国内最大的电化学储能电站。2023年7月1日，由中国绿发投资集团有限公司投资建设的青海省6万千瓦/60万千瓦时液态空气储能示范项目在格尔木市正式开工建设，该项目将成为液态空气储能领域发电功率世界第一、储能规模世界最大的示范项目。8月，甘肃出台政策，鼓励新能源项目差异化配置新型储能，鼓励共建共享储能项目，鼓励各地建设电网侧独立储能项目等。目前，我国储能产业存在扎堆建设现象，现有政策对于未配建储能的存量新能源场站缺乏约束性的奖惩机制，储能电站通过调峰辅助服务和部分容量租赁获取的收益较低，亟须建立多元化的储能收益渠道和商业模式。

五是大力发展数字经济。发展数字经济是把握新一轮科技革命和产业变革新机遇的战略选择。国务院《"十四五"数字经济发展规划》中，提出加快建设信息网络基础设施，在京津冀、贵州、甘肃、宁夏等地区布局全国一体化算力网络国家枢纽节点。2023年8月18日，工业和信息化部、宁夏回族自治区人民政府共同主办的"2023中国算力（基础设施）大会"在宁夏银川举办，并举办了第二届"西部数谷"算力产业大会。宁夏地处中国陆地几何中心，特别是中卫地质构造稳定、空气干燥凉爽，能够延长服务器使用寿命，并具有丰富的电力能源优势，能够保障数据中心IT设备稳定运行。近年来，宁夏大力发展"东数西算"产业，在宁夏银川、中卫建成三座高标准数据中心，已经成为全国为数不多的"国家新型互联网交换中心、一体化算力网络国家枢纽节点"双中心省区，正逐步建设成为东部地区乃至全国的算力保障基地。甘肃省先后出台《甘肃省数据信息产业发展专项行动计划》《关于进一步支持5G通信网建设发展的意见》《甘肃省数字经济创新发展试验区建设方案》《甘肃省"十四五"数字经济创新发展规划》等政策。西北地区发展数字经济，应该大力推进重点产业、企业、产业园区和产业集群数字化转型，支持各产业企业推进"互联网+"和"5G+"改造进程，打造国家级数字经济核心产业园区。持续提升公共服务数字化水平，加强数字政府、新型智慧城市和数字乡村建设，健全完善数字经济治理体系和安全体系。

（三）坚持改革开放不动摇，加快形成陆海内外联动、东西双向互济的开放格局，推动"一带一路"高质量发展

改革开放 40 多年后，以开放引领战略为主正在转变为以创新驱动战略为主。在新形势下，如何坚持改革开放不动摇，破解当前经济下行的方法是刺激还是改革？都是需要研究的问题。中国经济低迷的根本原因在于资源配置效率的降低，必须全面深化改革，提高开放水平，不断提高全要素生产率。

一是深化资源要素改革。2013 年 11 月，党的十八届三中全会通过了《中共中央关于全面深化改革若干重大问题的决定》，在土地制度改革方面，提出了"建立城乡统一的建设用地市场""赋予农民更多财产权利"等政策，许多领域都有继续深化改革的空间。2021 年，宁夏出台了《关于印发用水权、土地权、排污权、山林权"四权"改革实施意见的通知》，2022 年自治区党代会报告中"四权"改革与用能权、碳排放权改革一起形成"六权"改革。用水权改革重在"节水增效"，土地权改革重在"盘活增值"，排污权改革重在"降污增益"，山林权改革重在"植绿增绿"，用能权改革重在"控能增产"，碳排放权重在"减碳增汇"。2023 年 8 月 30 日，宁夏回族自治区党委召开全区"六权"改革推进会，自治区党委办公厅、政府办公厅出台《关于深化"六权"改革的意见》。宁夏在全国率先推进用水权改革，率先出台"四水四定"政策，改末端征税为取水端征税，倒逼公共供水单位降低管网漏损率。将宅基地的确权登记工作重心，由政府主导转向申请登记，进一步扩大集体建设用地的确权登记覆盖面，推进葡萄酒等"六特"产业用地的确权登记工作。近年来，全区征收水资源税 23.2 亿元，全区万元 GDP 水耗降低 15.1%，再生水重复利用率提高 17.5%，高效节水灌溉面积增长 11.2%。在全国率先建立生态公益林政府回购机制，交易山林权 1.14 万亩，交易土地 4412.31 万平方米。19 家重点排放单位参与全国碳排放交易，卖出 605.29 万吨碳排放权。通过生产要素产权改革，搞活水、土、污、林、能、碳等供给侧生产要素，提高资源配置效率，重点开展节水型园区、节能型园区及其社会建设，大力发展低碳节约绿色高效产业发展。宁夏相继成为全国用水权改革建设"四水四定"先行区、土地权改革建设土地集约高效利用示范区、用能权改革建设国家新能源综合示范区。

二是加强重大基础设施建设。党的十八大以后，我国严格规范地方政府举债及城投平台的运作。2022年，全国地方政府总债务率，青海为第一，高达525.84%；宁夏为313.66%，甘肃为307.69%，总债务率分别列全国第4位和第6位。西北地区总体上处于政府高负债状态，大大制约了地方政府投资基础设施的能力。宁夏全区基础设施固定资产投资连续多年下降，2018年下降23.5%，2019年下降11.2%，2020年下降15.3%，2021年下降2.8%。西北地区发展滞后，地方政府财力有限，改善基础设施条件不能仅仅从经济效益上来考虑，应该更加注重其战略意义。2023年10月，中央财政将在第四季度增发2023年国债1万亿元，支持地方灾后恢复重建和提升防灾减灾救灾能力，有利于减轻地方财政配套压力，确保重大项目顺利实施。西北地区高铁建设滞后，应该积极促进包银高铁加快建设，争取银太高铁尽快上马建设。兰新高铁因青海线路多次发生地质灾害而停运，应该积极争取建设河西走廊线路。积极争取建设乌鲁木齐至喀什、乌鲁木齐至霍尔果斯高铁，定西—固原—平凉—庆阳高铁，加快宝中铁路中卫至平凉段扩能改造，将欠发达地区融入全国高铁网络，通过改善基础设施来带动山区经济发展。支持甘肃、青海两省努力打通南向通道，构建西北、西南地区综合运输大通道。积极建设银川河东国际机场等改扩建，争取伊宁、喀什、和田等地区与内地机场增加航空线路。除了传统基础设施要补短板外，还需要积极争取5G基站、特高压、城际高速铁路和城市轨道交通、新能源汽车充电桩、大数据中心、人工智能、工业互联网等"新基建"发展机遇。

三是加强教育、医疗等民生公共产品领域改革。在经济全球化大发展时期，提高服务业和消费比重是经济结构优化的目标。我国强调统筹发展与安全，更加注重粮食安全、大食物观和实体经济发展，对房地产业、金融业过快增长及其脱实向虚倾向也有所警惕。近年来，新疆、青海等地群众重视农牧业及俭朴的生活，宁夏等地重视粮食生产以及奶产业、枸杞加工业和葡萄酿酒业等，也是比较务实的做法。我国教育、医疗、养老、文化、旅游等领域依然有较大提升服务能力和水平的潜力，增加政府对教育、医疗等公共服务的投资，应该是扩张性财政政策的主要选择。应该积极推动教育、医疗等领域的体制机制改革，放开搞活，可以解决效率低下、不能满足群众需要、财政压力较大等问题，激发社会活力。

四是依据文化旅游资源优势推动文化与旅游深度融合。疫情防控新阶段，旅游业成为消费复苏典型代表。西北地区以其丰富的历史文化和壮丽的大美山河吸引了国内外大量游客。2023年"五一"节，西安市是全国最具热度的旅游城市之一，大唐不夜城成为高颜值、沉浸式、文艺范儿的网红打卡地，长安十二时辰主题街区是多元业态融合的新场景，还有陕西历史博物馆、西安城墙景区、碑林博物馆、易俗社文化街区等，以大唐文化为主的历史底蕴带动了陕西文化旅游业的兴盛。2023年9月6日，甘肃敦煌举办第六届丝绸之路（敦煌）国际文化博览会，把"大敦圈"建设作为推动文旅深度融合的重要抓手，聚焦九大工程，莫高窟、鸣沙山月牙泉、雅丹国家地质公园、玉门关、阳关、敦煌古城六大景区游客爆满。在安详和谐的社会环境下，"大美新疆"的文化旅游业得到迅速发展。6月，召开了2023年新疆旅游发展大会，举办了第六届中国新疆国际民族舞蹈节，各国的高雅艺术让人大开眼界。每年独库公路的开通都带来一波自驾游热潮，伊犁的琼什库台、那拉提草原、夏塔古道、赛里木湖等自然景观，给大家"望得见雪山，看得见圣湖"的美好享受，伊犁的六星街和喀赞其民俗旅游街、喀什的古城、和田的团城古街，各地的大巴扎，丰富的美食、歌舞和特产，使游客大饱口福，让人流连忘返。还有5月的薰衣草、7月的油菜花、10月的禾木和胡杨林，四季五颜六色，使人赏心悦目。旅游业也带来了新疆维吾尔自治区博物馆等地的火爆。8月，青海举办了"行走黄河源头，旅读大美青海"2023首届（青海）黄河文化旅游带宣传推广活动，省文旅局确定了38家国家A级及以上旅游景点，青海湖、塔尔寺、茶卡盐湖、祁连山等是青海热门景点。宁夏积极在外地开展"塞上江南神奇宁夏"2023宁夏文化和旅游推介会，与苏浙沪、陕甘等地达成文旅战略合作协议，联合推广"大西北旅游一卡通"，走进重点客源城市，全力做好"引客入宁"工作。中卫市探索大漠星空、黄河宿集等新型旅游模式，石嘴山市探索工业遗址旅游，沙坡头、贺兰山岩画、镇北堡西夏影城、西夏陵、水洞沟，以及怀远夜市等夜市经济火爆。西北地区具有丰富的旅游资源，各地都推出了具有地方特色的旅游业政策措施，但旅游季节性强，主要集中于每年的5~10月，旺季时接待能力有限，淡季时又门可罗雀，应该充分发展冬季旅游，发展冰雪游、古迹游、美食游等，继续改善旅游基础设施建设。

五是推进高水平对外开放。西北地区对外开放，要积极构建东西陆海新通道，要加强与京津冀、长三角、粤港澳大湾区等区域合作，加强与天津港、青岛港等陆港物流合作，持续推进铁路、公路、海铁联运、公铁联运等物流组织高效运行。充分发挥西安市作为丝绸之路经济带起点作用，推进新疆丝绸之路经济带核心区建设，大力发展霍尔果斯、阿拉山口、卡拉苏等口岸经济，积极发展面向中亚等地区的加工业和物流基地。中吉乌铁路是欧亚大陆上一条具有战略意义的贸易新通道，2022 年 9 月，中国、吉尔吉斯斯坦、乌兹别克斯坦有关部门签署了《关于中吉乌铁路建设项目（吉境内段）合作的谅解备忘录》，已经完成重点方案线路调查及沿线测绘，原计划 2023 年秋季开工建设，目前因经费和轨距等问题正在积极协商之中。西北地区已经批复建立了陕西西安、陕西杨凌、甘肃兰州新区、宁夏银川、新疆乌鲁木齐、新疆阿拉山口、新疆喀什等综合保税区，2017 年设立中国（陕西）自由贸易试验区。2023 年 10 月，国务院批准《中国（新疆）自由贸易试验区总体方案》，加快建设乌鲁木齐陆港型国家物流枢纽，推动建设空港型国家物流。西北地区经济发展滞后，也使得综合保税区作用发挥并不理想，应该稳步扩大制度型开放，努力提高贸易投资合作质量和水平。

（四）积极推进南水北调西线工程和黑山峡工程，逐步改善西北地区水资源短缺发展瓶颈，加快黄河流域生态保护和高质量发展

一是加快黄河流域生态保护和高质量发展。黄河治理的当务之急是共同抓好大保护，协同推进大治理。应该坚持以水定城、以水定地、以水定人、以水定产。

2021 年，中共中央、国务院印发了《黄河流域生态保护和高质量发展规划纲要》，提出构建黄河流域生态保护"一带五区多点"空间布局，构建形成黄河流域"一轴两区五极"的发展动力格局，构建多元纷呈、和谐相容的黄河文化彰显区。2022 年 6 月，生态环境部等部门联合出台《黄河流域生态环境保护规划》；10 月，第十三届全国人民代表大会常务委员会第三十七次会议通过《中华人民共和国黄河保护法》；2023 年 7 月，国家发展改革委等部门联合印发了《黄河国家文化公园建设保护规划》，提出构建黄河国家文化公园"一廊引领、七区联动、八带支撑"总体空间布局。2020 年 6 月，习近平总书记赋予宁夏建设黄河流域生态保护和高质量发展先行区的时代重任。2022 年

4月，国家发展改革委印发了《支持宁夏建设黄河流域生态保护和高质量发展先行区实施方案》，宁夏回族自治区第十三次党代会把先行区建设作为"三区建设"之首，先后制定了建设先行区实施意见、推动先行区建设取得新突破的意见2个纲领性文件，出台了"四水四定"实施方案等"1+1+9"区域经济高质量发展政策文件。宁夏将贺兰山生态环境整治建设作为重要内容，彻底关停自然保护区内所有煤矿、洗煤储煤厂，投入大量资金进行生态修复。2023年7月，宁夏与甘肃签署《甘肃省人民政府宁夏回族自治区人民政府黄河流域（甘肃—宁夏段）横向生态补偿协议》，设立黄河干流流域上下游横向生态补偿资金，用于流域内水污染综合治理、生态环境保护、环保能力建设等方面。2023年8月，中国水权交易所的黄河流域水权交易平台正式上线。积极争取国家公园建设。2016年3月，中共中央办公厅、国务院办公厅印发《三江源国家公园体制试点方案》，拉开了中国建立国家公园体制实践探索的序幕。2017年9月，正式印发《祁连山国家公园体制试点方案》，目前已经全面完成祁连山国家公园体制试点工作。青海还实施了"中华水塔"和地球第三极保护行动。2019年，陕西省组织编制了《陕西省黄河国家文化公园建设保护规划》。近年来，西北地区开展了秦岭、祁连山、贺兰山等生态综合治理，清理整顿了一些违规建设项目。目前，黄河流域各省区围绕加强上游水源涵养能力建设、加强中游水土保持、加强水资源节约集约利用、全力保障黄河长治久安、强化环境污染系统治理、建设特色优势现代产业体系、保护传承弘扬黄河文化等方面，积极出台各项政策措施，加快黄河流域生态保护和高质量发展。

二是推动黑山峡水利枢纽工程尽快上马。黑山峡河段开发是国家重大战略，黑山峡水利枢纽工程自1952年提出以来，国家发改委、水利部等开展了70多年的研究论证。先后提出"大柳树高坝一级开发"、"小观音高坝+大柳树低坝二级开发"和"红山峡+五佛+小观音+大柳树低坝四级开发"等多种不同方案。2020年6月，习近平总书记视察宁夏作出明确指示后，基本形成了黑山峡河段开发及其作为高坝一级开发方案的"黑山峡水利枢纽工程"的共识。黑山峡作为黄河上游最后一个可建控制性骨干水利枢纽工程的河段，在黄河流域生态保护和高质量发展重大国家战略中具有重要地位：其可以协调黄河水沙关系，提高宁蒙河段防洪防凌标准，防止宁蒙河段出现新悬河，保障黄河长久安澜；统筹山水林田湖草沙系统治理，加强黄土高原水土流失治理，促进五大沙漠荒地绿洲化，形成黄河流域生态带；优化配置流域水资源，从根本上解决陕甘宁蒙 4 省区 500 多万城乡群众饮水安全问题，为"几"字弯沿黄城市群和呼包鄂榆、陇东能源基地等高质量发展提供用水保障。南水北调西线工程生效后，近期还可开发灌区 600 万亩，远期开发 2000 万亩，将增强国家粮食安全保障能力，宁夏可以再造一个"塞上江南"。目前黄委会正在开展黄河黑山峡水利枢纽工程可行性研究，宁夏、甘肃等省区和国家相关部门正在积极开展前期各项工作。

三是努力解决西北地区长期发展的水资源瓶颈问题。西北地区土地广袤，但绝大多数地方年降水量不超过 400 毫米，成为人烟稀少的半干旱地区，400 毫米降水量线几乎与中国人口分界线"胡焕庸线"重合，说明水资源对人口分布的重大影响。西北地区水资源短缺是最大的刚性约束，从实现中国梦来看，克服水资源配置错位的影响，也需要把根本解决大西北水资源短缺问题作为中长期发展目标。南水北调工程是解决我国南方和北方水资源配置失调的重要措施，目前已经完成了东线和中线工程，大大缓解了黄河下游的缺水状况。黄委会南水北调西线方案计划从金沙江调水 150 亿立方米到龙羊峡水库，主要解决黄河上中游地区和渭河关中平原的缺水问题，并结合兴建黑山峡水利枢纽等工程，还可以向甘肃河西走廊等地区供水。南水北调西线工程等将为缓解西北地区水资源短缺、为西北地区高质量发展奠定基础。

（五）优化西北地区人口发展战略，共同建设中华民族现代文明，为铸牢中华民族共同体意识奠定基础

一是继续优化人口布局。我国从 2022 年开始总人口出现绝对减少趋势，西北地区人口也从 2020 年的 10360 万人减少到 2022 年的 10358 万人。其中甘肃从 2012 年开始、新疆和陕西也从 2021 年开始出现全省总人口减少现象。2011~2021 年，陕西 79 个县区人口减少 383.4 万人，西安市增加 436 万人。2010~2021 年，甘肃各县区中有 62 个县区人口减少 213.5 万人，而兰州市人口增加 76.52 万人。2010~2021 年，宁夏全区总人口增加了 92.05 万人，其中银川市增加了 87.75 万人，宁夏人口减少的县主要集中于海原县、隆德县、彭阳县、西吉县、泾源县 5 个原来的国家级贫困县，5 县总人口减少 19.95 万人，还有川区的青铜峡市、惠农区人口减少 2.73 万人，近年来，石嘴山市产业衰退，人口也大幅度减少，宁夏人口主要向银川市聚集。目前西北地区人口特点

主要是：总人口减少，人口出生率降低，开始进入老龄化社会；经济发展相对滞后，外来务工人员减少。特别是本地一些汉族人口陆续返回内地，少数民族生育率高于汉族，边疆地区、民族地区的少数民族人口比重显著提升。西北地区人口数量、结构及其布局是事关边疆长治久安的重大战略问题。2021年7月，中共中央、国务院印发了《关于优化生育政策促进人口长期均衡发展的决定》，西北各省区均出台细化政策，实施一对夫妻可以生育三个子女政策，配套实施积极生育支持措施。西北地区应该促进人口长期均衡发展，实施西部大开发政策，引导人口适当向边疆移民。建立生育支持政策体系，以"一老一小"为重点完善人口服务体系，降低生育、养育、教育成本。进一步优化营商环境和改善生活条件，大力发展经济，吸引外来人口。

二是推进现代工业化城镇化进程与实施乡村振兴战略。2022年，西北地区城镇化率最高的是宁夏为66.34%，最低的是甘肃为54.19%，西北绝大多数省份城镇化率低于全国平均水平。目前工业化水平，陕西处于工业化后期前半阶段，宁夏和青海处于工业化中期后半阶段，甘肃和新疆处于工业化中期前半阶段。在西北地区，一些欠发达市县工业化水平依然较低，如2022年宁夏固原市工业化率只有12.5%，其中西吉县、隆德县、泾源县分别为5.2%、4.2%、2%。2021年甘肃省定西市、临夏市、甘南市工业化率分别为9.07%、8.93%、9.44%。2021年青海省工业化率，玉树州为0.6%、黄南州为3%、海南州为4%、果洛州为8.7%。2019年新疆有30个市县工业化率低于10%，喀什市、和田市工业化率分别为6.9%、1.6%。西北地区应该因地制宜推进工业化、城镇化进程。新疆、青海等地还有大量的牧民、农民等群体，还存在人口众多的乡村社会，以少数民族为主的农村人口，应逐步分享到工业化的成果，许多人已经参与到农牧业、餐饮业、旅游业之中，还需要促使他们在教育、卫生、治安等行政事业单位以及其他服务业就业，使各民族群众能够形成利益共同体和命运共同体。必须实施乡村振兴战略，新疆、宁夏等地特色农产品品质优良，应大力发展乳制品及其加工业、葡萄及其酿酒业、瓜果和干果、枸杞、黄芪等道地药材、冷凉蔬菜、鲜花、小杂粮等。

三是铸牢中华民族共同体意识。西北地区具有深厚的中国优秀传统文化基础，也具有丰富多彩的民族文化，要把握先进文化前进方向，大力发展社会主义先进文化，弘扬革命文化，共同建设中华民族现代文明。西北地区是我国多民族聚居地区，也是伊斯兰教等宗教影响较大的地区。2022 年 6 月，宁夏回族自治区第十三次党代会提出"加快铸牢中华民族共同体意识示范区"，2023 年 6 月，宁夏回族自治区人民代表大会常务委员会审议通过了《关于推动加快建设铸牢中华民族共同体意识示范区的决定》。2023 年 5 月，中国共产党新疆维吾尔自治区第十届委员会第八次全体会议提出"有形有感有效铸牢中华民族共同体意识，加强各族干部群众交往交流交融，逐步实现在空间、文化、经济、社会、心理等方面的全方位嵌入"。西北地区铸牢中华民族共同体意识，应该以习近平总书记关于加强和改进民族工作的重要思想为根本遵循，树立正确的国家观、历史观、民族观、宗教观，不断增进各族群众"五个认同"，促进各民族交往交流交融，深化互嵌式社会环境，全面建设中华民族共有精神家园。坚持我国宗教中国化方向，提升民族宗教事务治理体系和治理能力现代化水平，保障各民族合法权利和利益，形成民族和睦、宗教和顺的民族宗教工作新局面。

参考文献

习近平：《高举中国特色社会主义伟大旗帜，为全面建设社会主义现代化国家而团结奋斗——在中国共产党第二十次全国代表大会上的报告》，2022 年 10 月 16 日。

新华社：《中共中央政治局召开会议 分析研究当前经济形势和经济工作》，2023 年 7 月 25 日。

综 合 篇

B.2

2023年中国西北地区经济发展报告

班 斓*

摘 要: 2023年,面对内外需求总体偏弱的复杂局面,西北地区经济增速恢复向好,经济体量稳步上升,总体呈现持续回升、全面向好的态势;投资稳定经济作用明显,消费市场快速复苏,投资需求不断扩大;新兴产业成长壮大,创新动能持续增强,带动产业结构明显改善;民营经济发展壮大,高技术产业发展强劲,绿色转型持续深入,高质量发展稳步推进。同时,当前西北地区仍存在一些制约经济高质量发展的不利因素,亟须培育经济发展内生动力,城市群集聚效应明显不足,营商环境、市场监管及绿色示范机制等政策环境也有待优化。针对西北五省区经济发展的制约因素,本研究建议西北地区应从强劲经济高质量发展内生新动力、构建城市群融合发展新格局、培育发展政策环境新优势等方面入手,加快产业体系升级,带动经济发展动力更强、效益更好,实现高质量发展。

关键词: 经济发展 高质量发展 城市集聚 生态资源 西北地区

---

* 班斓,经济学博士,陕西省社会科学院生态文明研究中心副研究员,主要研究方向为区域经济高质量发展。

西北五省区坚决贯彻落实党中央、国务院决策部署，完整、准确、全面贯彻新发展理念，加快构建新发展格局，经济增长持续回升，投资需求不断扩大，新兴产业发展壮大，高质量发展稳步推进，经济实现全面向好。

一 西北地区经济增长持续回升

2023年上半年，西北五省区经济增速恢复向好，经济体量稳步上升，经济增长总体持续回升。

（一）经济增速恢复向好

2023年上半年，西北五省区经济运行呈现恢复向好态势，甘肃、宁夏、青海、新疆四省区地区生产总值同比增速分别为6.8%、6.5%、6.8%、5.1%，增速较2022年上半年明显回升，分别回升2.6个、1.2个、4.3个、0.2个百分点，其中甘肃、宁夏、青海三省区增速较2023年一季度也有明显回升，经济增速持续回升；陕西省生产总值同比增速为3.7%，增速较2022年上半年放缓0.5个百分点。与全国相比，甘肃、宁夏、青海三省区地区生产总值同比增速分别高于全国平均水平1.3个、1.0个、1.3个百分点，陕西、新疆两省区地区生产总值增速低于全国平均水平，如图1所示。

（二）经济体量稳步扩大

2023年上半年，西北五省区地区生产总值33858.35亿元，占全国GDP的比重为5.71%，西北五省区经济体量占经济总量的比重趋于稳定。分省区看，陕西地区生产总值15503.2亿元，占西北五省区总量的比重为45.79%，稳定处于西北五省区第1位，有绝对领先优势，陕西地区生产总值同比增速保持稳定增长有利于西北地区经济体量稳步扩张；新疆地区生产总值8542.08亿元，占西北五省区的比重为25.23%，是处于第3位的甘肃（5539.10亿元）的1.54倍，新疆相对优势地位明显，地区生产总值同比增速是五省区第4位，高于陕西，且与甘肃、宁夏、青海三省区差距不大，不会拖累西北五省区经济体量稳步扩张，且有利于缩小与陕西的差距；从总量上说，西北五省区经济体量稳步扩张，企稳回升预期明显，如图2所示。

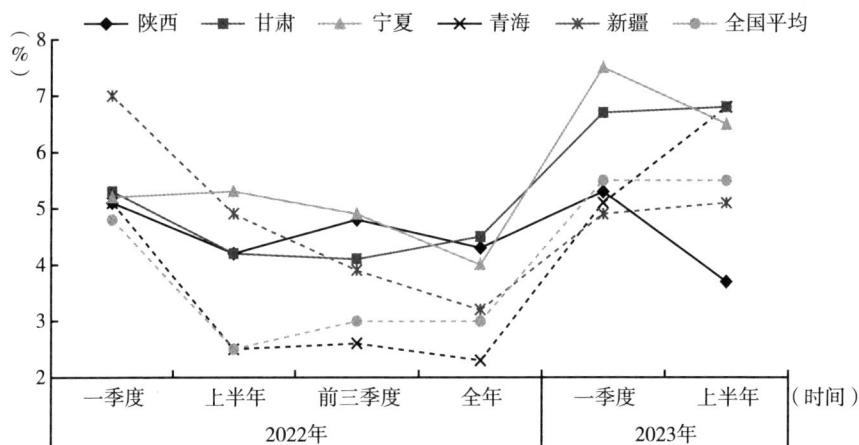

图 1 2022~2023 年西北五省区地区生产总值增速情况

资料来源：根据西北五省区统计局公布的 2022~2023 年经济运行数据整理。

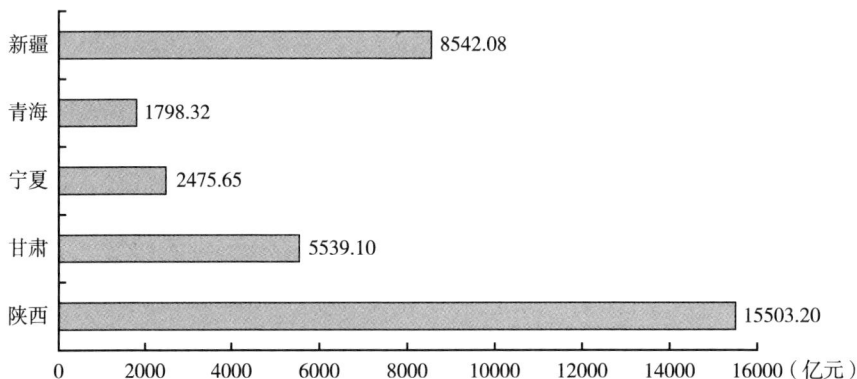

图 2 2023 年上半年西北五省区 GDP 及累计增长情况

资料来源：根据西北五省区统计局公布的 2023 年上半年经济运行数据整理。

二 西北地区投资需求不断扩大

2023 年前 8 月，西北五省区投资规模有所扩大，稳定经济作用明显，社会消费品零售总额平稳增长，消费市场快速复苏，总体来看投资需求不断扩大。

（一）投资稳定经济作用明显

2023 年前 8 月，甘肃、宁夏、新疆三省区投资增速在合理区间运行，投资规模有所扩大，稳定经济作用明显。甘肃、宁夏、新疆三省区固定资产投资实现高位运行，分别同比增长 8.2%、6.5%、8.4%，分别高于全国固投增速水平 5.0 个百分点、3.3 个百分点、5.2 个百分点；且三省区工业投资增势良好，为经济健康发展持续注入活力，是拉动投资增长的主力军，甘肃、宁夏、新疆三省区工业投资分别同比增长 35.0%、24.9%、30.0%，分别是全国工业投资增速的 4.0 倍、2.8 倍、3.4 倍。陕西、青海投资增速出现短暂下降，固定资产投资同比分别下降 7.2%、6.3%；陕西、青海两省投资增长主要靠三产固投带动，其三产固投分别同比下降 8.2%、14.5%，造成其固投增速出现短暂下降。如图 3 所示。

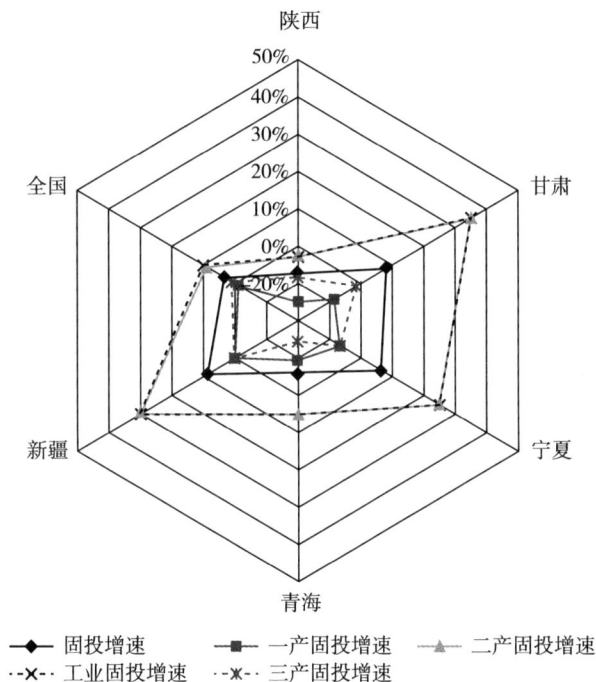

图 3　2023 年前 8 月西北五省区总体及三次产业固定资产投资增长情况

资料来源：根据西北五省区统计局公布的 2023 年前 8 月固定资产投资数据整理。

（二）消费市场快速复苏

2023 年前 8 月，随着各项稳增长促消费政策落地显效，消费需求稳步释放，西北五省区消费品市场复苏加快，社会消费品零售总额平稳增长。青海社会消费品零售总额为 639.8 亿元，同比增长 11.3%，是五省区中增速最快也是恢复较快的省份，增速高于全国水平 4.3 个百分点，增速较 1~7 月提升 0.4 个百分点，其消费市场快速复苏，主要得益于接触性消费行业的迅速恢复，其生活类和消费升级类产品增长较快，8 月，其书报杂志类、石油及制品类、汽车类、烟酒类零售额同比分别增长 55.9%、36.8%、28.5%、28.3%。甘肃、新疆两省区消费增长较快，社会消费品零售总额分别为 2891.0 亿元、2450.7 亿元，同比分别增长 9.7%、9.4%，增速分别高于全国水平 2.7 个百分点、2.4 个百分点；甘肃限额以上住宿餐饮业营业额增势迅猛，住宿业、餐饮业营业额分别同比增长 54.4%、31.2%；8 月，新疆社会消费品零售总额同比增长 36.8%，增速比 7 月提高 36.3 个百分点，销售市场持续恢复。陕西（上半年）社会消费品零售总额为 5356.0 亿元，同比增长 7.0%；限额以上企业（单位）消费品零售额为 3562.1 亿元，同比增长 3.3%，其中限额以上餐饮收入增长较快，同比增长 20.1%，限额以上中西药品类、金银珠宝类等升级类商品销售额增长较快，同比分别增长 19.0%、17.3%。宁夏（上半年）社会消费品零售总额 641.7 亿元，同比下降 1.2%；限额以上企业（单位）消费品零售额为 234.45 亿元，同比增长 4.8%，比 1~7 月加快 0.1 个百分点；其限额以上文化、办公用品通信器材等升级类商品市场表现活跃，其零售额同比分别增长 29.0%、17.0%。如图 4 所示。

三 西北地区新兴产业成长壮大

（一）新产业新动能持续增强

2023 年前 8 月，从细分行业来看，西北五省区新兴产业新动能发展各有倚重：陕西装备制造业增长较快，同比增长 4.6%，特别是汽车制造业、计算机通信和其他电子设备制造业实现高速增长，引领产业转型升级，分别同比增

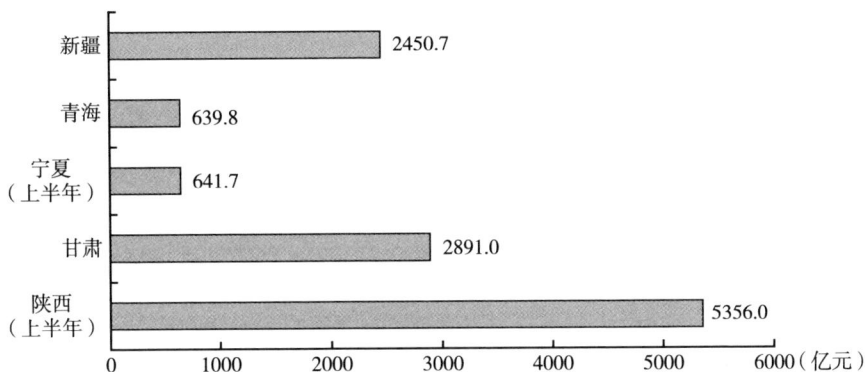

图 4 2023 年前 8 月西北五省区社会消费品零售总额情况比较

资料来源：根据西北五省区统计局公布的 2023 年前 8 月社会消费品零售总额数据整理。

长 28.3%、18.0%；甘肃战略性新兴产业增长较快，同比增长 9.0%，装备制造业同比增长 18.7%；宁夏则是电子（主要是晶硅材料）行业增长较快，同比增长 47.3%；青海装备制造业同比增长 66.2%，其中计算机通信和其他电子设备制造业、医药制造业产业表现亮眼，分别同比增长 1.5 倍、50.4%；新疆（上半年）新能源电源和电网直接拉动新疆 GDP 增长约 1.76 个百分点，新能源产业成为其经济增长新动能。

（二）产业结构明显改善

2023 年上半年，西北五省区第二产业保持快速增长，二产占比处于较高水平，第三产业快速恢复，产业结构得到明显改善；甘肃、宁夏、青海、新疆第二产业增加值同比增长分别为 6.5%、6.5%、6.5%、6.2%，增速均高于全国水平（4.3%），仅陕西第二产业增加值增速出现波动，低于全国平均水平，陕西、甘肃、宁夏、青海、新疆第二产业增加值占地区生产总值比重分别为 48.4%、35.3%、47.0%、44.3%、40.3%，除甘肃外，均远高于全国水平；陕西、甘肃、宁夏、青海四省区现代服务业增势良好，高技术服务业快速增长，餐饮、住宿和娱乐业等接触型聚集型服务业快速反弹，带动第三产业快速恢复，陕西、甘肃、青海第三产业增加值同比分别增长 6.2%、7.0%、7.2%，带动产业结构优化，特别是甘肃，其是五省区中唯一一个第三产业增加值占地区生产总值比重高于全国水平的省区，其三产占比达到57.9%，青海、新疆两省区第三产业比重也较高，三产占比分别为52.6%、53.0%，陕西、宁夏两省区三产占比分别为46.8%、48.6%，也接近50%，如图5所示。

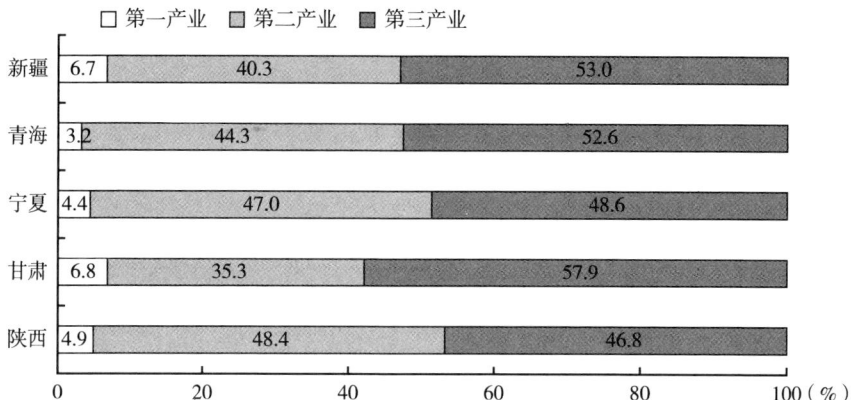

图5 2023年上半年西北五省区三次产业结构情况比较

资料来源：根据西北五省区统计局公布的2023年上半年三次产业相关数据计算并整理。

四 西北地区高质量发展稳步推进

西北地区高质量发展稳步推进，总体呈现民营经济壮大发展、高技术产业发展强劲、绿色转型持续深入显现的特征。

（一）民营经济壮大发展

2023年前8个月，西北五省区全面落实推动民营经济高质量发展、营商环境改善的多项政策，开创民营经济发展新局面，实现民营经济壮大发展，特别是在外贸领域，民营企业成为外贸稳定器。陕西出台《大力服务民营经济高质量发展十条措施》《陕西省推进营商环境突破年实施意见》《陕西省2023年深化"放管服"改革工作要点》等政策，陕西民营企业进出口占进出口总额的比重为42.5%，占比较上年同期提高6.4个百分点，有效增强陕西外贸韧性；甘肃省民营经济对地区生产总值的贡献为48%，民营市场主体占市场主体总量的98%①；宁夏营商环境跻身全国第一方阵，民营经济对地区生产总值的贡献超过50%②；青海开展"民营经济政策宣传月"等活动，民营经济已成为拉动青海外贸发展的主力军，民营企业实现进出口总产值16.21亿元，占同期全省外贸总值的比重为50.9%；新疆民营企业对外贸带动作用突出，民营企业实现进出口同比增长59.8%，占同期新疆外贸进出口总值的比重达89.9%，成为外贸"稳定器"。

（二）高技术产业发展强劲

2023年前8月，西北五省区高技术投资增速水平较高，带动高技术产业发展强劲。宁夏高技术投资实现高速增长，同比增长38.3%。甘肃信息传输软件和信息技术服务业、科学研究和技术服务业投资增长实现超高速增长，同比分别增长46.7%、34.8%；陕西、青海两省区高技术投资实现快速增长，分别同比增长6.8%、9.5%，均高于其固投平均增速；新疆风力光伏发电项目投资同比增长2.3倍。

（三）绿色转型持续深入

2023年前8月，西北五省区太阳能、风电、水电等新能源发电量持续增长，太阳能电池、新能源、光电子器件等新能源产品产量大幅增加，新能源产业快速发展，绿色转型明显。陕西、宁夏、青海三省区的太阳能电池、新能源汽车、多晶硅、光电子器件等新能源产品产量大幅增加，具体来看：陕西太阳能电池、新能源汽车产量分别同比增长1.2倍、40.0%；宁夏单晶硅产量同比增长1.5倍；青海多晶硅、单晶硅、太阳能电池产量分别同比增长3.4倍、1.8倍、83.3%。甘肃、新疆在新能源发电领域实现突破，甘肃风电、光电等新能源发电量实现高速增长，发电量分别同比增长20.3%、17.0%；新疆新增新能源装机容量突破1000万千瓦大关，新能源利用率增长2.5个百分点，实现"量率齐升"。

---

① 受限于数据可得性，甘肃数据节点为2021年。
② 受限于数据可得性，宁夏数据节点为2022年。

五　西北地区经济发展的制约因素

西北五省区经济增长持续回升，高质量发展稳步推进，但仍存在一些制约经济高质量发展的不利因素。

（一）经济发展内生动力亟须培育

创新是引领经济高质量发展的第一动力。以科技创新求突破，高效产出创新成果，实现基础能力再造和科技成果转化，从而有效支撑和驱动经济高质量发展；以科技创新优动能、促转型，推动产业迈向高端化、绿色化、智能化，实现产业体系升级，从而加快新旧动能转化，带动经济发展动力更强、效益更好、质量更高，实现高质量发展。西北五省区目前仍以投资驱动经济发展为主，科技创新虽然保持活跃，但仍存在创新支撑作用不高、创新产业带动力不强、未能有效加快产业体系升级等问题，这种发展模式是不可持续的，亟须培育新质生产力。

1. "卡脖子"技术攻关成效还不明显，创新支撑作用不高

当前，我国许多关键核心技术上的"卡脖子"问题仍然存在，西北五省区科技创新链水平不高，创新链仍处于价值链的中低端，这个问题尤为突出，如新能源产业领域，成套芳烃技术、全生物降解材料技术等核心技术支撑不足，新材料产业领域缺乏钛材深加工核心技术，钛材成材率较先进国家低5～10个百分点，新一代信息技术产业领域研发能力也相对滞后。目前，西北五省区"卡脖子"技术攻关成效还不明显，高端设备、关键技术本地供给能力不足，缺乏龙头企业，产业链关键环节较为薄弱，不能有效支撑高端装备、新能源、新材料、生物医药、汽车等科技创新含量高、附加值高的新质生产力迅猛、高质量发展。

2. 科教资源转化能力不强，创新产业带动力不强

要素供给、制度供给与市场需求、人才需求信息不对称、赋能不到位，导致科技成果转化特别是就地转化能力不强，技术合同成交额虽然较高，但科技成果产出总量与人均量都不高，难以发挥出创新加持的化学反应，导致技术创新转化效率过低，未形成科技创新产业规模带动效应，战略性新兴产业规模总体还不高，对经济社会发展贡献也有限。西北五省区中战略性新兴产业规模相对最高的陕西，其战略性新兴产业增加值占工业增加值的比重也不到20%，与广东等发达省份差距很大。

3. 创新链和产业链融合不够，未能有效加快产业体系升级

西北五省区创新链和产业链融合不够紧密，尚未建立企业融通融合、知识共享、协同共生的有机生态网络，难以形成创新链与产业链、人才链、资金链紧密融合、高效匹配的生动局面，未能有效加快产业体系升级。目前西北五省区产业结构偏重问题仍相对突出，短期内还难以形成以非能和清洁能源为主的产业结构，陕西、甘肃等省能源化工占工业增加值比重仍然很高。

（二）城市群集聚效应明显不足

城市群是工业化、城市化进程中，区域空间形态的高级现象，能够通过中心城市引领并带动区域发展的新模式，加快区域融合、互动发展，带来较高的集聚经济效益。目前国务院共先后批复了9个国家级城市群，以西北五省区城市为主的城市群主要是关中平原城市群和兰西城市群。然而，关中平原城市群和兰西城市群受到人口与经济规模偏小、产业关联度不高、区域发展不平衡等因素的制约，城市群集聚效应明显不足。

1. 人口、经济规模偏小，规模集聚效应很小

关中城市群、兰西城市群地区内常住人口分别为3900万人、1600万人，人口规模分别为成渝城市群人口规模的40.21%、16.49%；关中城市群、兰西城市群地区生产总值分别为2.26万亿元、0.68万亿元，经济规模分别为成渝城市群经济规模的29.77%、8.83%。与西部发展较好的成渝城市群相比，关中平原城市群和兰西城市群人口、经济规模明显偏小，难以发挥出创新、产业互动加持的化学反应，难形成规模效应。

2. 产业关联度不高，未形成产业集群效应

关中平原城市群以西安为中心城市，2023年1月，西安市获批建设"综合性科学中心"和"科技创新中心"称号，成为全国第四个"双中心"城市。西安市实施创新驱动发展战略，聚焦产业转型，培育扩充规上机器人、卫星应用、大数据与云计算等新兴产业，倍增发展电子信息、汽车、航空航天、高端装备等支柱产业，逐步培育形成高端供给链，奠定了西部强市的位置，宝鸡市

作为传统工业强市，其产业链布局也是聚焦新材料、汽车及零部件、装备制造业等产业，产业分布与西安市高度重合和竞争，而城市群内其余城市的产业分布，却与西安关联度不高，甘肃力促天水融入关中平原城市群，但效果不明显，导致关中城市群难以形成产业集群效应。在甘肃、青海两省，传统制造业和资源型产业占据主导地位，且产业发展目标也高度重合，均聚焦特色农业、新能源、新材料，兰西城市群受限于地理因素，也是依靠资源发展，其产业基础薄弱、产业链条短，装备制造、特色农业等优势产业发展相对滞后，精细化产业链分布尚不成熟，兰州、西宁等中心城市缺乏带动能力，也未形成产业集群效应。

3. 区域发展不平衡，中心城市辐射作用有限

关中平原城市群只有中心城市西安规模达到万亿级别，占据关中平原城市群经济总量的47%，而经济总量第二的咸阳才到两千亿级别；兰西城市群整体与关中平原城市群规模差距较大，兰州、西宁等城市与西安差距很大，兰州经济总量才达到三千亿级别，已经占据兰西城市群经济总量的48%。关中平原城市群和兰西城市群，与拥有成都和重庆两个两万亿级别城市的成渝城市群相比，极化现象和断层现象明显，难以形成"双核驱动"，更缺乏中间梯队，区域发展不平衡的短板较为突出，中心城市辐射作用有限，难以形成城市群集聚效应。

（三）发展政策环境有待优化

西北五省区目前是我国营商环境建设的"低洼地带"，市场监管机制未能及时跟上发展，绿色示范引领作用也发挥不足，发展政策环境有待优化。

1. 仍是营商环境建设的"低洼地带"，营商环境有待进一步优化

近年来，西北五省区持续深化"放管服"改革，积极出台各项高质量发展政策，营商环境和政策水平大幅改善，但其开发、开放相对较晚，具有天然的劣势，当前仍是营商环境建设的"低洼地带"。当前西北五省区"一网通办"统筹推进力度还需加大，法治化营商环境亟须加强，各地公共资源交易平台建设还不均衡，政府服务管理水平仍需提高，营商环境有待进一步优化。

2. 市场监管机制未能及时跟上发展，市场配置资源效率尚需提升

当前西北五省区产业体系不断完善、发展质量不断提升，社会分工、社会

结构日益复杂，新产业、新业态、新模式不断涌现，市场主体快速增长，对市场监管提出了新的更高要求。但目前监管模式、监管机制滞后于经济社会发展，监管缺失与监管过度并存，现代市场监管理念有待于进一步强化，产品和服务标准不高、覆盖不全导致质量参差不齐，"劣币驱逐良币"现象仍然存在。

3.区域综合协同创新机制不强，绿色示范引领作用发挥不足

西北五省区流域综合治理和生态廊道建设系统性不足，未形成污染防治协同性治理机制，缺乏有效的联合治理措施和监管措施，无法形成生态绿网体系，区域综合协同创新机制不强，导致目前西北五省区绿色示范引领作用发挥不足，难以发挥黄河流域生态保护和高质量发展战略的重大作用，在黄河流域城市群中，西北五省区的兰西城市群、宁夏沿黄城市群、关中平原城市群三个城市群的生态文明示范区数量之和，低于中原城市群，甚至不及山东半岛城市群数量的七成。

六　推动西北地区经济高质量发展的对策与建议

（一）强劲经济高质量发展新质生产力

1.加大"卡脖子"技术攻关力度，充分释放创新优势

搭建常态化"揭榜挂帅"平台，加大"卡脖子"技术攻关政策、资金支持力度，支持产业"链主"企业牵头组建体系化、任务型的创新联合体，支持成功"揭榜"项目中试熟化产业化，推进关键核心技术研发及产业化应用，强化"链主型"龙头企业的培育，打造优势品牌，并积极引导龙头企业参与国际市场化、专业化分工，建立行业标准，充分释放创新优势，更好发挥创新在加快发展现代产业体系中的牵引作用。

2.加强科教资源转化能力培养，持续优化创新生态

推广三项国家全面创新改革任务成果，建立职务科技成果单列、转移人才评价职称评定、横向节余经费出资等成果转化创新机制，破解成果转化"不敢转""不想转""缺钱转"的难题，加强科教资源转化。搭建创新生态体系市场化运营平台，充分引入和培育科技经纪人、科技金融产品等新型科创载体和产品，为科创企业营造茁壮成长的适宜环境，持续优化创新服务。

3.深入实施人才强链工程，加速聚集创新资源

创新的前提是人才的蓄积和持续的研发，深入实施人才强链工程，突出"高精尖缺"导向，加大引进国内外战略科学家、领军型人才、团队力度。深化"人才+项目+资本""院士领衔+团队培植"等协同引才模式，加快形成高精尖人才引育的链式效应，吸引人才资源集聚。探索建立"技术高管""产业教授"制度，畅通技能人才与专业技术人才互认通道，联合培养高技能人才，完善创新人才机制。推动创新企业积极与银行机构、保理公司、第三方供应链平台公司等开展合作，通过金融工具支持创新链上下游企业，推动产业链资金链深度融合，创新"科技+金融"服务平台，大力发展互联网金融、知识产权质押融资等科技金融，集聚创新资本。

（二）构建城市群协同融合发展新格局

1.强化中心城市创新支撑带动作用，营造良好创新生态

发挥秦创原创新驱动平台作用，建好西安综合性国家科学中心和科技创新中心，深化"托管"和"飞地"等西安研发—异地转化的模式，共建共享实验室和研究中心，打造西安创新策源地，强化西安作为科创双中心的创新支撑带动作用，不断释放科创潜能。建立重大科技创新的联合公关平台、机制，实施创新型企业腾飞行动计划，筑巢引凤，推进"揭榜挂帅"等科研项目管理改革，完善创新体制机制，聚才引智，促进城市群内及西北五省区内的资本、人才、技术、信息等要素流动，培育良好创新生态。

2.协同、融合发展城市群内产业，推动产业升级优化

关中平原城市群应引导产业链向园区集中，依托比亚迪、隆基绿能等龙头企业，推动成立产业创新联盟，联合开展重点产业链招商活动，加快重点产业链延链补链强链，积极打造新能源、高端装备、新材料、新能源汽车等新产业集群；发挥天水、宝鸡的装备制造业优势，大力发展县域经济，打造县域首位产业集群，推动城市群内产业协同、梯度发展。兰西城市群应依托大数据、云计算、物联网、5G商用等新技术新模式，推动能源产业转型升级，促进制造业与服务业相互融合，建立高技术产业投资促进机制，加快发展新能源汽车制造、生物医药、中藏药等地方特色优势产业，实现传统制造业向中高端制造业迈进，推动产业高端化、融合化发展。关中平原城市群、兰西城市群群内旅游

资源丰富，历史文化围绕"汉唐文化""西域文化"一脉相承，应成立城市群旅游发展协会和基金，共同打造中华人文旅游观光带，着力推动文化创意产业、现代农旅产业发展，加快现代服务业高质量发展，促进城市群产业升级优化。

3.建立基础设施共建共营机制，提升城市群空间发展凝聚力

着力推动关中平原城市群、兰西城市群共建共营机制，实现一体规划、组团发展，全面提速城市群基础设施建设重大项目、重点工程，加快建设国家级物流枢纽，打造城市群内轨道交通一体化，大力发展、梯度培育中小城市、县城，加速提升城市群内及西北五省区整体的基础设施建设水平，加快优化城市群发展空间格局，促进资本、人力、生态、数字等资源要素流动，提升城市群空间发展凝聚力。

（三）培育发展政策环境新优势

1.推动营商环境实现新突破，强化政策保障机制

进一步深化"放管服"改革，加快推动"一件事一次办"改革，深化"证照分离"改革，加大"照后减证"和简化审批力度，实现"减证便民"，助力营商环境升级，提升行政效能。积极开展民营市场主体分类指导、精准培育、投融资对接，提供全流程、全周期咨询服务等，强化政策保障机制，培育民营主体发展政策支持新优势。稳妥推进政府投资项目代建制，规范有序推进政府和社会资本合作（PPP），完善重点项目前期工作协同推进，改革投资项目审批制度，强化市场主体发展金融支持新优势。进一步强化统一市场建设，依托强大国内市场，形成区域内一体化的要素市场，打破行政垄断和政策壁垒，提高资源配置效率，强化市场主体发展体制机制优势。

2.持续创新监管方式，营造竞争有序的市场环境

尽快出台新领域新产业的监督管理办法，采用信用监管、数字监管等新方式，破除妨碍生产要素市场化配置的体制机制障碍，对新技术、新产业、新业态、新模式探索推行轻微违法行为首次免罚、"沙盒监管"、触发式监管等模式，推进包容审慎监管，促进市场竞争公平。统筹运用"双随机一公开"、信用监管、"互联网+监管"、跨部门协同监管等多种形式，严格落实公平竞争审查机制，严厉查处垄断案件和各类不正当竞争行为，打造公平竞争的市场环境。加强动态管理，建立监督检查机制，强化节假日市场秩序治理，加强重点产品、重点领域、重点环节监管，严格落实值班制度，及时稳妥处置好突发事件。

3.统筹推进生态环境全要素一体化保护，发挥绿色示范引领作用

因地因时规划建设一批生态建设工程，跨区域、跨部门、跨行业开展生态环境联保、联防、联治，强化污染防治协同控制与减排机制，加快推进国家生态文明建设示范区、低碳城市、"无废城市"等各类绿色示范试点创建工作，起到以点带面的"集群效应"和示范引领作用。建立健全生态产品价值实现机制，大胆探索、率先试点碳排放权、排污权、绿色债券、水资源使用权等市场化生态补偿机制。培育壮大绿色生态产业，打造一批跨区域、上下游关联、横向耦合发展、地区间优势互补的产业链，率先探索打造零碳能源支撑的城市群，发挥绿色示范引领作用，实现绿色发展。

参考文献

高志刚、赵振晶、韩延玲：《西部城市群经济高质量发展水平测度及影响因素分析》，《新疆财经》2023年第3期。

陈文烈、郭云冬：《区域空间结构优化视域下兰西城市群经济一体化研究》，《城市学刊》2023年第2期。

赵晓冏、张兴林、张钰浩：《深入推进黄河流域城市群绿色发展的对策建议——以兰西城市群为例》，《环境保护》2022年第24期。

张博：《双循环新发展格局下关中城市群产业发展路径研究》，《产业创新研究》2022年第19期。

B.3
2023年中国西北地区社会发展报告

摘　要： 2023年，西北五省区经济社会运行稳中有进，城乡居民收入稳步增加、就业形势逐步回暖向好、教育数字化实现新突破、公共卫生服务明显改善、社会治理水平显著提升，社会发展稳定预期相对较好。但西北五省区城乡居民收入差距较大、劳动就业形势依然严峻、基本公共服务存在短板、养老托幼服务尚需提升、基层治理较为薄弱。2024年及今后一段时期内，西北五省区要完善收入分配制度体系、促进高质量充分就业、持续改善和增进民生福祉、提高养老托育服务水平、增强社会治理效能，谱写社会高质量发展新篇章。

关键词： 社会建设　社会治理　民生福祉　西北地区

　　2023年是全面贯彻党的二十大精神开局起步的重要节点，也是深化实施"十四五"规划的关键时间段。这一年，西北五省区坚持稳中求进工作总基调，聚焦高质量发展，重点围绕稳增长、稳就业、稳物价，推动经济社会运行全面恢复，全力稳住经济大盘，繁荣发展社会事业，聚力在发展中保障和改善民生福祉，不断提升社会公共服务水平，持续增进社会治理效能，稳步增进城乡居民生活品质，五省区经济社会发展，既有质的有效提升，也有量的合理增长。

---

　　* 侯万锋，甘肃省社会科学院公共政策研究所所长、研究员，主要研究方向为社会治理、公共政策等。

一 2023年西北地区社会发展形势

2023年，西北五省区牢牢把握高质量发展这个首要任务，坚持稳字当头、稳中求进，综合施策释放内需潜能，推动经济运行持续整体好转。在国内外复杂变化的大环境下，我国社会形势仍然较为严峻，面临较大的压力和挑战。从国际层面看，俄乌冲突仍在持续升级，国际社会多方力量交织的竞争博弈，不利于全球和平发展；全球通胀仍保持较高水平，不利于全球经济社会全面恢复；西方国家特别是美国对中国采取一系列遏制政策，不利于我国改善经济社会发展；国际能源价格变动、单边保护主义等，也给中国社会发展带来不可预判的风险。从国内看，三年疫情对经济社会的冲击较大，西北五省区高质量发展面临多重压力，导致居民收入增速明显放缓。从当前经济社会运行状况看，虽然西北五省区经济复苏整体趋势明显，经济运行也逐步恢复正常，但市场全面复苏面临较大挑战，企业生存压力持续增大，特别是民营企业破产风险增加，实体经济仍面临产业链供应链不畅的风险。尽管如此，国内整体经济社会环境较为稳健，西北五省区营商环境整体趋优，市场活力有所激活，社会发展稳定预期相对较好。

（一）经济运行稳中有进，城乡居民收入稳步增加

陕西加快扩大内需，紧盯国家鼓励和关注的重点领域，着力稳住经济发展大盘，特别是大抓高质量项目，仅2023年就安排了640个省级重点项目[①]。甘肃坚持放大优势、拓存创增，聚力实体经济振兴，加快产业转型升级，增强高质量发展新动能[②]。宁夏优化战略布局，坚持需求牵引供给与供给创造需求双向发力，促进经济发展提质升级行动，着力新增长点培育、新增长极打造和新

---

① 赵刚：《陕西省2023年政府工作报告——2023年1月12日在陕西省第十四届人民代表大会第一次会议上》，陕西省人民政府网，2023年1月12日。
② 任振鹤：《2023年政府工作报告——2023年1月15日在甘肃省第十四届人民代表大会第一次会议上》，甘肃省人民政府网，2023年1月20日。

的动力源形成①。青海健全以"四地"为牵引的现代化产业体系和基础设施体系、城镇化空间体系，推动更高水平的供需良性循环和动态平衡②。新疆以推动丝绸之路经济带核心区建设为驱动，打造亚欧黄金通道和向西开放桥头堡，积极构建新发展格局战略支点，推进新疆的区位优势转化为开放优势③。总体上看，西北五省区经济总体运行稳中提质、质中有进、进中向好。2023年前三季度数据显示，陕西、甘肃、宁夏、青海、新疆五省区实现地区生产总值分别为 23681.34 亿元、8635.4 亿元、3749.74 亿元、2695.70 亿元、13552.49 亿元，按不变价格计算，同比增长分别为 2.4%、6.6%、6.4%、5.6%、6.1%。

2023年1~9月，西北五省区全体和城乡居民收入总体呈现稳步增长的良好态势。数据显示，陕西、甘肃、宁夏、青海和新疆五省区全体居民人均可支配收入分别为24294元、18003元、22181元、20180元和17614元，分别比上年同期名义增长 6.5%、7.6%、7.3%、5.6%和6.4%。其中，陕西、甘肃、宁夏、青海和新疆五省区城镇居民人均可支配收入分别为34037元、29826元、30739元、29168元和30434元，分别比上年同期名义增长 5.3%、6.1%、6.2%、4.0%和5.0%；陕西、甘肃、宁夏、青海和新疆五省区农村居民人均可支配收入分别为12676元、8756元、11368元、10536元和5673元，分别比上年同期名义增长 7.6%、7.9%、8.0%、7.8%和8.6%（见表1）。从表1可以看出，青海全体居民人均可支配收入增速低于全国平均水平，青海和新疆城镇居民人均可支配收入增速低于全国平均水平，陕西、甘肃、宁夏三省区则与全国增速持平或高于全国平均水平。

---

① 张雨浦：《2023年宁夏回族自治区政府工作报告——2023年1月13日在宁夏回族自治区第十三届人民代表大会第一次会议上》，宁夏回族自治区人民政府网，2023年1月19日。

② 吴晓军：《政府工作报告——2023年1月15日在青海省第十四届人民代表大会第一次会议上》，青海省人民政府网，2023年1月20日。

③ 艾尔肯·吐尼亚孜：《政府工作报告——2023年1月14日在新疆维吾尔自治区第十四届人民代表大会第一次会议上》，新疆维吾尔自治区人民政府网，2023年1月23日。

表 1　2023 年 1~9 月西北五省区居民收入状况

单位：元、%

		陕西	甘肃	宁夏	青海	新疆
全体居民收入	人均可支配收入（元）	24294	18003	22181	20180	17614
	同期名义增长（%）	6.5	7.6	7.3	5.6	6.4
	增速与全国平均水平	高于全国 0.2 个百分点	高于全国 1.3 个百分点	高于全国 1.0 个百分点	低于全国	高于全国 0.1 个百分点
城镇居民收入	人均可支配收入（元）	34037	29826	30739	29168	30434
	同期名义增长（%）	5.3	6.1	6.2	4.0	5.0
	增速与全国平均水平	高于全国 0.1 个百分点	高于全国 0.9 个百分点	高于全国 1.0 个百分点	低于全国	低于全国
农村居民收入	人均可支配收入（元）	12676	8756	11368	10536	5673
	同期名义增长（%）	7.6	7.9	8.0	7.8	8.6
	增速与全国平均水平	与全国持平	高于全国 0.3 个百分点	高于全国 0.4 个百分点	高于全国 0.2 个百分点	高于全国 1.0 个百分点

注：根据 2023 年 1~9 月陕西、甘肃、宁夏、青海和新疆统计数据整理所得。

（二）实施就业优先政策，就业形势逐步回暖向好

2023 年，西北五省区聚焦高质量充分就业，落实就业优先战略，确保就业优先政策落地见效，就业形势逐步回暖向好。

陕西以提升就业服务水平为重点，完善就业公共服务体系；以重点群体就业为重点，健全就业促进机制；以就业帮扶和职业技能培训为重点，增强就业创业能力；注重新就业形态规范发展，加快零工市场建设。甘肃深化东西部人力资源协作机制，推动"百千万"创业引领，搭建供需对接平台，鼓励创业带动就业。宁夏出台 33 条促进就业创业措施、17 条稳就业等政策，开展"10+N"公共就业服务等活动。青海围绕毕业生服务、稳岗扩岗、创业服务、新业态就业等实施了"十二项行动"，拓展就业创业范围。新疆推进"春风行动"等 24 项公共就业专项和就业援助暖心活动。甘肃"高校累计走访 1.27 万家单位，开拓 1.3 万个岗位；组织校园招聘 1.55 万场，提供 58.9 万个就业岗位"[1]。宁夏"为高校毕业生提供园区岗位 2 万个以上，公务员招考中应届毕业

---

① 苏家英：《甘肃多措并举拓宽毕业生就业路》，《甘肃日报》2023 年 6 月 30 日，第 4 版。

生占 13.5%；事业单位招聘中，应届毕业生占 16.5%"①。青海以高校毕业生为重点，实现高质量充分就业②。新疆的"访企拓岗促就业""万企进校园"等促进高校毕业生充分就业。总体上看，西北五省区多措并举，落实就业优先政策，就业形势呈现回暖向好趋势。

（三）优化教育资源配置，教育数字化实现新突破

2023 年，西北五省区落实立德树人根本任务，以促进教育普惠普及、内涵质量提升、服务能力强化为重点，深化教育综合改革，优化配置教育资源，大幅改善办学条件，稳步提升教育质量，各级各类教育取得长足发展，人民群众对教育事业发展的满意度不断增强。

合理配置教育资源。陕西"均衡发展义务教育，普及普惠学前教育，保障特殊教育，促进高中教育多样化发展，强化职业教育、高等教育与继续教育协同发展"③。甘肃着力推进"校企共生融合发展创新港"建设，深化振兴中西部高等教育改革先行区建设，"扩容提质学前教育普惠性资源，优质均衡发展义务教育，提高职业学校办学条件，促进高等教育'双一流'突破，加快县域普通高中标准化建设，加快实施'陇原名师'工程"④。宁夏"推动发展学前教育普及普惠，促进优质均衡发展义务教育，提升高等教育办学能力，逐步实现宁夏师范大学等 3 所大学升格，启动建设宁夏职业技术大学等 3 所本科高校，加大 20 个优势学科建设，实现宁夏高等教育发展新突破"⑤。青海"稳步推进教育领域综合改革，推动提升学前教育发展，改善提升义务教育薄弱环节，实施职业教育办学条件达标工程，实施县域普通高中发展提升行动计划，加快组建职业技术

① 马照刚：《落实政策 优化服务 开发岗位　宁夏高位推动促高校毕业生就业创业》，《宁夏日报》2023 年 7 月 4 日，第 2 版。

② 陈晨：《2023 年全省高校毕业生等青年就业创业推进计划启动实施》，《青海日报》2023 年 4 月 27 日，第 2 版。

③ 赵刚：《陕西省 2023 年政府工作报告——2023 年 1 月 12 日在陕西省第十四届人民代表大会第一次会议上》，陕西省人民政府网，2023 年 1 月 12 日。

④ 任振鹤：《2023 年政府工作报告——2023 年 1 月 15 日在甘肃省第十四届人民代表大会第一次会议上》，甘肃省人民政府网，2023 年 1 月 20 日。

⑤ 张雨浦：《2023 年宁夏回族自治区政府工作报告——2023 年 1 月 13 日在宁夏回族自治区第十三届人民代表大会第一次会议上》，宁夏回族自治区人民政府网，2023 年 1 月 19 日。

本科大学，支持高校'双一流'建设，推动青海大学、青海师大、青海民大增列一批急需学科、基础学科、交叉学科学位点"①。新疆"实施教育质量提升工程，促进基础教育更加公平，以就业和产业为导向发展职业教育，做优做强高等教育，加强高素质专业化教师队伍建设"②。

促进教育数字化转型。陕西"加强教育信息化建设，加强各级各类学校数字校园基础设施建设，强化国家智慧教育服务平台应用，创建智慧教育示范区和智慧校园示范校"③。甘肃"创建数字化战略行动助推教育现代化示范区，以教育数字化推动教育变革和创新，构建数字化引领教育现代化发展新格局"④。宁夏"全面实施教育数字化战略行动计划，加快构建以数字化为支撑的教育高质量发展体系，提升教育数字基础设施建设、数字资源供给、数字技术应用和数字治理水平，推动教育数字化转型、智能升级"⑤。青海"推进教育信息化基础设施与应用环境建设，持续推进联网攻坚行动，开发优质数字教育资源，构建高效快捷的教育政务信息系统，打通数据壁垒，实现教育系统数据互联互通"⑥。新疆推进首批职业院校数字校园建设试点，实现数据共建共享，促进信息化与教育深度融合，推进职业教育数字化转型发展。

（四）改善医疗医治环境，公共卫生服务明显改善

西北五省区坚持以人民健康为中心，深化医药卫生体制改革，科学规划和布局医疗卫生资源，助推卫生健康事业高质量发展。

改善医疗医治环境。陕西"深入推进健康陕西建设，均衡扩容优质医疗

---

① 吴晓军：《政府工作报告——2023年1月15日在青海省第十四届人民代表大会第一次会议上》，青海省人民政府网，2023年1月20日。
② 艾尔肯·吐尼亚孜：《政府工作报告——2023年1月14日在新疆维吾尔自治区第十四届人民代表大会第一次会议上》，新疆维吾尔自治区人民政府网，2023年1月23日。
③ 郭妍：《数字之光照亮未来——陕西以数字化转型推动教育高质量发展》，《陕西日报》2023年3月7日，第12版。
④ 苏家英：《为教育高质量发展插上数字之"翼"——甘肃省大中小学教育数字化建设见闻》，《甘肃日报》2023年4月9日，第1版。
⑤ 张贺：《宁夏跑出教育数字化转型"加速度"》，《中国教育报》2023年2月17日，第1版。
⑥ 青海省人民政府办公厅：《青海省"十四五"教育改革和发展规划》，（青政办〔2021〕128号），2021年12月31日。

资源；深化公立医院，特别是省市优抚医院改革，建设紧密型医疗联合体，引导和支持民营医院；促进中医药传承创新发展，做大做强'秦药'品牌"[①]。甘肃"推进国家级重点专科、优势学科、疑难病诊治和省级区域医疗中心建设，提升省、市、县医院服务水平和急危重症救治能力；强化基层医疗卫生服务功能，推进中医药事业产业融合发展"[②]。宁夏"实施健康水平提升行动，加快构建公共卫生、医疗服务和健康保障体系；促进中医药传承创新发展；实施银川市人民医院扩建、中卫市公立医院高质量发展示范项目，一体化推动8家城市医疗集团和14家县域医共体"[③]。青海"推动优质医疗资源扩容和区域均衡布局，推进县域医共体建设提质增效，持续实施青南和环湖支医行动，促进中藏医药传承创新，增加农村和边远地区医疗资源"[④]。新疆"持续实施全民健康工程，加快实施全民健身计划，加强防控救治体系，提高应急能力建设"[⑤]。

公共卫生服务明显改善。西北五省区各地坚持以群众公平享医，积极推进基本公共卫生服务均等化，公共卫生保障服务机制逐步健全，服务内涵逐步丰富，受益人群不断扩大，基本实现了幼有所育、病有所医、老有所养。各地强服务、提质量，公共卫生服务机构基本实现了县（区）、乡（街道）、村（社区）的全覆盖，有效提升了城乡居民健康水平。

（五）建立健全治理体系，社会治理水平显著提升

西北五省区坚持和发展新时代"枫桥经验"，把市域社会治理现代化作为切入点，构建富有活力的社会治理体系，社会治理整体水平得到有效提升。陕西"聚焦网格化管理、精细化服务、信息化支撑，打造基层治理平台，健全

① 赵刚：《陕西省2023年政府工作报告——2023年1月12日在陕西省第十四届人民代表大会第一次会议上》，陕西省人民政府网，2023年1月12日。
② 任振鹤：《2023年政府工作报告——2023年1月15日在甘肃省第十四届人民代表大会第一次会议上》，甘肃省人民政府网，2023年1月20日。
③ 张雨浦：《2023年宁夏回族自治区政府工作报告——2023年1月13日在宁夏回族自治区第十三届人民代表大会第一次会议上》，宁夏回族自治区人民政府网，2023年1月19日。
④ 吴晓军：《政府工作报告——2023年1月15日在青海省第十四届人民代表大会第一次会议上》，青海省人民政府网，2023年1月20日。
⑤ 艾尔肯·吐尼亚孜：《政府工作报告——2023年1月14日在新疆维吾尔自治区第十四届人民代表大会第一次会议上》，新疆维吾尔自治区人民政府网，2023年1月23日。

基层社会工作服务站网络，持续开展'五社联动'基层社会治理试点"[1]。甘肃"深化平安甘肃建设，完善城乡社区治理和服务体系，创新创建'一廊一区一带'民族团结进步行动；完善公共法律服务体系"[2]。宁夏完善信访工作"一重点两重复双交办"化解机制，推动建设更高水平的平安宁夏；有效推进民族共同团结示范区建设。青海深化创建"十进"活动，促进各民族交往交流交融，支持西宁市创建铸牢中华民族共同体意识示范市；创新推动"民族团结+"融合发展行动，深化拓展青甘川交界地区平安与振兴工程；推动社会治理体系和能力建设，完善社会治安防控体系，推动扫黑除恶常态化，依法严惩各种违法犯罪行为。新疆构建各民族互嵌式的社会结构和社区环境，促进各民族广泛交往交流交融；落实各族群众互嵌式发展计划，打造不同类型的互嵌式示范小区、示范村镇和产业园区；稳步推进新疆伊斯兰教中国化，提高宗教事务治理能力；持续推进反恐维稳法治化常态化，因地制宜、分类有序优化维稳措施。西北五省区不断完善网格化管理、精细化服务、信息化支撑的社会治理平台，健全城乡社区治理和服务体系，优化基层社会工作服务站网络，社会治理水平显著提升，逐步形成共居共学、共建共享、共事共乐等的社会环境和舆论氛围。

二　2023年西北地区社会发展面临的难题与挑战

2023年，西北五省区经济面临增速放缓，内外环境复杂多变，社会发展面临的新困难仍然较多、新挑战仍然较大。

（一）城乡居民收入差距较大

虽然西北五省区城乡居民收入都有所增加，但农村居民收入与城镇居民收入差距很大，整体处于弱势。受经济下行影响，农村居民收入增长面临更多障碍；部分行业持续低迷，农民工在外务工不稳定、市民待遇难落

---

① 赵刚：《陕西省2023年政府工作报告——2023年1月12日在陕西省第十四届人民代表大会第一次会议上》，陕西省人民政府网，2023年1月12日。
② 任振鹤：《2023年政府工作报告——2023年1月15日在甘肃省第十四届人民代表大会第一次会议上》，甘肃省人民政府网，2023年1月20日。

实，收入增长势头放缓；农民工技能水平不高等。这些因素制约着农村居民增收。

（二）劳动就业形势依然严峻

受三年疫情影响，西北地区就业存量、就业增量以及就业结构性矛盾的多重因素叠加，就业环境更加复杂，就业形势依然严峻。就业主渠道作用发挥受限，就业岗位周期性供给不足。五省区高校毕业生就业总量压力加大，就业与招工的矛盾更加突出。经济下行压力加大使得服务行业经营相对萎缩，企业用工减少、薪资降低，对农民工群体就业造成很大影响。此外，农民工群体受教育程度整体偏低，专业技能与岗位需求不相适应，也使农民工群体就业面临困难。

（三）基本公共服务存在短板

西北五省区全面落实公共服务项目，区域、城乡公共服务差距有所缩小，教育事业也迅速发展，但与东部地区相比，西北地区高等教育竞争力较弱，整体发展水平不高。职业教育取得较快发展，但发展规模远远小于中部地区和东南沿海。各级各类教育办学条件，无法满足规模扩张和教育质量提升的需要；基础教育发展的均等化程度不高。城乡卫生医疗公共服务需求更加多样化，但是医疗、社保、养老和托育基本公共服务在区域、城乡和人群间仍然不平衡、不充分，基本公共服务效能有待提高。

（四）养老托幼服务尚需提升

西北五省区养老资源供给能力与人民群众对高质量的养老服务需求有一定差距。子女远距离就业、隔代支持力度减弱、家庭抚幼功能有所弱化的现象日益凸显。相对于需求的持续增长，西北五省区普惠型养老托育服务供给不足，养老托育服务还存在不少短板，人民群众对养老托育服务的支付能力与实际支付标准不相匹配。养老托育人员的服务技能、综合素养与人民群众的期待还有差距。社会资本支持养老托育的积极性不高，供给能力不强。

（五）基层治理相对较为薄弱

当前，西北五省区基层治理存在部门与属地的协同性不强、部门信息壁垒尚未打破、社区公共服务能力不足等短板。基层管理层级过多，行政资源不能有效整合。基层治理人才队伍缺口较大且专业性不足，从业人员整体素质偏低。基层治理信息数据尚未实现互联互通，难以提高基层治理和服务的精准性。基层治理过程中个人信息存在分部门、分条块采集问题，大量公共数据难以共用，利用效率不高。

三 新发展阶段促进西北地区社会发展的对策建议

今后一段时期，西北五省区要深入学习贯彻落实党的二十大精神，结合各省区实际，坚持以人民为中心，全力推进社会建设，提高社会治理水平，让发展成果更多更公平地惠及各族人民群众。

（一）完善收入分配制度体系

完善收入分配制度体系，是西北五省区扎实推进共同富裕的内在要求，也是使发展成果更多更公平地惠及全体人民的重要举措。各省区既要把"蛋糕做大"，又要把"蛋糕分好"。一是要加快高质量发展，提高区域、城乡发展的平衡性，逐步缩小地区、城乡和收入差距。二是要完善注重效率的初次分配制度，注重市场评价、贡献决定报酬，推进要素市场化配置，提高要素配置效率，增加低收入者收入，扩大中等收入群体。三是要推进注重公平的二次分配。重点推进按常住人口进行均衡性转移支付，有效缩小城乡、区域和居民之间收入差距，特别是增强基层公共服务的财政保障能力。四是要构建体现自愿的三次分配制度，支持有意愿有能力的企业、社会组织和个人积极履行社会责任，拓展慈善捐赠和志愿服务领域，多渠道参与公益慈善事业。

（二）促进高质量充分就业

西北五省区就业需要政府、企业、社会和个体主动参与、共同努力。一是要提高就业质量。一方面，要加强职业培训和技能提升，提高劳动者适应市场需求的能力和水平；另一方面，要支持创新创业，培育新就业形态，激发市场活力，激活社会创造力。二是要优化就业结构。西北五省区既要加强区域协调和差异化政策，促进就业资源的合理配置和利用，又要完善社会保障和公共服务体系，保障劳动者基本权益和生活水平，降低劳动者跨地区、跨行业、跨岗位流动的成本和风险。三是要加大财政支持。各省区既要扩大就业补贴范围和标准，鼓励企业稳定和扩大用工规模，也要加强职业培训和技能提升，提高劳动者适应市场需求的能力和水平。

（三）持续改善和增进民生福祉

西北五省区要在教育均衡、医疗医治能力、社会保障等方面强化政策实施，不断增进老百姓的民生福祉。一是要始终坚持教育优先发展，促进各类教育协调、均衡和可持续发展，办好人民满意的教育。二是要保障人民健康优先发展，重点推动医疗医治能力提升，全方位全周期守护人民群众健康，织牢公共卫生防护网，真正实现从以治病为主向以健康为主的根本性转变。三是要完善多层次社会保障体系，重点完善企业职工基本养老保险、机关事业单位职工养老保险制度和机制，强化遗属待遇、病残津贴等政策落实，特别是推进平台灵活就业人员职业伤害保障。

（四）提高养老托育服务水平

西北五省区要积极推动养老托育服务健康发展，织密"一老一幼"保障和服务安全网络体系。一是要统筹推进城乡养老托育发展，既要强化政府养老托育职能，又要积极支持普惠性养老托育服务发展。二是要以"老有所养"为着力点。重点支持各类养老机构规模化、层次化发展，采用多种方式发展养老机构；推进新建住宅小区、老旧小区的养老机构运营，大力发展居家社区养老服务。三是要以"幼有所育"为发力点，增加普惠托育服务供给，降低托育机构运营成本。落实社区托育服务发展税费优惠，完善婴幼儿照护设施，拓展托育服务功能。支持福利性托育服务，提升托育服务质量。

（五）增强社会治理效能

西北五省区要以市域治理现代化为主线，深化社会治理共建共治共享，把资源、服务、管理下沉基层，把矛盾解决在基层，不断提高社会治理效能。一是要推动市域治理现代化。完善社会治理体系，统筹政府、社会、市场等多种力量，构建"五治融合"新机制，用社会化、法治化、智能化、专业化等方式，提升市域社会治理能力。二是要提高城市社区治理水平。综合城市辖区面积、常住人口、发展定位等因素，以"协同治理"为方向，以"凝聚群众"为关键，以"幸福宜居"为目标，通过优化服务保障、改善治理环境，切实增强城市居民的安全感。三是要提升乡村治理效能。着眼当前农村社会结构变化，统筹推进"三治融合"，协调好乡村治理多元主体，实现乡村差异化治理，创新乡村治理现代化体系，织牢乡村精细治理网格，增强乡村发展自主性和可持续性，提升乡村居民"幸福指数"。

参考文献

程宁博、王飞、王建康等主编《陕西社会发展报告（2023）》，社会科学文献出版社，2023。

李培林、陈光金、王春光主编《2023 年中国社会形势分析与预测》，社会科学文献出版社，2022。

李兴文、马廷旭主编《中国西北发展报告（2023）》，社会科学文献出版社，2022。

索端智主编《2023 年青海经济社会形势分析与预测》，社会科学文献出版社，2023。

王琦、冯乐安、包晓霞主编《甘肃社会发展分析与预测（2023）》，社会科学文献出版社，2023。

B.4
2023年中国西北地区文化发展报告

徐 哲 牛学智*

摘 要： 2023 年，西北五省区结合地区文化发展实际，围绕"举旗帜、聚民心、育新人、兴文化、展形象"的文化使命，广泛践行社会主义核心价值观，持续提升公共文化服务水平，传承活化非物质文化遗产，推动优秀传统文化创造性转化、创新性发展，亮点多多，成绩突出。但西北地区文化自主创新能力仍需进一步提高，文化产品供给与文化消费仍有错位、有差距，基层公共文化服务还存在形式主义等问题，有必要立足实际，进一步梳理区域文化资源，赓续文脉，守正创新，推动文化繁荣发展。

关键词： 文化创新 公共文化服务 文化消费 西北地区

文化是一个国家、一个民族的血脉和灵魂，是一个国家、一个民族生存和发展的重要力量。党的二十大报告对新时代我国文化发展提出了一系列重要论述，明确了开辟马克思主义中国化时代化新境界的文化着力点，凸显了文化强国建设在实现中国式现代化中的重要地位，指明了文化强国建设铸就新辉煌的前进路向，吹响了新时代文化强国建设的号角。6 月 2 日，习近平总书记又在文化传承发展座谈会上再次强调要在新的起点上继续推动文化繁荣、建设文化强国、建设中华民族现代文明。在习近平文化思想和党的二十大精神的指导下，2023 年西北五省区正以时不我待的紧迫感推进文化建设，亮点频现，成绩突出。

---

* 徐哲，宁夏社会科学院科研组织处副处长、副研究员、博士，主要研究方向为文化与文化产业研究；牛学智，宁夏社会科学院文化研究所所长、研究员，主要研究方向为文学批评与文化研究。

一 2023年西北地区文化发展情况

（一）社会主义核心价值观深入人心，文明新风更"接地气"

社会主义核心价值观是凝心聚力的强大力量，西北五省区在文化建设中始终坚持以社会主义核心价值观为引领，注重把社会主义核心价值观融入社会发展、灌注日常生活、培育时代新风，凝聚干事创业的强劲合力。一是坚持选先树优，以榜样力量影响人。陕西举办"德润三秦　清风传家"第四届家庭文化节，选出2022年度"陕西清廉家庭"、2023年度"三秦最美家庭"、2023年度"全国最美家庭"，展现最美家风，弘扬家庭美德，展示榜样力量。宁夏、新疆隆重举办模范榜样先进事迹发布活动，以榜样先进的力量影响人、带动人，在全社会形成崇德向善、见贤思齐、德行天下的浓厚氛围。二是开展志愿服务，以志愿精神培养人。弘扬雷锋精神，扎实开展志愿服务活动。陕西开展"学雷锋活动示范点"活动，表彰先进，努力营造人人践行雷锋精神、争创一流业绩的浓厚氛围。甘肃举办"践行二十大·志愿我先行"学雷锋志愿服务主题实践活动，选树典型模范，鼓励群众始终做雷锋精神的忠实传承者和社会主义核心价值观的模范践行者。青海开展启动关爱医护人员"送你一朵小红花"新春送祝福志愿服务行动，关心关爱医护人员。宁夏建设"青年志愿服务驿站"，以解决群众需求为出发点，设置休息室、母婴室、卫生间、救助站等功能区，为过往司乘提供饮用水、药箱、工具箱、充电器、地图、雨具等服务，解决群众出行过程中可能遇到的各类"小事""急事""头疼事"。

（二）文艺精品力作涌现

西北五省区文艺界贯彻落实以人民中心的创作导向，秉持精品佳作奉献人民、高尚文艺引领社会风尚的精神，大力书写家国情怀，回应社会关切问题，创作出了一批优秀作品。陕西以唐代名画《捣练图》为引创排的舞剧《门》在北京国家大剧院上演，全景再现了长安城内的盛唐景象。甘肃民族歌剧《呼儿嘿哟》生动演绎南梁革命根据地的红色故事，在第五届中国歌剧节被评为优秀剧目。青海以金银滩上中国第一颗原子弹、氢弹研制的真实故事为基础创作的《青春铸剑221》在第五届中国歌剧节上荣获优秀剧目。

（三）不断丰富群众性文化活动，公共文化服务水平明显提升

一是文化馆、博物馆等公共文化阵地齐发力，为群众提供多样文化产品。甘肃在全国首个文化馆宣传周，以"展文化、办演艺"为主要形式，精心组织96个精品文艺节目展演，展现了甘肃深厚的历史文化底蕴。宁夏、青海充分挖掘博物馆的巨大潜力和影响力，以满足人民群众的精神文化需求。宁夏组织展览展示、公益鉴定、公益讲座、教育传播、研学旅游等活动128项，追溯中华文明起源发展历程，展示中华文化辉煌成就，宣传展示宁夏百年考古成果。青海围绕"博物馆、可持续性与美好生活"的主题，采取线上线下相结合的方式，开展"文博探秘馆长开讲"直播、"万物之光　绮丽共生"青博之夜、"5·18主题系列海报推送"、"青海文物壁纸设计"、"大展宏兔癸卯（兔年）生肖文物图片联展"、"5·18国际博物馆日专家专题讲座"、"文创集市"、"社教活动体验"、"民间收藏文物公益鉴定咨询"等9项活动，将博物馆发展与人民对美好生活的向往更紧密地结合起来。

二是举办大型文化惠民展演，丰富人民群众文化生活。陕西省承办"大地情深"全国优秀群众文艺作品（群星奖）示范性巡演暨2023陕西群众文化节活动。通过重点举办"大地情深"全国优秀群众文艺作品示范性巡演、合唱音乐会、广场舞展演、美术创作展示、生活美学巡讲、国学儿童剧巡演、文艺轻骑兵进基层等七大主题活动，让群众当主角，切身参与文化活动，体会实实在在的文化获得感。

三是推动公共文化下基层、进乡村。文化下乡对乡村文化振兴意义重大，"乡村春晚""村BA"等广受关注说明了乡村对文化产品的迫切需求。2023年，为鼓励引导各地常态化开展"四季村晚"，在文化旅游部统一安排部署下，西北五省区均建立相应的示范点并被纳入全国2023年"四季村晚"示范展示点名单，这将对全面推进乡村文化振兴产生积极影响。另外，陕西着眼加强农村文化供给，在全省范围内，线上线下同步开展"戏曲名家名段、省级精品文艺节目演出、公共文化数字资源"等送文化下乡省级示范性活动，以省级示范活动为引领，推动全省广泛开展聚焦新时代、传递正能量，内容饱

满、形式多样的群众文化活动，让基层队伍活起来、文化场所热起来、群众心里乐起来。

（四）系统推进非遗保护发展与利用工作，充分调动群众参与热情

坚持以习近平总书记关于非遗保护工作系列重要讲话重要指示为根本遵循，认真贯彻落实党的二十大精神和中办、国办《关于进一步加强非物质文化遗产保护工作的意见》，发挥地区非遗资源禀赋，统筹推进保护传承、创新活化工作，打造异彩纷呈的活动，为非遗融入美好生活、彰显当代价值搭建载体。2023年，西北五省区在推进非遗保护发展与利用工作方面取得了可喜成绩，充分调动了群众参与热情。陕西通过打造非遗集市、推介非遗亮点、展现非遗服饰、亮出绝活才艺、传承中医文化等方式，以丰富多样的文化活动营造全社会共同参与非遗保护传承的浓厚氛围，推进非遗的传承保护。非物质文化遗产得到系统保护、走入人民生活。甘肃通过举办"如意甘肃·多彩非遗"展演活动，将裕固族民歌、服饰、蒙古长调、秦安老调、花儿、敦煌舞、木偶戏、京歌、甘州小调、陇东民歌等非遗民间艺术悉数展现，演出《凉州词》《满江红》《水红花令》《忆南梁》《心应胡璇》《变脸》等节目。青海组织开展2023年非物质文化遗产宣传月活动，以"一次传承人座谈会""一轮全员培训""一系列宣传活动""一系列阵地宣传""一批线上展播"等"五个一"为载体，传承、活化非遗。新疆在春节期间组织开展"新疆是个好地方——第十届天山南北贺新春非遗年俗展"系列活动218项。

（五）文旅产品特色鲜明，文旅市场逐渐健康回暖

2023年，随着文旅市场的持续回暖，西北五省区深耕区域文化资源，推进文旅深度融合，开发特色文旅项目，文旅发展成绩不俗。

一是立足区域特色打造特色品牌。陕西形成以"唐潮"为代表的沉浸式历史文化旅游项目，在2023年全国暑期文化和旅游消费季主场活动中，文化和旅游部产业发展司发布20个沉浸式文旅新业态示范案例，陕西西安"大唐不夜城"和"长安十二时辰"上榜。此外，中国首座丝路文化主题公园"丝路欢乐世界"2023年在西安开幕，以精美的建筑景观、丰富的文化元素、创新的表现形式演绎多元丝路风情，再现丝路的文明与繁荣。甘肃将旅游演艺与数字化技术

相结合，着力发展"科技+文化"的旅游演艺项目。立足敦煌文化创作成敦煌系列实景演艺剧目，2023年推出全球首部洞窟式沉浸体验剧《乐动敦煌》、大型情景音画剧《千手千眼》，与《又见敦煌》《敦煌盛典》一起，展现敦煌文化之美。大型历史情景剧《回道张掖》《天下雄关》，填补了张掖、嘉峪关等河西走廊重点旅游城市没有大型驻场演艺的空白。旅游演艺已经成为甘肃文旅融合发展的新引擎。青海深度挖掘利用自身独特的自然资源、生态文化和民族特色文化，持续完善青甘（藏、川、新）生态旅游大环线，打造东部、南部、西部、北部生态旅游精品环线，积极推进打造国际生态旅游目的地青海湖示范区创建工作。宁夏深入挖掘乡村旅游资源，大力发展旅游民宿经济，培育了一批极具西北特色的旅游民宿，黄河宿集是典型代表，其2023年入选"全国首个美丽中国案例文献库"实践案例。培育葡萄酒文化旅游的"紫色名片"，举办国际葡萄与葡萄酒产业大会、第三届中国（宁夏）国际葡萄酒文化旅游博览会，其中第四届中法葡萄酒文化旅游论坛、第三届中国（宁夏）国际葡萄酒文化旅游博览会投资贸易大会、宁夏贺兰山东麓国际葡萄酒文化旅游节等活动，以全新视角展现葡萄酒的文化魅力和发展活力，深化同世界葡萄酒产区的交流合作，进一步叫响宁夏贺兰山东麓"葡萄酒之都"品牌。新疆重点打造乘着歌声游新疆、颂着经典游新疆、赏着名画游新疆、品着美食游新疆、鉴着国宝游新疆等系列品牌活动，支撑"新疆是个好地方"文化旅游品牌建设。

二是深耕消费市场，有力推动文旅市场健康回暖。陕西上线"惠民政策送春风　助力乡村新振兴"陕西文旅惠民商城，举办了"春暖三秦·一心为您"惠民周活动，线上线下共同发力广泛宣传，上架非遗、文创、旅游商品721种，发放惠民券2.1万张，引导群众文旅消费意愿，释放文旅消费潜力。以"五一送心意　劳动更美丽"为主题，发放1万张惠民卡，推出文化演出、旅游景区、旅游线路、商城专用惠民券，惠民补贴542万余元，持续释放文旅惠民政策红利，让广大人民群众共享文旅事业高质量发展成果。青海在"五一"假期发放文旅消费券，6571人次参与，核销37.16万元，直接拉动消费150.45万元，间接带动消费1053.15万元。"十一"期间，宁夏各级文旅部门、各文化旅游企业在双节期间策划开展商文旅促消费重点活动26项、分项活动80多场、惠民演出250余场，组织21个景区推出套票、门票优惠和主题活动等50多项优惠活动，全力激活文化旅游市场，丰富广大市民群众精神文化生活，满足来宁游客文化旅游消费需求。

三是扩大对外宣传，推动西北地区走向世界。陕西分别在巴黎、哥本哈根举办"文化陕西"旅游推介会。甘肃与惠灵顿中国文化中心携手举办"茶和天下"非物质文化遗产工坊活动，传播茶文化。青海艺术团积极参加在土库曼斯坦"阿瓦扎"国家旅游区举行的国际舞蹈民俗节，倾情展演"祝福送给你""彩虹姑娘""康巴汉子"等多支舞蹈。西北地区正以更坚定的文化自信、更强烈的文化使命感，向国际社会讲述中国故事、传播中国声音，在展现可信、可爱、可敬的中国形象中贡献西北力量。

二 西北地区文化发展存在的短板与问题

（一）自主创新能力有待进一步提高

创新是文化发展的核心动力，近年来，西北地区虽然在推动中华优秀传统文化创造性转化、创新性发展上的成就可圈可点，但也面临着与东中部地区相比自主创新能力不高、不强的问题。一方面，西北地区文化资源丰厚，但除了西安的"唐潮"和甘肃的敦煌文化以外，仍有很多文化资源的开发面临知名度较低、有效性不高的问题，甚至一些优质文化资源仍在闲置，对在地文化资源挖掘仍需深化。以文物的创意产品开发为例，2021 年全国文化产品达 1937类，西北地区仅有 84 类，其中陕西 16 类、甘肃 68 类，文物的活化、转化仍有欠缺①。另一方面，创新创意的手段仍需进一步丰富，像"长安十二时辰""大唐不夜城"等文旅项目只占少数，绝大多数文创产品仍处在初级开发阶段，需要借助"数字""科技""元宇宙"等手段，进一步开发优质文旅产品。

（二）文化产品供给与文化消费之间仍存在诸多错位

从全国文旅回暖的势头来看，人民群众对文化产品的消费需求不仅体现在量的增长上，也表现在质的提档升级上。随着新业态的不断涌现，消费者对产

---

① 中华人民共和国文化和旅游部编《中国文化文物和旅游统计年鉴 2022》，国家图书馆出版社，2022。

品的要求已经从单纯的商品买卖上升到体验式、沉浸式消费，消费也从单向输出向双向互动、多面向的精神生活方式转变。面对消费要求的转型升级，相比较而言，西北地区的文化产品在量与质上与群众的普遍期待还有错位、有差距，能够满足消费者多层次多面向需求的文化产品还有待进一步开发，仍需着力挖掘既有文化资源的深层价值，培育拥有不同文化底蕴的精品，满足人民群众现时需求的同时，发挥引领正确时代审美风尚的作用。

（三）文化服务阵地仍需向基层延伸

近年来，西北地区在公共文化服务体系建设上不断发力，文化阵地建设不断加强。但从表1看，西北地区在县乡两级的文化机构数量上仍与全国平均水平有差距，文化阵地建设仍需加强。特别是，近年来新型文化空间不断涌现，文化阵地提供给人民群众的不能仅是"物理空间"，还须在文化内涵上下功夫，阵地建设仍是西北地区文化建设的重要任务。

表1　2021年西北地区市县乡三级文化机构覆盖率

单位：%

区域	地市级文化机构数量与 市级区划总数量比	县市级文化机构数量与 县级区划总数量比	乡镇级文化机构数量与 乡级区划总数量比
全国	107	103	84
陕西	110	102	88
甘肃	114	102	100
青海	100	100	82
宁夏	100	95	84
新疆	114	93	83

资料来源：中华人民共和国文化和旅游部编《中国文化文物和旅游统计年鉴 2022》，国家图书馆出版社，2022。

（四）文化建设需要克服形式主义

形式主义在文化建设中还不同程度地存在，特别是在基层，文化建设的量与质尚未相匹配。

一是基础文化设施闲置问题。在基层，特别是乡村，很多文化设施是为建设而建设，没有考虑群众真正的需求。例如农家书屋中摆放经典哲学著作，配置的电脑和乐器等等，与群众文化需求脱节，造成资源浪费。

二是为"活动"而"活动"问题。在基层文化活动中，一些讲座类活动看似座无虚席，群众热情很高，但背后常常是以参会小礼品为吸引。这些活动没有把握好群众的需求，群众对此并不"买账"。

三是文化产业化只剩下"产业"而无文化的问题。在基层文化建设与发展过程中，"项目化"建设导致的一个普遍性后果是盲目上项目、盲目产业化。这种脱离在地文化土壤，盲目形成的产业和项目的最大弊端是不考虑文化的化育功能和审美引领作用。当这些东西因脱离群众的实际日常生活方式而处于孤立状态时，"文化"反而成为群众眼里的赘疣，不但起不到文化的作用，反而造成群众对现代文化形式的误解。

三 全国文化发展趋势及西北地区文化发展展望

（一）全国文化发展趋势

近年来，文化领域新现象不断涌现，例如央视的"朗读者""国家宝藏"、洛阳的"牡丹花宴"等等，这是文化复兴的表征，也是民族创新创造活力的象征，更是文化自信自强的表现，文化大发展大繁荣的新时代已经到来。

一是文旅回暖势头明显。2023 年以来，全国文旅市场稳步恢复，回暖势头明显。根据文化和旅游部的统计，春节期间，全国国内旅游出游人数达 3.08 亿人次，同比增长 23.1%，已恢复至 2019 年同期的 88.6%。"五一"期间全国国内旅游出游合计 2.74 亿人次，同比增长 70.83%，按可比口径恢复至 2019 年同期的 119.09%，实现国内旅游收入 1480.56 亿元，同比增长 128.90%，按可比口径恢复至 2019 年同期的 100.66%。中秋节、"十一"假期 8 天，国内旅游出游 8.26 亿人次，按可比口径同比增长 71.3%，按可比口径较 2019 年增长 4.1%；实现国内旅游收入 7534.3 亿元，按可比口径同比增长 129.5%，按可比口径较 2019 年增长 1.5%。所有数据都说明，消费者有迫切的出游需求。

二是"国风""国潮"不断出新。经过新时代十年的文化建设，中华优秀传统文化创造性转化、创新性发展的趋势和前景更加明朗。其所带来的经济效益、文化价值已显露头角，从"冰墩墩""雪容融"迅速走红，到故宫文创产品、各地博物馆文创产品的大受欢迎，到西湖湖畔"卖花郎"、西安"花萼相辉楼"的出圈，再到老字号品牌不断推陈出新，"新国潮"不断壮大，文化成为拉动消费、扩大内需的重要力量。随着习近平总书记在文化传承发展座谈会上对我们在新时代进一步做好文化传承与发展创新工作作出新的指示，优秀传统文化将进一步融入人民生活，焕发新的活力。

三是"双线交错"发展态势。当下文化产业的双线交错一线为文化产业与旅游业融合发展，另一线为文化产业与数字技术、大数据、人工智能、云计算、物联网等的文创科技融合新气象，两线相互交错，不断产生新业态。在文旅融合方面，"大融合"理念不仅推动着文旅真融合、深融合，也在逐渐打破文旅与其他行业的壁垒，不断催生新项目。从国内文旅行业的发展趋势来看，"文旅+"成为新的产业发展焦点，"文旅+康养""文旅+教育""文旅+农业""文旅+工业"已经涌现出了很多优秀案例，特别是在乡村振兴领域，"休闲农场""露营小院"成为助力乡村发展的新风口。

（二）西北地区文化发展展望

一是优秀传统文化创造性转化、创新性发展将取得新成就。在习近平文化思想和党的二十大精神的指导下，在党中央的统一部署下，优秀传统文化的复兴已然是大势所趋。西北地区文物业藏品数量丰富（见表2），近年来也在传承、活化优秀传统文化上不断发力，特别是非遗保护传承方面，资金支持、政策支持、人才支持力度持续加大，目前已经涌现出"大唐不夜城""敦煌盛典"等一系列优质文化产品，下一步随着科技的融入、创意手段的丰富，优秀传统文化将更深刻地融入人民生活。

表 2　2019~2021 年西北地区文物业藏品数量情况

单位：件（套）

区域	2019 年	2020 年	2021 年
全国	51301927	50891012	55804468
西北	5494626	5528861	6145822

资料来源：根据中华人民共和国文化和旅游部编《中国文化文物和旅游统计年鉴2022》整理、计算而来。

二是在乡村振兴中文旅作用将进一步发挥。近年来，随着文化建设的不断深入，文化的社会价值、经济价值日益凸显。在西北地区，文化在脱贫攻坚中就发挥着"富脑袋"的重要作用，进入乡村全面振兴的新时期，西北五省区仍将文化建设作为乡村振兴的重要抓手，特别是具有文化效益和经济效益双重价值的乡村旅游，更是各省区发展的重点工作，各项活动、各种举措齐头并进，未来乡村文旅将成为西北地区文化建设的一大优势。

四　对策建议

（一）广泛践行社会主义核心价值观，提升社会文明程度

从培育和践行社会主义核心价值观到广泛践行社会主义核心价值观的理论跨越，表明社会主义核心价值观已让人民群众认可熟知，社会主义核心价值观进入"广泛践行"的新阶段。"广泛践行"指示我们要教育引导广大群众将社会主义核心价值观从"内化于心"到"外化于行"，真正转化为群众生活、工作的精神灯塔。

1. 以实践活动为抓手，将践行落到实处

一是以理想信念教育活动为依托。区别企事业单位、校园、社区、乡村、基层不同特点，以不同的话语方式，组织以伟大建党精神为源头的中国共产党人精神谱系的红色资源宣传教育活动，以爱国主义、集体主义、社会主义为核心的思想道德教育活动以及党史、新中国史、改革开放史、社会主义发展史学习教育活动，深化对社会主义核心价值观的认识，切实发挥社会主义核心价值观铸魂育人的作用。二是以志愿服务活动为引导。志愿服务是践行社会主义核心价值观的重要平台和载体，在践行社会主义核心价值观中，以志愿服务为抓手，能够先带动一部分人参与，进而能辐射影响更多群众自觉践行社会主义核心价值观。壮大志愿服务队伍，并通过培训提升志愿服务者的能力；加大对志愿服务精神、感人志愿服务行动的宣传力度，鼓励更多人参与进来；完善志愿服务制度，为志愿服务建立保障机制。

2. 兼顾广度与深度，讲究效果最大化

新阶段，践行社会主义核心价值观还要在"广泛"上用心用力。一是要

注重社会主义核心价值观践行的参与面，组织各行各业形成社会主义核心价值观践行具体方案，将社会主义核心价值观融入社会各领域、发展各环节。二是要注重社会主义核心价值观的践行成效，在开展各项践行活动时，不以数量为目的，着重突出活动取得的效果。

（二）以人民需求为导向，补齐公共文化服务短板

1. 区分城乡公共文化需求差异，精准发力

在城市，突出创新创意，探索新型公共文化服务空间建构模式，例如在景区、商圈打造"城市阅书吧"，将公共服务、城市阅读、休闲娱乐等融合在一起，将在地文化元素创新转化为空间设计，形成文化氛围浓郁、服务功能齐全的新型公共文化空间。在乡村，着力完善现有公共文化服务空间职能，打造"乡村文化角"特色品牌，充分利用现有的公共文化空间包括农家书屋、新时代文明实践站所等，文化空间设计要突出不同乡村的特点，功能要进一步丰富，可以定期举办故事分享会，让农民讲民间故事，还可以开展电影放映、短视频拍摄等活动。文化产品的供给并不一定都是阳春白雪的形式，特别是在乡村，更需要打造农民群众喜闻乐见、容易接受、活泼有趣的活动，进一步完善乡村公共文化空间的职能，提升公共文化服务效能。

2. 借助大数据，提升公共文化服务效能

借助大数据，搭建公共文化服务平台。2017年国家公共文化云及大批地方公共文化云平台建成，具有看直播、享活动、学才艺、订场馆、读好书等服务功能，服务性能和应用体验大幅提升。但像宁夏仅有宁夏博物馆链接到这一公共文化云中，还需进一步发力，建成更多服务平台，提升服务效能。发挥大数据的力量，增强精细化管理。全国不少地区已尝试将公共文化大数据资源利用能力转化为流程优化能力、服务灵活能力，提高决策效率和研判精度，重构供需配给格局。例如北京石景山区的石景山文E系统，从场馆的开放和使用信息到活动人群及到馆人群信息，再到正在或即将开展的活动信息；从常规的客流量、性别、活动量统计到群体情绪分析、月度最受欢迎排行和各街道文化活动中心效能排行，尽可分析展示，能够大大提升公共文化的服务效能。

（三）发挥创新创意作用，推动文旅产品提档升级

1. 开拓思路，跨界融合

跨界融合是当下文旅发展的重要趋势，近年来不断涌现的新业态很多是跨界融合的结果，文化旅游"+工业""+农业""+康养""+教学"，不同行业的融合碰撞出新的业态，产生更多可能。特别是2023年以来，"大学生特种兵旅游""音乐节旅游""旅游+看展"成为大学生、年轻人追捧的新热潮，旅游与各行各业的融合已然是大势所趋，这是大众旅游需求攀升推动旅游日常生活化的结果。为给消费者提供更多优质产品，西北地区可以从在地特色产业、在地文化、旅游三者的融合中寻找文旅产品推陈出新的方法思路。

2. 数字科技赋能，文化"活起来"

数字科技能够使文化从静态走向动态，从平面走向立体，从单方面输出走向双向互动，这也正契合着消费者的文化需求。藏有丰富文化资源的文化馆、博物馆等文化空间可以在这方面大做文章，形成特色旅游项目。例如，借助元宇宙概念打造沉浸式展览、馆藏文物的数字化建设等成为新的发展趋势，有必要借鉴这些新发展形式，开发具有特色的展览。再者，借助剧本游戏、实景表演等让馆藏文物"活起来"，满足消费者参与体验也是创新开发的新趋势、新思路。

（四）深耕文化消费市场，做好消费群体大数据分析

在产品丰富的当下，多样性选择要求发展旅游必须关注消费者需求，这就要对消费者和消费市场进行精准分析。

1. 借助大数据对消费市场进行充分调研，为不同消费群体提供精准服务

通过大数据技术可以对消费者群体进行图谱式分析，获取消费者需求，并对消费群体进行精准分类。中老年出游更倾向康养游，带孩子的家庭更倾向研学游，年轻人出游则以猎奇心态为主，更倾向美食、网红打卡地等。在旅游项目的培育中，要充分满足不同群体的需求，综合发展，才能提升吸引力。

2. 把握大学生消费群体

"淄博烧烤"的火爆是由疫情期间隔离在淄博的大学生重返淄博引发的。在消费市场，近年来早有"把握大学生消费市场，就是抢占了未来消费市场

的话语权"的说法，看似夸张却也证明了大学生群体的消费实力和影响力。大学生作为当今社会的年轻消费群体，是目前整个市场最为活跃最具潜力的消费群体，他们初步拥有了消费决策权，在校园市场中的消费欲望和消费能力逐年增强。同时，大学生又依靠宿舍关系、同学关系、社团关系等形成了一个相互连接的消费网络，能够相互带动，提升商品的传播速度和影响力。因此，发展文化旅游必须把握好大学生群体的真实需求。

B.5
2023年中国西北地区法治建设报告[*]

陈琪　蒲翠月^{**}

摘　要： 党的二十大报告强调，必须更好发挥法治固根本、稳预期、利长远的保障作用，要在法治轨道上全面建设社会主义现代化国家。西北五省区法治建设是中国法治建设的重要组成部分。由于独具特色的民族、宗教、文化等因素，西北地区被赋予独特的法治环境，并成为中国法治建设的实验田与检验地。2022~2023年，西北五省区法治政府建设不断推进；政府治理规范化程序化法治化不断加强；地方立法质效不断提高、立法体系日益完善；法治化营商环境持续优化；矛盾纠纷多元预防调处化解机制不断健全；依法预防和应对重大突发事件能力不断提升，司法民主化深入推进，社会公平正义进一步彰显，人民群众各项合法权益和社会稳定有了更加坚实的法治保障。与此同时，面对社会主要矛盾发生变化、人民群众对法治建设有新的期待，西北五省区法治建设要全面贯彻落实党的二十大精神，习近平法治思想的学习和实践需进一步向纵深发展；加强地方立法的前瞻性与针对性，持续完善健全西北地区地方立法体系；严格规范公正文明执法，扎实推进依法行政；坚持法治为民，全面拓展西北五省区法治政府、法治社会一体化建设新局面。

关键词： 法治建设　法治政府　西北地区

---

* 本文系国家社科基金《新时代新疆宗教工作法治化研究》（项目编号：18XZJ017）阶段性成果；新疆维吾尔自治区社科联新时代党的治疆方略理论与实践研究课题《新疆完善基层宗教社会治理体系研究》（2023ZJFLY05）以及《中吉乌铁路建设对新疆发展的机遇与对策研究》（2023ZJFLY41）的阶段性研究成果。

** 陈琪，新疆师范大学政法学院教授，主要研究方向为地方法治；蒲翠月，新疆社会科学院法学研究所助理研究员，主要研究方向为法律史。

一　西北地区法治建设成效

2022~2023 年，西北五省区人民政府加强法治建设的制度建设，持续加大对法治建设的投入，出台一系列地方性法规、规章，建立健全地方立法体系，为法治政府建设提供了有力的制度保障。注重法治监督和问责，加强对政府行为的监督，建立健全法治监督机制，确保政府行为合法、公正、透明。形成对失职渎职行为的严肃问责机制，对违法违纪的行为依法追究责任，提高政府工作的规范性和效能性。注重法治建设与经济社会发展的有机结合，在推进经济发展的同时，加强法治建设，提高了政府行政管理水平，为经济社会发展保驾护航。通过依法行政，改善营商环境，促进市场经济的健康发展。法院、检察院等司法机关加强对刑事、民事案件的审理，提高了司法公正性和效率。各级公安机关加大对违法犯罪行为的打击力度，维护社会安全稳定。此外，政府引导社会各界积极参与法治建设，形成了良好的法治氛围。

（一）坚持党的领导，高站位谋划统筹推进法治政府建设

党的十八大以来，中国特色社会主义进入新时代，我国法治政府建设也步入新时代的"快车道"。[①] 特别是《法治政府建设实施纲要（2015—2020年）》贯彻落实 5 年来，各地区各部门多措并举、改革创新，法治政府建设取得重大进展。2023 年是贯彻落实党的二十大精神开局之年，也是习近平法治思想学习持续向纵深发展的一年。西北五省区始终坚持把党的领导贯彻到法治政府建设的各个方面，统筹推进法治政府建设，尤其加强对法治政府建设的组织领导，明确责任分工，完善工作机制，确保党的政治路线和决策部署能够贯彻落实到位。

陕西省人民政府严格落实党组理论学习中心组学习制度，建立健全学习习近平法治思想常态化机制，举办"学习贯彻党的二十大精神推进法治政府

---

① 马怀德：《加快法治政府建设　推动政府治理现代化》，《审计观察》2023 年第 4 期。

建设"专题培训班,始终把坚持党的领导贯彻到法治政府建设全过程各方面,同时制订印发法治建设《工作要点》《工作台账》,明确目标任务、牵头单位和完成时限。① 甘肃省人民政府坚持法治甘肃、法治政府、法治社会一体建设,贯彻落实《法治政府建设与责任落实督察工作规定》,把法治政府建设列入省委、省政府年度督查检查考核计划。把学习贯彻习近平法治思想作为首要政治任务,持续推动学习入脑入心、走深走实。省级主要媒体开通专网、开设专栏,刊发学习宣传动态1.3万余篇,开播电视节目150余期。创建"甘肃省学习贯彻习近平法治思想研究基地",确定49项重大课题,举办各类培训研讨、宣讲报告2800余场次,不断推动习近平法治思想深入人心。② 宁夏回族自治区党委高度重视法治政府建设,把"实施依法治区战略"确定为"五大战略"之一写入自治区第十三次党代会报告。党委和政府主要负责人自觉扛起法治建设第一责任人职责,统筹规划、带头推进,分管负责人发挥示范带动作用,坚持学、用、述、考、评、督、责一体推进,层层压紧压实政治责任,推动法治政府建设各项任务落实落细。③ 新疆维吾尔自治区人民政府高度重视法治新疆建设,自治区党委全面依法治疆委员会持续推进法治新疆建设常态化、长效化,专题研究"法治讲堂・逢九必讲"方案,在积极借鉴新疆阿勒泰地区"法治讲堂・逢九开讲"经验和做法的基础上,从5月9日起,开展全疆"法治讲堂・逢九必讲"法治讲座。此后每月9日、19日、29日,新疆举办常态化法治培训活动。同时印发《自治区学习宣传贯彻习近平法治思想实施方案》《关于认真组织学习〈习近平法治思想学习纲要〉的通知》,举办学习贯彻党的二十大精神专题培训辅导,把深入学习贯彻党的二十大精神和习近平法治思想作为重要政治任务,推动各级干

---

① 《陕西省人民政府关于2022年法治政府建设情况的报告》,陕西省人民政府网(2023年2月28日),http://www.shaanxi.gov.cn/zfxxgk/zcwjk/szf_14998/qtwj/202303/t20230309_2277727.html,最后检索时间:2023年7月2日。

② 《甘肃省人民政府2022年法治政府建设情况报告》,甘肃省人民政府网(2023年3月31日),http://www.gsgz.gov.cn/gzzfxxgk/xzjdxxgk/sjz/qtfdxx_7109/202305/t20230517_1045205.html,最后检索时间:2023年7月2日。

③ 《宁夏回族自治区2022年度法治政府建设工作报告》,宁夏回族自治区人民政府网(2023年3月31日),https://www.nx.gov.cn/zwgk/zfxxgk/fdzdgknr/fzzfjs/202303/t20230331_4017381.html,最后检索时间:2023年6月25日。

部认真学习、广泛宣讲，积极践行习近平法治思想，部署推动法治政府建设。①

（二）持续推进规范化程序化法治化建设，政府治理体系和治理能力现代化水平不断提升

法治政府建设是全面依法治国的重点任务和主体工程，是推进国家治理体系和治理能力现代化的重要支撑。② 2022 年，西北五省区都把规范化、程序化、法治化建设作为政府工作重点，稳步提升治理体系和治理能力现代化水平。推动政府治理体系的制度化建设，建立健全各项制度和机制，确保政府工作的科学决策、规范运行、有效监督。加强政府内部管理制度的建设，优化机构设置，明确职责权限，提高行政效能。加强政府信息化建设，推动政府工作向数字化、网络化、智能化转变。建立健全政府信息公开制度，提供全面、及时、便捷的信息服务，增强政府与公众的互动和沟通。加强社会参与和监督，积极推动政府与社会各方面的互动与合作，广泛征求社会各界的意见和建议，增强政府工作的民主性和透明度。加强社会组织的参与，发挥社会力量的作用，共同推动政府治理的现代化。

陕西省人民政府制订《信息公开工作管理办法》、年度政务公开工作重点任务分解方案，规范答复政府信息公开申请，办理行政复议和行政诉讼案件，整合各级政府行政复议职责，不断提升行政复议规范化信息化建设。建立省级行政规范性文件库，实现全省政府规章网上"一键查"，这些举措全面强化了行政权力制约监督。③ 甘肃省严格落实重大行政决策法定程序，从严审核把关 230 余件省政府重大行政决策、战略合作协议、政策文件和

---

① 《新疆维吾尔自治区 2022 年法治政府建设情况报告》，新疆维吾尔自治区人民政府网（2023 年 3 月 29 日），https：//www.xinjiang.gov.cn/xinjiang/xjzfgzbg/202303/e179c7ce84b142e9a1be8fcbb920f45e.shtml，最后检索时间：2023 年 7 月 2 日。

② 《法治政府建设实施纲要（2021—2025 年）》，中华人民共和国人民政府网（2021 年 8 月 11 日），https：//www.gov.cn/zhengce/2021-08/11/content_5630802.htm，最后检索时间：2023 年 6 月 25 日。

③ 《陕西省人民政府关于 2022 年法治政府建设情况的报告》，陕西省人民政府网（2023 年 2 月 28 日），http：//www.shaanxi.gov.cn/zfxxgk/zcwjk/szf_14998/qtwj/202303/t20230309_2277727.html，最后检索时间：2023 年 7 月 2 日。

1000 余条省直部门权责清单目录、政务服务事项，备案审查规章和行政规范性文件 170 余件，同时完成新一届省政府法律顾问选聘工作，建立覆盖省市县三级政府法律专家人才库，538 名法律顾问参与各级政府重大行政决策。① 宁夏回族自治区人民政府出台《自治区数字政府建设以奖代补资金管理办法》等 12 个政策性文件，打造数字政府"34567"体系框架，全面加强"数字政府"建设。加快推动"一网通管""一体协同""一屏通联"等，让政府服务更有速度、更有效率。"我的宁夏"App 注册人数达 1100 万人，1500 个事项能够"指尖办"，"掌上好办"综合指数排名西北第一。② 新疆维吾尔自治区出台《新疆维吾尔自治区重大行政决策程序规定》，明确了公众参与、专家论证、风险评估、合法性审查和集体讨论决定等决策程序的具体要求，以保证决策的科学性和公正性。建立司法行政部门负责人列席政府常务会议的机制，确保司法行政部门对重大行政决策的法律性和程序性进行监督和指导。印发《关于深化政府法律顾问工作的意见》，以全面规范法律顾问的参与，提高决策的法律合规性。自治区本级党政机关达到 88% 的法律顾问覆盖率，法律顾问通过提供专业的法律咨询和意见，为依法服务决策、助力法治建设提供保障。③

（三）立足省情、区情实际，立法质效全面提高

良法是善治之前提，制定良法，是新时代赋予立法者的神圣使命。④ 西北五省区把握"一带一路""西部大开发"战略发展机遇目标，立足各自实际，

---

① 《甘肃省人民政府 2022 年法治政府建设情况报告》，甘肃省人民政府网（2023 年 3 月 31 日），http：//www.gsgz.gov.cn/gzzfxxgk/xzjdxxgk/sjz/qtfdxx_7109/202305/t20230517_1045205.html，最后检索时间：2023 年 7 月 2 日。

② 《宁夏回族自治区 2022 年度法治政府建设工作报告》，宁夏回族自治区人民政府网（2023 年 3 月 31 日），https：//www.nx.gov.cn/zwgk/zfxxgk/fdzdgknr/fzzfjs/202303/t20230331_4017381.html，最后检索时间：2023 年 6 月 25 日。

③ 《新疆维吾尔自治区 2022 年法治政府建设情况报告》，新疆维吾尔自治区人民政府网（2023 年 3 月 29 日），https：//www.xinjiang.gov.cn/xinjiang/xjzfgzbg/202303/e179c7ce84b142e9a1be8fcbb920f45e.shtml，最后检索时间：2023 年 7 月 2 日。

④ 《开启新征程良法善治新篇章——十三届全国人大及其常委会立法工作综述》，中国人大网（2023 年 2 月 9 日），http：//www.npc.gov.cn/npc/kgfb/202302/02ae07d25bae4ca5b8d50588b1609a4a.shtml，最后检索时间：2023 年 6 月 25 日。

积极推进立法工作，形成地区特色和亮点，主要措施集中于以下几点。首先，深入调研，准确把握省情、区情。从本地区经济社会发展状况出发，了解人民群众的期望和需求，准确把握本地区的特点和问题，为立法工作提供科学依据和指导。其次，加强立法规划的科学制定，明确立法的目标和重点。根据本地区的实际情况，确定立法的优先领域和重点议题，确保立法工作的针对性和实效性。再次，加强立法的科学性、合理性和可操作性，确保立法的质量和效果。在注重立法的前瞻性和长远性的同时，加强立法的可操作性，确保法律的实施和执行能够顺利进行。最后，广泛征求公众的意见和建议，加强与社会各界的沟通和互动，加强立法的公众参与和民主监督。通过建立健全立法公开和听证制度，提高立法的透明度和公正性。同时，加强对立法的民主监督，确保立法的合法性和合规性。

陕西以其独特的文物资源和特色优势为基础，制定了一系列规范性要求，以确保文物得到有效的保护、管理和利用。这些要求涉及调查认定、保护管理、传承利用和区域协同等多个方面，为文物的保护、管理和利用提供了法律依据。自 2023 年 1 月 1 日起施行《陕西省革命文物保护利用条例》，加大了对革命文物的保护力度，规定了革命文物的保护范围、保护措施和保护责任等方面的内容，保障了革命文物的完整性和安全性。[①] 宁夏紧紧围绕加快推进先行区建设、促进乡村振兴等重点领域立法，积极跟进新兴领域立法调研，取得了丰硕的成果。截至 2023 年 3 月，宁夏已经提请自治区人大常委会审议制定、修改、废止地方性法规 11 件，制定、修改自治区政府规章 6 件，其中包括全国首个围绕黄河流域生态保护和高质量发展的地方立法《宁夏回族自治区建设黄河流域生态保护和高质量发展先行区促进条例》。[②] 这些立法成果不仅加强了宁夏的法治建设，也为推动宁夏经济社会发展提供了有力保障。新疆作为多民族边疆地区，在民族团结、宗教事务管理、反恐维稳方面有着独特的经验做法。作为反恐前沿阵地，扎实推进反恐维稳法治化、常态化，持续完善反恐

---

① 《陕西省革命文物保护利用条例》，陕西省人民政府网（2023 年 2 月 21 日），http：//www.shaanxi. gov.cn/xw/sxyw/202302/t20230221_2275587.html，最后检索时间：2023 年 6 月 25 日。

② 《宁夏回族自治区 2022 年度法治政府建设工作报告》，宁夏回族自治区人民政府网（2023 年 3 月 31 日），https：//www.nx.gov.cn/zwgk/zfxxgk/fdzdgknr/fzzfjs/202303/t20230331_4017381.html，最后检索时间：2023 年 6 月 25 日。

维稳法规政策体系，出台《新疆维吾尔自治区边境管理条例》《新疆维吾尔自治区便民警务站条例》。致力于民族团结，构建和谐稳定社会环境，出台《新疆维吾尔自治区民族团结进步模范区创建条例》，坚持运用法治方式，持续推动民族团结进步创建工作。①

（四）全力打造法治化营商环境，以法治促经济高质量发展

西北地区拥有丰富的自然资源和人力资源，但经济发展相对滞后，需要采取构建良好的营商环境、公平的市场机制、优惠的政策支持以及区域合作等综合措施，以加快经济发展步伐，吸引更多外来投资，才能实现可持续发展。因此，西北五省区近年来出台一系列措施，全力保障良性市场机制。一是制定和修订与经济发展和营商环境相关的法律法规，明确市场主体的权利和义务，为市场经济的健康发展提供有力保障。二是不断提高营商环境的便利程度和友好程度，如：简化审批程序、降低企业成本、优化服务质量，建立健全一站式服务平台，提供全面、便捷、高效的服务等。三是完善监管制度和机制，加大对市场秩序的监督和执法力度，强化市场监管力量建设。四是提高知识产权的司法保护力度，依法打击侵权行为。同时，加强知识产权的宣传和培训，提高市场主体对知识产权的权利意识和保护意识。

陕西严格实施《优化营商环境条例》以及《陕西省优化营商环境条例》，建立全省营商环境评价指标体系，强化公平竞争，引入第三方评价机制。同时减少行政程序烦琐环节，清理"循环证明""重复证明"，推进"一带一路"综合改革开放试验区、"一带一路"国际商事法律服务示范区建设，打造法治化、市场化的营商氛围。②甘肃进一步规范涉企行政执法行为，出台打造法治化营商环境20条措施，同时推行行政柔性执法，公布"两轻一免"清单。③宁夏出台

---

① 《新疆维吾尔自治区2022年法治政府建设情况报告》，新疆维吾尔自治区人民政府网（2023年3月29日），https：//www.xinjiang.gov.cn/xinjiang/xjzfgzbg/202303/e179c7ce84b142e9a1be8fcbb920f45e.shtml，最后检索时间：2023年6月25日。

② 《陕西省人民政府关于2022年法治政府建设情况的报告》，陕西省人民政府网（2023年2月28日），http：//www.shaanxi.gov.cn/zfxxgk/zcwjk/szf_14998/qtwj/202303/t20230309_2277727.html，最后检索时间：2023年7月2日。

③ 《省法院出台切实推动法治化营商环境攻坚突破二十条措施》，甘肃政法网（2023年5月5日），https：//www.gszfw.gov.cn/Show/341003，最后检索日期：2023年6月20日。

《宁夏回族自治区优化营商环境条例》，修订《中小企业发展促进条例》，深入开展"审管联动"试点工作，建成了宁夏智慧市场监管一体化平台，全面推行"一业一证""一网通办""一事一办"模式，企业开办"一日办结"成为常态。① 青海相继出台实施 218 条稳住经济一揽子措施，深入实施优化营商环境三年行动计划，出台 127 项硬核举措，全面构建"1+N+M"营商政策体系，着力提振市场主体信心。② 新疆实施营商环境优化提升三年行动，开展营商环境评价，启动营商环境问题集中治理，探索建立营商环境监测和社会监督机制。③ 2023 年 1 月，新疆立足本区营商环境实际情况，结合广东省、杭州市等专题调研考察情况，围绕中国营商环境评价体系 18 个一级指标和 87 个二级指标，依据有关法规规章和政策文件，研究起草了《自治区实施营商环境优化提升三年行动方案（2022—2025 年）》，对标国内最高标准、先进水平，突出重点，补齐短板，不断推进营商环境市场化、法治化、便利化、国际化。④

（五）坚持和发展新时代"枫桥经验"，矛盾纠纷多元预防调处化解机制不断完善

新时代"枫桥经验"强调社会治理主体的多元化发展，特别是社会组织的广泛参与。⑤ 2022~2023 年，西北地区深化诉前调解制度，推广和应用新型调解方式，推动司法机关与社会组织、专业调解机构等各方面的合作，持续推进人民调解、行政调解、司法调解"三调"联动和智慧调解平台建设，不断

---

① 《宁夏回族自治区 2022 年度法治政府建设工作报告》，宁夏回族自治区人民政府网（2023 年 3 月 31 日），https：//www.nx.gov.cn/zwgk/zfxxgk/fdzdgknr/fzzfjs/202303/t20230331_4017381.html，最后检索时间：2023 年 6 月 25 日。

② 《青海省 2022 年法治政府建设情况的报告》，青海省人民政府网（2023 年 3 月 31 日），http：//www.qinghai.gov.cn/zwgk/system/2023/03/31/030013465.shtml，最后检索时间：2023 年 6 月 25 日。

③ 《新疆维吾尔自治区 2022 年法治政府建设情况报告》，新疆维吾尔自治区人民政府网（2023 年 3 月 29 日），https：//www.xinjiang.gov.cn/xinjiang/xjzfgzbg/202303/e179c7ce84b142e9a1be8fcbb920f45e.shtml，最后检索时间：2023 年 6 月 25 日。

④ 《自治区实施营商环境优化提升三年行动方案（2022—2025 年）》，新疆维吾尔自治区人民政府网（2021 年 12 月 6 日），http：//www.xinjiang.gov.cn/xinjiang/qtwj/202212/9b8aa0d41a9346479565027fd73432eb.shtml，最后检索时间：2023 年 6 月 25 日。

⑤ 李芳、师英强：《新时代"枫桥经验"融入基层社会治理的现实困境及创新路径》，《新西部》2023 年第 4 期。

提高调解工作的水平和效率。一是积极推进社会调解工作，加强社区矛盾纠纷调处机构建设，培养专业化的调解队伍，提供便捷、高效、低成本的矛盾纠纷解决渠道。二是注重加强社会信用体系建设，推动诚信文化建设，倡导诚实守信的社会风尚，减少矛盾纠纷的发生。三是积极推进信息化建设，利用互联网和大数据技术，提高矛盾纠纷的调处和解决效率。四是建立在线调解平台和纠纷解决数据库，实现矛盾纠纷信息的快速收集和共享，提供更加精准和及时的调处和解决方案。

甘肃省加强重大决策社会稳定风险评估，探索建立全省矛盾纠纷排查化解预警管理平台，强化社会矛盾跟踪预警，部署开展"调解促稳定 喜迎二十大"专项行动。[①] 宁夏强化行政应诉，建立行政败诉案件分析报告和行政败诉、不履行生效裁判通报等制度，开展全区行政应诉突出问题专项治理。强化矛盾化解，坚持和发展新时代"枫桥经验"，完善社会矛盾多元化解决机制，将协调、调解、和解等方式贯穿于行政复议、诉讼全过程。推进集中治理重复信访、化解信访积案专项工作，实现了"减存量、控增量、防变量"的目标。[②] 新疆出台《新疆维吾尔自治区人民调解条例》，累计受理人民调解案件21.2万余件、成功率99.3%，"乌伦古经验"被命名为第二批"全国法治政府建设示范项目"。制定《关于加强新时代司法所建设的意见》，理顺基层司法所管理体制，推动乡镇法治政府建设。深化行政复议体制改革，13个地市（州）、88个县（市、区）实现行政复议工作"一个窗口"对外，全区各级行政复议机关收到行政复议申请1183件，已审结850件。恢复设立地县两级法律援助机构，受理法律援助案件3.4万件，提供各类咨询9.2万余人次。[③]

---

① 《甘肃出台新时代提高地方立法质量工作办法——全过程全链条全领域规范地方立法工作》，甘肃人大网（2023年6月7日），http://www.gsrdw.gov.cn/html/2023/rdxw_0607/22519.html，最后检索时间：2023年6月20日。

② 《宁夏回族自治区2022年度法治政府建设工作报告》，宁夏回族自治区人民政府网（2023年3月31日），https://www.nx.gov.cn/zwgk/zfxxgk/fdzdgknr/fzzfjs/202303/t20230331_4017381.html，最后检索时间：2023年6月25日。

③ 《新疆维吾尔自治区2022年法治政府建设情况报告》，新疆维吾尔自治区人民政府网（2023年3月29日），https://www.xinjiang.gov.cn/xinjiang/xjzfgzbg/202303/e179c7ce84b142e9a1be8fcbb920f45e.shtml，最后检索时间：2023年6月25日。

（六）依法预防和应对重大突发事件，统筹发展与安全

为了预防和减少突发事件的发生，控制、减轻和消除突发事件引起的严重社会危害，国家层面制定了一系列法律法规和政策文件，建立健全突发事件应急体系，明确各级政府和有关部门的职责和责任。西北五省区响应国家号召，制定详细的应急预案，包括针对各种突发事件的应对措施、建立临时组织机构等，确保在突发事件发生时能够快速、有效地进行应对。一是加强突发事件的预防工作。这包括建立健全预警机制，加强对自然灾害、环境污染、公共卫生等潜在风险的监测和预测，及时发布预警信息，提高社会公众的防灾意识和应急能力。二是加强突发事件的应急响应和处置能力。建立健全应急预案和指挥体系，提高应急机构的组织协调能力和应急救援队伍的专业素质，同时加强跨区域协作，建立了联防联控机制，确保在突发事件发生时能够及时协调和配合。三是通过广播、电视、报纸、网络等媒体渠道，加强对突发事件的宣传和教育。同时及时处理网络谣言，在充分掌握信息的基础上，对网络谣言进行精准预测，做出科学预警。四是重视加强公共安全管理。加大对犯罪活动的打击力度，加强社会治安防控，维护社会稳定。

甘肃修订完成省级总体应急预案及 37 个专项和保障预案，健全应急响应处置程序和协调联动机制，依法妥善处置重大突发公共安全事件。[①] 青海积极贯彻国务院的"15 条硬措施"，进一步落实具体措施，细化制定 33 条措施，并建立健全"两单四表"制度。[②] 这些措施的实施有助于加强政府的执行力和监督力，推动政府决策更加科学、合法、透明。同时，青海加强对自建房的监管，依法严格排查整治城乡经营性自建房的安全隐患，确保人民群众的生命财产安全。西宁市还打造了全省首个应用级城市运行指挥中心，初步构建了市、区两级融合联动的城市运行指挥体系，提高了城市应急响应的效率和准确性。

---

① 《甘肃省人民政府 2022 年法治政府建设情况报告》，甘肃省人民政府网（2023 年 7 月 4 日），http://rdgb.gsrdw.gov.cn/2023/250_0704/3657.html，最后检索时间：2023 年 9 月 17 日。

② 《青海省 2022 年法治政府建设情况的报告》，青海省人民政府网（2023 年 3 月 31 日），http://www.qinghai.gov.cn/zwgk/system/2023/03/31/030013465.shtml，最后检索时间：2023 年 6 月 25 日。

二　西北地区法治建设重点关注

2022~2023 年，西北五省区在法治建设方面取得了显著成效，与此同时，与党中央、国务院的更高要求和人民群众的热切期盼相比还存在一些短板和弱项，需要重点关注以下几个方面。

（一）习近平法治思想的学习效果有待进一步向纵深发展

自习近平法治思想确立以来，西北五省区都将其作为重要学习内容，认真学习领会。但由于西北地区地缘辽阔，各级政府工作任务繁重，较内地其他省份，还面临维稳、民族、宗教等多项重点工作任务。实际工作中，个别地区依然存在"一把手"抓、抓"一把手"的现象，由于责任压力传导机制尚不健全，理论学习不够深入透彻，也还存在流于形式、应付检查的现象和问题，不能保证各级领导干部的学习效果都能入脑入心。个别党政主要负责人履行推进法治建设第一责任人职责仍需进一步压实。

（二）地方立法的前瞻性、针对性有待继续加强

在我国一元多层的立法体制下，地方立法有着实施国家法律和行政法规、调整当地特定的社会关系等功能，其作用主要体现在贯彻落实上位法、先行先试、引领地方法治等。因此，地方立法既要体现立法前瞻性，又要凸显地方特色并具有针对性。2022 年以来，西北五省区都加快了地方立法的步伐，立法质效有明显提高，各省区也根据本地实际在地方特色立法上有所突破。但是由于西部地区经济、社会发展较东部地区仍然缓慢，加之上位法的大量修订，西北地区部分地方立法修改速度未跟上国家或其他发达省区立法的步伐。在立法内容上更多地侧重于社会稳定、城乡规划、基层管理和生态环保等方面，有关互联网、大数据、人工智能等方面的立法还与现实发展的需求存在差距。在落实上位法方面或参照其他省区已有相关立法时，对上位法或其他发达省区模仿、重复的立法痕迹依然明显，立法精细化、前瞻性程度还不够高。

（三）行政执法规范化水平仍需进一步提升

法治政府建设是全面依法治国的重点任务和主体工程。西北五省区均已推进落实"行政执法公示制度、全过程记录制度、重大执法决定法制审核制度"三项制度。但是就与群众关心切身利益相关重点领域来说，西北三省两区与全国其他地方既有共性，又有着本地的特点。一是部分基层法治机构设置、人员与经费装备等保障还不能完全满足新时代法治政府建设的需求。二是各级行政机关工作人员素质、能力参差不齐，导致依法行政能力不足，行政执法不严格不规范、随意执法、选择性执法等问题时有发生。三是跨领域跨部门综合执法力度不够，综合行政执法体制改革有待进一步深化，基层综合执法体制机制仍需进一步完善。四是在推进机构、职能、权限、程序、责任法定化，提高行政效率和公信力上还需要把工作做得更细、更实。

（四）区域法治资源不均衡，公共法律服务难达预期

西北地区法治资源的不均衡内外都有体现。从外部看，西北地区相较于南方发达省份经济发展相对滞后；从内部看，西北五省区内部地区之间、城乡之间也存在不均衡。例如新疆南北疆之间、城市乡村之间法治人才质量、数量都存在差异。总的来说，法治建设环境与经济发展相辅相成，经济发展好的地方，法治建设完善，法治人才充实，法治实施效果较好，反之亦然。经济发展的滞缓致使法治建设缓慢尤其是法律人才缺乏，特别是基层法治力量相对薄弱，直接影响公共法律服务效果。例如"一村一法律顾问"制度虽然基本落实，但由于法律服务人才数量有限、专业素养参差不齐，服务内容、服务效果难以达到理想状态。

三　西北地区法治建设发展与展望

党的二十大报告指出："全面依法治国是国家治理的一场深刻革命，关系党执政兴国，关系人民幸福安康，关系党和国家长治久安。必须更好发挥法治固根本、稳预期、利长远的保障作用，在法治轨道上全面建设社会主义现代化国家。"[1] 党

---

[1] 习近平：《高举中国特色社会主义伟大旗帜　为全面建设社会主义现代化国家而团结奋斗——在中国共产党第二十次全国代表大会上的报告》，人民出版社，2022，第33页。

的二十大报告再次强调了"法治"在社会治理中所发挥的重要调节、指引、保障作用，为西北地区法治建设指明了方向。西北地区各族群众对西北地区法治建设提出了更高的要求。西北地区的法治化建设要紧密结合社会结构、治理环境、治理价值目标等西北特色，努力实现法治赋能西北地区的稳定与发展。

（一）全面贯彻落实党的二十大精神，践行习近平法治思想，持续深入推进西北地区法治政府建设

法治政府建设是全面依法治国的重点任务和主体工程，是推进国家治理体系和治理能力现代化的重要支撑。[①] 在党的二十大开创的新的时代起点上，建立健全习近平法治思想常态化、深入化学习机制，进一步把习近平法治思想践行在西北的每一寸土地上，加强党对法治政府建设的统领作用，扎实推进依法行政，坚持"法定职责必须为、法无授权不可为"，落实《法治政府建设实施纲要（2021—2025 年）》以及各省区实施方案，推进法治政府建设示范创建活动，提高行政能力，加强督察检查，确保法治政府建设各项任务落到实处，着力实现政府职能深刻转变。此外，要结合西北地区治理主体的特点，积极探索适合西北地区的治理模式，全面推进西北地区法治政府建设取得新突破。

（二）持续完善西北地区地方立法体系，为"善治"搭建坚实的"良法"基石

良法是善治的基础和前提。"坚持改革和立法的辩证统一，就是要将改革决策和立法决策很好地结合起来，正确处理法律的稳定性与变动性、现实性与前瞻性、原则性与可操作性的关系，探索规律，把握节奏，努力做到重大改革于法有据、立法主动适应改革和经济社会发展需要。"[②] 2023 年 3 月 15 日，第二次修正的《中华人民共和国立法法》实施，西北地区应以此为契机，以新修改的立法法为指导，进一步深入推进地方立法的科学性、民主性。在提高立法质量、推进立法精细化上下功夫。坚持实事求是、问题导向、体现地方特

---

① 《中共中央　国务院印发〈法治政府建设实施纲要（2021—2025 年）〉》，新华社，2021年 8 月 11 日，https：//www.gov.cn/zhengce/2021-08/11/content_ 5630802.htm，最后检索时间：2023 年 7 月 2 日。

② 冯玉军：《〈立法法〉修改：理念原则、机制创新与完善建议》，《交大法学》2023 年第 2 期。

色，着力解决实际问题，增强立法针对性。一方面，在选题上要做到精准选题、精良设计。从西北地区各省区实际出发，积极实践"小切口""小快灵"立法。另一方面，在内容上精炼表达。吃透党中央精神，避免照抄、重复上位法；加强调查研究，对症下药，需要解决什么问题，就立什么法，立"干货式"的法，避免宣誓性、口号式、粗犷式立法；探索区域协同立法，创造性地做好地方立法工作，力求做到立得住、行得通、真管用。

（三）严格规范公正文明执法，提高依法科学民主决策水平，扎实推进依法行政

2022年，西北五省区行政执法质效不断提升，根据党的二十大对行政执法提出的新目标："深化行政执法体制改革，全面推进严格规范公正文明执法，加大关系群众切身利益的重点领域执法力度，完善行政执法程序，健全行政裁量基准。强化行政执法监督机制和能力建设，严格落实行政执法责任制和责任追究制度。完善基层综合执法体制机制。"① 需进一步紧盯标准规范，高质量推进落实，提升人民群众满意度。一要严格落实国家、西北五省区关于重大行政决策相关制度，加强政府工作人员法律意识，提高法律素养，确保决策符合法律和法规的要求。如：建立健全决策程序，加强决策的公开透明，提高公众参与程度，确保决策的合法性和公正性；加强信息收集和分析，了解各方面的意见和建议，确保决策的科学性和合理性；建立终身责任追究机制，对重大行政决策和政策实施进行跟踪问效，对失误和过失进行追责问责等。二要持续加强执法队伍建设，提高执法人员的法律素养和职业道德，确保执法人员依法履职、文明执法、公正执法。让人民群众在阳光执法、柔性执法的过程中感受到政府的法治温度。三要建立健全执法监督机制，强化执法监督和问责，对违法执法和不当执法行为进行严肃处理，确保执法行为合法、正当、公正和文明。健全执法规范和执法程序，明确执法的程序和标准，推进执法信息公开，加强执法信息公开平台建设，提高公众对执法工作的知情权、参与权和监督权，确保执法行为公开透明。

---

① 习近平：《高举中国特色社会主义伟大旗帜　为全面建设社会主义现代化国家而团结奋斗——在中国共产党第二十次全国代表大会上的报告》，人民出版社，2022，第34页。

（四）坚持法治为民，赋能西北地区法治社会建设

法治社会是构筑法治国家的基础，西北地区法治社会是法治中国的重要组成部分。加快建设西北地区法治社会，一方面，要秉承"法治为民"的理念，深化群众路线教育实践活动，推进党的群众路线教育实践活动常态化，让群众参与决策、管理、监督成为常态，发挥群众的主体作用。另一方面，要建设覆盖城乡的现代公共法律服务体系，深入开展推进多层次多形式的法治宣传教育，让领导干部发挥尊法学法守法用法的示范带头作用，引导全体人民做社会主义法治的忠实崇尚者、自觉遵守者、坚定捍卫者，全社会形成良好的法治氛围。

B.6

2023年中国西北地区生态文明建设报告

羊进拉毛　更群东主*

摘　要： 以习近平新时代中国特色社会主义思想为指导，全面贯彻落实党的二十大精神，努力建设人与自然和谐共生的美丽中国，关系人民福祉，关乎民族未来。西北地区是全球生物多样性保护的重要区域，也是我国重要的生态安全屏障。近年来，西北地区在生态文明建设过程中取得了显著成效，但仍然面临着生态环境脆弱、产业结构不合理、相关人才严重短缺、经济发展相对落后、生态保护任务重、治理恢复周期长等多种瓶颈。为此，本研究提出，立足西北地区实际情况，树立生态共同体理念，打造国际生态旅游目的地，在政府主导与多元主体参与下，推进产业绿色发展，坚持生态保护优先、完善天然草地利用和保护机制，转变社区居民生产经营方式，完善生态文明建设长效机制，推进区域发展，实现共同富裕。

关键词： 生态文明　可持续发展　西北地区

　　人与自然和谐共生的现代化是我国新时代生态文明建设的战略任务之一，总基调是推动绿色发展，协调人与自然的关系。党的二十大报告对生态文明建设提出了新目标、新要求、新方向和新部署。

　　西北地区地处生态敏感区和脆弱区，生态退化、治理恢复周期长、生态保护任务重等都是制约该地区经济、社会可持续发展的重要因素之一。本报告围绕西北五省区生态文明建设的主要成效、路径等问题进行分析，探索合理有效的生态文明建设模式，促进人与自然和谐共生。

---

* 羊进拉毛，青海省社会科学院助理研究员，主要研究方向为生态文化；更群东主，西北民族大学中国语言文学学部中国语言文学专业2023级博士生，研究方向为多语种文学与文化传承。

一 西北地区生态文明建设的主要成效

（一）生态环境恶化趋势得到初步遏制

随着青海三江源生态保护与建设工程的深入实施，沙漠化土地防治、重点沼泽湿地保护、黑土滩综合治理等各方面取得了显著成绩，试点区生态环境恶化趋势得到初步遏制。甘肃省通过保护湿地生态系统和生物栖息地，加快实施若尔盖、尕海、首曲、永靖等湿地群生态保护修复工程，稳步提升黄河上游水系补水功能。并且相关部门每月组织召开水环境质量会商会，分析渭河、洮河、三岔河、马莲河、散渡河等部分水质变化情况，对水环境质量恶化和不达标的进行预警通报，且制定印发《关于加强枯水期地表水环境污染管控和风险防范的函》《关于加强 2022 年汛期水环境监管工作的通知》《关于开展汛期污染物强度分析推动解决突出水环境问题的通知》《甘肃省"十四五"土壤、地下水和农村生态环境保护规划》《甘肃省 2022 年度土壤生态环境保护工作要点》等，督促加强水环境质量和土壤污染源头管控，采取针对性预防处置措施，持续推动全省美丽河湖建设。2023 年，新疆维吾尔自治区通过预警分析、调查、监督等方式在生态保护修复和资源循环利用等重点领域取得了突出成效。陕西省恢复了森林、荒漠、湖泊、河流、矿山等多种类型的自然生态系统，在改善生态环境质量、减少生态安全隐患等方面取得了显著成效，截至目前，已"累计完成生态保护和修复面积 537 万公顷"[1]。

西北五省区有三江源国家公园、祁连山国家公园、坎布拉国家地质公园、张掖丹霞国家地质公园、阅海国家湿地公园等，这些国家公园拥有自然生态保护、文化遗产保护、资源保护、为人类提供自然体验等多重功能，建立各种类型的国家公园和自然保护区，不仅有利于遏制生态恶化，也有利于人类的生存和可持续发展、保护生物多样性、协调人与自然环境的关系。

---

[1] 《全国生态保护红线划定工作完成 生态修复"负面清单"管控成效显著》，陕西省生态环境厅官网，2023 年 4 月 23 日。

（二）建立生态保护长效机制，实现自然资源持续利用

建立健全生态保护补偿政策和长效机制，有利于解决保护与发展之间的矛盾。青海省为了遏制生态环境恶化，围绕生态保护、改善民生，全面推行生态移民、禁牧禁畜以及草畜平衡管理制度，通过建设生态管护员队伍、健全完善草原监管监测体系，居民逐渐从草原利用者向保护和利用兼顾的草原生态守护者转变。青海门源县严格贯彻落实习近平生态文明思想，重视网格协管员的巡查工作，规定网格协管员每月至少进行一次巡查，并做好生态环境保护中所存在的问题、短板、弱项等方面的记录。同时按期对相关负责人和参与人进行培训，以考核、评奖、补助等方式激励当地群众全方位、全地域、全过程参与生态环境保护，营造人与自然和谐共处的美好氛围。

近年来，甘肃省政府多渠道筹措资金，支持祁连山生态环境治理，全面实施林地保护、草地保护、湿地保护、水土保持、冰川保护、生态保护和科技支撑等七大类建设任务。[①] 通过生态保护补偿、开展自然资源资产产权和自然生态空间用途管制制度试点，编制自然资源资产负债表等多种途径，健全和完善生态保护长效机制。陕西省通过传承黄河文化、坚持绿色发展、构建多元协同保护机制等多种途径进一步推进黄河流域生态保护和高质量发展。新疆维吾尔自治区以水土流失和生态恢复综合治理为主线，提升了河湖生态环境质量，建立河湖生态保护机制。宁夏回族自治区通过扎实推进蓝天保卫战，加强重污染天气绩效分级和差异化管控，加快推进银川市、吴忠市、固原市、中卫市等北方地区冬季清洁取暖项目建设，建立长效监管机制。

西北五省区根据当地生态资源现状，以及草地、高山、湿地、湖泊等多种生态功能定位，实行因地制宜、各有侧重的保护和利用。完善生态保护补偿机制，科学实现草畜平衡，有效降低生态破坏程度，实现自然可持续利用。

（三）生物多样性得到有效保护

生物与生物之间是相互帮助又彼此竞争的关系，并在相互作用中产生一定的功能。生物多样性种类非常多，一般情况下，生物多样性分为遗传多样性、

---

① 资料来源：《甘肃祁连山生态环境保护由乱到治大见成效》，甘肃省生态环境厅官网。

物种多样性、生态系统多样性。陕西省为解决生物多样性保护中所存在的根本问题，编制生物多样性保护重大工程实施方案，通过引导相关部门、企业、社会组织、社会公众积极参与生物多样性保护和监管，提升了生物多样性保护的监管能力。

青海藏族传统地方性知识在三江源地区生物多样性保护中起着极为重要的作用，它把当地文化信仰融入自然系统中，使许多自然景观拥有了新的文化含义，即"自然圣境"，对当地生物多样性的保护得到了民众的普遍认可与实践。

为了了解青海三江源地区农牧民观念中的"自然圣境"禁忌，2022年10月，课题组进行了线上问卷调查。本次线上问卷调查中，共回收有效问卷310份，根据问卷调查分析得知，在各种禁忌中不能挖虫草等药材、不能捕杀野生动物、不能乱挖土地等的占比仍相对较高（见图1）。尽管有些山上有丰富的矿产资源，当地人却认为神山上的矿产资源属于神灵，人类不能随意开发。在调研中，课题组观察了自然圣境区域内外森林覆盖率、野生动植物数量等，通过自然圣境区域内外的对比发现，自然圣境区域内的野生动物数量多且森林覆盖率相对比较高，而这种现象与自然禁忌有密切联系，对于当地社区居民来说，采集虫草是非常重要的生计方式，但在自然圣境区域内仍然不能采集虫草。

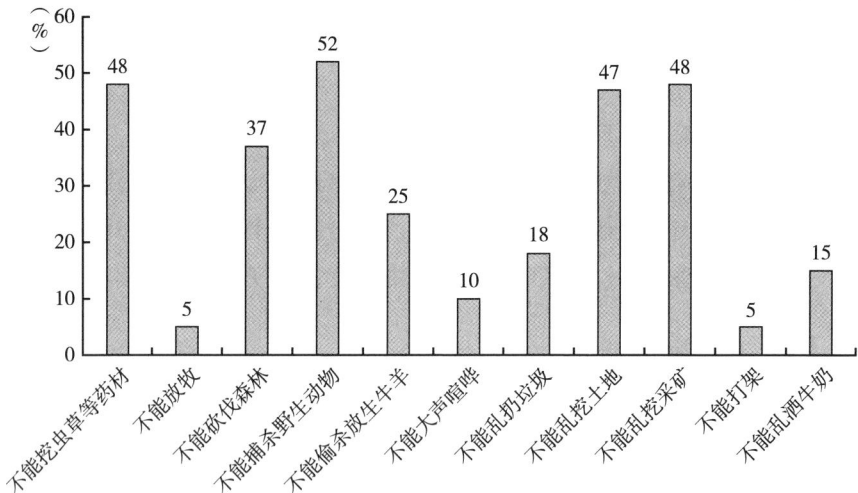

图1 三江源地区居民观念中的"自然圣境"禁忌

甘肃省为进一步加强生物多样性保护，在加快制定与完善《甘肃省生物多样性保护条例》和《甘肃省生物多样性保护规划（2022—2030年）》等生物多样性保护政策法规的同时，以加强宣传教育、完善社会参与机制等方式持续优化与构建生物多样性保护空间格局和监测体系。到2025年，甘肃省持续推进生物多样性保护优先区域和国家战略区域的本底调查和评估，初步构建生物多样性监测网络和相对稳定的生物多样性保护空间格局，"以国家公园为主体的自然保护地占全省陆域国土面积比例超过20%，森林覆盖率提高到12%，草原综合植被覆盖度达到53.5%，湿地保护率超过44.16%，国家重点保护野生动物和植物物种数保护率分别达到75%和80%，陆地生态系统类型得到有效保护，初步形成生物多样性可持续利用机制，基本建立生物多样性保护相关政策、制度、标准和监测体系"[1]。新疆博尔塔拉蒙古自治州为保护生物多样性，先后颁布和制定《博尔塔拉蒙古自治州赛里木湖保护条例》《博尔塔拉蒙古自治州博尔塔拉河流域生态环境保护条例》《博尔塔拉蒙古自治州温泉新疆北鲵自然保护区管理条例》等条例，[2] 加大了自然保护地的监督管理和保护力度。截至2023年，该州已有自然保护区、森林公园、湿地公园等10个自然保护地，建立了生物多样性保护联动机制，对生态可持续发展起到了举足轻重的作用。通过多方努力，宁夏回族自治区国家重点野生动植物得到了全面保护，生物遗传资源获取与惠益分享、可持续利用机制全面建立，已逐渐形成人与自然和谐共生的美好局面。

（四）人居环境得到有效改善

青海省为了改善人居环境，提高居民经济收入，逐步建立生态补偿机制政策，并在以国家公园为主体的自然保护区设立生态公益岗位，一定程度上提高了当地农牧民的经济收入，并为农牧民提供劳动技能培训，引导农牧民群众从畜牧业生产模式逐渐转向生态管护、特许经营生产模式。根据课题组对果洛玛多县相关扶贫专业合作社的统计分析得知，目前，黄河源园区范围行政区域的玛查理镇、黄河乡、扎陵湖乡有9家扶贫专业合作社（见表1）。

---

① 资料来源：《甘肃省进一步加强生物多样性保护的实施意见》，甘肃省生态环境厅官网。
② 资料来源：《保护生物多样性 共建美好博州》，新疆维吾尔自治区生态环境厅官网。

表 1　果洛玛多县境内部分扶贫专业合作社名单

序号	合作社名称	地址	运营状况
1	玛多县河源新村藏细羊养殖扶贫专业合作社	阿涌村	存续
2	黄河乡果洛新村牦牛养殖扶贫专业合作社	江旁村	存续
3	玛多县周毛奶牛养殖扶贫专业合作社	阿映村	存续
4	玛多县阿依地牛养殖扶贫专业合作社	江旁村	存续
5	玛多县邹玛查让日干扶贫专业合作社	尕泽村	存续
6	玛多县旺仓叶什泽牛羊养殖扶贫专业合作社	刊木青村	存续
7	玛多县野牛沟村牦牛养殖扶贫专业合作社	野牛沟村	存续
8	玛多县江日尕玛生态养殖扶贫专业合作社	热曲村	存续
9	玛多县勒纳多本牛羊养殖扶贫专业合作社	勒纳村	存续

通过表 1 可发现，果洛州玛多县为了带动当地经济发展，改善人居环境，扶持创办扶贫专业合作社，引导牧民有序加入，黄河源园区内几乎每个村都有扶贫专业合作社，扶贫专业合作社与生态畜牧业相结合，科学设计合作社运作模式，提供相关岗位，解决低保户和建档立卡户家庭转产转业困难问题。

2022 年以来，甘肃省甘南藏族自治州为了解决环境问题，改善人居环境，全方位、多视角、分层次、有步骤地发起了声势浩大的"环境革命"，使全域无垃圾治理逐渐走上规范化、制度化、法制化轨道。通过政府主导和多方参与，甘南藏族自治州被列为国家全域旅游示范区，改善了当地社会生活环境，产生了一定的经济效益、社会效益以及生态效益。宁夏回族自治区通过实施财政投入与环境质量及污染物排放总量挂钩的方式，减少了当地污染物的排放，对人居环境的改善具有举足轻重的作用。陕西省泾阳县为改善人居环境，以自建和统建相结合的方式推进农村改厕工作，"今年共完成农村无害化户厕改造 4260 座，全县累计完成农村无害化户厕改造 74525 座，卫生厕所普及率达到 94.1%"[①]。陕西通过加强生态保护理念和加大资金扶持力度等多种途径，进一步提升生态环境质量、整合资源、持续推进农村危旧房改造，优化人居环境。新疆维吾尔自治区为改善人居环境，改变环境卫生脏、乱、差等突出问

---

① 资料来源：《泾阳：持续提升农村人居环境　助力生态宜居乡村建设》，陕西省生态环境厅官网，2023 年 1 月 12 日。

题，开展了"清洁日"和"美丽庭院"等活动，进一步增强了公共卫生意识和健康意识，使环境管理逐步走向规范化、制度化、长效化。

（五）建立多渠道、多形式的社区参与机制

社区参与是西北地区生态文明建设中不可分割的重要组成部分，社区在生态产业、生态管护、环境教育中发挥着重要的支撑服务作用。青海省在生态文明建设过程中积极争取国家财政投入的同时，建立多渠道、多形式的社会投资和捐赠机制。促进社会融资，吸引民间团体、企业、个人等社会资金投入国家公园生态文明建设、生态保护、公共服务和基础设施建设等。2023年2月，课题组为了评估社区参与生态文明建设的效果，对青海三江源地区社区参与状况进行了线上问卷调查，共回收有效问卷194份（见表2）。

表2 社区居民对生态文明建设的认识问卷

单位：%

序号	问题	同意	不了解	不同意
1	我对生态文明建设有一定的认识	70	10	20
2	我非常愿意参与生态文明建设	78	0	22
3	我缺乏参与生态保护的经济资本	33	17	50
4	我缺乏参与生态文明建设的相关知识和技能	48	2	50
5	我有足够的时间参与生态文明建设	59	0	41

通过表2可发现，70%的社区居民对生态文明建设有一定的认识，20%的社区居民对生态文明建设的认识薄弱。78%的社区居民非常愿意参与生态文明建设，22%的社区居民表示不想参与生态文明建设。33%的社区居民认为自己缺乏参与生态保护的经济资本，50%的社区居民对此表示否认。48%的社区居民表示自己缺乏参与生态文明建设的相关知识和技能，50%的社区居民对此表示否认。59%的社区居民认为自己有足够的时间参与生态文明建设，41%的社区居民认为自己没有足够的时间参与生态文明建设。三江源地区社区参与生态文明建设是一种自下而上的方法，在生态文明建设过程中，让当地社区居民真正参与到生态文明建设的规划和决策等实质性工作中，确保了所有社区居民的参与权、发言权及决策权。宁夏回族自治区为坚持公众参与土壤污染防治，以

设立土壤污染防治基金的方式，建立信息公开交流机制，进一步拓宽了公众的参与渠道。

甘肃省环境监测中心为保障社会公众的环境知情权、参与权、监督权，提高生态保护意识，2023年6月开展了"环境监测设施"向社会公众开放的活动，并邀请当地50多名中学生参加此活动，以"零距离"观摩和"通俗化"讲解的方式让同学们认识了多种生态环境检测设施，也了解了生态环境保护的重要性，营造了"人人关心环境保护、人人参与生态文明建设的良好社会氛围"①。新疆维吾尔自治区为进一步落实《新疆维吾尔自治区生态环境违法行为举报奖励办法》，开启了生态环境保护监管新模式，以"12369"环保热线接受生态环境违法行为的举报，针对不同环境违法行为的举报有相应的奖励办法，使生态环境违法行为得到初步遏制，不仅改善了生态环境质量，同时也激发了社会公众参与生态保护的积极性。

二　西北地区生态文明建设存在的问题

（一）保护与发展之间的矛盾较为凸显

社区参与生态文明建设与管理，必须以生态保护为前提，但是社区在发展过程中，由于需建设聚居区住房、基础设施及公共服务设施，社区聚居区的生态压力逐渐增大，这将对当地生态环境形成潜在隐患。如何突破传统的社区发展模式，有效处理好保护和发展的关系，构建既能保护生态环境又能改善社区生产生活环境、促进社区居民安居乐业的新型社区发展模式，是西北地区生态文明建设中面临的首要问题。比如，西北地区在生态环境保护过程中，面临日益严重的人与野生动物争夺栖息地的冲突，大量野生动物进入牧民承包的草场里，人兽冲突现象日益增多，野生动物侵害家畜乃至伤人事件不仅对人与动物和谐相处产生了消极影响，也给当地居民带来了一定的经济损失。

随着西北地区生态旅游的开发，生态环境持续改善产生了一定的难度，当

---

① 资料来源：《甘肃省金昌生态环境监测中心开展环境监测设施向公众开放活动》，甘肃省生态环境厅官网。

前西北地区生态环境保护压力依然比较大，生态稳中向好的基础还不太稳固，生态保护与民生改善之间的矛盾依然存在，生态环境治理能力有待提升。

（二）生态文明体制机制不够健全，可操作性较差

近年来，虽然国家和省级财政加大了对西北地区的资金投入，但由于保护地面积大、管护成本高、运行费用高等多种因素，保护地实际需求仍难以满足，生态文明体制机制难以健全。

西北地区为生态敏感区和生态脆弱区，也是我国非常重要的生态功能区，该地区草场沙化、黑土化日益严峻，同时许多重点沼泽湿地逐渐干涸，因此，在该地区建立生态保护长效机制迫在眉睫。比如，对于整个三江源地区来说，保护地质量和数量在增加，不同类型的保护地之间缺乏有机联系，没有形成科学、完整的自然保护地体系，造成同一区域建立多个不同类型的自然保护地，各类保护地存在空间交叉重叠现象，对保护对象和保护地的主体功能定位不够清晰，影响了生态保护长效机制的建立。

（三）资金投入不足是制约生态文明建设的重要"瓶颈"

西北地区以国家公园为主体的自然保护地投入不足，尚未形成长效保障机制。目前，在西北地区，特别是三江源的大部分地区为限制或禁止性开发区域，发展空间有限，加之保护地面积大、交通不便，难以提供持续有效的资金保障机制。比如，生态旅游是生态文明建设的重要途径之一，但西北地区在生态旅游开发中，仅靠自身投资力量而限制外来投资的进入，不仅开发速度慢，且难以实现理想的发展规模。然而，若依靠外来投资去发展本地旅游，就可能出现某种"依赖性"或经济收入的"漏损"现象，降低了社区居民保护自然环境的经济动力，从而引起资源保护与开发利用之间的矛盾和冲突。

（四）人才队伍薄弱，结构性人才短缺

受自然条件和体制机制制约，西北地区基层人才队伍仍比较薄弱，结构性人才短缺，大部分区域居民文化程度相对较低、语言沟通障碍、自然条件恶劣等多种因素使"育人、引人、留人"难度大，特色产业人才和管理人才匮乏是整个西北五省区的普遍现象，社区居民在接受科技知识、先进经营理念过程

中效率比较低，社区里的不少合作社资金不足、信息不灵、机构不健全、管理不规范等问题突出，实现社区居民现代化难度较大。课题组在三江源地区调研时，访谈了一名生态管护员："他只有初中学历，自从他成为一名生态管护员后，虽然每天都有相对比较艰苦的工作要去完成，但还算有个稳定的经济收入，对此他表示很满意。在调研时发现，无论是生态管护员，还是其他管理人员大部分都为当地牧民，且学历不超过高中，他们都认为学历稍微高点的当地人或者外地人都不会成为他们就业（如生态管护岗位）的竞争对手，因为很多人无法接受'待遇差'＋'紫色的馈赠'，即由于常年缺氧、海拔高等多种因素，当地人的脸、嘴唇、手等都是偏紫色的，因此，当地人称它为'紫色的馈赠'。"

对西北地区来说，除了政策支持和资金支持，相关专业人才队伍的建设也是非常重要的。目前，西北地区生态文明建设过程中高层次管理人员和专业技术人才较为欠缺，需要不断培养和引进，但该地区海拔高、社会发育程度低、自然条件艰苦、地方自由财力严重不足等多种因素，使其很难留住人才。

三 西北地区生态文明建设的对策建议

（一）加强生态环境保护，推动生态文明建设

1. 构建科学合理的自然保护地体系

西北地区在生态文明建设过程中，应根据自然保护地分类划定标准，对现有的自然保护区、风景名胜区、草原风景区、水资源保护区、野生动物重要栖息地等各类自然保护地开展综合评价，按照保护区域的自然属性和生态价值，以及管理目标进行梳理、调整和归类，逐步形成以国家公园为主体、自然保护区为基础、各类自然公园为补充的自然保护地分类系统。

2. 加强生物多样性保护

西北地区通过广播、电视、报纸、网络等新闻媒体，开展多种形式的生物多样性保护宣传教育活动，引导公众积极参与生物多样性保护，加强学校的生物多样性科普教育，提高公众保护生物多样性的意识。生物多样性保护离不开草原、湖泊、湿地、高山、森林、地质遗迹保护，传统地方性知识在黄河源园

区生物多样性保护中起着极为重要的作用，它把当地文化信仰融入自然系统中，使许多自然景观拥有了新的文化含义，对保护当地生态文化环境起到了积极作用。

3. 弘扬特色生态文化

在打造国际生态旅游目的地过程中，生态文化高质量融合发展是主基调，西北地区应充分利用生态资源和文化资源，推动旅游资源整合，提升景区服务设施功能，探索"生态+文化"的旅游融合可持续发展模式。因此，西北地区通过各种节庆赛事活动，在传承和发扬民族传统文化的基础上，合理挖掘自然山水、地域文化、建筑传统等元素，融合文化保护和历史传承，保持各具特色的城乡风貌。加强非物质文化遗产保护传承和开发利用，建立一批非物质文化遗产保护、展示、传承、教育基地的同时，加强生态文明文艺作品创作，发挥文艺作品在生态文化中的传播作用，将生态哲学、生态美学、生态伦理渗透到文艺作品中，以多种途径宣传生态文明理念，提高公众生态文明意识。

4. 全民发动、全员参与、全域治理

西北地区在开发生态旅游过程中，引导和鼓励社区居民参与生态旅游，不仅能激发社区居民参与生态保护的积极性，还能促进转产转业，减少对传统畜牧业的依赖性，能够做到在保护中开发、在开发中保护。社区参与生态旅游是一种自下而上的方法，在生态旅游开发过程中，让社区居民真正参与生态旅游的规划和决策等实质性工作，确保让所有社区居民具有参与权、发言权以及决策权。这有利于实现对自然和文化资源的更大保护，增强社区居民的权能，并改善他们的社会经济福祉。马林诺夫斯基认为需要理论就是功能理论，满足人的各种需要有利于发挥其功能，因此，要满足人的基本生物需求和派生需求，而文化是满足这些需求的主要手段，它能够让人们看到奋斗就能实现所设定的目标。同样，西北地区社区居民在参与生态旅游过程中，社会经济结构改善，有利于提高他们参与生态旅游的积极性，激发生态文化保护的内生动力，促进生态环境保护与社区发展。

（二）优化体制机制，推进生态文明建设

西北地区应充分利用社区居民与自然环境相适应的生态文化，为生态环境

治理提供思想和理论依据，基于社区居民敬畏自然、敬畏生物的朴素生态理念，着力弘扬人与自然和谐共处的生态文化。西北地区积极吸收周边群众和社会公众、社会组织和志愿者等参与生态文明建设和管理，加大与各个院校和科研机构的合作力度，形成国家所有、全民共享的共建格局。比如，三江源地区为了保护生态文化环境，提高当地社区居民的生活水平，在国家政策的大力支持下，加大资金投入的同时，建立了相对完善的生态补偿体制机制，为推进生态文明建设提供了良好的政策引导和资金支持。并根据当地生态文化特色，开展面向社区的生态管护员和环境教育服务人员培训，让社区重新认识三江源的价值、关注三江源国家公园，同时让社区带动更多的社会公众了解三江源国家公园，将生态治理与政府人文关怀相结合，摸清草畜资源及畜牧业生产经营状况，制定草原生态保护建设及畜牧业生产发展计划，结合草原补奖政策实施和重大生态工程建设，逐步建立以草定畜动态管理机制，更好地保护生态环境。

（三）强化资金保障，赋能生态振兴

西北地区在现行的财政运行体制下，应按照集中财力办大事的原则，整合财政资金进行基础性、配套性、先导性投入，充分发挥政府投入对生态旅游产业发展的引导性作用，逐年增加相关生态文明建设专项资金的投入。同时，应不断完善和落实草原、森林、湿地等自然生态保护补偿政策，并根据每个地区的实际需求制定新的生态补偿政策，逐渐改善社区居民的生产生活条件。

通过发挥开发性、政策性金融机构作用，对西北地区生态保护、生态旅游、环境教育、特许经营、基础设施建设等领域项目给予相应的资金扶持。比如，青海三江源地区以"政府为主导、市场为导向、财政扶持为引导"，探索村集体经济良性发展的体制机制，全面开展新型村集体经济，加快推广"牧民入股、保底收益、按股分红"等收益分享方式，使"资源变股权、资金变股金、农民变股东"，让牧民获得更多的集体资产收益，"股份合作社是以合作制为基础，吸收股份制做法而形成的企业组织形式。股东既是出资者，也是劳动提供者，企业分配采取按劳分配和按资分配相结合形式，权益共享、风险共担、自负盈亏、独立核算。"[1] 据《三江源国家公园总体规划（2023—2030

---

[1] 杨晓红：《社区参与旅游发展法律保障制度研究》，法律出版社，2015，第56页。

年）》中关于生态畜牧业合作社发展方面的数据分析得知，通过生态产业规模不断扩大，牧民参加合作社比例有所提升，促进了劳动人口的转产转业。因此，西北地区应依托生态畜牧业资源优势，按照"培育龙头企业、建设现代园区、打造特色品牌"的发展思路，大力推进牦牛奶制品、藏式糕点、牦牛肉干等具有高原特色的有机产品生产的同时，利用该地区丰富、优质、矿物质含量高的地下水资源和丰富的中藏药资源，打造国家公园矿泉水品牌，合理开发红景天、龙胆、大黄等珍贵药材，积极培育龙头企业及合作社，打造有机畜牧业生产基地。

（四）凝聚人才力量，助推生态文明建设

西北地区由于自然条件恶劣、地方自有财力严重不足、交通不便等多种因素，基层人才队伍薄弱，人才"请不进来"和"留不住"现象并存，为了解决特色产业人才、管理人才匮乏等难题，带动西北地区生态旅游的可持续发展，"村民对土生土长的农村精英分子更容易产生亲切感和信任感，乡村体制精英身上拥有的价值观和道德观，更容易成为村民的价值观和道德准则，也就更容易使乡村的内聚力得到提升"，[1] 因此，地方政府应加强社区发展与生态旅游管理模式，积极扶持和激励各个院校，培养相关专业人才，提高社区居民整体素质，降低与生态产业化和产业生态化之间的差距，尊重地方人才，加大对地方人才的教育投资，提高他们的文化素养和教育水平，同时也需加强对传统手工艺人的资金投入，避免其因迫于生计而转行，防止人才流失。

---

[1] 王林：《景观村落旅游与社区参与》，中国旅游出版社，2014，第188页。

中国式现代化篇

B.7
中国式现代化的陕西实践：
历程、形势及战略对策

唐博*

摘　要：　党的二十大报告指出，新时代党的中心任务是以中国式现代化全面推进中华民族伟大复兴。新时代新征程，陕西作为西部地区的"桥头堡"，承东启西、连接南北，资源富集、人文荟萃，是多项国家区域发展战略的重要承载地，见证了国家区域发展的全部历程，应完整准确全面贯彻"创新""协调""绿色""开放""共享"五大新发展理念，把握重要战略机遇，积极主动作为。报告建议，一是高标准建设秦创原平台，努力打造面向世界科技前沿的创新高地和人才中心；二是以西安都市圈、关中平原城市群为试点，优先开展区域一体化建设工作；三是提炼陕西绿色生态文明建设的亮点、标识性文明的精髓，探索永续绿色发展；四是以全面推进乡村振兴和基本公共服务均等化等为抓手，探索共同富裕的西部道路；五是切实发挥陕西的重要节点作用，深入推进共建"一带一路"，不断强化开放意识，优化开放布局，提升对外开放的整体效能，奋力谱写中国式现代化建设的陕西新篇章。

　＊　唐博，陕西省社会科学院科研处研究实习员，主要研究方向为金融学、区域经济学。

关键词： 中国式现代化　高质量发展　陕西实践

党的二十大报告中，一个非常受关注的表述是"中国式现代化"。习近平总书记指出，从现在起，中国共产党的中心任务就是团结带领全国各族人民全面建成社会主义现代化强国，实现第二个百年奋斗目标，以中国式现代化全面推进中华民族伟大复兴。[①] 经过漫长且艰巨的实践与探索，尤其是党的十八大以来，在理论与实践上均实现了创新突破，在推进和拓展中国式现代化的进程中已取得初步成功。中国式现代化，是中国共产党领导的社会主义现代化，既有各国现代化的共同特征[②]（比如工业化、市场化、科技化、民主法治、自由平等、公平正义等），更有基于自己国情的中国特色。因此，中国式现代化既不是其他国家社会主义实践的再版，也不是国外现代化发展的翻版。

一　中国式现代化的内涵

现代化并不是个别国家发展的专利，而是任何一个国家都能找到的一条符合本国国情的现代化基本道路。

现代化不仅是一个目标，也是一个过程。而"现代化"作为一个特殊的词语，它的词根"现代"也可以理解为一种时间概念，21世纪的"现代"与数百年前的"现代"显然有很大的差别。因此，"现代化"不仅创造现代性，更是一个不断追求现代性的过程。关于现代化，各国专家学者有许多不同指标体系以及形态的描述，例如：美国社会学者英格尔斯提出，社会现代化和人的现代化互为基础，包括十个衡量指标的指标体系，主要体现在经济质量、经济规模、以购买力评价各国经济发展程度以及人类发展指数等方面，这也是在国

[①] 习近平：《高举中国特色社会主义伟大旗帜　为全面建设社会主义现代化国家而团结奋斗——在中国共产党第二十次全国代表大会上的报告》，《先锋》2022年第10期。

[②] 习近平：《高举中国特色社会主义伟大旗帜　为全面建设社会主义现代化国家而团结奋斗——在中国共产党第二十次全国代表大会上的报告》，《先锋》2022年第10期。

际上受认可度比较高的观点。① 所谓现代化，也是一个动态概念。世界上大多数国家曾经一直将西方现代化视同于现代化、等同于工业化，西式民主也等同于西方文化。不可否认，西方国家的现代化道路也会有一些成熟的经验值得我们学习和借鉴。例如：提高科技的原始创新能力、科学技术是第一生产力、政府公共政策与制度、政府公共品采购制度以及聚天下英才为我所用的人才制度等。而中国式现代化与中国经济社会的发展阶段、发展目标、发展战略选择是一致的，是由习近平总书记提出的我国进入中国特色社会主义建设新时代的经济发展新方略，其不仅是一条适合中国实际的独特的中国式现代化道路新方略，更为人类实现现代化提供了新的路径选择。

二　中国式现代化的基本特征

习近平总书记在庆祝中国共产党成立 100 周年大会上的重要讲话中指出，"走自己的路，是党的全部理论和实践立足点，更是党百年奋斗得出的历史结论。"

（一）中国式现代化是人口规模巨大的现代化

习近平总书记指出，我们的现代化既是最难的，也是最伟大的。根据第七次全国人口普查，截至 2022 年底，中国共有 141178 万人，是世界上人口规模最大的发展中国家，唯其艰巨，所以伟大，唯其艰巨，更显荣光。② 人口规模巨大是我国迈入现代化的严峻挑战，迄今为止，全球实现现代化的国家和地区人口约为 10 亿人。作为世界最大的发展中国家，中国国土面积广袤、人口规模巨大、地区差异悬殊、环境承载力较弱、资源相对不足，在这样超大规模的国家实现现代化，是一个世纪性和世界性的难题，这也进一步决定了中国式现代化不能照搬外国模式，发展路径和方法必须契合中国国情、扎根中国大地。我国要实现的现代化，不同于几十万人、几百万人、几千万人的现代化，而是 14 亿多人口的现代化。这也意味着，我国现代化必须是高度自立自强而不能

---

① 潘圳：《中国式现代化：创造人类文明新形态》，《社会科学报》2022 年 11 月 10 日。
② 陈文玲：《中国式现代化在理论与实践上的创新突破》，《全球化》2023 年第 2 期。

是依附他人的现代化，必须走自己的路，必须保持历史耐心，坚持稳中求进、循序渐进、持续推进，付出长期而艰苦的努力。同时，人口规模巨大也是我国迈入现代化的重要机遇。巨大的人口规模蕴藏着高质量发展的坚实基础。4亿多中等收入群体、14亿多人口，形成一个超大规模市场，涌动着澎湃发展的无限动力，这些都将成为中国经济行稳致远的稳定之锚。高质量发展是全面建设社会主义现代化国家的首要任务，离不开大批劳动者的推动和托举，劳动者的素质逐步提高，为高质量发展筑牢人才支持和智力支撑。近年来，我国坚持以人民为中心，扎实推进共同富裕，不断扩大中等收入群体，已建成世界上规模最大的社会保障体系、医疗卫生体系和教育体系，不仅承担起人民群众稳稳的幸福，也进一步推动劳动力队伍规模日益壮大、结构日益优化。[1] 此外，多样化的需求和个性化的消费，为新技术、新产业、新业态、新模式提供了丰富应用场景。这些优势，为应对不确定难预料因素提供了回旋空间，为增强国内大循环主体地位提供了重要保障。中国发展进步的历史大势不可阻挡，中国将努力跨越中等收入国家陷阱，持续释放人口红利，向现代化强国目标奋进，完成重塑世界现代化格局的历史性超越。

（二）中国式现代化是全体人民共同富裕的现代化

共同富裕是社会主义的本质要求，是一个长期的历史过程。[2] 这一重要论述为共同富裕注入了新的时代内涵，也向我们传递了中国式现代化道路的本质。随着时代发展和社会进步，只有坚持牢牢把握中国式现代化的本质要求，才能满足人民对美好生活的强烈向往。站在新的历史起点，深刻理解共同富裕的时代内涵。共同富裕的现代化，并不是平均主义，也不是齐步走的大锅饭，更不是劫富济贫，而是基于我们已经形成的创造财富能力的释放，只有将社会财富的蛋糕做大，在做大的基础上才可以实现共同富裕。坚持把实现人民对美

---

① 姜淑萍：《在新的赶考路上着力促进全体人民共同富裕》，《马克思主义与现实》2022年第6期。

② 习近平：《高举中国特色社会主义伟大旗帜　为全面建设社会主义现代化国家而团结奋斗——在中国共产党第二十次全国代表大会上的报告》，《先锋》2022年第10期。

好生活的向往作为现代化建设的出发点和落脚点，着力促进全体人民共同富裕。① 坚决防止两极分化的同时要致力于维护和促进社会的正义和公平，在扎实推进共同富裕中走好中国式现代化道路。破解发展中的不平衡、不充分问题。当前，我国正处于社会主义初级阶段，基于国情，从发展实际出发，只有不断满足我国人民在自由民主、民生改善、公平正义等方面日益增长发展的新需求，才能推动社会建设事业向着社会现代化的方向迈进。为保障和改善民生，根据坚守底线、突出重点、完善制度、引导预期的思路，在收入分配、就业、教育、社会保障、医疗卫生、住房保障等方面推出一系列重大举措，注重加强普惠性、基础性、兜底性民生建设，推进基本公共服务均等化。共同富裕是一个长期的历史过程，不可能一蹴而就。中国式现代化坚持以人民为中心的发展思想，首先不能让创造财富的动力有所减弱，其次在保持创造财富的前提下，通过二次分配、三次分配、多次分配等制度性安排，创造分配公正、机会均等的体制机制，激发劳动者的创造性，优化制度的合理安排，② 让发展成果惠及全体人民，满足人民日益增长的美好生活需要，取得更为明显的实质性的进展，最终走向共同富裕。

（三）中国式现代化是物质文明和精神文明相协调的现代化

习近平总书记指出，要以辩证的、全面的、平衡的观点正确处理物质文明和精神文明的关系，只有物质文明建设和精神文明建设都搞好，国家物质力量和精神力量都增强，全国各族人民物质生活和精神生活都改善，中国特色社会主义事业才能顺利向前推进。物质充足与精神富有是社会主义现代化的根本要求，而现代化不仅是物质财富的积累，更是精神文明的提升。③ 当前，我国仍然存在城乡差距、区域差距、贫富差距，虽然城乡、地区和不同群体居民收入差距总体正在趋于缩小，但是差距不仅仅体现在享有物质文明方面的差距，更重要的差距体现在精神文明建设的程度不同。精神文明建设是社会主义社会的

---

① 姜淑萍：《在新的赶考路上着力促进全体人民共同富裕》，《马克思主义与现实》2022 年第 6 期。
② 陈文玲：《中国式现代化在理论与实践上的创新突破》，《全球化》2023 年第 2 期。
③ 习近平：《高举中国特色社会主义伟大旗帜　为全面建设社会主义现代化国家而团结奋斗——在中国共产党第二十次全国代表大会上的报告》，《先锋》2022 年第 10 期。

重要特征，是社会主义现代化建设的基本保证和重要目标，决定着全体公民的素质培养以及国家和社会的未来发展。面对新形势新任务，在推进现代化建设过程中，必须始终贯穿物质文明和精神文明相协调的基本原则。物质贫困不是社会主义，精神贫乏也不是社会主义。① 在厚植现代化的物质基础、夯实人民幸福生活的物质条件的同时，应创造更多的精神文明供给，大力发展社会主义现代化，促进物质的全面丰富和人民享受精神生活的全面发展。

（四）中国式现代化是人与自然和谐共生的现代化

人与自然和谐共生的现代化，是中国式现代化的鲜明特点。② 习近平总书记指出，人与自然是生命共同体，无止境地向自然索取甚至破坏自然必然会遭到大自然的报复。人与自然和谐共生的现代化更是中国共产党人不懈奋斗的目标，以邓小平、江泽民、胡锦涛同志为主要代表的中国共产党领导人，高度重视生态文明建设，把可持续发展确立为国家战略，将保护环境和节约资源确立为基本国策。党的十八大以来，以习近平同志为核心的党中央系统谋划生态文明体制改革，决心之大、成就之大、力度之大、成效之大前所未有。中国式现代化的主要任务就是要推进我国经济社会发展全面绿色转型，形成绿色低碳、健康可持续的发展方式和生活方式，努力为全国人民营造良好的生产生活环境，为我们的子孙后代带来永续的可以利用的资源。③ 当前，中国式现代化能够为世界生态环境转变做出巨大的贡献，而且已经做出了显著成就，比如全球新增的绿化面积25%来自中国。④ 致力于2030年实现碳达峰、2060年实现碳中和，向国际社会的庄严承诺，更是为全世界的生态安全展现大国智慧、贡献大国力量。我国在新能源领域，尤其是水能、核能、风能、光伏能等方面，也已经走在了世界前列。此外，提高生态环境治理水平，亟须建设一支政治强、本领高、作风硬、敢担当的生态环境保护铁军，切实担负起人与自然和谐共生

---

① 习近平：《高举中国特色社会主义伟大旗帜　为全面建设社会主义现代化国家而团结奋斗——在中国共产党第二十次全国代表大会上的报告》，《先锋》2022年第10期。
② 习近平：《高举中国特色社会主义伟大旗帜　为全面建设社会主义现代化国家而团结奋斗——在中国共产党第二十次全国代表大会上的报告》，《先锋》2022年第10期。
③ 陈文玲：《中国式现代化在理论与实践上的创新突破》，《全球化》2023年第2期。
④ 潘圳：《中国式现代化：创造人类文明新形态》，《社会科学报》2022年11月10日。

的现代化建设的使命，迫切需要提升党领导的能力和水平，更需要全国人民的共同努力，携手擘画美丽中国的宏伟蓝图。

（五）中国式现代化是走和平发展道路的现代化

中华民族自古以来就是追求和平的民族，爱好并且坚持传承和谐、和睦、和平的基本理念，尊礼重诺、崇德尚义。中国历来主张和平共处、文明交流，不搞独霸强权，不干涉别国内政、创立了富有包容性的人类文明新形态，更是打破了西方所谓的"文明冲突论"，也为全球多数国家提供了一种新的发展范式，努力开辟一条合作共赢、共建共享的文明发展新道路，促进了世界和平与发展。中国式现代化就是要坚持同世界各国合作共赢，以中国的高速发展为全世界提供更多新机遇，助力形成更加合理公正的全球治理体系，致力于建设和维护和平共赢、互帮互助的友好国际关系，进而推动构建人类命运共同体。习近平总书记提出的共建"一带一路"重大倡议、全球发展倡议、全球安全倡议，还有中国近几十年特别是近十年提出来的一系列全球文明观、价值观、和平观、合作观等，都是坚持与世界合作共赢，推动建立新型的国际关系，致力于形成更加公正合理的全球治理体系。① 万物并育而不相害，道并行而不相悖，通过中国式现代化的探索和实践，有力证明了中国式现代化的鲜明特征和必然选择是坚持走和平开放的发展道路，其指引着中国的开放道路向着更高层次、更高质量、更高水平的方向持续迈进，为全世界的和平发展作出应有的贡献。

三　锚定陕西新定位、抢抓陕西新机遇

中国式现代化是中国在世界其他国家现代化普遍基础上，探索具有中国个性与特色的现代化。中国地大物博、人口众多，国家内部各地域自然地理条件、人文历史又各不相同，因此，在资源禀赋或潜力方面表现出中国式现代化本国内部的差异，各省区市所走现代化道路也各有自己的模式。区域发展战略是国家为实现一定的经济和社会目标、针对特定区域或区域

---

① 陈文玲：《中国式现代化在理论与实践上的创新突破》，《全球化》2023 年第 2 期。

类型制定和实施的对资源空间配置和区域发展格局具有重要影响的各种政策总和。

（一）区域发展战略思想的演变逻辑和回顾

新中国成立以来，我国区域经济发展经历了由低水平的区域均衡发展到区域非均衡发展，再到强调区域协调发展的演进，对区域发展战略的认识不断深化、政策日益完善、格局不断优化。一是新中国成立后的"低水平"区域均衡发展。新中国成立初期，我国生产力水平非常低，基础薄弱，布局严重失衡，我国全部轻工业和重工业，大约70%在沿海，30%在内地，西北、西南地区几乎没有什么工业基础。这种模式在一定程度上弱化了生产力布局的效率原则，形成了一种低水平的平衡发展。二是改革开放后的区域非均衡发展。党的十一届三中全会开启了我国改革开放的历史征程。在对新中国成立以来我国区域均衡发展战略的深刻反思基础上，提出"两个大局"战略构想，有条件先富、先富帮后富，最终达到共同富裕。大体也分两个阶段，第一阶段是到20世纪末，在这一思想指引下，东部沿海地区获得优先发展，但这种非均衡战略在客观上也拉大了东西部发展进程的快慢。因此，我国形成了"东北振兴、中部崛起、东部率先、西部开发"的总体区域发展战略。随着主体功能区规划和一些特殊功能区的设立，我国形成了一个比较完整的区域发展战略政策框架。三是新时代强调区域协调发展。党的十八大以来，以习近平同志为核心的党中央对区域发展战略赋予了新的时代内涵，把"协调"作为五大发展理念之一，更加强调推动区域的协调发展，加快构建新发展格局，突出在发展中促进相对平衡。在实践中，一方面，进一步深化实施区域发展总体战略，完善西部大开发、东北振兴、中部崛起、东部率先发展的政策体系。另一方面，习近平总书记亲自谋划、亲自部署，推动了一系列区域发展的重大战略，例如京津冀协同发展、黄河流域生态保护和高质量发展以及长江三角洲区域一体化发展。

（二）陕西在国家区域发展战略演进中的角色

陕西位于国家大陆版图几何中心，承东启西、连接南北，资源富集、人文荟萃，是多项国家区域发展战略的重要承载地，见证了国家区域发展的全部历程。三千年黄河文明形成以关中与河洛互为表里的两大中心，在国家行政区划上陕西却被划为西北地区，并且长期以来其范围和概念都模糊不清，直到明代大致指陕西（包括宁夏和甘肃），山西以及黄河以南，今河南西北地区。2013年，习近平总书记在哈萨克斯坦提出"一带一路"倡议，陕西由一个内陆省份转变为"一带一路"重要节点和向西开放前沿地带，从而开启我国陆海双驱动发展态势。2015年，习近平总书记来陕考察，对陕西提出"五个扎实"和追赶超越发展目标，2018年，国家发改委和住房城乡建设部发布《关中平原城市群发展规划》，关中平原城市群成为西北开放通道的战略枢纽。同时陕北黄土高原水土流失治理和秦岭生态环境保护关系整个中国生态文明建设。陕西是我国重要国防科技工业基地。2023年，西安获批建设综合性国家科学中心和科技创新中心，意味着国家级科技平台创建，能参加全球人才和重大科研项目。2013~2023年十年时间，陕西在国家战略布局下面临重大转型和机遇：由内陆省转变为"一带一路""桥头堡"，成为引领西北发展排头兵的国家中心城市、中华民族和华夏文明重要发祥地、科技创新发展双中心城市。陕西经济总量在全国排位由2012年第15位提升到2022年第14位；人均GDP由2012年的第15位提升2022年第12位。在"一带一路"倡议、西部大开发、黄河流域生态保护和高质量发展、国家双中心科技创新城市、秦创原这一系列国家战略支持下，陕西亟须探寻发展中国式现代化的陕西模式。

（三）改革开放以来，陕西持续在稳中求进中实现追赶超越

改革开放40年，尤其是党的十八大以来，千千万万三秦儿女在以习近平同志为核心的党中央的坚强领导下，埋头苦干、励精图治、砥砺前行，坚持稳中求进的基本发展原则，经济社会进入了高质量发展的新时代，全省综合实力进一步迈向新台阶，追赶超越的步伐也逐渐加快。1978~1994年，陕西总体发展平稳，经济增速趋于稳定；1995~2012年，陕西的经济发展渐渐驶向了"快车道"，GDP于2010年跻身全国"万亿俱乐部"；2012年至今，陕西的经济由之前的高速发展变为高质量发展，经济增速始终略高于全国平均水平，GDP于2017年突破了2万亿元大关，是1978年GDP的270余倍；在改革开放初期，陕西的发展曾过度依赖于重工业，产业结构比例严重失衡，对外开放程度严重不足。随着改革开放的持续深化，经济结构不断优化，特别是第三产业的发展比重大幅提升，

对陕西经济社会发展的带动和支撑作用日益凸显，经济活力由弱变强；改革开放以来，陕西区域发展也形成了新格局，促进协同发展迈向了新台阶。充分发挥区域特点和优势，关中协同创新发展全面启动、陕北聚力打造高端能源化工基地、陕南持续推进绿色低碳循环发展，区域发展差距不断缩小。同时，全省各县（区）平均规模突破百亿元大关，县域经济已然成为推动陕西经济社会高质量发展的重要力量；陕西充分发挥科教资源优势禀赋，R&D 经费支出始终位列全国第一方阵，全面提高创新供给与科技成果转化能力。

四　把握机遇、主动作为，走好中国式现代化的陕西道路

新时代新征程，陕西经济正处于从工业化中期向后期跨越的关键阶段，不仅融入共建"一带一路"、推动西部大开发构建新格局、黄河流域生态保护和高质量发展等国家战略，还肩负多项国家试点试验任务。陕西在走好中国式现代化的陕西道路时，必须综合考虑在国家整体发展格局中的定位，把握好重要战略机遇，积极主动作为，谱写高质量发展新篇章。

（一）政策出台，顶层设计

党的十八大以来，中央、国务院层面深化细化区域发展战略文件 66 部，其中西部 23 部。从近些年的实践中看，陕西在承接和完成国家战略任务方面存在各自为政、进度不一的情况，取得的成绩和突破也缺少系统梳理，随着时间推移，一些国家战略的边际效应和溢出效益大幅递减，迫切需要在更高层级进行统筹、形成合力，有效发挥国家政策复合叠加的优势。与此同时，除了区域协调发展战略外，党的二十大报告还强调了新型城镇化、对外开放、科教兴国、人才强国、创新驱动、人口发展等国家战略，这些战略是在国家发展的不同条线上布局，也是各地区发展必须遵循的重要指引。由此，陕西未来发展就是要在这些国家发展战略中结合实际、锚定方位、系统谋划、统筹推动。

（二）经济发展，西部领先

在迈上全面建设社会主义现代化强国、向第二个百年奋斗目标进军的新征

程中，作为西部重要省份，陕西在全国区域发展中的定位和重要性迫切需要更加明确和清晰地研究和解构，在引领发展上应承担更大的时代担当，在践行高质量发展和实现中国式现代化的道路上走在前列。综观我国区域发展战略的各个历史时期，陕西得益于区位优势，总体上是"受益者"，综合实力突出，奠定了西部开发开放"桥头堡"和"领头羊"的基础。国内生产总值（GDP）排名西部第二，人均收入水平跨入全国中等省份行列。陕西在西部率先建立起了较为完备的工业体系，是我国重要的国防科技工业和装备制造业基地。陕西基础设施建设领先西部，高铁、高速公路通行密度均为西部第一，以西安为圆心的都市圈 1 小时通勤、关中平原城市群 2 小时通达已覆盖关中和陕南大部。陕西人才教育和科技研发实力均排在全国前列，R&D 投入占 GDP 比重稳居全国第七。陕西对外开放步伐引领西部，获批西部首个自贸区，西安成为西北五省区中第一个获得第五航权的城市，中欧班列长安号开行量、重箱率、货运量居全国前列。陕西生态保护取得历史性成就，秦岭、黄河流域保护被纳入国家战略，生态绿线向北推移 400 公里。

（三）改革创新，绿色发展

新时代新征程，在我国区域协调发展战略中，西部的发展不能简单走前人重复的道路。陕西应在高质量发展道路上探索崭新的思路、方向与路径。站在全国看陕西，不能就陕西而看陕西，在更高层次上积极寻求新的分工定位，重新审视传统的自然资源、地理区位、科教文化等优势，形成在新一轮竞争发展中的平台制度、开放环境和创新引领等新的比较优势。陕西身处国内国际双循环的链接地，要放宽视野，加强区域合作，实现优势整合。不断提升发展能级，在深度融入共建"一带一路"、推动西部大开发形成新格局、黄河流域生态保护和高质量发展中唱主角、挑大梁。西部地区是我国经济社会发展巨大的回旋空间和潜力所在，不断强化改革创新，在新发展格局中优化资源配置，形成统筹有力、竞争有序、绿色协调、共享共赢的区域发展机制。[①] 同时，扩大循环圈层，将发展的扇面向外打开，辐射带动周边地区，拓

[①]《中共陕西省委关于制定国民经济和社会发展第十四个五年规划和二〇三五年远景目标的建议》，《陕西日报》2020 年 12 月 14 日。

展新的发展空间，在高质量发展上闯出新路，聚力打造西部中国式现代化样板区。

五　陕西聚力打造中国式现代化先行区政策建议

陕西聚力打造西部中国式现代化先行区，必须完整准确全面贯彻"创新""协调""绿色""开放""共享"五大新发展理念，紧扣"改革""创新""开放""高质量发展""以人民为中心"五大主题词，以实干实绩为西部地区高质量发展贡献陕西智慧、打造陕西样板、提供陕西方案。

（一）高标准建设秦创原平台，打造面向世界科技前沿的创新高地和人才中心

充分发挥秦创原作为陕西省科技创新总窗口作用，引导创新要素和创新资源在更大范围内有序流动、合理配置，提升全要素生产率，培育经济增长新动能。积极对接国家资源争取各类政策支持，在特色领域布局建设国家级创新平台，争取创建国家科技成果转移转化示范区，打造西部地区创新重镇。聚焦秦创原建设两链融合"促进器"目标，全面推进六大支柱14个重点产业领域的23条产业链延链补链强链，全面提升产业链核心竞争力，构建陕西特色、竞争力强的现代产业体系。积极引入新型智库建设，形成种类齐全的智库矩阵，大力培养使用战略科学家，突出问题导向和服务导向，围绕国家和陕西省战略需求，聚焦陕西省经济社会发展中的重大理论和现实问题，有针对性地开展高层次应用研究和对策研究。打造吸引和汇聚高等级人才平台，形成战略支点和雁阵格局，深化和创新人才发展体制机制改革，打造一批科技创新团队和技术领军人才。

（二）以西安都市圈、关中平原城市群为试点，优先开展区域一体化建设工作

发挥西安都市圈、关中平原城市群的核心引领作用，缩小区域发展差距，实现区域发展协同均衡化，进而推动区域一体化发展。加快推进西安—咸阳一体化、西安都市圈一体化和关中平原城市群一体化，积极推动基础设施互联互通、产业分工协同合作、公共服务共享共建、生态环境共保共治，建立健全一

体化协同发展机制和成本共担利益共享机制，提升对西北地区发展的辐射带动能力。支持陕南三市深度融入关中平原城市群和成渝地区双城经济圈。积极推进呼包鄂榆城市群建设，加快榆林交通枢纽城市和区域中心城市建设。①

（三）新中国成立七十余年，在陕北、关中、陕南均产生了在全国有影响力的生态文明典型案例

提炼陕西绿色生态文明建设的亮点、标志性文明的精髓。以秦岭、黄河、长江生态保护为根基，坚决守住中华民族根脉，探索永续绿色发展。牢固树立和践行绿水青山就是金山银山的理念，尊重自然、顺应自然、保护自然，谋划绿色低碳可持续发展，探寻以减量化增长推进绿色转型、绿色生态产品价值实现路径，打赢绿色低碳关键核心技术攻坚战，完善人与自然和谐共生的现代化制度体系新途径，建设生态文明先行示范区。

（四）以全面推进乡村振兴和基本公共服务均等化等为抓手，探索共同富裕的西部道路

坚持将革命老区建设成农业农村优先发展示范区；充分发挥陕西农业科技和装备支撑优势，巩固拓展脱贫攻坚成果，建设宜居宜业和美乡村，加快乡村振兴步伐，率先实现农业农村现代化。攻关完善三次分配制度、实施就业优先战略、健全多层次社会保障体系。

（五）构建具有陕西特色的开放平台和制度体系

切实发挥陕西的重要节点作用，深入推进共建"一带一路"，不断强化开放意识，优化开放布局，提升对外开放的整体效能。打造面向共建"一带一路"国家的交通商贸物流、国际产能合作、科技教育、文化旅游、金融等五大中心；高水平建设中欧班列（西安）集结中心，推进"班列+口岸""班列+金融""班列+园区"，进一步畅通亚欧陆海贸易大通道，培育一批具有全球资源配置能力的平台企业和供应链企业。着力打造各领域开放平台，全力推

---

① 《中共陕西省委关于制定国民经济和社会发展第十四个五年规划和二〇三五年远景目标的建议》，《陕西日报》2020年12月14日。

进自贸区、临空经济区、上合组织农业基地三大试验示范平台，以及西安"一带一路"综合试验区、国际商事法律服务示范区和数字金融综合服务平台建设，在贸易、投资、监管体制机制和行政管理制度等方面开展首创性、差别化探索。[①] 办好丝博会、欧亚经济论坛、杨凌农高会等国际会议和展会，积极申办承办高级别国家级活动，形成全国重要会议会展中心。[②]

　　三秦大地正面临着重重严峻挑战和重大发展机遇，三秦儿女要牢记习近平总书记的嘱托，要有勇立潮头、争当时代弄潮儿的志向和气魄，奋力谱写中国式现代化建设的陕西新篇章，引领西部中国式现代化建设奋勇前行。

---

① 《中共陕西省委关于制定国民经济和社会发展第十四个五年规划和二○三五年远景目标的建议》，《陕西日报》2020 年 12 月 14 日。
② 《中共陕西省委关于制定国民经济和社会发展第十四个五年规划和二○三五年远景目标的建议》，《陕西日报》2020 年 12 月 14 日。

B.8
中国式现代化的甘肃实践：
历程、形势及战略对策

魏学宏*

摘　要： 新中国成立以来，中国式现代化甘肃实践先后经历了奠基期、探索拓展期、快速推进期和高质量发展期。70多年来，甘肃经过艰苦的努力，在现代化进程中经济发展取得了很大成就，积累了丰富的实践经验。新时代开创甘肃现代化建设新局面，甘肃更需要持续优化提升营商环境，不断增强"新三驾马车"动力，拓展文旅产业发展空间，推进深度城市化，统筹降碳与发展，更加有效有力地推动中国式现代化甘肃实践。

关键词： 中国式现代化　深度城市化　甘肃实践

现代化是人类社会由传统文明向现代文明的范式转变，中华儿女近代以来就开始了现代化、振兴中华的艰难追寻。中国共产党自成立以来，就不断求索中国现代化的正确道路。新时代十年来，党中央团结带领全党全国各族人民成功推进和拓展了中国式现代化。在中国共产党的坚强领导下，甘肃各族人民全力以赴探寻现代化道路，推进社会主义建设和改革各项事业创新发展，解决了困扰陇原人民的绝对贫困问题，与全国同步全面建成小康社会，开启了社会主义现代化建设新征程，中国式现代化道路在甘肃展现出蓬勃的生机活力。

一　中国式现代化甘肃实践的历程

甘肃在新中国成立后不同的历史时期，依据自身经济社会发展所处阶段，

---

* 魏学宏，甘肃省社会科学院决策咨询研究所研究员，主要研究方向为信息与文化。

干部群众解放思想、大胆探索，经过苦干加实干，在贫瘠的土地上开创了符合甘肃实际的发展之路，不但使社会主义制度得以全面建立，还掀开了高质量发展的新篇章，与全国一道走上中国式现代化道路。

（一）甘肃现代化的奠基期（1949~1957年）

1949年，随着兰州及甘肃全境的相继解放，甘肃按照新民主主义的经济纲领要求，全省共接管了包括玉门油矿、甘肃化工材料厂、甘肃煤矿厂、甘肃水泥公司、兰州电厂等300多家厂矿企业以及西北面粉厂、西北毛织厂中的官股，接管和没收的官僚资本企业转为全民所有，并逐步成为全省国营经济的主体。至1952年，全省工矿企业增加到1687个，工业总产值达2.42亿元，比1949年增长85.06%。[①] 甘肃1951年9月开始土改，把集中在封建地主阶级手里的土地分给无地或者少地的农民，调动了农民群众的积极性，使农业生产力获得了极大解放。省委、省政府从1953年开始贯彻落实党在过渡时期总路线，部署推进对农业、手工业、资本主义工商业的社会主义改造，1956年三大改造完成。经济的全面恢复和社会主义改造的全面完成是甘肃工业经济发展的基础铺垫，也为甘肃社会主义现代化逐步实现工业化准备了条件。甘肃因为独特的地理位置和丰富的矿产资源在"一五"时期被国家确定为全国重点投资建设地区。在苏联援建的156个建设项目和其他限额以上的重点工程中，甘肃安排了兰州炼油厂、兰州自来水厂、白银有色金属公司、五〇四厂等16个国家重点工程项目，这些工程项目的大规模建设推动了甘肃现代化工业发展。到1957年第一个五年计划完成时，甘肃工业总产值达6.35亿元，年均增长率19.4%，形成了以石油化工、有色金属、机械制造、电力、建材、国防军工为支柱的工业结构。与此同时，全省农业生产条件得到极大改善，交通运输能力迅速增长，教育、文化、科技、卫生等事业也得到了快速发展，国民经济各部门获得的巨大成就为甘肃社会主义现代化发展奠定了基础。

（二）甘肃现代化的探索拓展期（1958~1977年）

1958年5月在北京召开的中国共产党第八次全国代表大会第二次会议通

---

① 刘正平：《新中国甘肃工业的发展历程（上）》，http://gsds.gov.cn/gongzuodongtai/20220922/112215737e53ef51401.htm，最后检索时间：2023年5月17日。

过了"鼓足干劲、力争上游、多快好省地建设社会主义"的总路线及其基本点，出发点是要以最快的速度建设社会主义现代化，尽快改变我国经济文化落后的状况。但在执行这一路线过程中，经济工作出现了急躁冒进的"左"倾错误，浮夸风泛滥，发动"大跃进"运动，全国形成了全民大炼钢铁和人民公社化的高潮，这些都阻碍了甘肃经济社会现代化的正常发展。为克服国民经济发生的严重困难，从1961年起，甘肃与全国一起开始进入"调整、巩固、充实、提高"恢复与发展国民经济时期，到1965年，全省经济全面好转。从1964年开始一直延续到20世纪70年代末以备战为中心、军工为主体的"三线"建设给甘肃现代化建设带来了重大机遇，产生了深远影响。甘肃是承接"三线"建设的重要省份之一，建设期间国家累计给甘肃投资155.53亿元，有计划地从北京、天津、上海以及东北等地内迁了一大批现代化企业，工业化进程加快，工业化水平大为提高，初步建成了结构趋于合理、门类较为齐全的工业体系。"三线"建设为甘肃现代化建设奠定了良好的物质和技术基础。

（三）甘肃现代化的快速推进期（1978~2012年）

1978年党的十一届三中全会召开并提出了改革开放的任务。从此中国共产党带领全国人民踏上了建设中国特色社会主义新的伟大征程，甘肃迎来了现代化实践的快速推进期。1979~1984年，甘肃进行了农村第一步经济改革，普遍实行家庭联产承包责任制，集体经济管理方式和生产经营形式的改革极大地激发了农民的生产积极性，农业生产迅速得到恢复和发展。1981~1983年，全省平均每年粮食产量增长了9.5%，棉花增长了25.1%，油料作物增长了17.65%。[①] 1985年开始，全面推行以城市为重点的整个经济体制改革，邓小平南方讲话之后，党的十四大明确提出改革我国经济体制，1993年全国开始了社会主义市场经济改革，甘肃社会主义现代化建设快速推进。到20世纪末，甘肃同全国一样顺利实现了国民经济第一步和第二步战略目标，社会主义现代化进入了一个新的历史发展时期。2012年，甘肃全年实现生产总值

---

① 岳峰伟：《甘肃家庭联产承包责任制的推行》，http://ddjs.gscn.com.cn/system/2021/11/05/012665657.shtml，最后检索时间：2022年5月20日。

5650.2 亿元，全年粮食总产量 1109.7 万吨，全年完成工业增加值 2074.24 亿元，全年完成固定资产投资 6013.42 亿元，全年交通运输、仓储和邮政业实现增加值 319.66 亿元。全年城镇居民人均可支配收入 17156.89 元，城镇居民人均消费性支出 12847.05 元，城镇居民家庭食品消费支出占消费总支出的比重为 35.82%。农村居民人均纯收入 4506.7 元，农村居民人均生活消费支出 4146.2 元，农村居民家庭食品消费支出占消费总支出的比重为 39.8%。[①] 可以说，改革开放的 30 多年，全省经济社会得到了持续稳定较快发展，甘肃现代化建设取得了辉煌的成就。

（四）甘肃现代化高质量发展期（2013年至今）

党的十八大之后，甘肃全面建设社会主义现代化迈出了坚实步伐。2020 年底，现行标准下全省 75 个贫困县全部摘帽，7262 个贫困村全部出列，全省 552 万农村建档立卡贫困人口全部脱贫，甘肃如期实现全面建成小康社会奋斗目标。2022 年，经济总量再上新台阶，全省地区生产总值达到 11201.6 亿元，增速高于全国 1.5 个百分点，居全国第 3 位；粮食总产量 1265.0 万吨，再创新高；工业生产稳定增长，全省规模以上工业增加值比上年增长 6.0%，增速高于全国 2.4 个百分点，居全国第 13 位；固定资产投资比上年增长 10.1%，增速高于全国 5.0 个百分点，居全国第 4 位。服务业稳步恢复，现代服务业增势较好，全省服务业增加值比上年增长 4.4%；居民收入保持增长，城乡居民收入差距继续缩小，全省居民人均可支配收入 23273 元，比上年增长 5.5%。城镇居民人均可支配收入 37572 元，增长 3.8%；农村居民人均可支配收入 12165 元，增长 6.4%。[②]"十四五"时期，甘肃加快推进以县城为重要载体的新型城镇化建设，不断强化城乡现代化基础设施建设，积极主动拓展向外发展合作交流空间，深入实施创新驱动战略，注重优先发展生态绿色经济，下大力气解决教育、就业、医疗、居住、养老等民生领域"短板"，推出了一批叫得

[①] 甘肃省统计局、国家统计局甘肃调查总队：《2012 年甘肃省国民经济和社会发展统计公报》，https://www.gsei.com.cn/html/1288/2013 - 04 - 01/content - 1753.html，最后检索时间：2023 年 5 月 20 日。

[②] 数据参见曹立萍《2022 年甘肃地区生产总值达11201.6 亿元 比上年增长4.5% 增速居全国第 3 位》，最后检索时间：2023 年 5 月 20 日。

响、立得住、群众认可的硬招实招，经济结构不断优化，各项事业取得新的进步，城乡面貌发生巨大变化，人民群众生活品质不断得到提升。甘肃开始步入现代化的高质量发展期。

二　中国式现代化甘肃实践的形势

（一）中国式现代化甘肃实践的有利形势

1. 政策叠加为甘肃发展创造新契机

构建"双循环"新发展格局、新型城镇化、乡村振兴和扩大内需战略，推进"两新一重"建设等国家重大决策的部署，为推动甘肃资源整合，积极参与基础设施建设、能源开发、产业互补、金融投资等领域合作，持续扩大双向投资规模，加快培育开放型产业，推动城乡一体化建设，加快农业现代化步伐，改善农村人居环境提供了政策机遇，将有利于改善全省发展条件，不断夯实发展基础。"一带一路"倡议、新时代推进西部大开发、黄河流域生态保护和高质量发展、西部陆海新通道、兰西城市群等重大举措的深入实施，将不断提升全省对外开放度，进一步有效拓宽发展空间。

2. 新技术革命为甘肃发展注入新机遇

以人工智能（AI）、生物技术等为代表的新一轮科技革命和产业变革将会催生新的经济增长点，有利于甘肃积极推进"东数西算""上云用数赋智"国家战略工程，加快构建全国一体化算力网络国家甘肃枢纽节点，推动数字产业化和产业数字化，形成数字经济新实体。数据供应链的打造有利于培育形成产业链上下游和跨行业融合的数字化生态体系，推进企业数字化转型。生物技术的发展有利于甘肃优化中药材产业区域布局，推动在医药原料与中间体、生物医药工程等领域取得重大发展；有利于提高农产品科技含量和关键技术水平，促进农业结构调整，为农业产业发展注入新动力。科技创新将深入推进先进科技和文化资源的融合，促进文化创意产业集群发展。

3. 产业链供应链增强为甘肃发展拓展新空间

甘肃省具备土地要素、能源储量、人力成本优势，供给侧结构性改革的深入推进，必将增强微观主体活力、破解制约瓶颈，为甘肃县域加快发展非公经济、培育壮大龙头企业、延伸产业链，实现产业集群发展注入新活力。全省加快推进产业链链长制，产业链供应链智能化、绿色化的升级，将推动甘肃县域资源禀赋整合，推进产业联动和资源共享，使县域内部资源和外部要素得到深度融合；产业链供应链本土化、区域化、数字化的融通发展，将为甘肃县域产业集群、城乡建设、消费增长等领域发展提供新机遇。延链补链强链，平稳推动全省产业链供应链实现现代化升级，有利于全省承接中东部地区产业转移，培育更具竞争力的优势产业集群。

4."双碳"战略为加快推动能源绿色低碳转型提供新动能

国家"双碳"战略有利于甘肃新能源产业跨界融合发展，打造以新能源为主体新型电力系统的"三新"示范区和"能源资产+数据资产+碳资产"三产叠加格局。新能源、综合智慧能源、交通建筑与能源电力融合、节能减排等关键技术的推广使用，将加快甘肃工业、建筑业、交通行业等传统业务向新能源、储能、氢能等新业务转型。甘肃用能的低成本优势，将促进电动载人汽车、太阳能电池、锂电池等新能源产业发展，风能、太阳能、生物质能、核能等清洁能源与绿色低碳技术等领域的交流合作，将进一步促进能源资源一体化融合利用，推进能源资源、产业结构、消费结构转型升级，推动甘肃绿色、低碳发展。

（二）不利于中国式现代化甘肃实践的因素

1.产业支撑能力依然不强

全省经济发展的质量和效益仍然不高，产业结构不尽合理，发展不平衡不充分的问题比较突出。现代服务业发展缓慢，文化旅游融合深度不够，实体经济发展缓慢，缺乏具有引领性、带动性、支撑性、科技性、创新性的工业支撑。农业产业化、组织化水平低，产业融合度不高，缺乏精深加工，产品附加值低，都市休闲等现代农业模式尚处于培育发展阶段。

2.城乡统筹融合发展不够

城镇化水平不高，新型城镇化建设任务艰巨，城乡发展差距较大，乡镇之间、区域之间发展不均衡、不充分等问题比较突出。城市带动乡村发展能力不强，工业反哺农业能力较低，农业效益较低，农村劳动力就地转移和城镇就业渠道不畅，巩固脱贫成果任务艰巨，推进乡村振兴任重道远。

3.民生保障还有不少短板

公共服务供给与人民群众对美好生活需要之间尚有较大差距，教育、医疗、养老、精神文明等领域仍面临一些亟待解决的问题，保障农村基本生产生活条件的公共设施与城市相比仍有较大差距。生态环境依然脆弱，全域无垃圾治理仍有较大欠账，生态治理和环境保护任务繁重，人民群众渴望绿色发展的愿望比较强烈。

4.现阶段消费需求动力不振

甘肃省居民收入增长放缓，总体收入较低，消费能力整体下降。居民房贷、教育、医疗等刚性支出压力较大，居民消费意愿下降，汽车、石油等大宗商品消费增速回落，产业链长、带动力强的大宗消费潜力没有发挥出来。新型消费、虹吸效应、大规模城乡富余劳动力省外就业等导致消费外流，制约消费活动和消费信心的持续回升。

三 中国式现代化甘肃实践主要战略对策

（一）优化提升营商环境，释放发展潜能

1.继续推进简政放权，建设优质政务服务环境

全面完善"互联网+政务服务"体系，加力提速数字政府建设，争取全面实现"一网通办、一窗通办、一事联办"。推动国家级新区、经济技术开发区、高新技术产业开发区打造一站式政务超市，推动便民服务向"好不好"跨越发展，实现"最多跑一趟"目标。继续放宽市场准入，稳步扩大制度型开放，进一步做好市场准入负面清单的清理和落实，持续加强公平竞争审查，不断优化市场监管方式，深化改革跨境贸易，完善社会信用体系，分年度解决好政府"根源性"拖欠账款及历史遗留问题。

2.优化要素供给环境，筑牢企业服务链

创新资源要素供给举措，引导生产要素转向新业态和新模式发展领域，注重绿色低碳技术、工艺和功能提升，增加环保、健康、智能等领域的高质量产品供给。加大清理闲置土地和盘活存量土地，完善"标准地"出让改革及政

策，坚持水、电、气等生产要素跟着项目和企业走，做好区域评估，以问题为导向精准对接市场主体个性化需求，推行材料、环节、时间、费用"四减"服务模式，深化改革税收金融服务制度，千方百计保障企业生产经营需求。

（二）不断增强"新三驾马车"动力，带动区域经济稳进提质

1. 持续扩大有效投资，扎实推进项目建设

谋划储备一批铁路公路以及房地产、大型商业和制造业产能等大项目、好项目、强项目，落实好重大工程、重点项目建设协同推进机制，进一步缩短项目建设工期，以实实在在的项目建设成效集聚发展动能、提升发展层级。不断提高地方债券发行市场化水平，规范推广政府和社会资本合作模式参与市政、地上地下交通、生态环境、新一代互联网、社会事业等领域建设，适度超前开展科、教、文、卫、体以及交通、水利、能源等基础设施投资，不断完善和用好"揭榜挂帅""赛马"等机制，做好支持民间投资发展政策文件的贯彻落实，进一步调动民间投资积极性，促进投资主体多元化、投资资金来源多渠道、投资结构更加优化。与此同时，认真贯彻落实全省产业链链长制工作方案，不断完善特色农产品及食品加工、有色冶金、航空航天、文化旅游、新材料、核产业、生物制药、信息产业、装备制造、中医药、新能源及装备制造、电子产业、石油化工、绿色环保（含绿色矿山）等重点产业链投资建设，强化"产业生态圈"建设，以优势产业链提升供应链韧性和安全水平，放大产业集聚效应，构建现代化产业体系，不断提高经济自主增长能力。

2. 统筹推动消费提质扩容，发展新型消费增长点

（1）着力打造安全放心的消费环境。不断加强领导信箱、"12315"与"12345"热线等平台的调处衔接，畅通消费投诉举报渠道，严厉打击违法违规行为，打造全国一流的舒心消费环境。加快构建线上交易监管，营造诚信销售网络环境，持续推进"放心消费在陇原"示范创建活动，保证城乡消费者安全消费。

（2）推动传统消费升级与品牌化。创造新车消费有利条件，推动落实取消二手车限迁政策，扩大二手车消费。促进家电家具更新消费，刺激家装升级消费。推动餐饮行业提质升级，加快餐饮企业数字化赋能，打造特色品牌，提振餐饮消费。鼓励发展智慧商店，加快促进生活服务业上线上云。发展特色街

区、特色商圈，培育消费升级载体。

（3）继续大力实施消费帮扶。扩大电商在农村的覆盖面，支持乡镇商贸中心建设，积极开展"万企兴万村"消费帮扶行动，培育一批消费帮扶示范企业和社会组织。降低甘肃日用消费品加价率，适当扩大日用消费品进口量，扩大进口免税范围，优化商品种类。

（4）不断扩大消费的品质和内涵。支持社会力量提供健康服务的日常化，推动公共服务的均等化，使其成为未来消费的主动力。积极发展扩大二胎经济、养老医疗、银发产业、体育产业等消费供给。重点推进教育、文化、金融等服务业领域开放，推进服务消费的科技化、互联网化、休闲化、娱乐化，更好满足消费的升级需求。

3. 紧抓"一带一路"建设机遇，深化区域经贸合作

有效扩大二手车出口规模，持续提升工业品、服务贸易、特色农产品等在共建"一带一路"国家出口优势，形成共建"一带一路"国家出口稳定市场。提升国家级和省级外贸转型升级基地建设，加快天水跨境电子商务综合试验区建设进度，打造天水国际陆港公路物流中心、铁路物流中心，开工建设嘉峪关国际空港、敦煌国际空港。鼓励传统外贸企业、跨境电商和物流企业等参与海外仓建设，推动甘肃省企业在农业开发、矿产资源开发、集成电路封装、建筑工程等行业开展境外投资。提升中欧、中亚、南亚班列常态化运营效率，稳定扩大铜镍锌精矿、铁矿石等资源性产品进口，保障全省原材料供应链安全稳定。

（三）拓展文旅产业发展空间，形成经济发展的新增长点

1. 拓展文旅融合新空间

全力构建"一张名片、两大枢纽、四区集聚、四带拓展"[①] 的文旅发展区域格局，通过黄河文化、红色文化、长城文化、始祖文化、都市休闲等旅游品牌，把旅游景区和景点连成线，以空间全景化的全域旅游，推进全省旅游业转

---

① 参见甘肃省文化旅游发展大会，"一张名片、两大枢纽、四区集聚、四带拓展"指擦亮敦煌金色名片，把兰州建设成西部旅游大环线重要枢纽、把敦煌建设成丝绸之路国际旅游重要枢纽，打造大敦煌文化旅游经济区、中国黄河之都文旅产业集聚区、陇东南始祖文化旅游经济区、绚丽民族风特色文化旅游经济区，打造丝绸之路黄金段文化旅游示范带、黄河文化旅游示范带、长城文化旅游示范带、红色文化旅游示范带。

型升级。结合新型城镇化、美丽乡村、生态文明等建设，统筹推进全省文旅项目，建设风情县城、旅游小镇、精品乡村、文化街区以及旅游综合体、主题功能区，提升城市商业主体的旅游服务功能，发展夜间文旅消费集聚区，激发文旅消费潜力。进一步加强文化遗产的保护利用。做好非遗在文旅景区的提档升级，通过展示展演展销、互动交流、参观体验等，引导游客和民众享受非遗购和非遗游。推动旅游演艺、特色节庆展会等的提质升级，通过情景再现、实物展览等方式，再现本土文化底蕴、地方特色，拓展文旅消费新空间。活化利用卫星发射、采矿、陶瓷等工业遗产，守旧谋新发展工业游；发挥"天然药仓"和中医药产业优势，打造陇上生态康养游；持续开发集参观游览和体验特色于一体的研学项目，打造研学游品牌；分期分批推出特色自驾游精品线路和产品，大力开拓自驾旅游市场；利用丰富多样的山水生态资源，开发户外露营、乡村民宿、水上亲子游等乡村旅游项目，推动乡村旅游与文化、农业、林业、体育等产业融合发展，形成城乡互动、山水相连的文旅融合新空间。扶持公共文化和优秀文化的创作生产，推动传统公共文化服务与新型文化空间相融合，拉长链条，形成文旅消费新业态。

2. 拓展文旅产业想象空间

推动国家文化和旅游科技创新工程，全面升级"交响丝路·如意甘肃"IP，推动各级各类博物馆建立自己的文化 IP，结合地方文化特色，与地方文旅产业融合，创造包含故事、演绎等多种元素的 IP 形象和标签的多类多样文创产品。加快 5G、大数据、云计算、物联网、区块链、人工智能等技术在文旅行业的深度实践与应用，推动旅游目的地、文博艺术机构利用"科技+旅游+文化"，推出在线旅游服务平台，通过"云游"的方式与游客互动。充分利用 AR、VR 技术，推动剧本杀、国潮等沉浸式文化体验与文旅资源结合，形成全新体验场景，促进产业升级，创造文旅新的想象空间。提高"一部手机游甘肃"运营水平，注重数字文旅营销，通过"如意甘肃""智慧甘肃""敦煌研究院"等多个短视频账号精准推送甘肃文化旅游信息。

（四）推进深度城市化，提升城市核心竞争力

全力加快兰西城市群建设发展，健全兰西城市群边界区域经济合作机制和利益协调机制，不断提升兰州西宁城市公共服务共建共享水平，加快城市间园

区产业链、供应链对接，不断优化城市群空间协同发展格局，增强城市经济发展活力和人口集聚能力。主动融入关中平原城市群建设，强化与西安、宝鸡、咸阳等城市产业的协同创新发展，打造文化旅游高地、国家先进制造和高新技术产业转化基地。依托西部陆海新通道和天水国际陆港，加快构建城市群内互联互通、立体现代的基础设施网络体系，强化向西向北开放合作，形成东西双向贸易通道经济带。持续增强天水、平凉、庆阳重要节点城市综合承载能力和辐射带动能力，培育发展中小城市，推动秦安、甘谷等具备条件的县有序设市，增加城市数量。全力构建兰州都市圈，加快形成"一核两极四带"的发展格局，兰州新区大力发展以先进装备制造、绿色化工、新材料、生物医药等为代表的生态产业集群，主动承担现代农业、文化旅游、新能源等重大产业项目跨区域协同配套，打造实体经济新高地。进一步发挥兰白一体中心区域的产业基础高级化和产业链现代化的示范引领作用，增强兰州都市圈主区域的辐射带动能力。引导定西市、临夏州发展特色产业，不断延伸产业链，形成与主区域错位发展、上下游联动的产业集群，形成区域城市发展竞争新优势。河西走廊五市"组团出道"，加快酒嘉同城化发展，做好长城文章，扩大敦煌国际文化旅游名城效应，建设西部明星城市；促进金昌发展电池产业，为能源绿色发展夯实基础；发挥武威国际陆港优势，打造河西走廊黄金奶源带；推动张掖城乡融合发展，推动建设丝绸之路国际旅游目的地。河西走廊五市组团发展，强化新能源、生态环境、文旅、通道物流、装备制造、现代农业等产业协同联动，错位互补发展，建设打造兰州与乌鲁木齐之间河西新城市群，建设全国区域性的交通枢纽和物流中心。

（五）统筹降碳与发展，推进全省绿色高质量发展

1. 持续改善生态环境质量，夯实高质量发展环境基础

持续抓好春冬季大气污染防治，强化大气多污染物协同控制，区域协同积极应对沙尘天气，有效控制建筑施工、城区裸露土地等城市扬尘污染，打好蓝天保卫战；严格管控城镇、工业、农村污水排放，深化入河排污口整治，巩固黑臭水体整治成效，强化饮用水源监管保护，抓好农业面源污染治理。加强水生态联防联控保护，加大重要河湖的巡查和整治力度，确保水环境安全；持续开展土壤污染防治工作，加强耕地土壤环境保护，扎实做好地下水和农业农村

污染防治。加强固体废物和新污染物治理，推行垃圾分类和减量化、资源化。加强废旧农膜回收工作，推进畜禽养殖废弃物资循环利用。

2. 筑牢生态安全屏障，让区域发展更具可持续性

突出水源涵养、水土保持两大关键任务，深度推进生态保护区域合作和生态环境分区管控工作，建立流域生态补偿机制，加强黄河上游生态修复，提升两岸生态景观和水质自净能力，打造黄河上游生态安全先行区。科学开展国土绿化、水土保持、农田改良修复，统筹推进山水林田湖草沙一体化综合治理和保护修复，推进以国家公园为主体的自然保护地体系建设。推进钢铁、石化、建材等传统企业深入实施"三化"改造，建设绿色制造和服务体系，强化交通和建筑节能。坚决遏制"两高"项目发展，提升生态系统碳汇增量，持续推进排污权和碳排放权交易市场建设，加快形成绿色低碳生产生活的消费新场景和碳普惠机制，引导公众自觉践行绿色低碳生活方式。

3. 推进各类能源建设，形成经济提速的强大动力

推动能源结构优化调整，落实生产煤矿有效增产政策，协调推进新疆煤炭入甘增供，稳定提升内蒙古煤炭入陇能力，提高煤电供应水平。加快新能源项目建设步伐，积极实施"3+10+X"整县（市、区）分布式光伏开发试点工作，加快建设抽水蓄能电站，利用绿色电力的价格优势，大力发展数字经济。大力推进风光水核氢等清洁能源，打造发、输（配）、储、用、造一体的综合产业体系，加快构建多能互补综合能源基地和以新能源为主体的新型电力系统。加快实施陇电跨省区外送重大项目，充分发挥西北电网各大直流输电通道作用，推动陇东至山东、酒泉至湖南特高压直流输电工程及配套调峰火电工程建设，规划启动陇电入浙、陇电入沪项目工程建设。

参考文献

王宗礼：《甘肃社会现代化 70 年：历程、成就及主要经验》，《社科纵横》2019 年第 10 期。

刘正平：《新中国发展历程中的甘肃贡献》，《甘肃日报》2021 年 9 月 30 日，第 12 版。

B.9
中国式现代化的宁夏实践：
历程、形势及战略对策

王林伶　陈　蕾*

摘　要：　本报告对宁夏现代化历程及实践的阶段、特征和取得的巨大成就进行了划分和总结，又对新征程中宁夏现代化面临的能源短缺、种养结构不合理等问题进行了深入分析，并提出相关建议：要开辟新通道、构建安全高效的煤炭运输通道，要完善内循环网络、形成连线成网的大格局，以保障资源供应体系不断健全；要进一步优化国土空间布局，合理确定特色种植养殖产业发展空间，防止"人畜争粮""粮经争地"，促进农业增效、农民增收，更加有效有力地推动中国式现代化宁夏实践。

关键词：　能源通道　粮经争地　中国式现代化　宁夏实践

现代化是人类在认识世界、改造世界过程中不断实践的历程，是多阶段、多时期、多层次、多因素的存在状态，是由农业社会向现代工业文明转变的历史进程，是由低级形态向高级形态不断发展转变的"文明形态"，因而现代化具有世界性和文明进步性，也是人类社会发展的价值取向和孜孜不倦的追求目标。

一　现代化的产生与中国式现代化的艰辛探索

现代化是人类社会发展到一定阶段的产物，是由低级阶段向高级阶段不断

---

* 王林伶，宁夏社会科学院综合经济研究所所长、副研究员，主要研究方向为"一带一路"与内陆开放型经济、区域经济与产业经济、资源规划与可持续发展研究；陈蕾，宁夏社会科学院综合经济研究所实习研究员，主要研究方向为经济统计。

演变的动态过程。一般认为，现代化发端于 18 世纪的英国工业革命，而工业革命又代表着当时人类社会不断发展进步的新趋势，自然世界现代化的发展历程始于英国，并随着技术进步、交通改变、货物流通、贸易往来，而后不断扩散到周边国家，再扩散到美国和世界其他各地。现代化既是发展也是文明转型的过程，是从农业社会转向工业文明，再由技术文明转向生态文明不断演进的"文明形态"。正如何传启所说，现代化是 18 世纪以来人类文明的一种前沿变化和国际竞争，是现代文明的形成、发展、转型和国际互动的过程，[①] 是文明要素的创新、选择、传播和退出交替进行的复合过程。

（一）中国式现代化的探索与特色：人类文明新形态

十月革命给中国送来了马克思主义，中国成立了共产党，党团结带领人民，经过浴血奋战、"三大战役"、艰辛探索，由学日本、照搬苏联的模式，逐步转变为探索具有中国特色的自主型发展路径。以秋收起义为代表的"枪杆子出政权"，以遵义会议为代表强调要与中国实际国情相结合、与现实情况相结合，不能照搬照抄，是马克思主义中国化的灵活运用。

新中国成立后的建设中，1949 年党的七届二中全会上，毛泽东同志较早提出，"要努力促进我国农业和工业向现代化的方向发展"[②]。之后"社会主义现代化建设"逐渐成为高频用词，并在 1954 年《政府工作报告》中提出实现"四个现代化"的目标。进入新时代即党的十八大以来，习近平总书记指出"社会主义现代化应该是包含经济、政治、文化、社会、生态的现代化"[③]。党的十九大对中国特色社会主义现代化的宏伟蓝图作出了战略部署、制度安排和目标定位。

党的二十大报告指出，"中国式现代化既有各国现代化的共同特征，更有基于自己国情的中国特色"。我国在探索现代化路径中走过了极不寻常、极不平凡、艰难困苦的道路，中国人民经历了战乱频仍、山河破碎、民不聊生的深重苦难，错失了现代化三次重大机遇（第一次技术革命、第二次工业革命、

---

① 何传启主编《国家现代化的原理与方法——中国现代化报告概要（2001~2021）》，北京大学出版社，2022。

② 毛泽东：《毛泽东选集（第 3 卷）》，人民出版社，1991。

③ 习近平：《习近平谈治国理政（第三卷）》，外文出版社，2020。

第三次产业转移），现代化进程中也受到过重大中断和倒退。为了实现中华民族伟大复兴，在中国共产党领导下，从我国基本国情出发，经过二十八年浴血奋战，推翻了三座大山（帝国主义、封建主义、官僚资本主义），在探索中前行、在探索中创新，以新的理论指导新的实践，不照抄照搬、不封闭僵化，坚持中国特色社会主义、坚持以人民为中心，全面建成小康社会，实现全体人民共同富裕的社会主义现代化篇章，成功推进和拓展了中国式现代化，开创了人类文明新形态。

二 宁夏现代化的实践历程、成就与特征

在中国共产党的领导下，宁夏在现代化的进程中发生了翻天覆地的变化，各项事业取得了巨大成就，与全国同步全面建成小康社会，中国式现代化道路在民族地区展现出勃勃生机，新时期开启了建设社会主义现代化美丽新宁夏的新征程。

（一）宁夏现代化的探索初创时期（1949~1977年）

回顾新中国成立以来，1954年中央政府工作报告提出要建设四个现代化国家，即工业、农业、交通运输、现代化国防，国家实行计划经济，推进"四化"建设。1958年宁夏回族自治区成立，初期宁夏生产力落后、交通闭塞、人民"一穷二白"，只有简单的原煤、肥皂、砖瓦等生产；全区地区生产总值为3.28亿元、地方财政收入为0.58亿元、人均地区生产总值为176元①，1958年银川市开始修建沥青路面，1965年银川市有了市内公共汽车、开通管道供水。根据"三线"建设的需要，架设了叶盛黄河大桥、建成包兰铁路，到1977年，地区生产总值为12.13亿元，人均地区生产总值为354元，全区公路通车里程达到5227公里，宁夏工业化率从7.8%提高到44.1%。②

---

① 《喜迎自治区60大庆 | 携手奋进60年塞上江南展新颜——宁夏回族自治区成立60年经济社会发展成就》，宁夏回族自治区统计局网站，2018年8月2日，https：//tj.nx.gov.cn/tjxx/t20180802_1470216.html，最后检索时间：2023年7月6日。
② 宁夏回族自治区政府研究室课题组、苏昀：《宁夏60年城市化建设的巨大成就》，《宁夏党校学报》2009年第6期。

一是三次产业结构不断优化。1958 年，农业居主要地位，工业几乎是空白，服务业发展水平低，一二三产业比重为 55.9∶19.9∶24.2。自治区成立以来，随着工业化进程的不断推进，第二产业比重持续上升，到 1977 年，工业增加值占地区生产总值的比重上升到 43.0%，三次产业结构比重调整为 24.5∶51.2∶24.3，产业结构由"一、三、二"调整为"二、三、一"的新模式。

二是居民收入增加。随着经济社会的发展，居民就业增加，收入渠道逐步拓宽，促进了城乡居民收入增加，1977 年人均国内生产总值达到 354 元，比1958 年增加了 1 倍。

（二）宁夏现代化的快速推进时期（1978~2011年）

1978 年中国实行改革开放政策，以经济建设为中心，全力推进工业化。宁夏紧跟国家发展步伐，不断推动工业现代化进程，各项指标实现了由量的不断增加向质的有效提升推进，1978 年宁夏地区生产总值为 13.0 亿元，2011 年达到 2102.21 亿元，快于同期全国的经济增长速度；人均区生产总值由 1978年的 370 元，增加到 2011 年 33043 元；地方财政收入由 1978 年的 3.16 亿元，增加到 2011 年的 219.98 亿元。

一是生产能力由单一转向多元。改革开放以来，尤其工业结构实现门类由简到全、向优势特色产业不断发展壮大转变，工业经济由小到大、由弱到强，逐步形成以能源、冶金、化工、机械、建材、食品等为主体的具有地方特色的工业体系，加快推进传统优势特色工业的改造提升，质量效益不断提高，2011年第二产业增加值达到 1056.15 亿元，对经济增长的贡献率超过 50%，达到50.2%；第三产业成为具有发展活力和潜力的行业，2011 年，第三产业增加值达到 861.92 亿元，占地区生产总值的比重达到 41%，成为推动经济增长的主动力之一。

二是社会需求取得重大突破。宁夏抢抓机遇，着力扩大投资、消费、进出口等社会需求，投资拉动作用明显，市场消费规模扩大，对外开放纵深拓展，为经济健康发展奠定了坚实基础。投资规模不断扩大，成为拉动经济发展的主要动力，宁夏全社会固定资产投资由 1978 年的 4.27 亿元，提高到 2011 年的1654.15 亿元；社会消费品零售总额从 1978 年的 5.04 亿元，增加到 2011 年的477.58 亿元；对外开放能力不断增强，与宁夏经贸往来的国家和地区日益增多，宁夏进出口总额，由 1978 年的 2962 万美元，增加到 2011 年的 228573 万美元。

三是所有制结构明显变化。改革开放打破了公有制经济一统天下的局面，极大地激发了经济发展活力，非公有制经济不断发展壮大，在稳增长、促创新、增就业、改善民生等方面发挥了重要作用、作出了积极贡献。宁夏非公有制经济占全区经济总量不断提升，创造了 60% 的税收，提供了 70% 以上的就业岗位。

（三）宁夏现代化高质量发展时期（2012年至今）

党的十八大以来，中国取得了历史性成就，宁夏现代化建设也取得了显著成就，按照高质量发展要求，实施创新驱动战略，实现了现代煤制油技术战略储备与应用，有效促进了产业转型升级、发展方式转变、新旧动能转换，建成全国最大的煤制油和煤基烯烃生产基地，新能源、新材料、高端装备制造业等战略性新兴产业发展壮大，初步实现了经济增长的动能转换和效率变革。

1. 综合实力大幅增强，实现了"4个千亿大关"

2012~2022 年，宁夏地区生产总值从 2012 年的 2131.0 亿元，增加到 2017 年的 3200.28 亿元，增加到 2021 年的 4522.31 亿元，增加到 2022 年的 5069.57 亿元，连续跨过 4 个千亿大关，地区综合实力显著增强。地方一般公共预算收入由 2012 年的 263.96 亿元，增加到 2022 年的 460.14 亿元。①

2. 民生福祉明显改善，实现了全面小康社会

按照中央《关于打赢脱贫攻坚战的决定》，聚焦"两不愁三保障"，解决了宁夏 80.3 万人绝对贫困，9 个贫困县全部摘帽，闽宁协作成为全国东西部协作典范，实现了全面小康社会。坚持以人民为中心的发展理念，实施"六大提升行动"，将财政 75% 的支出用于民生事业，人均 GDP 从 2012 年的 32609 元提高到 2022 年的 69637 元，全区人民的生活水平大幅提升。2019 年"银川—中卫"高铁开通运营，开启了宁夏交通运输发展的新纪元，融入国内国

---

① 资料来源：报告中所有数据除特殊说明外，均来自历年的国家统计局《中国统计年鉴》和宁夏统计局《宁夏统计年鉴》。

际双循环格局。"互联网+教育""互联网+医疗"率先在全国展开，并率先在全国实现基本医疗保险等四个全覆盖，实现了社会和谐稳定、百姓安居乐业、人民生活幸福。

3. 坚持生态优先、绿色发展

宁夏坚持"绿水青山就是金山银山"的发展理念，是全国首个国家新能源综合示范区，率先在黄河流域推进"四水四定"方案，提出建设黄河流域生态保护和高质量发展先行区，并出台《宁夏回族自治区建设黄河流域生态保护和高质量发展先行区促进条例》。在推进生态文明建设中，坚持生态优先、绿色发展，开展山水林田湖草沙综合治理，黄河流域生态保护和高质量发展先行区建设取得显著成绩。实施了贺兰山、六盘山、罗山综合治理，黄河"四乱"整治和腾格里沙漠污染、星海湖生态环境问题整改等，森林覆盖率从11.9%提高到16.9%。在绿色化清洁化生产加工上，构建绿色制造体系，淘汰高污染高耗能项目及设备，不断提高资源利用效率，美丽宁夏建设取得显著成绩。

4. 民族团结工作走在全国前列

加快建设铸牢中华民族共同体意识示范区，是宁夏民族团结进步示范区的升级版和创新版。通过加强体制机制再健全，银川市制定了《铸牢中华民族共同体意识示范创建测评标准》，将创建铸牢中华民族共同体意识示范市工作纳入党建和党政领导班子绩效考核内容；针对不同行业、不同领域、不同群体特点，开展民族团结进步"互学互查互评"活动，推行"创建+党的建设""创建+乡村振兴建设""创建+文明单位建设"等模式；实施民族团结进步细胞工程等，促进各民族广泛交往、全面交流、深度交融，从而打造铸牢中华民族共同体意识示范区，使宁夏民族、宗教工作走在全国前列。

三 宁夏现代化建设面临的形势及问题

（一）现代化发展与煤炭能源短缺问题

能源市场供需加剧，尤其俄乌冲突以来，部分国家和地区出现了能源、粮食危机，我国的能源供应也受到一定程度的影响。

一是国内进口煤炭数量大幅度减少，造成煤炭资源紧张。东南沿海地区将煤炭采购从国外转向国内，加大了从陕西、山西、内蒙古采购煤炭替代进口，煤炭供不应求，煤炭价格大幅上涨。

二是内蒙古鄂尔多斯和乌海、陕西榆林等自有的煤电、煤化工项目陆续投产，也加剧了煤炭供应趋紧、价格飙升的局面。

三是为完成"双碳"阶段性目标，国内大多数地方对煤炭进行限量开采，还对部分农村地区进行冬季煤改电、煤改天然气工程，多重因素叠加，造成了能源供给不足，出现了煤炭、天然气价格居高不下，随之黑色有色金属价格坚挺，农产品价格上涨，引发了全球供应链短缺，导致大宗商品价格开始攀升，国外大宗商品价格暴涨刺激了中国出口快速增长，从而引发了国内生产资料价格阶段性上涨。

四是受环境保护、去产能等因素影响，宁夏部分煤矿被政策性关停、退出或整合，截至 2020 年宁夏注销关闭小型煤矿、露天煤矿共 44 座[1]，退出贺兰山煤田及香山煤田开采，导致煤炭产量减少和下降；宁夏不得不增加从新疆、甘肃、陕西及蒙古国等地的煤炭外购数量，目前主要从内蒙古鄂尔多斯、乌海、乌审旗等地外购煤炭。2023 年 2 月，宁夏用煤企业与新疆煤炭企业签订了新疆煤炭中长期供煤合同，合同量超过 2500 万吨。[2] 同时，宁夏煤化工、煤制油等生产量加大，对煤炭的消费需求量也随之增加，导致煤炭供需矛盾逐年加剧，出现了宁夏煤炭供应难以满足本区消费需要，由煤炭外调省区变为煤炭输入省区，由煤炭自给自足转为从外购入本地区，预计到 2027 年，宁夏煤炭消费总量将达到 1.95 亿吨，外购煤炭缺口将持续加大。2019 年，宁夏生产原煤 7476.87 万吨，消费原煤 13411.39 万吨，外调外购原煤高达 6733.81 万吨，占年消费总量的 50.21%，近几年的外购占原煤消费量在 44%~50%上下浮动（见表 1），需要未雨绸缪，尽早尽快构建安全的能源供应保障体系。

---

[1] 潘进礼、邹武建、田景雄等：《宁夏煤炭供需形势分析与需求预测》，《中国煤炭》2022 年第 3 期。

[2] 马晓芳、姜璐：《宁东基地与新疆广汇集团签约建设煤炭储运基地》，《宁夏日报》2023 年 2 月 19 日，第 1 版。

表1　2015~2022年宁夏煤炭生产消费情况

年份	原煤产量 （万吨）	原煤消费量 （万吨）	外调外购煤炭 （万吨）	外调外购占原煤 消费量（%）
2015	7975.80	9745.26	2928.17	30.05
2016	7069.32	9332.20	2675.91	28.67
2017	7643.59	11216.12	4071.88	36.30
2018	7840.09	12671.23	5709.44	45.06
2019	7476.87	13411.39	6733.81	50.21
2020	8151.60	14104.69	6278.79	44.52
2021	8670.10	15181.00	7203.59	47.45
2022	9479.30	16545.10	—	

资料来源：《宁夏统计年鉴》（2016~2022年），部分数据来自《宁夏回族自治区2022年国民经济和社会发展统计公报》。

（二）"人畜争地""粮饲争地""粮经争地"的矛盾

我国一些区域存在"人畜争粮""人畜争地"的情形。近些年，宁夏也出现了"人畜争地""粮饲争地""粮经争地"的矛盾，出现这种状况的原因是多方面的。

一是政策和目标因素引发种植养殖过快增长。地方政府要求大量养殖肉牛、肉羊、奶牛等引起牲畜数量大增，造成饲草料不能及时跟上需求或牲畜养殖数量超过了草料种植面积的平衡点。如2017年宁夏肉牛存栏数为77.52万头，2022年肉牛存栏数就增加到148.39万头，增长了近1倍；同样2017年宁夏奶牛存栏数为40.81万头，2022年奶牛存栏数就增加到83.69万头，增长了1倍多。由于肉牛、奶牛、肉羊等养殖数量同时过快增加，就出现了草料种植面积挤占粮食种植面积而引发了"人畜争地"情形（见表2）。

表2　2017~2022年宁夏主要牲畜存栏数量与出栏数量

单位：万头，万只

年份	当年存栏数				当年出栏数		
	肉牛	奶牛	猪	羊	肉牛	猪	羊
2022	148.39	83.69	74.26	710.55	76.14	110.79	702.28
2021	137.59	70.20	85.50	677.10	72.31	112.46	645.48

续表

年份	当年存栏数				当年出栏数		
	肉牛	奶牛	猪	羊	肉牛	猪	羊
2020	120.65	57.38	90.02	596.11	71.99	98.60	625.13
2019	97.12	43.73	73.37	568.46	71.90	96.56	579.66
2018	84.49	40.15	73.75	534.28	74.80	112.45	558.83
2017	77.52	40.81	81.04	506.59	70.99	113.75	560.00

资料来源：《宁夏统计年鉴》（2016~2022 年），部分数据来自《宁夏回族自治区 2022 年国民经济和社会发展统计公报》。

二是粮食产能提升面临挑战。受种粮比较效益偏低影响，口粮面积下降明显，稳口粮风险较高。近年受市场因素影响，小麦的收购价格与玉米的收购价格相当，部分年份玉米价格还高于小麦的价格，农民种植小麦意愿不高，而转向种植其他作物，如 2019 年宁夏玉米的种植面积为 449.67 万亩，2022 年玉米的种植面积增加到 548.39 万亩，增加了 98.72 万亩，增幅占到 21.95%，玉米虽然为主粮，但大部分都被作为牲畜饲料使用出现了"人畜争粮"；同时，2017 年宁夏青饲料（主要为青贮玉米、燕麦草、苜蓿等）的种植面积为 133.33 万亩，2021 年青饲料的种植面积增加到 249.24 万亩，增加了 115.91 万亩，增幅达到 86.93%，可以看到"粮经争地"情形，呈现逐年增长趋势。另外，水稻种植又受农业节约用水影响，造成水稻种植面积下降十分明显，如 2017 年宁夏水稻的种植面积为 121.63 万亩，2022 年水稻的种植面积减少到 44.06 万亩，减少了 77.57 万亩，减幅达到 63.78%，亟须统筹协调粮食、蔬菜、饲草及其他特色产业用地矛盾突出问题（见表 3）。

表 3 2017~2022 年宁夏主要粮食和部分经济作物播种面积

单位：万亩

年份	主要粮食播种面积				部分经济作物播种面积		
	水稻	小麦	玉米	薯类	蔬菜	瓜果类	青饲料
2022	44.06	122.03	548.39	121.01	194.10	78.26	—
2021	76.26	100.56	551.13	149.98	197.69	84.36	249.24
2020	91.32	139.39	484.09	142.66	202.78	95.61	191.40
2019	102.08	161.66	449.67	139.07	196.78	98.61	173.30

续表

年份	主要粮食播种面积				部分经济作物播种面积		
	水稻	小麦	玉米	薯类	蔬菜	瓜果类	青饲料
2018	117.02	192.89	466.19	164.89	182.66	93.38	134.79
2017	121.63	184.70	459.50	178.00	177.85	88.66	133.33

资料来源：《宁夏统计年鉴》（2016~2022年），部分数据来自《宁夏回族自治区2022年国民经济和社会发展统计公报》。

四　宁夏推进中国式现代化建设的对策建议

（一）构建煤炭运输通道，保障资源供应体系

煤炭常态化短缺将直接影响宁夏经济社会发展、电力保供外送、现代煤化工的安全运行和后续规划项目实施。新疆是我国十分重要的能源接续区和战略性能源储备区，煤炭资源禀赋条件好、煤层厚，是优质的煤化工用煤，"十四五"规划将超过1亿吨外运需求，新疆广汇能源、国能集团等煤炭企业都已经规划加大对宁夏煤炭的供应量并在宁夏建设煤炭储备基地。但目前新疆向宁夏供应煤炭大多通过汽车运输，长期大规模靠公路运输既不经济也不环保。

应考虑通过铁路长期进行新疆地区的煤炭外运，既可以实现新疆"十四五"1亿多吨煤炭外运需求，也可以满足宁夏等地区的煤炭供应。目前可以使用的铁路运输通道主要有兰新铁路、临哈铁路，但兰新铁路运力十分紧张，临哈铁路有一定运力空间但至宁夏绕行距离远，因此建议：通过构建外循环、完善内循环、建设能源储备基地，以满足煤炭供应需求，保障能源安全体系建设。

在构建能源外循环方面：一是开辟新通道，建设内蒙古乌力吉—内蒙古苏宏图—宁夏宁东的铁路通道。这是打通新疆吐哈、准东煤田丰富优质的煤炭资源外运的黄金通道，实现点对点、门到门的运输（此前要通过兰新铁路、临哈铁路将新疆的煤炭运输到宁夏，都需要先用汽车将煤炭运输到火车上，火车运输到指定的站点后，再通过汽车运输到目的地）。从效率和组织上，更具灵活性和环保性，做到"煤炭直达运输"更加便捷；在运输距离上，利用既有

"临哈—包兰"通道和"兰新—甘武"通道，可分别节省运距262公里和220公里，并避免疆煤占用国铁通道、减少对资源的占用，既利用国铁干线承担区域运输功能、增强社会效益，又对宁东地区市场需求形成高效、专用性强的运输保障。① 同时，构建蒙古国煤炭从乌力吉口岸至大沙沟进入宁夏的通道（将铁路延伸到乌力吉口岸，发挥已经打通的蒙古国煤炭从甘其毛都、策克口岸进入宁夏的通道作用），构成通达南北、横贯东西的区域路网主干线，为蒙古国煤炭常态进口运输提供便利，并能有效降低外部煤炭进入宁夏的物流成本和资源费用。

二是建设宁东至环县铁路项目，畅通甘肃煤炭进入宁夏通道。甘肃环县煤炭资源丰富（4330万吨/年），煤质优良，距离宁夏宁东230公里，将成为宁东最便捷、最经济、最有效的煤炭运输通道，但因没有直连的铁路只能通过汽车少量运输。建议规划新建"宋新庄—马福川站"铁路，线路自宁东铁路宋新庄站引出，南行经萌城矿区、四股泉煤矿、甜水堡矿区、沙井子矿区引入环县至褚家湾铁路马福川站。同时新建惠安堡经太阳山工业园至韦州矿区支线。项目建成后，与宁东铁路构成独立铁路运输系统，可以直接将环县优质煤炭输送到宁东，对加强宁东基地与环县的发展意义非凡。

在完善内循环网络方面：一是大力推动"公转铁"。加快铁路专用线建设，推进年运量150万吨以上的大型工矿企业和物流园区铁路专用线接入比例，大幅提高铁路运输能力，减少公路货运比重，发展绿色运输、密闭运输，提升运输效率、改善生态环境。二是布局建设煤炭物流中心。发挥区位优势和"集—疏—运"系统资源优势，建设以宁夏银北、宁东、青铜峡、中卫为节点的煤炭物流储备中心，创建煤炭集群化智慧物流园，形成集疏运体系，推进煤炭物流高质量绿色发展。

通过推动国家铁路集团及地方铁路的合作共建，外可连接国内大循环，内可畅通微循环，形成物流连线成网大格局，为煤化工产品外运、区外煤炭进宁、大宗物资双向运输提供新动能，将形成区域发展新的增长极。

---

① 范文杰：《全国政协委员杨培君：加快完善"黄河几字湾"铁路运输体系》，《人民政协报》2023年3月21日，第5版。

（二）防止"人畜争粮""粮经争地"，保障粮食安全

一是全力保障粮食安全生产。要严格落实粮食安全责任，防止耕地"非粮化"，坚持粮食产业化方向，建设粮食安全产业带，充分发挥龙头企业、专业合作社和农业社会化服务功能，鼓励开展订单作业、点对点农资配送和代耕代种代管等多元化服务，建立全程机械化作业智能监测及综合服务监管平台，提升农机作业质量和效益，以降低种粮生产成本。要加大粮食生产补贴力度，充分调动重农抓粮和农民务农种粮积极性，保障农民种粮收益，促进农业增效、农民增收。

二是拓宽补充耕地机制。规范耕地"占补平衡"管理，严格执行"先补后占、占一补一和占优补优"要求，拓宽补充耕地途径，对"三调"查清的"可恢复耕地"，有计划逐步复耕，落实补充耕地任务，加强对补充耕地项目全程监管。可有效利用滩涂地、盐碱地、边坡地、农田边际地、林地空隙地等不太合适种植口粮的地方，大力发展燕麦草、苜蓿、黑麦草等牧草种植，并可将大量秸秆经过一定的技术加工处理转变为优质饲料。同时，大力推广春麦后复种"粮饲、粮菜"两熟等模式提高土地利用率，避免"粮饲争地"现象。

三是优化国土空间规划布局。针对枸杞、葡萄等种植和肉牛、滩羊、奶牛等特色养殖产业发展空间需求与现状耕地保护的冲突，指导有关部门统筹考虑产业发展、乡村振兴项目用地需求，在严守耕地保护红线的基础上，进一步优化国土空间布局，编制特色产业发展专项规划，合理确定特色种植、养殖产业发展空间，防止"人畜争粮""粮经争地"。

四是草原可适度放牧制度。宁夏虽然已实行全区禁牧，但是否长期"一禁到底"值得商榷，可以探索草原短期放牧制度，可在每年夏秋季节7~9月适度开展放牧制度，并进行实时评估。这样既可以合理利用草地，也能减少草料种植用地，又对草原生态起到促进作用，使得草原更加繁茂；既可以使牛羊等动物回归本原，以天然植物营养尤其植物蛋白、植物纤维、植物脂肪为主，还可以增加肉质品质；不仅能减轻养殖负担，还能有效避免"人畜争地"情况发生。

B.10
中国式现代化的青海实践：
历程、形势及战略对策

杜青华*

摘　要： 以中国式现代化全面推进中华民族伟大复兴是当前和今后一段时期我国经济社会发展的中心任务和总体奋斗目标。本报告从中国式现代化的视角出发，回顾了青海现代化发展的四个阶段性历程和相应的发展特点，认为新型城镇化进程慢、基本公共服务均等化水平低、科技创新能力不足等问题是建设现代化新青海的短板弱项，并聚焦青海产业"四地建设"，就未来建设好现代化新青海提出了着力产业"四地建设"、加大新型城镇化建设力度、着力推进公共服务均等化和创新驱动发展等对策建议。

关键词： 中国式现代化　高质量发展　青海实践

党的二十大庄严宣布："从现在起，中国共产党的中心任务就是团结带领全国各族人民全面建成社会主义现代化强国、实现第二个百年奋斗目标。"这就意味着"以中国式现代化全面推进中华民族伟大复兴"是当前和今后一段时期我国经济社会发展的中心任务和总体奋斗目标。多年来，青海省委、省政府深入学习和贯彻习近平总书记两次考察青海、两次参加青海代表团审议系列重要讲话精神，坚定不移以新发展理念促进思想解放、转变发展观念、创新发展方式、提升发展质量，充分发挥青海的综合优势，加快构建绿色低碳循环现代产业体系，强化驱动创新和优化产业结构转型升级，现代化新青海建设的内生动力得到持续增强。

---

* 杜青华，青海省社会科学院经济研究所所长、研究员，主要研究方向为宏观经济与政策分析。

一 青海现代化发展的历程与特点

（一）1949~1978年：青海探索发展现代化道路的初创时期

1949年10月中华人民共和国成立时，中国面临的是一个千疮百孔、国弱民穷的现实状况。由于国民经济长期遭受战争的破坏，工农业生产萎缩，基础设施破烂不堪，市场通货膨胀几近失控，人民生活苦不堪言。当时的中国，是一个非常落后的农业国家，农业生产总值在工农业总产值中占比高达70%左右，农村人口占总人口的89.4%。国家统计局的资料显示，全国土地改革以前，占农户总数不到7%的地主和富农，拥有全国一半以上的耕地，而占农户57%以上的贫农和雇农，只拥有耕地总数的14%①。因此，如何尽快恢复遭受严重破坏的国民经济，重建新的经济秩序，改善人民生活，巩固人民政权，是新成立的中央政府必须面对的首要难题。

当时的青海经济以农牧业为主，90%以上的人口是文盲，生产力水平极为低下，处于自然或半自然经济状态。根据统计部门的资料，1949年青海的农牧业总产值仅为1.33亿元（1952年不变价），占社会总产值的78.69%，工业仅占11.04%，商业仅占9.57%②。全省只有简易公路472公里，没有铁路、民航等现代化的交通工具。面对残破落后的经济局面，1950年青海省第一次党代会确定了以土地改革、民族区域自治为重点的迅速恢复和发展经济的方针。1963年，青海省第四次党代会确定了大力发展畜牧业、农业、工业、交通运输业和手工业的经济建设方针。在这些方针的指导下，青海为安定社会秩序、恢复国民经济，先后采取了没收官僚资本、调整工商业、减租减息、改革农业区土地制度、稳定牧业区社会秩序等一系列卓有成效的政策措施。

这一时期，青海先后经历了农业、手工业和资本主义工商业改造、"大跃进"、人民公社运动、"三线建设"等一系列经济政治变革，工业经济从无到有，在计划经济体制内艰难起步，缓慢发展。特别是"三线建设"时期，青

---

① 中共中央党史研究室：《中国共产党历史第二卷（1949-1978）上册》，中共党史出版社，2011，第57页。

② 青海省统计局：《五十年闪光数据》，中国统计出版社，1999，第110~111页。

海在一穷二白的初始条件下，通过几代"三线建设"人的不懈奋斗，创立了一批青海机械制造工业、化工工业、冶金工业和能源工业等现代工业企业，为青海的现代工业发展构筑了早期较为完善的产业体系，彻底改变了青海经济发展史上以农牧业为主体的经济结构状况，为之后青海的现代化发展奠定了重要的现代工业基础。

（二）1978~2000年：改革开放开启青海现代化新征程

1978年12月召开的党的十一届三中全会，作出把党和国家的工作重心转移到经济建设上来，实行改革开放的重大决策，标志着我国经济体制改革开始了新的征程。就在中央十一届三中全会闭幕后的第三天，青海省委、省革委会就集中学习了《中国共产党第十一届中央委员会第三次全体会议公报》，并明确提出要尽快将全省工作的着重点转移到社会主义现代化建设上来。1979年，青海省委召开常委扩大会议讨论了一系列加快发展工农牧业生产和鼓励集市贸易等文件和政策措施。这次会议，标志着青海省正式进入了建设社会主义的新时期。1983年召开的青海省第六次党代表大会进一步明确提出把全部经济工作转到以提高经济效益为中心的轨道上来，并就如何贯彻落实中央精神，发展好农牧业经济、抓好工业生产、开发好能源和矿藏资源等经济工作做出了具体安排和部署。1986年，青海省委召开六届五次全委会扩大会议，提出了"改革开放、治穷致富、开发资源、迎接转移"的经济发展战略。1988年召开的省第七次党代表大会提出"改革开放、治穷致富、开发资源、振兴青海"的发展目标。1995年，省委八届四次全委会进一步提出了建设水电、盐化工、石油天然气化工和有色金属四大工业基地及五大工业产业链的工业发展目标。1998年召开的省第九次党代表大会主动适应外部环境的变化，提出了"改革开放促发展、依靠科技增效益、调整结构创特色"的经济发展战略。

在这些重大发展战略的指引下，青海现代化发展的工作重点转移到了改革开放和经济建设的发展轨道，打破了传统计划经济，进行了社会主义市场经济体制改革，先后在农村牧区开展了以"包产到户"为主要内容的农村经济体制改革，在城市开始进行以市场调节为取向的经济改革，水电、石油、天然气、盐湖、有色金属等青海优势资源在资源开发战略大背景下得以重点开发。到1998年底，青海的电力、煤炭、石油三大行业总产值占全省工业总产值的比重较 1952 年提高了 15 个百分点，青海成为我国西北片区重要的能源工业基地，青海迈入了现代化发展的新征程。

（三）2000~2015年：西部大开发战略全面推动青海进入现代化发展的黄金时期

世纪之交，党中央面对新的经济社会发展形势，做出了实施西部大开发的重大战略决策。中共十五届五中全会通过的《中共中央关于制定国民经济和社会发展第十个五年计划的建议》明确提出"实施西部大开发战略、加快中西部地区发展，关系经济发展、民族团结、社会稳定，关系地区协调发展和最终实现共同富裕，是实现第三步战略目标的重大举措"。2002 年，青海省第十次党代表大会提出了"扎扎实实打基础、突出重点抓生态、调整结构创特色、依靠科技增效益、改革开放促发展"的发展战略，有效推进了西部大开发战略在青海的实施。2007 年 5 月，青海省第十一次党代表大会提出了"以科学发展观为统领，建设富裕文明和谐新青海"的奋斗目标，确定了经济总量和人均水平再上新台阶、人民生活显著改善、转变经济增长方式取得突破、可持续发展能力显著增强等战略目标。2010 年 12 月召开的青海省委十一届九次全会，进一步提出了以"跨越发展、绿色发展、和谐发展、统筹发展"为主要内容的，推动青海实现科学发展的战略任务。2012 年，省第十二次党代表大会明确提出，要围绕"科学发展、保护生态和改善民生"三大历史任务，立足"资源、生态和稳定"三大重要战略地位，全力建设"国家循环经济发展先行区、生态文明先行区和民族团结进步示范区"的"三区建设"的战略目标。

在这些重大发展战略的指引下，伴随着深度融入国家西部大开发战略，大力推进"四个发展"和"三区建设"，青海的工业化、城镇化、市场化进程明显加快，全省经济驶入了高速发展的快车道。先后建成了全国最大的钾肥生产基地、食盐生产基地、硅铁冶炼基地，以及西北最大的水电基地和油气生产基地，在全国率先成立了国家级"三江源生态保护综合试验区"，三江源生态保护上升为国家战略。这一时期，青海的地区生产总值首次突破了1000 亿元（2009 年），城镇化率突破了 50% 大关（2015 年），经济增速平均保持在 12% 左右，青海进入现代化发展的黄金时期。

159

（四）2015年至今：高质量发展引领青海现代化发展进入关键时期

新常态之前，全球经济曾经历过一个被经济学界称为"大稳定"的旧常态阶段。旧常态以经济持续高增长、低通胀、低失业和经济周期波动弱化并存为基础特征。伴随着以"大稳定"为主要特征的旧常态的结束，包括中国在内的全球经济进入了一个经济结构深度调整和分工重组再平衡的新常态阶段。在这一大背景下，青海经济在经历了西部大开发以来的高速增长之后，劳动力、土地、资本等生产要素成本不断上升，资源环境约束不断增强，结构性减速因素逐渐凸显，经济发展方式向发挥特色资源优势与绿色循环低碳相结合转变，经济增长进入以推动高质量发展和改善效率为主的中高速增长时期。

2016年，习近平总书记在青海视察时发表了重要讲话，提出了"扎扎实实推进经济持续健康发展、扎扎实实推进生态环境保护、扎扎实实推进脱贫攻坚、扎扎实实推进民族地区发展"的"四个扎扎实实"的重大要求，进一步明确了青海在全国大局中的战略定位和未来的发展方向。2016年，青海省委十二届十三次全会提出"从经济小省向生态大省、生态强省的转变，从人口小省向民族团结进步大省的转变，从研究地方发展战略向融入国家战略的转变，从农牧民单一的种植、养殖、生态看护向生态生产生活良性循环的转变"的"四个转变"的战略任务，进一步明确了加快落实习近平总书记"四个扎扎实实"重大要求的方法路径。2018年，青海省委十三届四次全会作出了"坚持生态保护优先，推动高质量发展，创造高品质生活"的"一优两高"的战略部署，并从统筹实施绿色产业、城镇带动、乡村振兴、生态报国、投资于人、幸福民生、创新支撑等七个方面提出了实现路径和重点任务。2020年，青海省十三届九次全会通过的《关于制定国民经济和社会发展第十四个五年规划和二〇三五年远景目标的建议》，提出了"坚持生态保护优先，推动高质量发展、创造高品质生活，共同守护好地球'第三极'，培育发展生态经济、循环经济、数字经济、平台经济'四种经济形态'，创建国家公园、国家清洁能源、绿色有机农畜产品、高原美丽城镇、民族团结进步'五个示范省'"的"12345"的战略布局。2022年5月召开的青海省第十四次党代会为深入贯彻落实习近平总书记和党中央关于高质量发展的根本要求，明确提出了今后五年要加快建设绿色发展、生态友好、创新开放、文明和谐、人民幸福、政治清明的"六个现代化新青海"的奋斗目标，描绘了青海未来现代化建设的宏伟蓝图和远景目标。

这一时期，青海经济开始向中高速增长过渡，经济增速与全国平均增速基本持平，人均 GDP 首次突破 9000 美元（2022 年），按照世界银行的划分标准，青海已进入中上等收入国家（地区）行列。新能源、新材料、生物医药等战略性新兴产业和健康养老、现代物流、电子商务、文化产业等现代服务业快速发展，传统农牧业逐步向高原现代农牧业转变，传统工业逐步向战略新兴产业转变，服务业的发展层次和水平明显提升。清洁能源装机容量占比突破 91% 的历史高位（2022 年），能源资源节约利用水平稳步提高，青海进入高质量发展引领现代化发展的关键时期。

二　建设现代化新青海面临的主要困难

青海地处我国西部地区和少数民族聚居区，区域平均海拔高、生态环境脆弱、区位优势不明显，影响发展的制约因素较多，经济社会发展总体滞后于全国平均水平，考虑到青海产业"四地建设"正处于起步发展阶段，发展不充分不平衡问题突出，建设现代化新青海仍面临诸多困难和挑战。

（一）新型城镇化建设亟待加快推进

当前，青海已进入城镇化快速发展时期，初步形成了以城市群为重点、大城市带动、小城镇协调发展的"一群两区多点"新型城镇化新格局。但总体来看，青海新型城镇化建设进程仍相对滞后，水平比全国同期平均水平低 5 个百分点左右。2022 年，全省除海西和西宁两地常住人口城镇化率达到 78% 以上外，其余市州的常住人口城镇化率均低于 52%，黄南、玉树、果洛三州城镇化率分别只有 43.13%、51.46% 和 36.32%。究其原因，一方面，受自然环境、人口密度等多重因素影响，全省大部分城镇综合承载能力弱，基础设施提质增效任务艰巨。另一方面，农牧民进城人口深度融入城镇，公平享受市民待遇等隐性壁垒问题还未得到根本解决。城镇化内生动力不足、城镇化进程受自然和生态环境约束明显。

（二）基本公共服务均等化水平有待提升

近年来，全省社会事业发展速度不断加快，每年的民生支出都占公共财政支出的75%以上。但总体上看，大中小学教育、城乡居民医疗、社会保障等社会公共资源水平整体偏低。从城乡基础教育领域来看，党的十八大以来，省内各市州、城乡之间的基础教育硬件设施方面的差距已明显缩小，但在师资力量、教学品质、教育理念等软实力方面的差距仍然较大。从城乡医疗卫生领域来看，医疗水平整体较高的三甲医院全部集中在省会西宁，城市居民享受的基本医疗服务水平整体上明显高于青南牧区和东部干旱山区农村居民，城市中的流动人口群体、城乡低收入群体能够享受的基本医疗服务也明显处于较低的水平。从城乡基本社会保障来看，青海的社会保障水平整体不高，城市与乡村间、牧区六州间的基本社会保障水平差异非常明显，除省会西宁以外的农村牧区，特别是青南牧区难以享受与西宁、海东等中心城市相同的基本社会保障服务，而且居民的社保与户籍相挂钩的问题虽然通过异地结算的方式得到了一定改善，但仍未得到彻底解决。

（三）科技创新能力亟待加强

青海的工业发展长期以来打的是石油、天然气、盐湖及矿产开发等"几张老牌"，工业化进程基本以原材料的低价输出、初加工、高耗能等初级生产加工为主，实体经济绝大多数缺乏知名品牌和核心技术。全省研究与试验发展经费（R&D）在全国排名长期靠后，科技创新与研发的资金支撑力度弱，2021年全省R&D经费仅占地区生产总值的0.8%，全省规模以上企业中，开展创新活动的只有35.19%，拥有研发机构企业仅有3.06%，技术合同成交额仅占地区生产总值的0.42%，企业整体创新效率低，科技成果转移转化效率不高。从科研成果源头来看，科研活动主要由高校、科研单位承担，国家财政资助的科研设施和科技成果主要在体制内部封闭运行。在科研转化的中间环节，由于长期缺乏科技中介服务机构，特别是缺乏一批既懂商务、法务又懂专业的科技中介服务机构，直接制约了科技成果转化的成功率。在科技成果转化的终端企业层面，一个科技成果在实验室研制出来以后，要经过小试、中试后，工厂才愿意承接并进行工业化生产，但现实中很多科研院所和企业间缺少类似于小试和中试这类的中间试验，这也导致科技成果的转化和应用在科研院所与实体企业间的传导不畅。

三　建设现代化新青海的战略对策

现代化新青海建设要踏上高质量发展的轨道，需要坚持绿色发展、生态友好、创新开放、文明和谐、人民幸福、政治清明的"六个现代化新青海"的奋斗目标，着力产业"四地建设"、聚焦关键领域、围绕薄弱环节、突出重点人群，以高质量发展全面推进现代化新青海建设。

（一）着力产业"四地建设"，大力推动经济高质量发展

1. 着眼世界级盐湖产业基地建设

按照"稳定钾、扩大锂、突破镁、开发钠、培育硼、拓展其他元素"的工作目标，加快盐湖产业中的钾肥增产、金属镁一体化生产、碳酸锂产能提升，积极拓展金属锂、氯化锂、氢氧化锂等下游产品生产和稀散元素高质化利用。持续推进盐湖资源综合利用和保护、国家重点实验室等创新平台建设，鼓励和引导有条件的企业创建企业技术中心，为盐湖产业发展提供持续的技术研发支撑。及早对盐湖矿区可利用资源量开展核查，准确掌握察尔汗盐湖等已开发盐湖资源的保有量和可开采储量等重要基础数据。同时加大对大浪滩、察汗斯拉图等西部湖区及深层卤水、油田水资源的勘探和开采性试验研究评价，摸清深层卤水资源潜力。

2. 着眼国家清洁能源产业高地建设

充分挖掘水电调节潜力，推动玛尔挡等水电站可逆式机组梯级电站储能项目和哇让抽水蓄能工程建设运行，发挥大型水库电站长周期储能调蓄作用。着力推进木格滩、巴滩、那塘滩清洁能源"新三滩"项目，实施青豫直流二期电源配置工程。优化调峰调度技术，构建水、电、风、光、热等多能互补、集成优化的清洁能源发展体系及增量配电网建设，打造风光水储多能互补清洁能源基地和国家级平价光伏基地。探索生态光伏产业发展道路，将光伏产业与农牧业种植、养殖有效结合，促进光伏产业生态化发展，探索符合青海实际的生态光伏的新模式。加快发展数字经济，支持数字产业培育壮大、数字服务创新

163

突破、数字工业试点示范和数字政务推广应用等一批重大项目，促进数字技术在基础建设和民生领域的深度应用。

3. 着眼国际生态旅游目的地建设

完善全省"一环六区两廊多点"生态旅游发展大格局，在建立生态旅游产业发展机制、生态保护与旅游收益分配机制、特许经营管理和退出机制、绿色旅游产品和绿色旅游企业认证机制等方面进行制度创新。积极争取把青海纳入国家全域旅游示范省，加快完善与国际标准相衔接的旅游基础设施和旅游要素服务体系，推动旅游客源市场、生态旅游产品、旅游公共服务、基础配套设施的国际化，提升旅游核心竞争力和国际化水平。以历史文化资源为依托，深入挖掘昆仑文化、河湟文化丰富内涵，以"山水林田湖草沙冰"生态资源为依托，突出国家公园建设和生态保护主题，将自然景观、农牧业休闲观光、非遗传承、红色教育、生态教育、文化创意、民俗体验、文物保护等文化资源和自然资源深度融入全省生态旅游环线构建，探索破除"门票经济"，推动青海"大景区"建设。

4. 着眼绿色有机农畜产品输出地建设

围绕全省"四区一带"农牧业区域生产布局，持续强化牦牛、藏羊、枸杞、沙棘、冷水鱼等特色优势产业发展，聚焦品种培优、品质提升、品牌打造和标准化生产等重点环节，加快推进现代农牧业产业体系、生产体系和经营体系的融合发展。在加快推进国家牦牛技术创新中心、种质资源研究中心建设，探索推进植物工厂等农牧业提质增效技术研发应用的同时，加快完善农畜产品质量和食品安全标准体系，加大农牧业投入品和农畜产品质量安全追溯体系建设力度。

（二）聚焦城镇化短板弱项，重点推进新型城镇化建设

1. 加快青海新型城镇体系建设

依托全省"一群两区多点"新型城镇化格局，着力推动平安、互助行政区域调整，西宁海东一体化发展，以东部城市群建设带动"大西宁"建设。持续壮大海东市、格尔木市、德令哈市、玉树市、同仁市等区域性城市，建设以共和为区域中心城市，同仁、海晏为区域副中心城市，环湖、沿黄重点城镇为支撑的泛共和盆地城镇区。

2.着力提升城镇综合承载力

以河湟谷地城市群建设、"大西宁"城市发展、海东城市功能完善、柴达木盆地城镇空间格局优化、泛共和盆地城镇区建设为重点，统筹推进中心城市、副中心城市和重点城镇的人口、产业、基础设施、公共服务等综合配套，营造更富有人文关怀的公共活动空间。

（三）聚焦民生领域短板弱项，着力推进公共服务均等化

1.不断提高和完善低收入群体的教育、医疗、养老、社会保障、社会救助等社会保障

教育方面，需要持续加大财政支持教育的力度，想方设法减轻困难家庭在教育、治病和住房等领域的经济压力，逐步提高低收入群体子女接受义务教育、职业教育以及高等教育的专项补助额度。医疗和养老方面，需要进一步完善低收入群体养老保障和社会救助体系，持续缩小城乡居民间的基本养老、医疗保险的整体差距。社会救助方面，需要统筹安排城乡社会救助体系，持续完善城乡低收入群体的住房供应和保障水平。

2.努力扩大中等收入群体在全社会中的比重

一方面需要稳步增加城乡居民住房、农牧区土地、金融资产等各类财产性收入，另一方面也要帮助更多低收入群体迈入中等收入行列，重点解决好以进城农民工、个体工商户为代表的来青务工人员及其子女的社会保障、教育、医疗等问题，确保来青务工人员及其子女在教育、医疗等民生领域深度融入当地社会环境，在稳步提高收入的同时，一家老小均能在青安心工作生活。

（四）聚焦科技创新短板弱项，深入推进创新驱动发展

1.围绕高质量发展要求，加大核心关键技术攻关

依托高等学校、科研院所和骨干企业部署一批省级重点实验室和技术创新中心，推行"揭榜挂帅"和"帅才科学家负责制"项目，破解盐湖产业技术难题，推进钾资源可持续保障、镁资源多元高值化开发、锂资源精深加工、钠资源深度利用、卤水稀散元素高效提取、盐湖跨界融合、智能化生产等新技术应用，积极开展多能互补、智能电网、绿色储能、可再生能源与氢能集成利用、风电装备制造、干热岩、废旧锂离子电池回收、清洁能源消费体系等关键

技术研究。

2. 强化企业创新主体地位，激发创新活力

支持大中小型企业和各类市场主体融通创新，促进科技服务和科技中介组织有序发展。支持高校和科研院所与行业龙头企业以科技攻关项目为载体，联合组建产学研用联合体，共同培育"众创空间—孵化器—加速器—产业园"创新创业生态。

参考文献

郭彤荔：《我国清洁能源现状及发展路径思考》，《中国国土资源经济》2019年第4期。

黄群慧：《新时代中国经济发展的历史性成就与规律性认识》，《当代中国史研究》2022年第5期。

贺雪峰：《共同富裕与三轮驱动的中国式现代化》，《南京农业大学学报》（社会科学版）2022年第4期。

刘伟、刘守英：《以高质量发展推进中国式现代化》，《红旗文稿》2022年第24期。

孙发平、杜青华等：《青海"十二五"发展成就及其经验启示》，《青海社会科学》2015年第6期。

汪忠杰、刘一恒：《低碳经济视角下的我国清洁能源产业发展路径设计》，《改革与战略》2015年第12期。

姚洋：《中国现代化道路及其世界意义》，《国家现代化建设研究》2022年第3期。

赵勇强、钟财富：《碳达峰碳中和目标下的新能源产业发展与升级》，《中国能源》2021年第9期。

B.11

中国式现代化的新疆实践：
历程、形势及战略对策[*]

杨富强[**]

摘　要：　党的二十大报告指出：从现在起，中国共产党的中心任务就是团结带领全国各族人民全面建成社会主义现代化强国、实现第二个百年奋斗目标，以中国式现代化全面推进中华民族伟大复兴。新疆和平解放以后，开启了现代化探索的序幕，在经历社会主义革命和建设、改革开放和社会主义现代化建设和新时代中国特色社会主义建设的过程中，根据新疆经济社会的发展形势，中央和新疆地方党委政府适时出台一系列政策，推动着新疆经济社会现代化的进程，本文梳理了新疆践行中国式现代化的历程，分析了面临的形势，并提出了相关建议，其实践对新疆及其他边疆地区推进中国式现代化有一定的启示。

关键词：　中国式现代化　农村社会　新疆实践

中国式现代化是中国共产党领导的社会主义现代化，贯穿于中国新民主主义革命、社会主义革命和社会主义建设、改革开放和社会主义现代化建设的全过程，是习近平新时代中国特色社会主义思想关于建设什么样的社会主义现代化的理论与实践的命题，是中国共产党人领导中国人民实现"中国梦"的历程。新疆和平解放以后，中国共产党领导新疆各族人民以社会主义革命为契机，开启了中国式现代化在新疆的实践。

---

　*　该报告为"文化润疆与推动各民族优秀传统文化创造性转化、创新性发展"（项目编号：22ZDA084）的阶段性成果。

**　杨富强，新疆社会科学院社会学研究所副所长，研究员、博士，主要研究方向为民族社会学。

一 新疆现代化实践

新疆和平解放之初，受历史、环境和传统观念等因素的制约，新疆政治、经济、文化和社会事业等方面，与其他省区市有一定的差距。由于地域广大，新疆各地的发展也极不平衡，南疆农业社会的土地基本上掌握在大地主或庄园主的手中，大多还处于农奴制—封建制农业经济阶段；北疆牧区部落制度广泛存在，部分甚至沿袭着王公千百户长的制度；多年来的战乱，导致整个社会积贫积弱，生产力水平极其落后，群众日常使用的铁钉、火柴都需要从苏联进口，公路破旧，没有铁路，一些地方粮荒不断，历史上遗留下来的民族隔阂仍然没有消除，宗教基本上是基层社会民众的精神世界，整个社会呈现破败与萧条景象。

（一）中国共产党对新疆社会的现代化改造

中国共产党领导新疆各民族人民进行现代化探索，主要从现代政权重构、改革土地和草场所有制，构建工业体系，改变城乡面貌等几个方面展开。

一是重构现代化的政治体制和治理方式。新疆和平解放前，省政府和三区革命政府处于对立状态，矛盾重重。南疆部分农业区还在封建王爷或地主、庄园主的控制下，北疆部分牧区处于千户长的管理之下，被奴役的农牧民没有参与基层政治的可能。新疆和平解放以后，人民的农村基层政权迅速建立。同时少数民族农牧民获得参与政治的权利，各地委派区长，选举乡长、村长，到1952年冬全省建成393个区、2200个乡，人民政权全部组建完成，区、乡、村干部中，绝大多数是劳动人民。新疆是多民族地区，1953~1954年，新疆先后完成了5个自治州6个自治县的建设，1955年成立新疆维吾尔自治区，撤销新疆省建制，这是我国第二个省级自治地方。1954年成立新疆建设兵团，成为维护新疆安全、改造社会、促进发展的重要力量。在中国共产党的领导下，新疆彻底改变了各行其是、政令不畅的局面，政治体制差异、旧政权体系向社会主义政治体制转变，社会主义现代化治理体系在新疆大地普遍推进。

二是现代工业体系逐步完整。1949年新疆工业发展基本一片空白，仅有14家工业企业，1000多名工人，产值170多万元，几乎都是设备陈旧的小工厂，人们的各种日常生活用品、生产工具等，都要依赖内地或从国外进口①。入疆部队为了渡过难关，大搞生产，尤其是生产建设兵团建立以后，办起了一批磨坊、油坊及缝纫、修理等工厂。在第一个五年计划期间，大力兴办各种小型的农副产品加工、机械修理、小五金工厂，同时有步骤地开展现代工业建设。此后在中央的支持下，建起了六道湾煤矿、八一钢铁厂、十月汽车修配厂、七一棉纺织厂等，1955 年在克拉玛依发现第一个大油田，1956 年投入试采，新疆大地上出现了大型工业企业。第二个五年计划时期，乌鲁木齐到兰州铁路建成，告别了新疆没有铁路的历史；1960 年克拉玛依大油田产量达 163.6 万吨，仅次于大庆油田，占当年全国产量的 39%，克拉玛依油田建成，这是新疆现代化的重大成就。到改革开放前，以乌鲁木齐为核心的工业群基本形成，以石油、冶金、机械、化学、煤炭、电力、建材、食品、纺织、造纸和皮革工业为主，建起来 2000 多个企业，这些工业集中分布在乌鲁木齐等地，其他地区工业生产还较为薄弱，距离中心城市愈远则工业生产愈为落后。②

三是农牧民成为土地和牧场的主人。根据中央提出的民族地区要"慎重稳进"开展社会改造的要求，1949 年新疆地方政府主要通过减租降息，以减轻农牧民的负担。1952 年全疆农业区共有 1500 多个乡分三期进行土地改革。到 1953 年底新疆土改基本完成，1956 年畜牧业社会主义改造完成。社会主义革命结束以后，新疆和全国其他地区一样，经历了土地公有、土地农有、土地集体所有制等阶段。自新疆建设兵团成立以后，全国各地大批优秀青壮年、知识分子、复转军人进入兵团工作，兵团特有的体制和人才优势，以及大批的机械化在农业生产中的使用，对新疆农业生产现代化起到了引领示范作用。1961 年"以生产大队的集体所有制为基础的三级集体所有制"③ 逐步形成，农村土地的所有权很自然地过渡到了农村土地集体所有制。这是中国智慧的结晶，土地的集体所有制克服了土地流失和兼并的可能，从制度上保证了土地所有权属农村，使用权属于农民。

四是新疆城乡社会开始现代化演进。加强绿洲之间的联系，公路建设是新

---

① 王灵桂主编《新疆发展简史》，社会科学文献出版社，2015，第 98 页。
② 谢香方主编《新疆维吾尔自治区经济地理》，新华出版社，1991，第 153 页。
③ 中共中央文献研究室编《建国以来重要文献选编（第十四册）》，中央文献出版社，2011，第 355 页。

疆走向现代化的标志之一，1953 年底全疆公路里程达 6814 公里，相比 1949 年，增长了 1 倍多，运输工具增长了约 8 倍，货运量增长了近 7 倍。1950 年新疆民航航线里程达 2783 公里，相比 1949 年，增长了近 1 倍。[①] 1958 年底，兰新铁路通车，结束了新疆没有铁路的历史，到 1960 年铁路运营里程达 825 公里，铁路机车增长到 88 台。[②] 在农牧区新疆传统耕作方式以粗放型为主，大多依靠广种薄收，不断扩大耕地面积来增加农作物产量。随着集体化生产的发展，农业机械化开始进入农村，农田水利工程的建设迅速展开，现代科技在农业生产中的应用，尤其在新疆建设兵团，农业生产的现代化水平走在全国前列。承载着社会主义理念的城乡基础教育快速发展，改变了传统上以经学教育为主的局面。城乡医疗卫生事业也有巨大的进步。在马克思主义民族理论的引导下，逐步构建起了平等团结互助的新型民族关系。这一阶段由于社会主义建设处于探索期，新疆现代化进程在曲折中发展。

（二）新疆现代化缓慢发展期

改革开放以后，新疆农牧民收入增加，城市面貌改变，生活水平提升，人口流动加快，教育和医疗等社会事业也发生了巨大的变化。但在"两个大局"思想指引下，东南沿海地区借助自身优势和政策优势，很快与新疆经济社会发展拉开了距离，同时，极端思潮在新疆渗透导致少数人对现代化发展有抗拒倾向，新疆现代化进程发展缓慢。

一是农村社会结构逐步转型，农牧民经济收入有了较大的提高。1984 年，自治区贯彻中共中央、国务院《关于实行政社分开建立乡政府的通知》，撤销了人民公社建制，建立乡政府。到 1985 年 3 月底共建乡 704 个，其中民族乡 39 个，镇 121 个。1980~1984 年实行家庭联产承包责任制，新疆建设兵团改革的成效比较明显，1986 年开办各种家庭农场 4.46 万个，解放了生产力，推动了各项事业的发展，改革激发了农牧民和兵团职工的生产积极性。随着户籍制度的放开和机械化广泛进入农牧业生产领域，部分农民从土地中解放出来。

---

① 新疆维吾尔自治区统计局等编《新疆五十年（1955~2005）》，中国统计出版社，2005，第 301 页。

② 新疆维吾尔自治区统计局等编《新疆五十年（1955~2005）》，中国统计出版社，2005，第 301~305 页。

1997 年第二轮土地承包以后，大量的农村年轻人走出农村，走向城市，进入企业或经商（主要集中在干果和餐饮业）。21 世纪以后，农村剩余劳动力转移成为这一时代最为突出的成就，2006~2010 年期间有 862.48 万人次实现务工收入 228.87 亿元，人均 2654 元。[①] 遍布农牧区的"巴扎经济"活跃了农村社会，提升了生活水平；农村社会出现了带有现代化特征的乡镇企业，大量农牧民以农民工的身份从事生产活动。

二是现代农业生产体系有了基础。改革开放以后，新疆农业生产在调整中逐步优化，在保障粮食生产的前提下，部分特色农业逐渐形成规模，以酿酒葡萄、啤酒花、枸杞、红花、番茄、甜菜、油葵、亚麻等为主导产品的优势特色农产品在全国占有较大的份额，已形成若干区域性优质高产特色产业带。其中红花种植面积和产量均占全国 60% 以上，啤酒花和枸杞产量分别占全国总产量的 70% 和 50% 以上；[②] 番茄酱产量占全国总产量的 90%、占世界产量的 20%，出口量占国际贸易量的 1/4。[③] 2010 年，新疆农业产业化经营组织已发展到 7642 家，农产品加工企业达 8881 家，农业产业化龙头企业规模不断扩大。农民专业合作社达到 3674 个，合作社成员 21.8 万人，带动非成员 50 余万户。[④] 以设施农业为代表的现代农业产业体系迅速崛起，促进了传统农业生产方式的转变。科学技术在新疆建设兵团广泛使用，其机械化水平在全国遥遥领先，2009 年兵团用于农林牧业飞行 3320 小时，起落 3777 架次，机械化耕作、播种、收获水平达到 99%、98%、40%，[⑤] 极大地推动了新疆农村的现代化进程。

三是城乡基础设施大幅度提升。新疆农牧区基础设施落后，1987 年筹资改善农牧区人畜饮水工程，1994 年时任政协主席的李瑞环在和田地区带头捐款打井后，饮水工程在全疆范围内全面实施。到 2001 年底，累计解决了 1080 万人的饮水困难。随着各界对"三农"问题的重视，2005 年开始新农村建设，新农村的标准与当前乡村振兴的总目标一致，新农村的样板村成为农村社会发

① 《新疆维吾尔自治区农业（种植业）"十二五"发展规划》。
② 《新疆维吾尔自治区农业（种植业）"十二五"发展规划》。
③ 《新疆维吾尔自治区农业（种植业）"十二五"发展规划》。
④ 《新疆维吾尔自治区农业（种植业）"十二五"发展规划》。
⑤ 《新疆生产建设兵团 2010 年国民经济和社会发展统计公报》。

展的目标。部分地区开始定居点的建设，牧民的房屋逐步由居无定所变成了永久性砖木结构住房，许多牧民定居点医院学校齐备，牧民开始享受到广播、电视、手机等现代设备。此后，特色小镇建设，其目的是改变农民的面貌，但效果不是很明显。

四是新疆的工业企业发展缓慢，交通现代化发展迅速，边境口岸开放数量逐年增加。新疆自然资源丰富，仅煤炭资源一项，就占全国总储量的40%，2006年全国天然气生产开发中新疆占据第一。随着西部大开发和对口援疆的实施，新疆工业、外贸、交通行业发展速度加快。2005年，第二产业占总产值的42.4%，上市公司只有28家，区域内产业增长质量和以特色产业为主的产业结构调整趋于优化。1993年，自治区交通运输厅成立规划室，13项规划网，形成了"三纵三横"交通网骨架。2010年，铁路完成货运量6857.10万吨，公路（不含非营运性车辆，下同）41682万吨；铁路营业里程4393.30公里，民航通航里程17.70万公里，公路里程15.29万公里。① 同年，首条电气化铁路——精伊霍铁路正式开通客运运营，喀什至和田铁路全线铺通。全疆民航里程数达到152641公里，通航机场达到16个，成为全国支线机场数量最多的地区。1982年，国家批准新疆地区开放中国与巴基斯坦边境红其拉甫口岸；1983年，开放霍尔果斯、吐尔尕特口岸，极大地带动了地方经济的增长。

五是城乡医疗卫生事业发展缓慢。改革开放以后，新疆的医疗卫生事业发展迟缓，1998年新疆中医学院和新疆医学院合并为新疆医科大学，是新疆医疗卫生史上的大事；城市医疗卫生事业逐步发展，新疆医科大学第一附属医院和自治区人民医院床位数超过2000张，2012年82个县级医院和1200所基层医疗卫生机构的建设目标实现。② 这一时期，农牧区医疗卫生事业甚至出现了倒退现象，1982年多个地区出现了农村合作医疗解体停办的现象，到1993年实行合作医疗的行政村只剩下了5%。此后新疆开始合作医疗制度的探索，2004年新型农村合作医疗制度的试点开始，2012年新疆参合率继续保持在99.7%以上，新型农村合作医疗保障制度已经初步建立。

六是新疆教育事业得以快速发展。改革开放以后，新疆基础教育开始探索

---

① 《新疆维吾尔自治区2010年国民经济和社会发展统计公报》。
② 《新疆维吾尔自治区2010年国民经济和社会发展统计公报》。

多种办学模式。改革开放之初的牧区寄宿制办学成效明显，成为牧区教育办学的主要形式。为了让广大农牧区和边远贫困地区的青少年同样享受到高质量的基础教育资源，2000 年 9 月开始在内地部分经济发达城市举办内地新疆高中班，大量的农牧民子女通过这个渠道接受到了高等教育。针对偏远农牧区落后的初中教育，2004 年新疆举办内初班，2007 年秋季起举办新疆区内高中班，招收内初班未能进入内高班的应届毕业生接受高中阶段教育。内高班、内初班、疆内高中班录取农牧民子女多年保持在 90% 左右，为农牧民子女提供了优质的教育资源。2009 年，新疆"两基"主要指标达到了规定的标准。

（三）新疆农村社会现代化发展的飞跃期

党的十八大以来，新疆现代化进程快速推进，尤其是农村现代化发展成就显著，主要表现在以下几个方面。

一是农牧区的绝对贫困彻底解决，消除了现代化进程中的最大障碍。党的十八大以后，新疆各级党委、政府在脱贫攻坚上采取了一系列措施：根据中央提出的六个精准要求，实现了"扶持对象精准""项目安排精准""资金使用精准""帮扶措施到户精准""因村派人精准""脱贫成效精准"。在中央提出的"五个一批"脱贫方式的基础上，新疆地方政府提出了七种脱贫方式①，实现脱贫以后，通过"四个不摘"确保脱贫户不返贫。尤其是中央"三个加大力度"：加大基础设施建设力度，补齐基础设施短板；加大教育扶贫力度，解决因学致贫返贫的突出问题；加大健康扶贫力度，解决因病致贫返贫的突出问题，已经突破了以经济为核心的脱贫思路。2020 年底，新疆实现了 308.9 万人脱贫、3666 个贫困村脱离贫困村行列的目标。早在 2019 年底新疆生产建设兵团实现了贫困团场全部摘帽、贫困连队全部退出、贫困人口全部脱贫的成就。

二是城乡教育和医疗卫生水平有大幅度提升。早在 2016 年，新疆基本实现学前三年适龄幼儿入园应入尽入的目标，农牧民子女和城市孩子一样享受到学前幼儿教育，同时南疆四地州率先基本实现 15 年免费教育。② 截至 2020 年 12 月，有条件的行政村基本上实现了双语幼儿园全覆盖，双语教师基本上满

① 发展特色产业脱贫一批、劳务输出脱贫一批、易地搬迁脱贫一批、生态保护脱贫一批、加强教育脱贫一批、医疗保险和医疗救助脱贫一批、社会保障兜底脱贫一批。
② 中华人民共和国国务院新闻办公室：《新疆各民族平等权利的保障》，2021 年 7 月。

足教学需要；义务教育阶段无辍学现象，有能力的残疾儿童通过随班就读、送教上门或送往特殊学校就读，现代化的教学设备在农牧区学校普及。自2016年起，自治区实施健康扶贫工程，推动落实健康扶贫工作，着力解决农村贫困人口"因病致贫、因病返贫"问题，截至2020年底，实现了村村均有卫生室，乡镇卫生院和村卫生室标准化率均达100%。农民基本医疗保险参保率达到99.7%，确保贫困人口看病有地方、有医生、有制度保障。

三是农民的生产生活方式向现代转向。脱贫攻坚期间，南疆农村地区引进了大量的小微企业，吸纳农村剩余劳动力，农民在家门口"准时准点上下班"成为农村比较普遍现象。2018年初，南疆四地州开展以"四好三美一卫生"①为标准的"美丽庭院"建设，其中"睡觉上床、吃饭上桌、做饭上灶台、孩子学习有书桌"，每天刷牙洗脸洗脚、每周勤洗澡，定期打扫庭院和厕所卫生等良好生活习惯，逐步在全疆的农牧区推广。为了促进农民外出交流方便，各地开办农民夜校，教授国家通用语言，便利各民族群众交往交流。自2017年以来，新疆全面落实第二次新疆工作座谈会精神，通过多项措施，基层政权基础逐步夯实，极端思想逐步消失，分裂势力在农牧区的影响基本消失，新疆农村呈现祥和文明的局面。

四是新疆被确定为新丝绸之路经济带核心区，新疆的经济发展进入快车道。在"一带一路"倡议的指导下，新疆不再是边远地带，而是核心区、是枢纽地带。2014年第二次新疆工作座谈会召开，社会稳定和长治久安成为新疆工作的总目标，为新疆的发展指明了方向。在这样的背景下，新疆现代化进程获得了长足发展。社会持续稳定。在自治区党委的领导下，通过反恐维稳"组合拳"，新疆社会渐趋稳定，2017年以来新疆实现了连续多年未发生暴力恐怖事件的最好成绩，为新疆的现代化发展提供了安全稳定的社会环境。2022年，习近平总书记在新疆考察时来到乌鲁木齐国际陆港区。他指出，"随着共建'一带一路'深入推进，新疆不再是边远地带，而是一个核心区、一个枢纽地带，你们做的是具有历史意义的事情，已经取得很好的成绩，再接再厉，前途光明"。2023年新疆维吾尔自治区党委十届八次全会强调实施更加主动的开放战略，推进丝绸之路经济带核心区高质量发展，推动"一港、两区、五

---

① 思想好、家风好、学习好、团结好，人美、屋美、院美，厕所卫生。

大中心、口岸经济带"建设取得新突破，不断提升对外大通道畅通水平。2023年1~6月，新疆铁路双口岸通行中欧（中亚）班列数量已超过8000列。其中，阿拉山口铁路口岸进出境中欧（中亚）班列达3698列，同比增长10.8%；霍尔果斯铁路口岸进出境中欧（中亚）班列达4311列，同比增长15.8%，① 亚欧"黄金通道"作用日益凸显，深化与周边国家特别是中亚五国多领域交流合作。

二 面临的形势

（一）新疆现代化发展面临的挑战

新疆地处祖国西部，特殊自然环境和特有的社会环境对该地区现代化进程有较大影响。一是自然生态环境脆弱，新疆面积达166平方公里，但适合人类生存的绿洲仅13.57万平方公里，生态用水短缺、土地荒漠化、水土流失严重、气象灾害频繁发生，要实现生态环境保护和经济高质量发展双赢难度较大。二是由于新疆地处亚欧大陆腹地，属于干旱气候，水资源时空分布极不均衡，一些地方水资源不足，严重制约着新疆经济社会的发展。三是新疆远离我国经济核心区，距离乌鲁木齐最近的省会城市兰州有1892公里，2023年7月1日增开乌鲁木齐至西安北动车两对，乌鲁木齐市到西安市时长达13小时，疆内高速铁路仅限于不多的几个城市，导致新疆农产品、棉花、煤炭等资源优势无法得以充分发挥。四是新疆经济社会发展滞后，仍然处于工业化初期后半阶段，工业体系仍然以原材料工业和能源工业为主，城镇化率和第二产业就业人数偏低。受社会稳定和疫情等因素的影响，现代化发展的经济社会基础薄弱。五是南疆地区人口多，土地资源不足，同时受语言、就业技能、传统观念的影响，外出务工难度大，人口的质量和数量与现代化发展之间有冲突，制约着人口现代化发展。六是新疆虽然是我国向西开放的桥头堡，口岸众多，但毗邻的中亚各国，经济发展相对落后，经济体量小，市场需求量不大，政局也不稳定，对新疆向西开放有一定的影响。

---

① 《新疆铁路双口岸通行中欧（中亚）班列已超8000列》，中国新闻网，2023年8月14日。

（二）新疆现代化发展的机遇

一是中央第三次新疆工作座谈会已经为新疆现代化发展指明了方向。习近平总书记强调，当前和今后一个时期，做好新疆工作，要完整准确贯彻新时代党的治疆方略，牢牢扭住新疆工作总目标，依法治疆、团结稳疆、文化润疆、富民兴疆、长期建疆，以推进治理体系和治理能力现代化为保障，多谋长远之策，多行固本之举，努力建设团结和谐、繁荣富裕、文明进步、安居乐业、生态良好的新时代中国特色社会主义新疆。二是新疆被确立为"一带一路"的核心区。2015年《推动共建丝绸之路经济带和21世纪海上丝绸之路的愿景与行动》明确提出，要发挥新疆独特的区位优势和向西开放重要窗口作用，深化与中亚、南亚、西亚等国家交流合作，形成丝绸之路经济带上重要的交通枢纽、商贸物流和文化科教中心，打造丝绸之路经济带核心区，新疆经济与国际接轨。三是中央支持新疆全面向西开放。新疆是距离中亚、西亚、欧洲市场最近的中国省区，随着我国扩大对外开放、西部大开发、共建"一带一路"等深入推进，新疆从相对封闭的内陆变成对外开放的前沿，新疆的区域性开放战略已经被纳入国家向西开放的总体布局中。四是中央和对口援疆省市的支持，2010年以来19省市立体式援疆，从资金、人才等多个方面为新疆经济社会现代化发展注入了强大的动力。

三 战略对策

新时代新征程中，以中国式现代化推动新疆高质量发展，形成更大范围、更宽领域、更深层次对外开放格局，推进区域经济均衡发展，对维护我国西部生态安全、践行全体人民共同富裕有重大意义。

（一）完整准确贯彻新时代党的治疆方略，推进新疆社会现代化进程

回顾新疆现代化的历程可以看到，新疆经济社会取得巨大成就和各族群众生活水平的大幅提高，与日臻成熟的中央治疆方略息息相关。历届中央集体始终重视新疆工作，新中国成立之初，中央给予新疆多项优惠政策，动员全党全国力量援助新疆。改革开放之初，新疆社会现代化进程基本上和全国其他省区

同步，甚至在生活水平等多方面优于西部地区其他省区，随着改革开放的深入，新疆和其他省区的差距逐渐拉大。21 世纪以来，随着西部大开发战略的实施，新疆作为西部大开发重点地区，被确定为向西开放重要门户和我国的能源交通要道与国家战略资源的储备基地。党的十八大以来，中央召开两次新疆工作座谈会，为新疆的发展指明方向；多次召开对口援疆工作会议。同时，新疆又被确定为新丝绸之路经济带核心区，予以大量的优惠政策，中央对新疆工作的重视，是新疆现代化发展的政治保障。

（二）维护新疆社会稳定，确保现代化发展有一个安全稳定的社会环境

稳定是发展的基础，是社会文明进步的前提。新中国成立以来新疆现代化发展历程表明，社会稳定，经济呈现健康发展态势，社会不稳定经济就停滞倒退，甚至各族人民的安全、幸福就会失去保障。历史和现实充分证明，社会稳定是新疆现代化发展的关键。新中国成立以来，分裂势力并没有完全退出历史舞台，他们以民族和宗教为幌子，制造恐怖事件，造成社会恐慌，是社会安全与稳定最直接的威胁，甚至影响国家的安全。20 世纪 50 年代，是新疆发生暴力恐怖事件的一个高发期；改革开放以后，尤其是 1990 年以来，新疆发生了一系列令人发指的暴力恐怖事件，给新疆各族人民带来了深重灾难。受清真泛化和极端思想的蛊惑，反对现代化发展的案例层出不穷。2016 年，自治区党委围绕聚焦总目标，实施反恐维稳组合拳，分裂活动得到了遏制，新疆社会大局实现了总体稳定，已连续 7 年无暴恐案件，刑事案件、治安案件、公共安全事件持续下降，为现代化发展提供了一个稳定的社会环境。

（三）以"一带一路"为依托，打造向西开放新高地

党的二十大报告指出：要实行更加积极主动的开放战略，形成更大范围、更宽领域、更深层次对外开放格局。新疆有对外开放的巨大优势，与俄罗斯、巴基斯坦、阿富汗、塔吉克斯坦、印度、吉尔吉斯斯坦、哈萨克斯坦和蒙古国等八国相接，是通往中亚、南亚、西亚和欧洲国家的大通道。尤其是南疆地区，具有"五口通八国，一路连欧亚"的独特区位优势，是向西开放的最大优势和潜力所在。随着 2015 年《推动共建丝绸之路经济带和 21 世纪海上丝绸

之路的愿景与行动》的出台，新疆被确定为新丝绸之路的核心区，成为向西开放的桥头堡。尤其是通过新疆的中欧班列，成为疫情防控新阶段我国对外贸易最大的高地，2023年阿拉山口岸再次扩容，通行的中欧班列线路从65条增至80条，覆盖国内24个省区市，通达德国、波兰、匈牙利等13个国家。依托"一带一路"带来的巨大机遇，要实施更加主动的开放策略，推进丝绸之路经济带核心区高质量发展，推动"一港、两区、五大中心、口岸经济带"建设取得新突破，不断提升对外大通道畅通水平，保障中欧班列高质量运行，深化与周边国家特别是中亚五国多领域交流合作，着力打造亚欧黄金通道和向西开放的桥头堡。

（四）突出重点，努力推进南疆社会现代化建设

南疆地区在全疆乃至全国发展大局中具有特殊重要的战略地位。该地区水土光热资源丰富，油气资源占比较大，塔里木天然气田是我国三大气田之一。2010年喀什地区被确定为经济特区。2023年新疆维吾尔自治区党委十届八次全会，通过了《关于促进南疆高质量发展的若干政策措施》，这是专门针对南疆地区发展的一项综合政策，聚焦解决南疆五地州存在的突出问题，综合施策，重点突破，提出环塔里木经济带发展的构想，并与天山北坡经济带形成联动发展格局。尤其以支持南疆优势特色产业发展作为重中之重，提出的37条措施中，有10条是专门支持南疆产业发展的，力图以产业发展为推手，更给予了战略性谋划和高度政策支持。为了推动区域人口流动，要求加快南疆高速铁路的建设，将南疆地区纳入全国高铁网络体系，缩短城际距离带来的障碍。调整南疆产业结构，要求推动高质量发展，深度融入自治区"八大产业集群"建设，大力发展油气、煤炭产业和绿色矿业、新能源产业、纺织服装业等劳动密集型产业、粮食产业、绿色有机果蔬产业、现代畜牧业、设施农业，打造现代化产业体系。①

（五）大力推动南疆地区乡村振兴，促进农牧区社会现代化发展

南疆农牧区经济社会发展滞后，虽然在脱贫攻坚过程中，南疆农牧区摆脱

---

① 《新疆：聚焦"八大产业集群"研发建设"加速跑"》，新华社（2023年2月20日），https：//www.gov.cn/xinwen/2023-02/20/content_ 5742364。

了绝对贫困，通过多种措施实现了所有行政村通水、通电、通路、通广播电视、通宽带或通信，也逐步实现了有稳定增收的产业、有村集体经济收入、有村级党组织阵地、有中心幼儿园、有便民服务中心和有卫生室等等，农牧民的生产方式和生活方式有了巨大的改变。在新疆现代化发展进程中，南疆地区的农牧区仍然是现代化进程中需要关注的重点。在乡村振兴的过程中，南疆农牧业地区仍然以第一产业为主，人均土地、水资源偏低，少数民族人口比重大，内生动力偏差，农村人口流出偏少，外地人口流入偏低，在现代化进程中，南疆农牧区发展和农牧民的现代化，依然是关注的重点。没有南疆农牧区社会的现代化，就没有新疆的现代化，南疆农牧民的共同富裕，是全体中国人民共同富裕的重要组成部分。

B.12
中国西北地区城市现代化进程
综合评价研究

陈 蕾 王林伶*

摘 要： 为度量西北地区市域中国式现代化水平，基于 2011～2021 年我国西北地区 33 个地级市面板数据，本文运用熵权—TOPSIS 方法评估并分析了西北地区市域现代化水平、区域差异与动态演变过程。研究发现：西北地区各省区间市域现代化水平差距逐渐缩小、部分后发省份增速加快；西北地区市域现代化水平可以分为西安、省会（首府）城市与传统工业城市、非省会（首府）非传统工业城市三个层级，且三个层级间综合评分差距较大；不同维度间经济现代化对综合现代化指数影响较大，社会现代化与生态文明现代化指数整体呈上升趋势。针对西北地区城市在中国式现代化建设进程中面对的创新发展动能较弱、区域内发展分化明显、可持续发展挑战难度大等问题，本文提出创新催生新发展动能、加强区域协调发展、建设现代化生态体系、大力发展绿色经济等建议。

关键词： 中国式现代化 区域差异 西北地区

站在历史新起点，要推进中国式现代化建设，必须立足本国国情持续探索适合中国的现代化道路。西北地区在自然条件恶劣、资源分布不均、经济相对滞后等挑战下仍不断加速现代化进程，是中国式现代化"并联"发展的成功范例。城市作为我国经济社会发展的主要空间载体，城市现代化是中国式现代

---

* 陈蕾，宁夏社会科学院综合经济研究所研究实习员，主要研究方向为经济统计；王林伶，宁夏社会科学院综合经济研究所所长、副研究员，主要研究方向为"一带一路"与内陆开放型经济、区域经济与产业经济、资源规划与可持续发展。

化的重要实践。本文通过科学合理地界定、测度西北地区不同城市的现代化进程，结合全面建设社会主义现代化国家新征程需要，推进市域中国式现代化建设。

一 十年来中国西北地区现代化情况

中国式现代化是扎根中国国情的现代化，虽然我国的政治经济中心均在东部地区，但西北地区拥有复杂多样的生态系统，是国家重要的能源基地、主要的民族聚居地，也是实现共同富裕最艰巨最繁重的任务所在地，西北地区现代化的进程是中国式现代化进程中的重要部分。

（一）西北地区整体现代化进程

近年来，在国家的努力下区域发展不平衡的问题逐步得到解决，西北地区区域发展迈上新台阶。经济总量不断增加、规模不断扩大，2021 年较 2011 年生产总值占全国比重增长 1.07 倍；经济结构不断优化，各省区三产占比逐年提升；城镇化进程不断加速，2011~2021 年各省区城镇化率整体呈快速上升的趋势（见图 1）；居民生活质量逐步提升，各省区城乡居民收入在逐年增加的同时城乡收入差距逐渐减小（见表 1）。

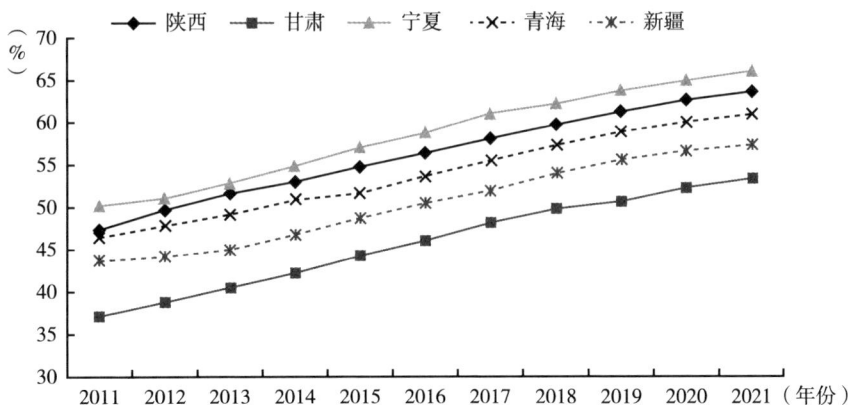

图 1 西北地区各省区城镇化率（2011~2021 年）

资料来源：各地区统计年鉴。

181

表1 西北地区各省区城乡居民收入比（2011~2021年）

年份	陕西	甘肃	宁夏	青海	新疆
2011	3.25	3.67	2.92	3.39	2.81
2012	3.22	3.65	2.88	3.28	2.77
2013	3.15	3.56	2.83	3.15	2.69
2014	3.07	3.47	2.77	3.06	2.66
2015	3.04	3.43	2.76	3.09	2.79
2016	3.03	3.45	2.76	3.09	2.80
2017	3.00	3.44	2.74	3.08	2.79
2018	2.97	3.40	2.72	3.03	2.74
2019	2.93	3.36	2.67	2.94	2.64
2020	2.84	3.27	2.57	2.88	2.48
2021	2.76	3.17	2.50	2.77	2.42

资料来源：各地区统计年鉴。

（二）西北地区城市基本情况

城市现代化是中国式现代化道路的"主战场"，也是国家现代化的重要组成部分和核心内容。新中国成立以来，西北地区城市的经济、社会、文化及居民生活方式等，实现了从传统社会向现代社会的转变。新的城市现代化以人为核心，发展路径由"量"向"质"转换。地级市作为区域性中心城市，其在发展过程中与周边地区存在广泛的联系，城市经济规模、密集程度、产业结构均体现了区域的现代化水平。

城市分布较稀疏，人口规模普遍较小。西北地区面积虽占全国近三成，但人口总数仅占全国的1/14，城市主要分布在黄河沿线、盆地周围及河西走廊等地，城市空间分布分散。第七次全国人口普查数据显示，西北地区仅西安人口超千万，省会城市中仅乌鲁木齐、兰州人口超300万，非省会城市中仅宝鸡、咸阳、渭南、汉中、榆林、喀什人口超300万，大部分城市人口规模为100万~300万，部分城市人口规模小于100万，辐射带动作用强的都市圈均未形成。

地区城市经济发展水平不平衡，经济实力普遍不强。经济是城市完善基础设施、基本社会保障、生态环境的基础，经济实力较强的城市能对周边地区的发展产生较强的辐射带动作用。2021年，除陕西省外23个地区中生产总值超过1000亿元的仅有兰州、银川、西宁、乌鲁木齐、克拉玛依，仅克拉玛依为非省会（首府）城市；西北地区地级市人均地区生产总值超过了全国平均水平的仅有西安、延安、榆林、嘉峪关、金昌、石嘴山、乌鲁木齐、克拉玛依、哈密，部分地区的人均地区生产总值甚至不足全国平均水平的1/2。

二　指标体系构建

（一）指标选取

现代化建设是一个复杂而多元化的过程，在实现全面现代化的过程当中需要各个领域和不同层级之间的协同努力。目前有关中国式现代化的研究多聚焦于国家和省级维度，城市作为经济、社会、环境、文化多领域融合的重要空间载体，是中国式现代化实践的重要一环，不同省区间现代化的进程存在差异，同一省份内不同城市间同样存在差异，只有构建一套中国式城市现代化水平评价指标体系，方能对我国西北地区的城市现代化水平进行客观准确的评估。

经济现代化是全面建设社会主义现代化国家的核心任务，经济发展为社会、文化、环境等多个领域的现代化提供了支撑。西北地区整体经济规模相对全国最小、现代化建设及工业化和城镇化发展水平相对较低，故构建现代化经济体系必须推动经济发展质量变革、效率变革、动力变革，具体体现为经济的高水平发展、产业结构的转型升级、科技创新核心驱动力与人力资源基础优势。鉴于此，本文选择用人均地区生产总值来衡量经济数量规模、第三产业占地区生产总值比重来衡量经济结构、科学事业经费占比来衡量创新基础、每万人普通高等学校在校学生平均人数来衡量人力资源综合能力、城镇化率和人口密度来衡量城市聚集能力。

社会现代化是以人民福祉为中心的现代化的进程，旨在提高人民的生活水平。西北地区作为中国相对贫困地区之一，社会现代化的首要目标是改善基础设施、人民生活、教育水平和居民基本保障等方面，在逐步改善人民生活的同时实现社会现代化，为全国的现代化进程做出贡献。鉴于此，本文选择用供水普及率、燃气普及率来衡量城市公共基础设施建设，公路客运量、人均道路面积来衡量城市公共交通与服务水平，城镇职工基本养老保险、城镇职工基本医疗保险和失业保险覆盖率来衡量基本社会保障水平，教育事业经费支出占比来衡量现代教育保障水平。

生态文明现代化是经济、社会、环境的有机结合，为现代化可持续发展提供了坚实的基础。西方式现代化通常都伴随着严重的资源消耗与环境破坏，中国式现代化将绿色发展原则融入现代化进程当中，尤其是西北地区生态脆弱、整体环境较为恶劣，更需要将环境保护、资源合理利用和社会经济发展相结合，促进可持续发展实现全面现代化。鉴于此，本文选择用人均公园绿地面积、建成区绿化覆盖率、建成区绿地率来衡量绿化水平，污水处理率、生活垃圾处理率来衡量环境治理水平，工业废水排放量、工业二氧化硫排放量来衡量污染物排放情况。

根据上述分析，本文结合理论阐述与现有的指标构建结合市域特征从经济现代化、社会现代化、生态文明现代化3个基本维度，基于数据的可得性和指标口径的一致性，构建了涵盖12个分项指标、21个基础指标的中国式市域现代化水平评价指标体系（见表2）。剔除统计数据缺失严重的城市后，本文的研究对象为2011~2021年我国西北地区33个地级市，指标资料来源于相应年份的《中国城市统计年鉴》《中国城乡建设统计年鉴》《中国环境统计年鉴》和各省份统计年鉴、国民经济和社会发展统计公报、国家统计局官方网站等。对于缺失数据，依据数据特征采用插值法、均值法等填补。

表2 中国式市域现代化水平评价指标体系

基本维度	序号	分项指标	基础指标	衡量方式	单位	指标属性
经济现代化	1	经济数量规模	人均地区生产总值	GDP/常住人口	元	正指标
	2	经济结构	第三产业占地区生产总值比重		%	正指标
	3	创新基础	科学事业经费占比	科学事业经费/地方一般公共预算支出	%	正指标
	4	人力资源综合能力	每万人普通高等学校在校学生平均人数	高等教育在校人数/常住人口	人	正指标
	5	城市聚集能力	城镇化率	城镇人口/总人口	%	正指标
	6		人口密度	常住人口/行政区域面积	人/平方公里	正指标

基本维度	序号	分项指标	基础指标	衡量方式	单位	指标属性
社会现代化	7	城市公共基础设施建设	供水普及率		%	正指标
	8		燃气普及率		%	正指标
	9	城市公共交通与服务水平	公路客运量		万人	正指标
	10		人均道路面积		平方米	正指标
	11	基本社会保障水平	城镇职工基本养老保险覆盖率	养老保险参保人数/常住人口	%	正指标
	12		城镇职工基本医疗保险覆盖率	医疗保险参保人数/常住人口	%	正指标
	13		失业保险覆盖率	失业保险参保人数/常住人口	%	正指标
	14	现代教育保障水平	教育事业经费支出占比	教育事业经费/地方一般公共预算支出	%	正指标
生态文明现代化	15	绿化水平	人均公园绿地面积		平方米	正指标
	16		建成区绿化覆盖率		%	正指标
	17		建成区绿地率		%	正指标
	18	环境治理水平	污水处理率		%	正指标
	19		生活垃圾处理率		%	正指标
	20	污染物排放情况	工业废水排放量		万吨	逆指标
	21		工业二氧化硫排放量		吨	逆指标

（二）测评方法

由于客观赋值法会得到不同的权重，而三项二级指标对于现代化建设是并重的，本文在此对三项二级指标分别使用熵权—TOPSIS法，计算过程如下。为消除指标体系中各项指标之间数量级与量纲的差异，需要对各项指标进行归一化处理。其中，X 为评价矩阵，i 代表城市，j 代表指标，n 为观测值，b 和 a 分别为区间上下限，Y 为指标作量纲化处理结果。

正向指标：

$$Y_{ij} = (X_{ij} - \min X_{ij})/(\max X_{ij} - \min X_{ij}) \tag{1}$$

负向指标：

$$Y_{ij} = (\max X_{ij} - X_{ij}) / (\max X_{ij} - \min X_{ij}) \qquad (2)$$

区间指标：

$$Y_{ij} = \begin{cases} (X_{ij} - \min X_{ij}) / (a - \min X_{ij}) & \text{当} X_{ij} < a \\ 1 & \text{当} a \leqslant X_{ij} \leqslant b \\ (\max X_{ij} - X_{ij}) / (\max X_{ij} - b) & \text{当} X_{ij} > b \end{cases} \qquad (3)$$

计算每项指标信息熵 E_j：

$$E_j = -\ln(n)^{-1} \sum_{j=1}^{n} \left(Y_{ij} \middle/ \sum_{j=1}^{n} Y_{ij} \right) \ln \left(Y_{ij} \middle/ \sum_{j=1}^{n} Y_{ij} \right) \qquad (4)$$

利用信息熵构造加权矩阵：

$$A_{ij} = Y_{ij} X (1 - E_j) / \sum_{j=1}^{n} (1 - E_j) \qquad (5)$$

$$A_{ij} = (\alpha_{ij})_{m \times n} \qquad (6)$$

根据信息熵加权矩阵寻找最优、最劣方案，并计算得到每个方案与理想方案之间的相对贴合度 C_i：

$$C_i = \sqrt{\left(\sum_{j=1}^{m} \min \alpha_j - \alpha_{ij} \right)^2} \middle/ \left[\sqrt{\left(\sum_{j=1}^{m} \max \alpha_j - \alpha_{ij} \right)^2} + \sqrt{\left(\sum_{j=1}^{m} \min \alpha_j - \alpha_{ij} \right)^2} \right] \qquad (7)$$

其中，相对贴合度 C_i 得分越高表明评价对象越接近最优值。在得到了每项二级指标的贴合度后，本文对每项二级指标归一化处理以获得相同的权重，再对三项二级指标求和得到各地级市中国式市域现代化水平最终得分，如下式。值得注意的是，该得分为市域间的相对值，并非现代化水平绝对值。

$$\text{Score} = \sum_{i=1}^{3} \left[(C_i - \min C_i) / (\max C_i - \min C_i) \right] \qquad (8)$$

三 中国西北地区城市现代化进程评价

（一）西北地区各省区市域现代化建设综合指数比较

为了便于直观展示，本文分别计算了西北五省区 2011~2021 年市域现代化建设综合指数的均值，如图 2 所示。从时空变化趋势来看，2011~2021 年西北五省区中国式市域现代化水平波动较大。分省区来看，陕西在 2011~2018 年市域现代化水平位于西北地区首位，2019 年后逐渐被新疆、宁夏赶超；甘肃前期市域现代化水平处于西北地区中下游，2019 年后现代化水平快速提升；青海市域现代化水平虽有波动但总体处于西北地区下游；宁夏市域现代化水平整体呈现波动上升趋势；新疆市域现代化水平自 2015 年后整体呈上升趋势，且近年来上升趋势加快。近十年，经过不断的发展，西北五省区间市域现代化水平呈现差距逐渐缩小、部分后发省份增速加快的特点。

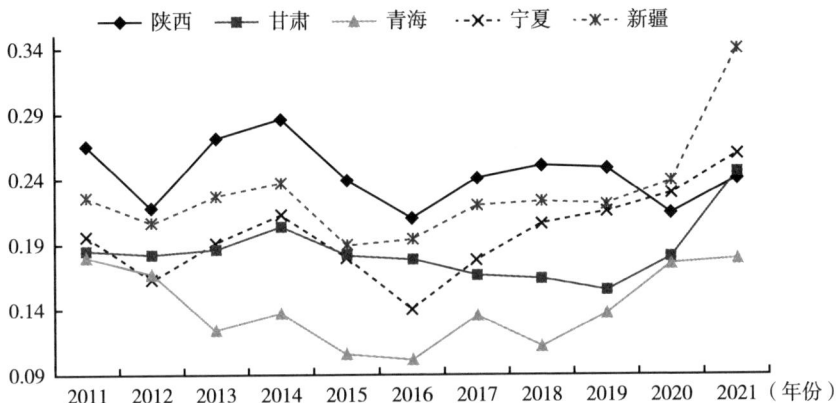

图 2　西北五省区中国式市域现代化水平变化趋势（2011~2021 年）

（二）西北地区各市现代化建设综合指数比较

结合具体得分来看，西北地区市域现代化水平可以分为三个层级：西安、省会（首府）城市与传统工业城市、非省会（首府）非传统工业城市，且三个层级间综合评分差距较大。西安市域现代化水平呈断层第一，2011~2021 年西安市稳定保持西北地区市域现代化水平首位且综合评分远高于其他城市。大部分省会（首府）城市与传统工业城市综合评分排名虽变化不大，但与西安综合评分间的差距在逐渐缩小；小部分传统工业城市现代化水平排名呈现逐步下降趋势，如榆林 2011~2021 年现代化综合评分排名下降了 12 位。非省会（首府）非传统工业城市受区位环境、发展程度、产业结构等因素影响，部分城市现代化综合评分与排名呈逐步上升趋势，如酒泉、固原、哈密、商洛等；部分城市现代化综合评分虽然有波动，但整体排名变化不大，如中卫、吴忠、张掖、平凉等；也有部分城市现代化综合评分与排名呈下降趋势。分省份来看，陕西各市间现代化综合评分西安远高于其他城市，呈现一高多低的格局；甘肃兰州现代化综合评分保持省内首位，但大部分城市现代化综合评分呈上升趋势且与兰州的差距在逐步缩小；青海城市现代化综合评分虽处于西北地区下游，但呈逐年上升趋势；宁夏各市现代化综合评分整体呈上升趋势，且各地市与首府银川的差距逐步缩小；新疆各市现代化综合评分整体呈上升趋势，且近年来上升速度加快（见表3）。

（三）西北地区各市现代化建设各维度指数比较

为便于直观展示，本文选取2011年、2021年西北地区各市现代化建设各维度指数绘图进行比较（见图3、图4）。从经济现代化维度来看：西安、兰州、乌鲁木齐，2011年、2021年经济现代化指数排名均保持在前3位，且远高于各市经济现代化指数均值，这三个省会（首府）城市的经济现代化建设水平较高，2021年银川与西宁的经济现代化指数增加显著，省会（首府）城市与非省会（首府）城市间差距逐渐增大。从社会现代化维度来看：2011年排名前三的城市分别为西安、吐鲁番、吴忠，分别为0.613、0.561、0.518，且各个城市间社会现代化指数差异明显；2021年排名前三的城市分别为克拉玛依、嘉峪关、吐鲁番，分别为0.557、0.55、0.491，各个城市间社会现代化指数差距缩小。从生态文明现代化维度来看：2011年排名前三的城市分别为渭南、榆林、西安，分别为0.6、0.56、0.544，各个城市间生态文明现代化指数整体较低且相差较大；2021年排名前三的城市分别为石嘴山、西宁、金昌，分别为0.845、0.569、0.499，各个城市生态文明现代化指数整体较2011年有较大幅度增长。

（四）中国西北地区城市现代化进程评价结论

根据中国西北地区城市现代化建设的综合评价和态势分析，结合评价体系中不完善的部分，进一步梳理并归纳西北地区城市基本实现现代化的制约因素。

表 3　西北地区主要城市 TOPSIS 综合评价结果（2011～2021 年）

省份	城市	2011 年	2012 年	2013 年	2014 年	2015 年	2016 年	2017 年	2018 年	2019 年	2020 年	2021 年
陕西	西安	0.785	0.572	0.796	0.798	0.7	0.593	0.647	0.74	0.678	0.735	0.605
陕西	铜川	0.159	0.137	0.153	0.183	0.142	0.134	0.123	0.127	0.116	0.131	0.203
陕西	宝鸡	0.219	0.202	0.227	0.256	0.229	0.201	0.211	0.243	0.404	0.218	0.224
陕西	咸阳	0.283	0.244	0.293	0.294	0.251	0.201	0.245	0.261	0.297	0.235	0.239
陕西	渭南	0.287	0.204	0.236	0.267	0.232	0.258	0.306	0.336	0.329	0.155	0.172
陕西	延安	0.196	0.173	0.218	0.261	0.158	0.136	0.149	0.151	0.162	0.142	0.188
陕西	汉中	0.173	0.142	0.176	0.204	0.138	0.141	0.141	0.129	0.122	0.13	0.179
陕西	榆林	0.251	0.252	0.271	0.307	0.286	0.215	0.371	0.297	0.164	0.156	0.21
陕西	安康	0.165	0.125	0.136	0.141	0.127	0.11	0.111	0.11	0.103	0.109	0.19
陕西	商洛	0.135	0.13	0.213	0.146	0.131	0.111	0.104	0.112	0.109	0.13	0.196
甘肃	兰州	0.374	0.305	0.479	0.445	0.383	0.334	0.396	0.393	0.347	0.372	0.439
甘肃	嘉峪关	0.215	0.19	0.202	0.225	0.355	0.339	0.202	0.213	0.23	0.285	0.427
甘肃	金昌	0.196	0.175	0.194	0.213	0.186	0.125	0.172	0.188	0.186	0.185	0.276
甘肃	白银	0.157	0.141	0.134	0.194	0.157	0.132	0.111	0.113	0.112	0.111	0.155
甘肃	天水	0.187	0.151	0.174	0.194	0.164	0.157	0.158	0.164	0.135	0.195	0.259
甘肃	武威	0.159	0.453	0.169	0.166	0.153	0.325	0.144	0.11	0.111	0.132	0.175
甘肃	张掖	0.155	0.153	0.191	0.233	0.177	0.104	0.176	0.126	0.117	0.143	0.186
甘肃	平凉	0.141	0.137	0.167	0.138	0.128	0.116	0.136	0.131	0.127	0.151	0.175

续表

省份	城市	2011年	2012年	2013年	2014年	2015年	2016年	2017年	2018年	2019年	2020年	2021年
甘肃	酒泉	0.158	0.152	0.16	0.192	0.137	0.144	0.146	0.16	0.154	0.163	0.258
甘肃	庆阳	0.141	0.127	0.145	0.172	0.132	0.155	0.128	0.121	0.129	0.148	0.17
甘肃	定西	0.111	0.103	0.123	0.16	0.121	0.118	0.12	0.129	0.12	0.142	0.185
甘肃	陇南	0.236	0.099	0.109	0.113	0.098	0.097	0.116	0.121	0.102	0.142	0.238
青海	西宁	0.181	0.168	0.191	0.212	0.17	0.152	0.16	0.143	0.169	0.161	0.221
青海	海东	—	—	0.059	0.064	0.042	0.051	0.111	0.082	0.107	0.191	0.14
宁夏	银川	0.259	0.222	0.288	0.3	0.251	0.202	0.264	0.326	0.317	0.26	0.317
宁夏	石嘴山	0.192	0.173	0.194	0.226	0.203	0.165	0.213	0.252	0.258	0.284	0.297
宁夏	吴忠	0.18	0.151	0.167	0.199	0.15	0.115	0.137	0.164	0.176	0.161	0.21
宁夏	固原	0.172	0.117	0.148	0.139	0.123	0.111	0.144	0.134	0.139	0.228	0.254
宁夏	中卫	0.178	0.154	0.16	0.198	0.172	0.109	0.134	0.155	0.189	0.213	0.219
新疆	乌鲁木齐	0.335	0.299	0.366	0.399	0.325	0.289	0.37	0.377	0.341	0.368	0.351
新疆	克拉玛依	0.267	0.232	0.269	0.254	0.211	0.199	0.214	0.208	0.221	0.255	0.42
新疆	吐鲁番	0.127	0.146	0.125	0.149	0.117	0.144	0.139	0.158	0.17	0.213	0.362
新疆	哈密	0.172	0.147	0.149	0.148	0.104	0.144	0.158	0.15	0.153	0.119	0.225

注：由于2011~2012年海东数据缺失，故未计算。

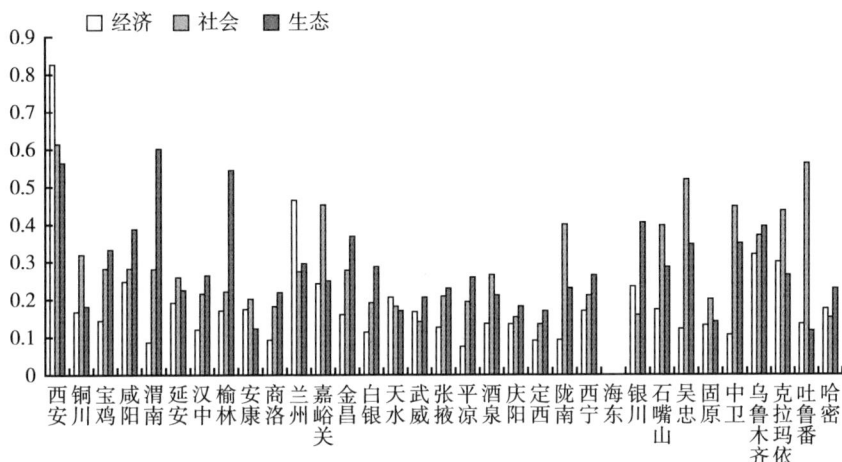

图3　2011年西北地区各市现代化建设各维度指数

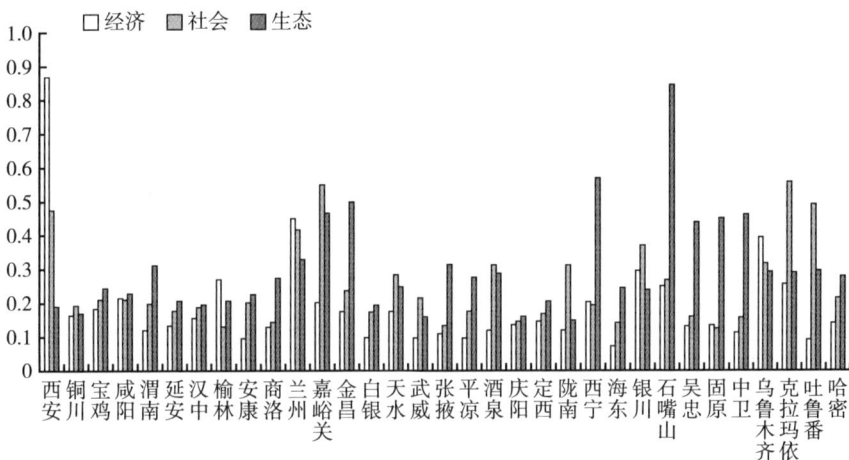

图4　2021年西北地区各市现代化建设各维度指数

1. 产业结构仍需优化，创新发展动能较弱

西北地区经济现代化建设存在经济规模偏小、产业结构层次较低、创新发展动能较弱等问题。一是经济规模偏小，虽然西北地区人均地区生产总值近年来持续增长，但2011~2021年西北地区GDP占全国总量不超过6%，人均地

区生产总值较东南沿海地区仍有不小差距，经济规模、经济总量相对全国其他地区还是偏小。二是产业结构转换尚未完成，西北地区大部分城市产业结构层次较低，经济规模较大的城市以重工业尤其是能源化工为主，如榆林、嘉峪关、银川、克拉玛依等城市；经济规模较小的城市产业体系尚未健全，缺乏产业支撑。三是创新发展动能较弱，西北地区各城市中除西安市创新型人力资源水平较高、创新平台较多、创新发展动能较强外，大部分主要城市整体创新发展动能不足。

2.区域内发展分化明显，不平衡问题显著

西北地区现代化建设中区域间存在显著分化态势。近年来，西北地区城市现代化进程加快，具体表现为省会（首府）城市现代化水平明显高于其他城市，2022年全国省会（首府）城市经济首位度排名中，银川、西宁、西安、兰州均入选前十（见表4）。虽然近年来甘肃和宁夏提出通过强省会、强首府战略，集中力量优先做大做强省城市，但西北地区省会城市的人口规模普遍较小，对周边地区的辐射带动功能普遍不强①，西安、兰州、乌鲁木齐、银川、西宁常住人口分别为1295万人、435万人、355万人、285万人、246万人；各市分项维度发展不均衡问题普遍存在，省会（首府）城市对周边城市人口存在虹吸效应，西安、银川、西宁常住人口占全省区的比重分别为32.77%、39.69%、41.66%，现阶段未能形成除西安外以省会（首府）城市为核心的都市圈，带动周边城市发展，导致西北地区现代化建设呈现两极分化的态势。

表4　2022年全国省会（首府）城市经济首位度排名前十

序号	省会(首府)城市	GDP(亿元)	所在省份	省份GDP(亿元)	GDP占全省区比重(%)
1	长春	6745.0	吉林	13070.2	51.61
2	银川	2535.0	宁夏	5069.6	50.00
3	西宁	1644.3	青海	3610.1	45.55
4	成都	20817.5	四川	56749.8	36.68

---

① 根据城市圈域经济理论，常住人口1000万人以上的城市辐射半径一般为200千米，常住人口500万~1000万人的城市辐射半径为150千米，常住人口300万~500万人的城市辐射半径为100千米左右，常住人口100万~300万人的城市辐射半径为50千米左右。

续表

序号	省会(首府)城市	GDP(亿元)	所在省份	省份 GDP(亿元)	GDP 占全省区比重(%)
5	拉萨	750.0	西藏	2132.6	35.17
6	武汉	18866.4	湖北	53734.9	35.11
7	西安	11486.5	陕西	32772.7	35.05
8	哈尔滨	5490.1	黑龙江	15901.0	34.53
9	海口	2134.8	海南	6818.2	31.31
10	兰州	3343.5	甘肃	11201.6	29.85

资料来源:国家统计局官网。

3. 生态环保面临问题复杂,可持续发展挑战大

受产业结构不佳、创新技术缺乏与生态环境脆弱等因素影响,西北地区城市在现代化发展的进程中需要面对较东部地区更复杂、更困难的挑战。一是产业结构整体偏重,对资源依赖较大。西北地区作为我国重要的化石与清洁能源基地、战略性矿产与稀有金属资源基地,大部分城市发展是依能源而兴的,如克拉玛依、金昌、榆林、石嘴山等,虽然近年来西北地区推进能源转型、大力发展清洁能源,但传统化石能源与化工产业短期内仍将占据主导地位,地区发展仍面临高耗能、高排放等问题。二是地区生态环境脆弱,国家重点生态功能区中秦巴生物多样性生态功能区、祁连山冰川与水源涵养生态功能区、甘南黄河重要水源补给生态功能区、三江源草原草甸湿地生态功能区、若尔盖草原湿地生态功能区、阿尔泰山地森林草原生态功能区等均设立在西北地区,地方经济社会发展与生态保护治理间平衡难度较大。

四 对策建议

(一)夯实创新基础,提升发展能级

西北地区各市现代化水平各维度的测度结果显示,在各分项维度中,经济现代化水平对整体现代化水平影响最大,因此要想实现西北地区城市现代化,经济的现代化是基础。但西北地区经济现代化建设存在经济规模偏小、产业结

构层次较低、创新发展动能较弱等问题。

我国经济发展模式已经从依靠要素投入推动经济的快速发展进入依靠创新发展的新时期，创新驱动已经成为推动城市经济发展的重要因素。一是着力提升城市创新能力，加大在创新领域的资源投入，不仅要持续加大全社会研发经费投入，也应该完善相关奖励机制，建立贯穿科研活动全链条的政策体系，鼓励企业参与创新，要加强企业在科技创新方面的主体地位和作用。二是优化科研学术环境，健全科研人员全职业生涯激励制度，人才作为创新的第一资源，不论在东部还是西部都是创新的主力军，通过大幅提升科研学术环境弥补东西差距引才留才，减少"孔雀东南飞"现象，为创新发展提供人才保障。三是协同推进产业融合与科技创新，大力推进传统优势产业转型升级与科技创新协同发展，以创新为主要驱动力加快培育战略性新兴产业与未来产业。

（二）加强区域协调发展，增强区域发展平衡性

西北地区主要城市对周边地区的辐射带动能力普遍不强，未能形成如京津冀、长江经济带、粤港澳大湾区、长三角和成渝等协同发展的城市群，导致西北地区城市间发展分化明显，发展不平衡、不充分问题显著。一是借助"一带一路"与黄河流域上游生态保护和高质量发展的机遇，整合西安、兰州、西宁、银川、乌鲁木齐等城市加强西北五省区合作，提高西北五省区的资源禀赋和发展要素配置效率，整合西北地区的经济社会发展资源，形成规模效应和结构效应，构建西北经济走廊。二是加快推动西北地区城市群发展，完善中心城市交通、生产性服务、生活性服务功能增强区域性中心城市吸引力；利用好东西合作机制，在中心城市建设高水平产业发展平台促进产业集聚发展。

（三）建设现代化生态体系，大力发展绿色经济

党的十八大以来，在绿色发展理念的指引下，西北地区城市生态现代化水平已经大幅提高，然而各个城市之间发展阶段与生态环境的差异导致了城市现代化发展水平的不平衡。应通过建设现代化生态环境体系，发展绿色经济，促进经济社会发展全面绿色转型，建设人与自然和谐共生的现代化。一是充分发展绿色生产力，将其融入生产的各个领域、环节，针对高耗能、高污染行业加强技术改造，提高行业的整体能效，减轻因企业的生产行为对生态环境造成的

压力。二是充分发挥生态产品价值，深入挖掘本地区生态产品供给的比较优势，促进生态产品价值实现，发展"造血式"生态产品补充机制，促进生态保护与经济发展间的良性循环。

参考文献

何传启：《中国现代化进程的回顾与展望：1840~2050年》，《科学与现代化》（2021年第三季度）2021年9月1日。

詹国辉、王啸宇：《中国式现代化：本质内涵、特征意蕴与路径选择》，《理论月刊》2023年第4期。

任保平、李梦欣：《西部地区基本实现现代化：现状、约束与路径》，《西部论坛》2021年第5期。

蒋永穆、李想、唐永：《中国式现代化评价指标体系的构建》，《改革》2022年第12期。

裴长盛、曲建武：《中国式现代化的统计测度及推进路径》，《工业技术经济》2023年第6期。

B.13
中国西北地区十年现代化建设的
成就及问题

王愿如　王宇恒[*]

摘　要：　西北地区是我国推进中国式现代化发展的重要组成部分，是推进区域协调发展的关键环节，是推进民族团结进步、铸牢中华民族共同体意识的重点区域，是构筑生态屏障、推进生态文明建设的核心地区。近十年来，西北地区经济实力迈上新台阶，供给侧结构性改革持续深化，产业结构逐步优化，对外经济质量逐步提高。西北地区与全国同步进入全面小康社会，社会发展更加和谐文明。但是在现代化建设的过程中，西北地区也存在诸多问题。在西北地区中长期发展规划中，应当加快推进中国式现代化建设，扎实推进共同富裕，共同建设中华民族现代文明，助力西北地区现代化建设取得新的突破。

关键词：　现代化建设　历史性成就　西北地区

党的十八大以来，在以习近平同志为核心的党中央坚强领导下，西北地区经济社会发展水平大幅提升，现代化建设取得了重大历史性成就。十年来，西北地区经济发展迅速，经济实力持续提高，产业结构不断升级优化，消除了区域性绝对贫困，实现全面脱贫，形成了民族团结、社会和谐、奋发有为的发展局面。但是，在现代化建设的过程中，西北地区仍然存在水资源短缺、科技创新能力低、人口分布不合理、基础设施建设相对滞后等问题。我国已进入实现

---
* 王愿如，宁夏社会科学院综合经济研究所（"一带一路"研究所）助理研究员，主要研究方向为民族经济、区域经济、发展经济及财政金融；王宇恒，宁夏社会科学院研究实习员，主要研究方向为经济思想、金融对外开放及区域经济发展。

第二个百年奋斗目标的新征程，要以中国式现代化道路实现中华民族伟大复兴。西北地区是我国推进中国式现代化发展的重要区域，关系着国家的协调发展和民族团结，关系着生态屏障构建和稳边固边责任。因此，西北地区要坚持中国式现代化发展道路，坚持高质量发展的主题，发挥区域优势特色，与全国同步推进现代化建设。

一　十年来中国西北地区现代化建设历史性成就分析

（一）实施西部大开发政策，西北区域经济实力迈上新台阶

1999 年，我国正式明确西部大开发方针，经过 20 多年的西部大开发具体实践工作，西部地区经济社会发展水平实现大幅度提升。西部大开发战略自实施以来，西北地区 GDP 逐年增长，且 GDP 增速较高。西北五省区的 GDP 由 2000 年的 4537.8 亿元，增长到 2018 年的 51453.88 亿元，2000 年西北五省区 GDP 占全国的 0.51%，2018 年该指标上升到 0.57%①。西北地区的经济发展呈现快速增长的趋势，对全国 GDP 的贡献也在不断上升。2019 年，党中央、国务院从全局出发，顺应中国特色社会主义进入新时代、区域协调发展进入新阶段的新要求，提出强化举措推进西部大开发形成新格局。2020 年 5 月，随着《中共中央　国务院关于新时代推进西部大开发形成新格局的指导意见》出台，新一轮西部大开发序幕开启，要求推动西部地区高质量发展形成新格局。在高质量发展的要求下，西北地区经济实现了量的合理增长和质的稳步提升。西北地区经济增长速度与第一轮西部大开发相比有所放缓，但是经济增长仍实现稳步提升。2022 年全国 GDP 增速为 3%，陕西省、甘肃省、宁夏回族自治区、青海省、新疆维吾尔自治区的 GDP 增速分别为 4.3%、4.5%、4.0%、2.3% 和 3.2%，除青海省外，其他四省区 GDP 增速均高于全国平均水平。西北地区以新发展理念为指引，坚持高质量发展，经济发展实现了量的合理增长和质的稳步提升。以创新为驱动力，创新投入不断增加、创新力量不断加强，创新成果不断涌现。2019 年西北五省区的专利授权量占全国的 2.94%，2022

①　《中国统计年鉴（2001）》《中国统计年鉴（2019）》。

年该指标上升到 3.24%。省级工程技术研究中心、重点实验室、企业技术中心等创新平台数量稳步增长,科技成果数量也呈增长趋势。

(二)供给侧结构性改革持续深化,产业结构逐步优化

供给侧结构性改革是我国适应和引领经济新常态的重要战略抉择,供给侧结构性改革以去产能、去库存、去杠杆、降成本、补短板为主要工作,推动经济向高质量目标发展。西北地区在适应经济进入新常态的过程中,以供给侧结构性改革为主线,稳步提高供给体系的质量和效率。西北地区不断优化产业结构,推动优势产业发展,淘汰落后产能,为产业注入更多创新力量。近五年,陕西省加快打造现代能源、先进制造、文化旅游、战略性新兴产业等万亿级产业集群,通过做优增量不断做大总量、提升质量。陕西省半导体产业、光伏制造业发展迅速,制造业重点产业链近两年总产值平均增速达到 13%,高技术制造业和战略性新兴产业增加值年均分别增长 13%、9.8%。[①] 近年来,甘肃省产业动能持续改善,大力推进工业强省、产业兴省。建立产业链链长制,培育链主企业,发挥煤炭、原油、天然气等资源优势,建立油气生产和新材料产业基地,大力发展能源及新能源装备制造。近年来,青海省装备制造业、高技术制造业占比不断提高,服务业对经济的贡献率占到一半。综合利用盐湖资源,形成钾、钠、镁、锂、氯五大产业集群。清洁能源产业发展迅速,建成100%清洁能源利用的大数据产业基地,新能源、新材料、光伏装备制造产业由大变强。宁夏以黄河流域生态保护和高质量发展先行区建设为引领,争取国务院批复《支持宁夏建设先行区实施方案》,11 个部委出台支持性政策,为宁夏发展注入了强劲动力。以新型材料、清洁能源、装备制造、数字信息、现代化工、轻工纺织为核心打造"六新"产业,锻造宁夏工业新优势。以葡萄酒、枸杞、牛奶、肉牛、滩羊、冷凉蔬菜为核心打造"六特"产业,不断实现全产业链布局。以文化旅游、现代物流、现代金融、健康养老、电子商务、会展博览为核心打造"六优"产业,推进现代服务扩容增质。新兴产业加快发展,宁夏成为国家唯一的网络枢纽和互联网交换"双中心"省区,率先在全国实现电子商务进农村综合示范省域全覆盖。近年来,新疆不断培育壮大特色优势

---

① 《陕西省 2023 年政府工作报告》,陕西省人民政府官网,2023 年 1 月 19 日。

产业，现代煤化工产业发展集聚区初步形成，以金融、物流、电商为重点的现代服务业加快发展。深入实施旅游兴疆战略，"新疆是个好地方"品牌影响力不断提升。西北地区依托各自的资源优势，推动产业转型升级，通过创新驱动，产业逐步向绿色化、高端化方向发展。

（三）消除了区域性绝对贫困，与全国同步进入全面小康社会

2021年，我国脱贫攻坚战取得了全面胜利，现行标准下9899万农村贫困人口全部脱贫，832个贫困县全部摘帽，12.8万个贫困村全部出列，区域性整体贫困得到解决，完成了消除绝对贫困的艰巨任务。[①] 西北地区是我国脱贫攻坚的重点和难点地区，贫困程度、贫困发生率普遍较高，是脱贫攻坚工作中难啃的"硬骨头"。在中国共产党的坚强领导下，在全体人民的共同努力下，西北地区打赢了脱贫攻坚战，与全国同步实现小康。西北五省区，全面贯彻脱贫攻坚的总体要求，落实扶持对象、项目安排、资金使用、措施到户、因村派人、脱贫成效"六个精准"，实行发展生产、易地搬迁、生态补偿、发展教育、社会保障兜底"五个一批"。西北五省区坚持正确方向，因地制宜，完成脱贫攻坚的任务。陕西省通过特色产业与乡村旅游融合发展、苏陕扶贫协作及发挥省内国企、高校和医疗资源优势、增加扶贫资金支持等，重视深度贫困地区和革命老区脱贫，推动革命老区脱贫致富，组织196家省级单位和省内19个经济强区结对帮扶11个深度贫困县。陕西省288万农村贫困人口实现脱贫，56个贫困县全部摘帽。6452个建档立卡贫困村全部出列，465万建档立卡贫困人口全部脱贫。[②] 通过建档立卡贫困人口易地扶贫搬迁、教育精准扶贫国家级示范区建设、就业扶贫、消费扶贫、旅游扶贫、光伏扶贫、生态扶贫等方式，甘肃省建档立卡贫困人口人均纯收入达到8539元。甘肃省75个贫困县全部摘帽，7262个贫困村全部退出，被纳入全国"三区三州"的甘南、临夏及天祝等深度贫困地区面貌发生历史性变化。[③] 青海省协同推进产业扶贫、消费扶贫、教育扶贫、健康扶贫、精神扶贫，强化低保兜底保障，加强日常监测和精准帮扶，绝对贫困和区域性贫困得到历史性解决，青海省42个贫困县、

① 《习近平：在全国脱贫攻坚总结表彰大会上的讲话》，《人民日报》2021年2月26日。
② 《陕西省2023年政府工作报告》，陕西省人民政府官网，2023年1月19日。
③ 《甘肃省2023年政府工作报告》，甘肃省人民政府官网，2023年1月20日。

1622 个贫困村全部脱贫退出，实际减贫 53.9 万人。① 宁夏在脱贫攻坚战中形成了全国易地扶贫搬迁的典型经验，并在全国推广。闽宁协作机制，书写了脱贫攻坚战中两地深厚的"山海情"。产业扶贫为贫困人口增收致富发挥了积极作用，通过葡萄酒、枸杞、滩羊、冷凉蔬菜、光伏等产业发展与扶贫的深度融合，贫困人口实现了稳定增收。宁夏 9 个贫困县全部脱贫摘帽，1100 个贫困村全部出列，62.4 万农村贫困人口全部脱贫。② 通过易地扶贫搬迁、因贫失学辍学动态清零、产业扶贫、对口帮扶等工作，新疆贫困群众生产生活条件得到大幅改善，并且在全国率先试行农村户籍人员在地州所在地公立医院住院"先住院、后付费"一站式结算，长期困扰南疆农村的肺结核等重大传染病和地方病得到有效防治。新疆 306.49 万农村贫困人口全面脱贫、3666 个贫困村全部退出、35 个贫困县全部摘帽。③

（四）坚持改革开放，对外经济质量逐步提高

西北地区坚持改革开放，推进一系列改革措施，营商环境和开放环境持续改善。发展活力不断增强，对外开放程度持续加深，对外经济质量逐步提高。持续深化"放管服"，落实减税降费，推进国企改革。陕西省通过国有企业重组等改革，省属企业利润总额年均增长 18.53%，建设国家级普惠金融改革试验区、上合组织农业技术交流培训示范基地等平台。甘肃省通过"甘快办"等，全省政务服务事项全程网办率达到 98% 以上，部分项目审批时限大幅度减缩。青海省省属监管企业国有资产保值增值率达到 105% 以上，在全国率先开展成品油市场综合监管改革试点。宁夏积极推进"六权"改革，一体化政务服务能力连续 5 年稳居西北第一位，获批全国唯一国家葡萄及葡萄酒产业开放发展综合试验区等。新疆大力推进法治政府建设，市场准入负面清单制度全面实施，医疗保障制度改革、应急管理体制改革、棉花目标价格改革等稳步推进。西北地区积极融入"一带一路"建设，对外经济发展水平持续提高。陕西省综合保税区达到 7 个，自贸试验区 33 项改革试点经验在全国推广，中欧

---

① 《青海省 2023 年政府工作报告》，《青海日报》2023 年 1 月 20 日。
② 《2023 年宁夏回族自治区政府工作报告》，《宁夏日报》2023 年 1 月 19 日。
③ 《新疆维吾尔自治区 2023 年政府工作报告》，《新疆日报》2023 年 1 月 15 日。

班列（西安）集结中心被纳入国家示范工程。2022 年中欧班列长安号打通跨里海、黑海贸易通道，全年开行 4639 列①。2022 年陕西进出口总值为 4835.34 亿元，同比增长 2.0%。其中，出口 3011.35 亿元，同比增长 17.8%。实际利用内、外资分别同比增长 37.6% 和 17%。②甘肃省在共建"一带一路"国家和地区设立 13 个商务代表处，建立 121 个国际营销服务网点、海外仓和商品展销中心。③2022 年甘肃省进出口总值为 584.2 亿元，比上年增长 18.8%。其中，出口 127.3 亿元，同比增长 31.4%，与共建"一带一路"国家贸易额占比达到 47.6%。④青海省获批西宁综合保税区，开通南亚班列，对外贸易拓展到 110 个国家和地区。青海 2022 年货物贸易进出口总额 43.0 亿元，比上年增长 35.5%。其中，出口总额 26.5 亿元，同比增长 55.5%。⑤宁夏通过银川综合保税区、银川跨境电商综合试验区等对外开放平台，积极探索"一站式"、多式联运等措施，持续推进贸易便利化和开放程度。宁夏 2022 年进出口总额为 257.38 亿元，比上年增长 23.7%。其中，出口 196.78 亿元，同比增长 16.6%；对共建"一带一路"国家进出口总额 80.20 亿元，同比增长 23.7%。其中，出口 76.36 亿元，同比增长 25.7%。⑥新疆乌鲁木齐国际陆港区、喀什、霍尔果斯经济开发区、塔城重点开发开放试验区等平台快速发展，连通了国内与中亚的油气运输大通道，中欧（中亚）班列货运通道能力稳步提升，截至 2022 年底累计过境 2.94 万列、年均增长 23.6%，累计始发 5807 列、年均增长 9%。⑦新疆 2022 年货物进出口总额为 366.84 亿美元，比上年增长 51.0%。其中，出口 311.10 亿美元，同比增长 57.9%。⑧

---

① 《陕西省 2023 年政府工作报告》，陕西省人民政府官网，2023 年 1 月 19 日。
② 《2022 年陕西省国民经济和社会发展统计公报》，陕西省统计局官网，2023 年 4 月 14 日。
③ 《甘肃省 2023 年政府工作报告》，甘肃省人民政府官网，2023 年 1 月 20 日。
④ 《2022 年甘肃省国民经济和社会发展统计公报》，甘肃省统计局官网，2023 年 3 月 27 日。
⑤ 《青海省 2022 年国民经济和社会发展统计公报》，青海省统计局官网，2023 年 2 月 28 日。
⑥ 宁夏回族自治区统计局、国家统计局宁夏调查总队：《宁夏回族自治区 2022 年国民经济和社会发展统计公报》，2023 年 4 月 26 日。
⑦ 《新疆维吾尔自治区 2023 年政府工作报告》，《新疆日报》2023 年 1 月 15 日。
⑧ 《新疆维吾尔自治区 2022 年国民经济和社会发展统计公报》，新疆维吾尔自治区统计局官网，2023 年 3 月 24 日。

（五）坚持生态优先、生态环境显著改善

西北地区以习近平生态文明思想为引领，持续推进生态文明建设，坚持生态优先，生态环境得到显著改善。陕西省持续实施秦岭、黄河流域、长江流域生态环境治理与保护，"一断一策"推进渭河、汉丹江等重点河流综合治理。建成全国首个生态产品价值与碳汇评估平台，秦岭国家公园被纳入国家公园总体规划，大熊猫国家公园陕西片区设立，秦岭长效保护制度体系基本形成。甘肃省积极融入黄河流域生态保护和高质量发展国家战略，实施黄河首曲湿地保护修复、祁连山北麓水源涵养、秦岭西段生物多样性保护恢复、石羊河中下游防沙治沙综合治理、陇中地区水土流失综合治理等重大生态项目。以祁连山为重点，祁连山国家公园完成试点，祁连山生态环境进入常态长效保护监管阶段。建设若尔盖国家公园，设立了大熊猫国家公园。新增了黄河首曲和敦煌西湖国际重要湿地，石羊河成为全国首批美丽示范河湖。青海省国家公园建设走在全国前列，三江源国家公园是全国首批、排在首位、面积最大的国家公园。举办了首届国家公园论坛，以习近平总书记贺信精神为遵循发布了"西宁共识"。实施"中华水塔"保护行动，成为全国唯一河流国考断面优良水质比例达到100%的省份。宁夏以黄河流域生态保护和高质量发展先行区建设为引领，实施生态优先战略，以打造绿色生态宝地为目标，生态环境质量持续改善。率先开展"四水四定"，"一河三山"保护修复持续推进，黄河流域（宁夏段）生态保护补偿机制被国家发展改革委列入"健全黄河流域生态保护补偿机制典型经验"，并向全国推广。推进贺兰山、六盘山创建国家公园工作，突出生态修复功能作为发展葡萄酒产业的重要因素，建成生态型葡萄酒产业园，35万亩山荒地变成了绿洲。新疆建立完善水资源统一管理体制机制，推进卡拉麦里和昆仑山国家公园创建工作，统筹山水林田湖草沙系统治理，严格落实能耗"双控"，单位GDP能耗下降10.1%，实现荒漠化、沙化土地面积"双缩减"，结束了新疆作为全国唯一沙化土地扩张省区的历史。

（六）强化铸牢中华民族共同体意识，社会发展更加和谐文明

西北地区是我国少数民族分布较广的地区，有宁夏回族自治区和新疆维吾尔自治区，青海省少数民族达54种之多，少数民族人口占全省总人口的

46.98%。西北地区的长治久安关系着我国各民族的团结，长期以来，西北民族地区深入贯彻国家民族工作的重点方针政策，不断深入巩固民族大团结局面。在新时代民族工作的主线引领下，铸牢中华民族共同体意识不断取得成效。西北民族地区坚持党对民族工作的领导，坚持民族区域自治制度，支持各民族发展经济、改善民生，实现共同发展、共同富裕。实现"脱贫攻坚一个少数民族都不能少"，带领各族人民消除绝对贫困，建成全面小康社会。维护民族平等和团结，教育、医疗、社会保障等资源平等布局，并对人口较少民族扶持发展。近年来，中华民族共同体意识不断铸牢，"五个认同"不断增强，创建多个全国民族团结进步示范市、县（区）。深入贯彻党的民族政策和宗教工作基本方针，依法加强宗教事务管理，深入推进去极端化要求。"民族团结一家亲"和民族团结联谊活动深入开展，各民族交往交流交融不断深入。西北地区人民生活水平不断提高，教育、医疗、公共服务、社会保障等不断实现新升级。平安中国深入实施，西北地区积极推进保障人民生命财产安全工作，推进安全生产。在各族人民和全社会的共同努力下，营造文明和谐的氛围，人民安全感、幸福感、获得感持续提升。

二 中国西北地区面临的主要问题

（一）西北地区的发展差距逐步扩大

当前，我国处于发展方式转变、经济结构优化、增长动力转换的关键时期，在推进西部大开发形成新格局的政策支持下，西北地区经济发展取得较快进步，各省区地区生产总值逐年提升。尽管同处于我国西北内陆，但西北五省区经济发展条件具有明显差别。各省区经济基础不同、资源禀赋不同、生态环境不同、人口面积不同，造成各省区发展程度和发展步调不一致的情况，存在发展不充分、速度不均衡、差距逐步扩大等问题。

从地区生产总值来看，西北五省区经济体量差距较大。2022 年末，陕西"一家独大"，地区生产总值 32773 亿元，迈入 3 万亿元大关；新疆、甘肃稳定在万亿元，分别为 17741 亿元、11202 亿元；宁夏、青海体量较小，分别为 5070 亿元、3610 亿元，两地 GDP 相加仍未突破万亿元，且不及陕西的 1/3。

五省区经济实力差异较大，后发省区追赶难度增加。

从GDP增速来看，西北五省区经济发展速度不一。2022年新冠肺炎疫情反复，西北五省区GDP增速受到不同程度的影响。年末，甘肃、陕西、宁夏GDP实际增速达到4%及以上，分别为4.5%、4.3%、4.0%；新疆GDP实际增速为3.2%；青海GDP增速尚不足3%，为2.3%。

从产业结构来看，西北五省区产业发展不均衡。西北五省区产业倚能倚重、低质低效问题突出，以能源化工、原材料、农牧业等为主导的特征明显，缺乏有较强竞争力的新兴产业集群。其中，陕西、宁夏的经济发展结构相似，农、林、牧、渔业占比较少，第二、第三产业占比相近且占有主要地位，经济发展以制造业和服务业为主。2022年末，陕西、宁夏的三次产业结构分别为8.1∶46.3∶45.6和8.1∶44.7∶47.2。甘肃、新疆、青海的经济发展结构相似，农、林、牧、渔业在经济发展中仍有一席之地，占比均超过10%，制造业发展略有不足，占比均超过30%但不足40%，服务业具有一定规模，接近或超过50%。2022年末，甘肃、新疆、青海三次产业结构分别为13.3∶33.8∶52.8，14.7∶37.3∶47.9和10.5∶39.8∶49.6。

此外，西北五省区在经济发展的过程中，面临的资源环境约束不同。例如，青海的经济发展首要考虑的是生态环境的脆弱性。作为三江之源、"中华水塔"，青海不宜发展污染严重的重工业，也不宜发展对环境破坏大、生态代价高的高耗能产业，这在一定程度上限制了青海地区生产总值在数值上的提高。宁夏具备较为丰富的煤炭资源，有着发展煤炭经济的先天条件。作为国家重点能源基地和煤化工基地，宁夏重工业占比高达92%，高耗能产业集中。长期以来，宁夏经济发展"倚煤倚重"现象严重，经济总量对能耗的稀释能力较低，碳排放强度、能耗强度均居全国前列。西北地区内部经济发展差异逐步扩大，对资源的利用能力、利用率、环境保护能力、生态环境成本需求等也逐步扩大，不利于资源跨区域协调，不利于黄河流域生态保护和高质量发展。

（二）西北水资源短缺问题比较突出

一方面，西北地区的地理位置及气候条件导致了该地区水资源不足，严重干旱缺水。西北地区地处我国西北内陆，大部分位于400毫米等降水量线以西以北，一部分位于200毫米等降水量线以西以北，属于半干旱区和干旱区，内有大面积的沙漠、戈壁，降水量少，蒸发量大，水资源紧缺。2021 年末，全国水资源总量 29638.2 亿立方米，陕西、甘肃、青海、宁夏、新疆水资源总量分别为 852.5 亿立方米、279 亿立方米、842.2 亿立方米、9.3 亿立方米和 809 亿立方米。其中，宁夏水资源总量排名全国末尾，占全国的比重约为 0.03%。西北五省区水资源总量合计为 2792 亿立方米，约占全国的 9.42%。2021 年末，全国人均水资源量为 2098.5 立方米/人，陕西、甘肃、青海、宁夏、新疆人均水资源量分别为 2155.8 立方米/人、1118 立方米/人、14190.4 立方米/人、128.6 立方米/人、3124.2 立方米/人。其中，宁夏人均水资源量排名全国末尾，仅是全国人均水资源量的 6.13%，甘肃人均水资源量约是全国人均水资源量的 53.28%。甘肃中部、宁夏南部、陕西北部等地区干旱较为严重，常年缺水，生存条件恶劣。

另一方面，除新疆外，陕西、甘肃、青海、宁夏均属于黄河流域中上游地区，生态环境脆弱，水资源开发利用率超过警戒线且开发利用效率不高，浪费严重。黄河是全世界泥沙含量最高、治理难度最大、水害严重的河流之一，生态本底差，水资源十分短缺，水土流失严重，资源环境承载能力弱，易发生水旱灾害。与长江流域对比，黄河中上游大部分地区水资源严重紧缺，多年平均降水量 446 毫米，仅为长江流域的 40%；多年平均水资源总量 647 亿立方米，不到长江的 7%；水资源开发利用率高达 80%，远超 40% 的生态警戒线。青海、甘肃、陕西、宁夏部分地区位于黄河流域生态脆弱区，上游的高原冰川、草原草甸和三江源、祁连山，中游的黄土高原等，极易发生退化，恢复难度极大且过程缓慢。另外，受早年经济粗放发展的影响，黄河流域中上游地区环境污染积重较深，水质总体差于全国平均水平。

（三）科技创新能力较低

西北地区科技创新能力不足。第一，西北五省区规模以上企业创新投入不足，尽管近年来国家开展"科技援疆""科技援青""科技支宁""深化甘肃兰白—上海张江科技创新结对合作"等东西部科技协作项目，但是科技创新人员投入、经费投入等仍低于全国平均水平。2021 年，从规模以上工业企业 R&D 人员全时当量来看，陕西排名首位，为 50997 人年，但仍不足全国平均水平的 1/2。甘肃、宁夏、新疆规模以上工业企业 R&D 人员全时当量分别为 12547 人年、

10930 人年、8995 人年。青海规模以上工业企业 R&D 人员全时当量仅为 1626 人年，不足全国平均水平的 2%。从规模以上工业企业 R&D 经费来看，陕西排名首位，为 3196867 万元，为全国平均水平的 56%。甘肃、青海、宁夏、新疆规模以上工业企业 R&D 经费分别为 642948 万元、138488 万元、517577 万元、541819 万元。从规模以上工业企业专利申请数来看，陕西为 16285 件，为全国平均水平的 36%，其他四省区专利数尚未突破万件，远低于全国平均水平，分别为甘肃 4645 件、青海 1354 件、宁夏 3935 件、新疆 5181 件。

第二，西北五省区科技创新成果转化不足，表现为产出不足、技术转化率较低。2021 年，全国技术市场成交平均额 1160 亿元，仅陕西超过全国平均水平，达到 2343.44 亿元。甘肃技术市场成交额为 280.39 亿元，是全国平均水平的 24%。青海、宁夏、新疆的技术市场成交额分别为 14.1 亿元、25.09 亿元、18.85 亿元，三省区交易额合计量约为全国平均水平的 5%。

第三，西北五省区科技创新研发能力较弱。以 2021 年各省区普通高等学校数及普通高等学校专任教师数为例，全国平均水平分别为 89 所、6 万人，仅陕西超过了全国平均水平。其他四省区两项指标均低于全国平均水平，且差距较大。甘肃、青海、宁夏、新疆的普通高等学校数及普通高等学校专任教师数分别为 49 所 3.24 万人、12 所 0.5 万人、20 所 0.94 万人、55 所 2.51 万人，普通高等学校数量和师资力量较为匮乏。

（四）西北人口布局和结构不够合理

一方面，西北地区人口稀少，密度小，分布不均。西北地区面积广阔，地形种类丰富，既有平原、绿洲，也有高原、山脉、沙漠、戈壁等不适宜人类居住的环境。据统计，西部地区每平方千米不足 10 人，陕西、甘肃、青海、宁夏四省区人口密度为每平方千米 55 人，人口密度远低于全国平均水平，即每平方千米 145 人。地形分布使得西北地区人口多集中在地势平坦、温度适宜、具有水源的地区，并逐渐在这些地区形成了村落、城市。目前，除各省区的省会（首府）、较大城市等地人口集中之外，其他地区人口较少，尤其是青海、甘肃、新疆的部分地区，位于青藏高原、祁连山脉、天山山脉、吐鲁番盆地等，自然环境严苛，人类无法生存，人烟稀少人迹罕至。

另一方面，西北地区已进入老龄化社会，人口年龄结构不够合理。2022 年末，西北五省区常住人口 10358 万人，其中陕西、甘肃、青海、宁夏、新疆人口分别为 3956 万人、2492 万人、595 万人、728 万人、2587 万人，除新疆较上年度减少 2 万人外，其他地区均增加约 2 万人。2021 年末，西北五省区 65 周岁及以上人口数量约 1219 万人，占比 11.77%，陕西、甘肃、青海、宁夏、新疆 65 周岁及以上人口占比分别为 13.99%、13.05%、9.93%、10.07%、8.07%，老年人口抚养比分别为 20.33%、19.24%、14.24%、14.37%、11.50%，已进入老龄化社会。

尽管西北地区人口布局看似地广人稀，但是综合考虑人口与资源环境，西部地区则处于生态环境超载状态，陕西、甘肃、宁夏三省区处于生态赤字状态[①]。近年，西北地区人口加速向中心城市聚集，但经济发展水平不足以支持人口的加速聚集。中心城市大多位于资源环境较为优质的地区，但其生态承载力和环境容量有限，城市空间规划面临工业污染、优质农田、环境保护等多方争抢与限制，人与地、人与资源、人与生态的矛盾日渐尖锐。

（五）居民收入差距较大

西北地区居民人均可支配收入不高，五省区之间差距较大且均低于全国平均水平。第一，全体居民人均可支配收入较低，其中甘肃、青海、宁夏、新疆四省区居民人均可支配收入不足 3 万元。2022 年，陕西、甘肃、青海、宁夏、新疆的全体居民人均可支配收入分别为 30116 元、23273 元、27000 元、29599 元、27063 元。全国全体居民人均可支配收入为 36883 元，各省区均低于全国平均水平且差距较大，与全国平均水平差距分别为 6767 元、13610 元、9883 元、7284 元、9820 元。

第二，城镇居民人均可支配收入较低，与东部地区差距较大。2022 年，陕西、甘肃、青海、宁夏、新疆的城镇居民人均可支配收入分别为 42431 元、37572 元、38736 元、40194 元、38410 元，全国城镇居民人均可支配收入为 49283 元。同年，北京城镇居民人均可支配收入为 84023 元，农村居民人均可支配收入为 34754 元，全体居民人均可支配收入为 77415 元。西北地区的城镇居民人均可支配收入低于全国平均水平且不足北京城镇居民人均可支配收入的一半。

[①] 李同昇、陈谢扬、芮旸等：《西北地区生态保护与高质量发展协同推进的策略和路径》，《经济地理》2021 年第 10 期。

第三，城乡居民人均可支配收入存在较大差异。2022 年，陕西、甘肃、青海、宁夏、新疆的农村居民人均可支配收入分别为 15704 元、12165 元、14456 元、16430 元、16550 元，全国农村居民人均可支配收入为 20133 元。与本省区城市居民人均可支配收入相比，农村居民人均可支配收入均不足城市居民人均可支配收入的 1/2。

（六）基础设施建设相对滞后

西北地区经济发展程度相对薄弱，基础设施建设较为滞后。2021 年，以城市污水日处理能力指标来看，西北五省区中陕西、新疆、甘肃、宁夏分别为 535.8 万立方米、292.6 万立方米、178.4 万立方米和 120.6 万立方米，远低于全国平均水平，青海为 62.4 万立方米，不足全国平均水平的 1/10。从每万人拥有公共交通车辆指标来看，全国平均水平为 11.0 标台，高于全国平均水平的仅有青海、陕西，分别为 12.78 标台和 11.35 标台，甘肃、宁夏、新疆分别为 10.63 标台、10.75 标台和 10.33 标台，略低于全国平均水平。从道路长度来看，除宁夏因占地面积较小而道路长度仅为 0.3 万公里外，其他四省区占地面积相对较大，但均未超过全国平均水平，陕西、甘肃、新疆道路长度分别为 1.05 万公里、0.7 万公里、1.07 万公里，而青海仅有 0.17 万公里。从城市用水普及率和城市燃气普及率来看，两项指标均高于全国平均水平的只有甘肃、宁夏和新疆，青海两项指标均低于全国平均水平。

西北五省区地方财政收入较少，民生等社会保障事业发展资金缺口大，因此支持城镇基础设施建设能力弱。西北五省区人口主要聚集在地势平坦的城市和乡村，但城市规模普遍较小，超大城市仅 1 个，县级区域、村落等相对分散，部分少数民族沿山聚居。密度小且较为分散的人口聚居状况，使得基础设施建设存在不均衡、不完备的问题。

三　中国西北地区中长期发展对策建议

（一）加快推进中国式现代化建设

西北地区在我国推进中国式现代化发展中起着重要作用，是缩小区域差距，推进区域协调发展的关键部分；是推进民族团结进步，铸牢中华民族共同体意识的重点区域；是构筑生态屏障，推进生态文明建设的核心地区。因此，西北地区要坚持高质量发展主题，夯实经济高质量发展的基础，为推进中国式现代化建设构建坚实的物质基础。要提高构建和融入国内统一大市场的能力，在供给侧持续发力。以优势特色要素为核心力量，将资源优势与政策优势形成发展合力，提升综合效应。提升对外开放能力，深化对外开放合作，以搭建共建"一带一路"国家和地区与我国贸易平台为目标，推动贸易发展向纵深发展。不遗余力推动实施创新驱动发展战略，构建创新发展生态，逐步缩小与发达地区在科技创新方面的差距，在平台、人才和创新模式等方面高度重视创新环境的构建。构建生态保护和高质量发展大格局，构建布局均衡、功能完善、稳定高效、协同发展的整体生态系统。

（二）扎实推进共同富裕

持续扩大就业，保持就业稳定，保障居民收入来源。提升产业发展水平，支持劳动密集型产业加快发展。培育壮大各类市场主体，保证就业岗位平稳增加，支持中小企业发展，鼓励吸纳更多社会劳动力。营造良好创业环境，完善激励创业的体制机制。继续做好高校毕业生、农民工、退役军人、残疾人等重点群体就业工作，做好就业服务工作，提高就业培训水平，增强劳动力与市场需求适配性。完善收入分配机制，着力提高低收入群体收入水平，扩大中等收入群体。完善社会保障体系，做好困难群体帮扶救助工作，促进相对贫困群体帮扶政策和配套措施落地。多渠道增加居民财产性收入，创新金融产品，满足居民理财增收需求。做好金融风险防控工作，严厉打击非法集资、网信诈骗等，保障居民财产收入安全。

（三）共同建设中华民族现代文明

坚持和发展中国特色社会主义文化，传承和发展好中华优秀传统文化、革命文化和社会主义先进文化。以铸牢中华民族共同体意识为主线，促进各民族交流交往交融。西北地区少数民族分布较广，要对少数民族的生态资源、语言文化进行文化生态整体性动态保护，保护和发展好少数民族优秀传统文化。加大对西北地区文化遗产的保护力度，加强濒危文化资源数字化建设。通过以黄河、长城为载体的国家公园等的建设，链接起西北地区文化传承脉络，延续中华现代文明命脉。通过古代丝绸之路上形成的文化基础，搭建现代"一带一路"上的文化基因，发挥中华现代文明在世界现代文明中的重要作用。中华民族现代文明是人类文明新形态，要站在全球视角，将西北地区的中华优秀传统文化、革命文化和社会主义先进文化向全世界推广，进而推进中国特色社会主义文化成为世界文明的重要组成部分及传承发展的重点。

专题研究篇

B.14

中国西北地区扩大内需战略研究

智　敏*

摘　要： 扩大内需是推动经济持续稳定增长、实现高质量发展的重要举措，也是应对国际环境变化、实现国内国际市场良性循环的必然选择。西北五省区结合各自发展实际，不断优化营商环境，完善市场机制，提高居民收入，消费市场整体呈现稳步恢复态势。随着新型城镇化、乡村振兴和"一带一路"倡议的推进，西北地区扩大内需面临良好的历史机遇，但仍存在消费能力有待提高、城乡消费差距明显和有效投资不足等制约因素。结合西北地区消费、投资发展趋势与结构分析，本文提出要立足于消费升级趋势，增加高水平产品和服务供给，精准扩大有效投资，健全城乡消费融合发展体制机制，持续提升对外开放水平，充分发挥消费对经济的基础性作用。

关键词： 扩大内需　有效投资　"一带一路"

实施扩大内需战略，是实现高质量发展、构建新发展格局的重要战略基

---

* 智敏，陕西省社会科学院农村发展研究所助理研究员，主要研究方向为农业经济管理。

点。近期，我国消费市场回暖明显，西北地区实施扩大内需战略面临良好的历史与市场机遇。坚持将扩大内需与深化供给侧结构性改革结合起来，实现供给与需求的良性互动，充分发挥消费对经济发展的基础性作用，为实现经济持续稳定增长、增强经济发展活力和韧性提供有力支撑。

一 西北地区扩大内需的成效

（一）消费的基础性作用持续巩固

1. 消费市场平稳复苏

随着一系列扩消费稳增长政策措施的出台，市场需求逐步释放，西北地区消费市场整体呈现稳步复苏和转型升级趋势，社会消费品零售额平稳发展，尤其是2023年上半年，消费市场明显回暖，其中住宿、餐饮业市场恢复明显。2022年，西北五省区中陕西、甘肃和宁夏三省区的社会消费品零售额增速高于全国平均水平，呈正增长，2023年上半年四省区的社会消费品零售额增速保持正增长，其中甘肃和青海的增幅分别为9.2%和12.8%，居全国前列（见表1）。

表1 西北五省区社会消费品零售额增速（2022年至2023年6月）

单位：%

省 区	2022年社会消费品零售额增速	2023年上半年社会消费品零售额增速
甘 肃	2.8	9.2
陕 西	1.5	6.7
宁 夏	0.2	−1.2
新 疆	−9.6	6.4
青 海	−11.2	12.8

资料来源：西北五省区2022年国民经济和社会发展统计公报、2023年上半年各省区经济运行简况。

2. 消费结构局部调整

新冠疫情和消费升级对不同类型的消费带来的影响也有所差异。西北地区限额以上批发和零售业中，与消费者基本生活高度相关的粮油食品类、中西药品类和饮料类等生活必需品受疫情影响较小，保持平稳增长态势。分析西北五省区2022年消费增长的结构变化，可以发现，增速平稳的集中在粮油、中西药、烟酒、日用品和石油及制品五个方面（见表2）。受房地产市场整体低迷的影响，商品房销售、建筑及装潢、家具销售等关联性产业消费下滑明显。2023年上半年，新能源汽车、体育娱乐用品类等升级类商品销售保持高位增长，尤其是露营旅游成为全民消费热点，并催生了相关的新业态新场景，成为助推消费增长的重要因素。

表2　2022年西北五省区消费结构

省区	粮油	烟酒	中西药	日用品	石油及制品
陕西	13.1	4.8	14.5	−2.8	11.5
甘肃	10.1	−1.5	9.9	13.7	4.1
宁夏	7.4	18.9	6.7	22.1	4.6
新疆	−0.5	−18	14	−12.5	3.7
青海	0.4	−1.3	−21	−14.8	−2.2

资料来源：西北五省区2022年国民经济和社会发展统计公报。

3. 线上零售等新型消费快速发展

受疫情和消费升级的影响，居民消费习惯和消费方式逐步趋于网络化，商贸企业相应地加快了数字化转型步伐，线上消费等新型消费实现较快发展，为恢复消费市场发挥了重要作用。2022年，陕西限额以上单位通过公共网络实现的商品销售比2021年同期增长12.7%，拉动企业（单位）消费品零售额增长2个百分点[1]，2023年第一季度，限额以上单位通过公共网络实现商品销售额同比增长8.2%，拉动限额以上消费品零售额同比增长1.4%[2]。2022年，甘肃限额以上批零住餐企业通过公共网络零售额比2021年同期增长5.9个百分点[3]，青海通过公共网络实现的商品零售额较2021年上涨6.7%[4]。

---

[1] 《2022年陕西国民经济和社会发展统计公报》。

[2] 《2023年一季度陕西消费市场明显回暖》，http://news.sohu.com/a/670861577_121687421，最后检索时间：2023年7月13日。

[3] 《2022年甘肃国民经济和社会发展统计公报》。

[4] 《2022年青海国民经济和社会发展统计公报》。

（二）有效投资整体趋稳

1.投资规模及增速

西北各省区紧盯国家重大战略部署和投资重点，积极推进重点项目开工建设，补短板、强弱项，同时创新性使用政策性、开发性金融工具，全面扩大有效投资，整体投资实现稳定增长。2023年上半年，新疆和甘肃固定资产投资（不含农户）保持两位数增长（见表3）。

表3 2023年上半年西北五省区固定资产投资增速

单位：%

省区	2023年上半年固定资产投资增速	省区	2023年上半年固定资产投资增速
甘肃	13.4	新疆	10.2
陕西	1.4	青海	5.2
宁夏	9.0		

资料来源：2023年上半年西北五省区经济运行简报。

2.投资结构

随着各地稳经济、提振工业政策的落地实施，工业经济在经济恢复中表现出强劲韧性，带动第二产业固定资产投资增长明显。按三次产业划分，2022年西北地区固定资产投资呈现第二产业投资保持较快增长、第三产业投资有所回落的共同特征，甘肃、宁夏、新疆和青海第二产业固定资产投资均高于全国平均增速（见表4）。2023年上半年，宁夏、甘肃和新疆第二产业固定资产投资分别实现28.3%、43.4%和29.2%的增速[①]。受疫情和房地产市场低迷的影响，第三产业固定资产投资回落明显，2023年上半年，只有陕西和甘肃第三产业的固定资产投资处于正增长态势。

---

① 《2023年上半年全区经济运行总体平稳 稳中有进》，https://fzggw.nx.gov.cn/sjfb/yxfx/202308/t20230808_4209707.html，最后检索时间：2023年10月11日；《2023年上半年甘肃省经济运行数据出炉》，https://baijiahao.baidu.com/s？id=1772388467521186143&wfr=spider&for=pc，最后检索时间：2023年10月11日；《2023年上半年新疆维吾尔自治区国民经济运行情况新闻发布稿》，http://tjj.xinjiang.gov.cn/tjj/xwfb/202307/43f284dc6a844003881bf4fffebcca15.shtml，最后检索时间：2023年10月11日。

表4　2022年西北五省区三次产业固定资产投资增速

单位：%

区域	第一产业固定资产投资增速	第二产业固定资产投资增速	第三产业固定资产投资增速
甘肃	-4.6	56.9	-1.7
新疆	-8.8	37.9	-7.2
宁夏	-10	23.3	1.1
青海	19.8	21.5	-22.3
陕西	2.7	8.3	8.5
全国	0.2	10.3	3.0

资料来源：西北五省区2022年国民经济和社会发展统计公报。

3. 投资领域

随着经济结构的持续优化与调整，西北地区固定资产投资在整体实现稳定增长的同时，投资结构也同步进行调整。一是制造业投资大幅回升。各地加速推进重大项目落地开工，制造业固定资产投资增势较好，其中2022年甘肃制造业投资同比增长46.9%，青海实现41%的增幅[1]。二是基础设施固定资产投资实现较快增速。随着扩大有效投资政策效能的逐步释放，基础设施领域的重要项目加快开工建设，实现企稳回升。基础设施固定资产投资，尤其是电力、热力、燃气及水生产和供应业、交通运输业、信息传输和信息技术服务业投资快速增长。三是房地产开发投资下降明显。2022年，全国房地产市场整体低迷，开发投资和商品房销售面积都呈现负增长。西北房地产市场持续收窄，其中宁夏房地产开发投资较2021年下降10.1%，青海房地产开发投资同比下降33.1%[2]。

（三）市场运行机制不断健全

1. 营商环境不断优化

市场更加规范，政务服务更加便捷，市场主体不断增多，市场活力显著增强，整体营商环境持续优化，运行机制不断健全，为扩大内需提供坚实保障。

---

[1]　《2022年甘肃国民经济和社会发展统计公报》《2022年青海国民经济和社会发展统计公报》。

[2]　《2022年宁夏回族自治区国民经济和社会发展统计公报》《2022年青海国民经济和社会发展统计公报》。

陕西深化"放管服"改革，促进市场环境公平竞争，提升日常监管效能，保护各类市场主体的合法权益，持续释放政策效能，为市场主体纾困解难，尽最大努力做到直达快享、"免申即享"，不断优化营商环境，最大限度激发市场主体活力。2022年，新登记市场主体82.16万户，在全国各省区市排名中列第12位。

甘肃重点推动"放管服"改革与数字政府建设融合，持续优化政务环境、产业环境、要素环境、设施环境和法治环境，不断激发市场主体活力。2022年，全省新增市场主体27.67万户，累计有217.06万户市场主体①。

宁夏持续实施营商环境提质升级行动，以市场化、法治化、国际化、便利化营商环境为目标，以技术手段为支撑，完善体制机制，不断规范市场环境、政务环境和法治环境，激发市场活力。2022年实有市场主体数量比上年同期增长6.33%，累计实现75.81万户②。

新疆统筹疫情防控和经济社会发展，坚持改革创新，规范优化政务服务、法治保障和贸易投资，不断提高市场主体活跃度。2022年全区登记在册的市场主体数量比2021年增长4.49%，达到224.2万户（含兵团23.3万户）③。

青海重点推进政务服务便利化和投资、建设项目审批便利化、跨境贸易便利化，切实降低市场主体交易和维持成本，建立稳定高效、富有活力的投资兴业环境，2022年全省累计登记55万户市场主体④。

2. 流通体系不断健全

作为基础性产业，高效优质的物流体系是促进产业链和供应链稳定发展、培育完整内需体系、促进消费升级的重要支撑环节。西北地区在实施扩大内需战略进程中，高度重视发挥现代物流体系在畅通经济循环过程中的作用，构建适应供给侧改革和城乡居民消费升级的现代物流体系，货物运输总量和货物运输周转量增长明显（见表5）。

---

① 《2023年甘肃省人民政府工作报告》，《甘肃日报》2023年1月20日，第5版。
② 《宁夏回族自治区2022年国民经济和社会发展统计公报》。
③ 《新疆维吾尔自治区市场监管局2022年法治政府建设年度报告》，http：//policy．irsp．cn/resource/detail/76089515－1694－4359－9219－4d3013b6079e，最后检索时间：2023年6月28日。
④ 《2022年青海国民经济和社会发展统计公报》。

表5　2022年西北五省区货物运输增长率

单位：%

省　区	全年货物运输总量增长率	货物运输周转量增长率
陕　西	2.5	10.7
甘　肃	-4.2	27.5
宁　夏	3.6	7.6
新　疆	1.3	13.9

资料来源：西北五省区2022年国民经济和社会发展统计公报。

　　陕西持续完善交通物流基础设施建设，以建设"一带一路"国际商贸物流枢纽、引领全省和关中平原城市群物流高质量发展为目标，物流产业发展环境不断优化，物流市场规模持续扩大，2022年咸阳机场吞吐量在全国排第九位，中欧班列开行数量、货运量、重箱率均位列全国第一，物流发展能力成为扩大内需的重要支撑①。

　　甘肃积极打造枢纽制高点，大力推动现代商贸物流业和通道物流产业发展，现代物流体系建设成果显著，成为扩大内需战略的重要支撑。2022年，快递业务量增长6.1%，快递业务收入增长3.2%②，现代物流业已经成为甘肃经济社会发展的重要支撑产业。

　　宁夏明确将现代物流业作为"六优"产业着力推动，重点推动物流业与制造业、消费提质升级融合发展，商贸物流和快递物流发展成果显著。2022年全区社会物流总额突破万亿元，县域物流配送中心实现95.5%覆盖，乡镇寄递物流服务站点百分之百覆盖③，充分发挥了现代物流在扩大内需中的畅通循环作用。

　　新疆以构建"通道+枢纽+网络"现代综合物流体系为目标，推进丝绸之路经济带核心区商贸物流中心建设，强化现代物流专业领域和重点方向发展，不断推动现代物流业高质量发展。2022年，货物运输总量同比增长1.3%，货

---

① 《2022年西安咸阳机场生产统计：旅客吞吐量、货邮吞吐量及飞机起降架次分析》，https：//www.huaon.com/channel/industrydata/879019.html，最后检索时间：2023年6月29日。
《2022年西安中欧班列三项核心指标位居全国第一》，https：//baijiahao.baidu.com/s？id=1754180827834404237&wfr=spider&for=pc，最后检索时间：2023年7月1日。
② 《2022年甘肃省邮政行业发展报告》，http：//gs.spb.gov.cn/gssyzglj/c100062/c100149/202305/8527321b6d3a4704a77a96203ce5c8c0.shtml，最后检索时间：2023年6月27日。
③ 《我区社会物流总额首次突破万亿元大关》，《宁夏日报》2023年2月20日，第1版。

物运输周转量增长 13.9%①，为实现消费提质升级提供有力支撑。

3. 消费业态和模式不断创新

适应消费升级需求，强化数字赋能，改善消费条件，加快消费线上线下融合，创新消费业态和模式，强化消费热点培育，积极拓展和升级沉浸式、体验式、互动式消费场景，新型消费实现逆势增长。

积极落实《陕西省进一步激发消费活力促进消费增长三年行动方案（2022~2024 年）》，培育智能家电、运动、康养、夜经济等消费热点，将发展数字消费作为扩大内需的重要举措，商贸企业加快数字化转型和升级，积极发展沉浸式、体验式新型消费，2022 年限额以上企业（单位）通过公共网络实现商品销售同比增长 12.7%②。

甘肃重点强化传统商圈和商店数字化、智能化转型升级，创新发展和培育直播带货、社群营销、"云逛街"等新型消费业态，线上线下商品消费融合发展。依托资源优势，积极培育文旅消费热点，发展在线文娱，推动全省文旅消费提质扩容增效。2022 年，全省限额以上批零住餐企业通过公共网络实现零售额同比增长 5.9%③。

宁夏聚焦新型消费特点，顺应消费便利化升级趋势，培育共享型和平台型消费热点，支持餐饮和住宿业拓展线上服务，培育旅游、康养、文化和医疗产业的跨界融合，运用新业态拓展消费市场，释放消费市场潜力，2022 年网络零售销售额同比增长 8.52%④。

（四）国际国内市场良性互动

充分利用"一带一路"高质量发展机遇，西北地区与国际市场的联系更加紧密，尤其是与"一带一路"沿线国家的外贸规模持续扩大，外资利用规模不断扩大，水平不断提高，为实现国际国内市场的良性互动提供支撑。

新疆充分发挥向西开放连接中亚内陆的区位优势，推进外贸创新发展与保稳提质，积极参与国内外向型产业链合作，对外开放高质量发展取得显著进

---

① 《新疆维吾尔自治区 2022 年国民经济和社会发展统计公报》。
② 《2022 年陕西国民经济和社会发展统计公报》。
③ 《2022 年甘肃国民经济和社会发展统计公报》。
④ 《宁夏回族自治区 2022 年国民经济和社会发展统计公报》。

展。2022 年外贸进出口增速位列全国第一，同比增长 57%，为更大力度扩大开放、增强内需发展动力奠定了坚实基础①。

青海坚持内外联动激发国际国内市场活力，积极融入"双循环"进程，推动外贸稳定和创新发展，外贸促稳提质持续呈现强劲增长态势。2022 年，货物贸易进出口增长强劲，尤其是对共建"一带一路"国家和地区的外贸进出口总额增速实现 58.8%，实际使用外商直接投资额增长了 2.8 倍，扩内需稳外贸促开放稳步推进②。

宁夏积极把握内陆开放型经济试验区建设和"一带一路"建设机遇，外向型经济快速发展，对外贸易规模和增速连续保持全国前列。2022 年对外贸易继续保持高位增长，与共建"一带一路"国家和地区的进出口总额实现 23.7% 的增长。全年实际使用外资较上年增长 55.3%③，与国际市场的互动发展水平不断提升。

甘肃积极融入国家区域发展战略，依托三大陆港，努力打造成为国家向西开放的重要平台和对外开放的新高地。2022 年，以国有企业为主体，甘肃进出口额实现逆势增长，与共建"一带一路"国家和地区的外贸额增长 23.8%，实际利用外资增长 15%，为实现与国际市场的良性互动提供了有力支撑④。

陕西打造内陆改革开放高地取得新成效，外贸合作扎实推进。进出口规模持续扩大，尤其是与共建"一带一路"国家和东盟各国的贸易额高速增长。2022 年与共建"一带一路"国家和地区进出口总额增长 41.0%，与东盟国家进出口总额增长 44.5%。以民营企业和外商投资企业为主体，实际使用外资同比增长 37.6%，对外开放的深度和广度不断拓展⑤。

---

① 《新疆外贸历史性突破 2400 亿元大关累计增速位居全国第一》，https：//baijiahao. baidu. com/s？id=1755086766634592230&wfr=spider&for=pc，最后检索时间：2023 年 6 月 26 日。

② 《2022 年青海省经济运行情况》，http：//fgw. qinghai. gov. cn/sjfb/sjfx/jjxs/202301/t20230128_83532. html，最后检索时间：2023 年 6 月 28 日。

③ 《宁夏回族自治区 2022 年国民经济和社会发展统计公报》。

④ 《2022 年甘肃进出口 584. 2 亿元增长 18. 8%》，https：//baijiahao. baidu. com/s？id=1756768597078438427&wfr=spider&for=pc，最后检索时间：2023 年 6 月 23 日。

⑤ 《2022 年陕西外贸、外资运行情况分析》，http：//www. shaanxi. gov. cn/zfxxgk/fdzdgknr/tjxx/tjgb_240/stjgb/202303/t20230302_2276792. html，最后检索时间：2023 年 6 月 26 日。

二 西北地区扩大内需面临的机遇与挑战

（一）机遇

1.高质量发展蕴藏扩大内需动能

长期以来，西北五省区的城乡基础设施建设与东部发达地区差距明显，欠账较多，为加快推进西部地区高质量发展，需要补齐城乡基础设施建设的短板，为吸引有效投资、创新投资模式和优化投资结构提供巨大的发展空间。《西部大开发"十四五"实施方案》明确指出，要加大西部地区基础设施投入，补齐教育、医疗卫生等民生领域短板。同时，这对于缓解西北地区财政压力、激发民间投资活力有极大的促进作用。近年来，随着高质量发展的推进和乡村振兴战略的实施，西北地区居民收入水平不断提升，居民消费能力和消费意愿不断提升并有效拉动消费升级，居民对高品质消费和服务的需求日益增加，为构建适应地区特色的内需体系、充分发挥西北地区在国内大循环中的作用提供了动力。

2.区域协调发展释放扩大内需潜力

区域协调发展是释放消费需求潜能和促进产业转型升级的重要支撑，西北地区扩大内需面临良好的区域协调发展和城乡协调发展机遇。2021年，国家编制出台了《西部大开发"十四五"实施方案》，为西部五省区依托资源优势，在特色产业发展、改善民生和生态保护等方面，找到立足点和发展定位，明确任务表和路线图，并牵头建立省部联席落实推进工作机制，同时东西部协作和对口支援各省份协作发展规划也相继出台，优化东西部协作机制，发展乡村特色产业，推进消费帮扶，形成乡村振兴合力，明确任务和举措，黄河流域生态保护和高质量发展也为西北地区融入国内大循环提供市场机遇。随着乡村振兴和新型城镇化战略的加快推进，西北地区城乡要素合理流动、产业融合、公共基础设施和服务均等化进程逐步加快，城乡经济循环进一步畅通，经济联系更加紧密，为充分发挥乡村作为消费市场和要素市场的作用提供有力支撑。

3. 对外开放提高利用外资水平

西北地区是我国与中亚、西亚和欧洲开展经贸合作的"桥头堡","一带一路"倡议的推进，为西北地区深化对外开放、密切与国内国际市场联系、缓解内需不足和扩大内需提供契机。共建"一带一路"国家和地区的经济发展阶段和资源禀赋不同，西北地区与其进行贸易合作的潜力巨大，中欧班列和西部陆海新通道等交通运输网的完善将会进一步畅通资源要素流通渠道，打通生产、分配、流通和消费环节，优质产品与服务进口不仅有助于满足国内日益升级的消费需求，而且会进一步释放内需潜力。密切的贸易往来会进一步促进区域间产能合作，为实现产业升级和产业结构合理化调整提供契机，有助于推动供给侧改革，提高区域内供给质量，不断满足国内消费需求。2022 年 1 月生效的《区域全面经济伙伴关系协定》（RCEP）也为西北地区带来更广阔的市场，西北内陆地区向西开放的区位优势更加显著，为优势产品出口、利用外资和承接产业转移提供机遇。

（二）挑战

1. 消费能力有待进一步提高

稳定的收入预期与持续增长的可支配收入是扩大内需的前提与动力，影响消费需求和消费意愿的主要因素是由可支配收入和收入结构所决定的消费能力。近年来，受新冠疫情影响，就业形势严峻，城乡居民收入增长放缓，同时，住房、医疗教育等消费的日益增加对消费者的消费意愿和消费能力产生了一定的挤压效应，房地产市场和投资市场的持续低迷带来一定程度财富的缩水，城乡居民的预防性储蓄意愿也不断上升，储蓄率不断提升，成为影响恢复扩大消费的重要因素。西北地区城乡居民可支配收入长期低于全国平均水平，尤其是与东部的差距较大，是制约和影响扩大消费的首要因素。2022 年，西北五省区的人均可支配收入均低于全国平均水平，居民人均消费支出也都低于全国平均水平，不足 2 万元。城乡居民储蓄意愿持续增强，新增储蓄继续增长，2022 年，陕西、宁夏新增存款均创历史新高，青海和新疆的住户存款增速分别达到了 15.1% 和 15.7%，释放居民新增存款消费潜力是扩大内需的重要渠道①。

---

① 西北五省区 2022 年国民经济和社会发展统计公报。

2. 城乡消费差距明显

城乡收入和消费市场发展不平衡的问题长期存在。2022 年，西北地区农村居民人均可支配收入增速均快于城镇居民人均可支配收入增速，城乡收入差距总体上呈缩小趋势，但城乡差距依旧明显，其中陕西、青海和甘肃的城乡居民收入比均高于全国 2.45 的水平。城乡收入的不平衡带来了城乡消费支出的显著差异，农村市场消费额占整体市场的份额偏低。随着消费市场的升级和下沉，近几年农村市场社零额增速加快，并且高于城镇市场社零额增速，但总体消费规模与城镇相比仍有明显差距。农村消费市场是实施扩大内需战略的薄弱环节，同时也蕴涵着巨大的消费潜力，农村消费市场的扩容升级是西北地区促消费稳增长的战略重点。

3. 有效投资仍显不足

受疫情和国际市场不稳定等因素的影响，市场主体预期不稳，有效投资增长放缓，投资未能与消费需求精准对接，制约了投资效率，未能充分发挥投资对消费的促进作用。2022 年，西北五省区的第三产业固定资产投资增速都低于第一、第二产业。分行业看，与促进消费升级和产业结构转型升级相关的投资占比还相对偏低。同时，5G 网络、工业互联网等新型基础设施建设水平与发达地区相比较仍存在差距，有较大的提升空间。受经济下行趋势的影响，民营企业投融资意愿下降，民间投资与政府投资没有形成有效的良性互动关系，政府投资对民间投资在民生领域的带动作用有待进一步提高。

三 西北地区扩大内需的路径选择

（一）努力增加高水平产品和服务供给，提高供给与需求适配性

顺应消费升级趋势，积极培育新型消费。一是聚焦居民消费提质升级的新需求，依托数字技术，促进传统百货商店、购物中心、休闲娱乐中心等商户开展数字化升级和全渠道营销，丰富消费场景，发展智能消费、体验消费、共享消费、社区营销和定制消费等新消费模式。二是推动文旅融合，优化西北文旅消费供给。西北地区文化旅游资源丰富，强化文旅融合，推动数字信息技术改造，丰富消费场景，积极发展沉浸式、体验式消费新业态，西北各省区共同打

造精品文旅线路，联合推广营销，将西北丰富的文旅资源转化为高质量文旅产品供给。三是依托西北特色消费资源，加快促进制造业和服务业转型升级，积极发展新产业新产品，以高质量供给引领和创造新需求，拓展产品和服务的有效供给，丰富消费空间，释放市场潜力，实现供需的良性互动。

（二）聚焦投资质效，精准扩大有效投资

增加有效投资有助于扩大内需的实现，同时也有利于优化供给结构，并进一步创造需求。西北地区扩大有效投资，要立足于经济转型、产业升级、新型城镇化推进和乡村振兴战略实施重点，拓展有效投资空间，充分发挥投资的乘数效应。一是围绕支柱产业和优势产业，引导要素向产业转型升级、产业链优化和品牌提升等关键环节和重点领域集中，同时积极培育和发展新兴产业，增加高端供给，推动内需提质扩容。二是在推进新型城镇化和乡村振兴的进程中，聚焦短板和弱项，加强公共服务和基础设施，尤其是加大新型基础设施的建设力度。充分利用人工智能、物联网、云计算等现代信息科技改造提升基础设施建设，促进城市和乡村基础设施数字化和信息化，带动消费升级和消费模式创新，提高供给对需求的适应和满足能力。三是继续深化投融资体制改革，缓解和消除社会资本投资的堵点，拓宽非国有企业和个人等民间投资的领域和范围，加强对民营经济投资权益的保护，充分激发民间投资活力。

（三）健全城乡消费融合发展体制机制，释放消费巨大潜力

随着新型城镇化和乡村振兴战略的实施，我国城乡融合发展进程不断加快，城乡融合发展蕴含着巨大的内需潜力和发展动能。一是立足农村市场需求，引导商品和服务下沉，发展乡村生活消费和服务综合体、示范点，提供商品配送、购物、餐饮等服务，采用新业态、新模式、新场景，激活和拓展农村消费市场，提高农村生活的便利性和服务质量。同时，不断完善农村市场监督体系，优化消费环境和市场秩序，提高农村居民维权意识和维权能力，实现农民"敢消费""愿消费"。二是积极推动县域商业体系建设提质增效。县域是新型城镇化的重要载体，也是实现城乡消费融合发展、扩大农村消费的重要连接。加强县域商贸基础设施和物流设施提升改造，引导商贸企业下沉，在县域

范围内实现优质供给,促进和创造消费需求,促进县乡消费进一步提升扩容。同时,积极推动农产品"上行",推动城乡生产和消费连接更加紧密,带动县乡村群众就业增收,提高消费能力,形成消费和收入的良性循环。三是充分发挥都市圈对全域消费的引领和带动作用。立足中心城市在经济、人口、商业设施和基础设施等方面的优势,促进功能聚集和功能互补,实现整体消费市场扩容和品质提升。同时,积极探索都市圈与周边县市区的联动,针对不同的消费人群和功能定位,发展相关辐射配套,构建多层级融合发展消费网络,充分发挥都市圈对全域消费载体升级、环境改善和市场扩容的作用。

(四)持续提高对外开放水平,增强内需发展动力

更大范围、更宽领域和更深层次的对外开放,将会为西北地区统筹利用国内国外两个市场,挖掘内需潜力、扩大市场需求、推动内需升级提供强大动力。随着"一带一路"倡议的实施,西北地区对外贸易与利用外资实现较快增长,实行更高水平的对外开放,推动双边和多边贸易合作提质增效,持续提高外资利用水平,充分发挥对外开放对内需的促进作用,将为西北地区扩大内需提供强劲的动力。一是依托自贸试验区、综合保税区和口岸服务平台等,搭建对外开放载体,充分发挥政策红利和制度创新优势,深化双向贸易和投资,推进基础设施互联互通等重大项目合作建设,深入参与国际产能合作,融入国际产业链供应链价值链调整。二是适应消费升级趋势,积极发展丝路跨境电商,推动海外仓、离岸贸易、保税维修、外贸综合服务等贸易新模式、新业态发展,优化国际供给与内需的对接,扩大优质商品进口,满足不同收入消费者的需求。三是持续提升外资利用水平。健全优化外资服务体系,吸引外资投向高新技术、先进制造业和新兴产业等领域和项目,积极承接加工贸易和国际产业梯度转移,充分发挥外资在推动产业转型和消费升级等方面的作用。

参考文献

蔡昉:《坚持扩大内需战略基点 形成强大国内市场》,《山东经济战略研究》2020年第11期。

吕巍：《打好扩大内需"组合拳" 推进区域协调发展和新型城镇化》，《人民政协报》2023 年 4 月 24 日。

王一鸣：《坚持扩大内需这个战略基点》，《中国政协》2021 年第 5 期。

郑业鹭、丁浩员、郭巍：《消费、投资与全国统一大市场——关于进一步扩大内需，构建强大国内市场的调研报告》，《中国发展》2023 年第 2 期。

周振：《以促进农村消费和投资实施扩大内需战略的逻辑与方略》，《改革》2023 年第 3 期。

B.15
中国西北地区人口发展战略研究

李保平　马　妍*

摘　要：　中国西北地区是国家的能源重地，也是国家重要的安全屏障和生态屏障，其发展在全国具有非常重要的位置。人口问题是中国式现代化的全局性、战略性问题，只有深入研究人口发展问题，才能探索出人口发展与经济、社会、生态、资源等协调发展的规律。本文对西北人口发展的历史进行回顾，梳理了西北人口发展在新中国成立、改革开放和进入新时代以来三个历史节点形成的四个重要历史阶段的面貌，并对进入新时代的西北人口在发展数量、质量、结构和趋势等方面的现状进行了分析概括，以可持续发展的视角提出西北人口发展的八点建议，促进西北人口与经济、社会、资源、生态环境协调发展。

关键词：　中国式现代化　人口发展战略　西北地区

　　西北地区是中国七大地理板块之一，具体指地处中国西北地区的陕西省、甘肃省、青海省、宁夏回族自治区和新疆维吾尔自治区五省区，土地总面积约为304万平方公里，约占全国土地面积的1/3。从历史上看，西北一直是中国贯通中亚、西亚乃至欧洲的陆上交通要道，是中华民族的母亲河黄河和长江的发源地，也是养育中华文明的摇篮。从战略高度研究西北人口与发展问题，深刻揭示西北人口自身发展的规律，引导人口与经济、社会、资源、环境协调发展，是我们面临的一项长期而且重要的任务。

　　人口问题是事关中国式现代化的全局性、战略性问题。习近平总书记关于

---

　*　李保平，宁夏社会科学院社会学法学研究所所长、研究员，主要研究方向为法学与社会治理；马妍，宁夏社会科学院社会学法学研究所副研究员、博士，主要研究方向为民族社会学与社区发展。

人口工作的重要论述，是指导我国人口发展的指导思想。在二十届中央财经委员会第一次会议上，习近平总书记指出，人口发展是关系中华民族伟大复兴的大事，必须着力提高人口整体素质，以人口高质量发展支撑中国式现代化发展。恩格斯在《家庭、私有制和国家的起源》一书的序言中写道："生产本身又有两种：一方面是生活资料，即食物、衣服、住房以及为此所必需的工具的生产；另一方面是人类自身的生产，即种的繁衍。物质资料的生产就是人类改造自然，征服自然，创造物质财富，服务人类自身的生产过程；人类自身的生产是人类为了自身的增殖和种的繁衍所进行的生产，它是原有人口生命的生产和新一代人口生命的生产的统一"①。从历史与现实看，人的生产是一切发展的基础，物质资料生产与人类自身生产具有相互适应的规律性，只有深入研究这一规律，才能探索出人口发展与经济、社会、生态、资源等协调发展的关系。人口问题既是经济社会问题，也是涉及国家安全和可持续发展的大问题，必须放到一定的战略层面上去考虑。

一 西北人口发展的历史回顾

（一）新中国成立前的人口发展

新中国成立前的一百多年里，西北的人口数量和人口质量发展一直比较缓慢，有地理环境和气候因素的制约，也受政治形态和所处历史阶段的影响。西北地处亚洲内陆腹地，寒冷的高原和沙漠戈壁占据较大一部分，因为缺水和寒冷，生产力水平较其他地区相对较低，不适宜人类生存的区域占很大一部分；这一时期西北政治局势动荡，在封建剥削阶级、宗教特权阶级和外国侵略势力的层层压迫下，西北各族人民深受其苦，生活困苦不堪，甚至连生命都毫无保障，因此人口增长也相当缓慢。从清朝咸丰三年（1853年）到1949年的近百年间，青海人口仅增长了60%，年增长率不到5‰。全省人口1930年为136.20万人，到1949年全省总人口为148.33万

---

① 恩格斯：《家庭、私有制和国家的起源》，中共中央马克思、恩格斯、列宁、斯大林著作编译局译，人民出版社，1972。

人，仅增加 12.13 万人，年均增速只有 4.5‰；"据清代户部调查结果，陕西省 1840 年人口为 1200 万人，1935 年降为 1075.9 万人。抗日战争时期陕西作为战略大后方，迁入陕西的人口也有百余万，而 1949 年人口仅为 968 万人"[①]；从公元前 60 年到公元 18 世纪中期的 1800 多年间，新疆地区人口一直没有突破百万，1884 年新疆建省，1887 年新疆人口为 183.9 万人，1949 年新疆和平解放时人口仅为 433.34 万人，新中国成立后新疆人口才进入了发展的崭新时期。

（二）新中国成立后人口进入快速发展阶段

新中国成立初期，在党和政府的正确领导下，国家着力医治战争创伤，恢复国民经济，西北的社会环境逐渐稳定，经济蓬勃发展，国家生育政策也较为宽松，人民的生活环境和精神面貌发生了巨大的变化，人口也经历了一个快速超常规增长的时期。1949 年西北地区人口为 2986.9 万人，1962 年就增长到 4350.6 万人；1962～1975 年是人口发展完全不受政策限制的时期，人口增长处于井喷时期，净增人口 1965.4 万人；1949～1982 年，西北人口年均增长率达到 25.96‰，高出全国同期水平 37.6 个百分点；1982～1999 年，年均增长 15.37‰，人口的增长趋于平稳，但人口增长速度仍然高出全国同期水平 14.6 个百分点。1988 年底西北总人口达到了 7580.8 万人，比 1949 年增加了 4593.9 万人，增长 154.38%，年均增长 23.62‰。具体情况见表 1。

表 1　新中国成立以来西北地区人口发展情况

单位：万人，‰

年份	西北	陕西	甘肃	青海	宁夏	新疆
1949	2986.9	1317.1	968.4	148.3	119.8	433.3
1952	3361.6	1527.9	1064.7	161.4	142.4	465.2
1957	4000.0	1802.9	1255.1	204.6	179.4	558.0
1962	4350.6	2007.8	1240.0	205.0	198.8	699.0

---

① 朱金堂：《西北人口四十年》，《西北人口》1991 年第 1 期。

续表

年份	西北	陕西	甘肃	青海	宁夏	新疆
1965	4706.1	2114.3	1345.4	230.5	226.8	789.1
1970	5372.4	2427.9	1587.7	282.9	277.3	796.6
1975	6316.0	2692.1	1804.0	337.5	327.9	1154.5
1978	6603.1	2779.5	1870.1	364.9	355.6	1233.0
1980	6783.6	2831.4	1918.4	376.9	373.7	1283.2
1985	7226.1	3001.7	2041.3	407.4	414.6	1361.1
1988	7580.8	3140.0	2135.7	434.2	444.5	1426.4
1949~1988 年均递增	23.62	21.95	19.96	21.20	33.32	30.02
1978~1988 年均递增	14.14	12.26	13.36	17.54	22.57	14.68
1949~1978 年均递增	26.79	25.20	22.18	30.46	36.93	35.47

资料来源：朱金堂：《西北人口四十年》，《西北人口》1991 年第 1 期。

西北人口的快速增长使其在全国的比重逐渐上升，1982 年西北人口占全国人口比重已经达到 6.88%。20 世纪 60 年代工业强国的"三线建设"拉开序幕，国家通过沿海老厂迁建、援建、联建等方式，在西北西南布局工业设施、建设大型工厂，西北户籍人口呈现净迁入状态，同时经济发展逐渐好转，在宽松的生育政策下人口增长迅速。以青海为例，1949~1978 年是青海人口高速增长的时期，年均增长率达到 30.46‰。其中"1949~1958 年，青海迎来人口发展的第一个高峰期，全省人口从 1949 年的 148.33 万人增加到 1958 年的 225.01 万人，增加 76.68 万人，年均增长 4.74%；1962~1978 年，青海迎来人口发展的第二个高峰期，全省人口从 1962 年的 205.01 万人增加到 1977 年的 356.75 万人，增加 151.74 万人，年均增速为3.76%"[1]。这一阶段西北的人口出生率大多维持在 30‰以上，人口自然增长率在 20‰以上，其中 1964 年西北人口出生率为 40‰，青海省的人口出生率为 52‰，自然增长率为 37‰。这一生育高峰同期虽然也发

---

[1] 朱金堂：《西北人口四十年》，《西北人口》1991 年第 1 期。

生在全国，但西北比全国延长了 5 年左右的时间，这种高峰之中的高峰，不仅导致西北地区人口的自然增长率久居高位，也成为其在 20 世纪 90 年代初再次形成人口生育高峰的基础。

（三）改革开放以来人口发展状况

党的十一届三中全会以后，国家把控制人口增长、实行计划生育作为一项基本国策写入新修订的《宪法》，西北各省区人口由无计划、自发的高增长进入了有计划、可控制的平稳增长阶段。改革开放初期，我国普遍推行计划生育政策，这一政策对于降低生育率和抑制人口过快增长、调解人口与生态资源发展矛盾起到了明显效果。但西北地区少数民族人口占比较大，少数民族的计划生育政策相对宽松，一般都允许生育二胎，个别地区可生育三胎。在边疆和偏远地区，计划生育政策的落实并不非常严格，这更使得少数民族人口增长过快，少数民族人口占比持续提高，这也是西北人口在全国的比重持续上升的主要原因。1982 年第三次人口普查数据显示，西北人口占全国人口比重为 6.88%。1990 年第四次人口普查到 2000 年第五次人口普查的十年间，西北的人口增速也高于全国平均水平，具体情况见表 2。表 2 显示的是三次全国人口普查西北地区除陕西省之外的四个省区对照全国的人口增长情况（陕西省同期数据暂没有获取）。如表 2 所示，三普和四普之间全国人口增长率为 12.45‰，而西北各省区增长率为 14.32‰~19.51‰，其中宁夏的人口增长率最高，达到 19.51‰；四普和五普之间全国增长率为 11.66‰，而西北各省区增长率高达 14.52‰~27.01‰，其中增长率最高的新疆高达 27.01‰。甘肃省在三普和四普之间增长率为 14.32‰，在四普和五普之间增长率为 14.52‰，增长速度相对西北其他省区缓慢，但依然高于全国平均值。青海省人口增长率在三普和四普之间为 14.41‰，在四普和五普之间人口增长率为 16.22‰，年均增速相对平缓，略高于甘肃。1986~2000 年，青海迎来人口发展的第三个高峰期，这主要是受前期生育高峰出生人口陆续进入婚育行列的影响，全省人口从 1986 年 421.12 万人增加到 1999 年的 509.8 万人，增加 88.68 万人，年均增速为 1.48%。

表2 西北四个省区三次全国人口普查人口增长及比较情况

省区	2000年普查总人口	1990年普查总人口	1982年普查总人口	1990年与1982年比较			2000年与1990年比较		
				增加人数（万人）	增长率（‰）	年均增长率（%）	增加人数（万人）	增长率（‰）	年均增长率（%）
全国	126583	113368	100818	12550	12.45	1.48	13215	11.66	1.07
甘肃	2562	2237	1957	280	14.32	1.69	325	14.52	1.32
青海	518	446	390	56	14.41	1.70	72	16.22	1.47
宁夏	562	466	390	76	19.51	2.25	96	20.72	1.84
新疆	1925	1516	1308	207	15.85	1.86	409	27.01	2.34

资料来源：国务院人口普查办公室、国家统计局人口和社会科技统计司编《2000年第五次全国人口普查主要数据》，中国统计出版社，2001。

（四）21世纪前20年西北人口发展

进入21世纪，我国加入WTO，西部大开发也轰轰烈烈走上历史舞台，这些全球性经济事件和国家发展战略都影响着西北人口的数量和结构。我国在实行区域经济梯次发展的战略之后，由于西部地区发展的先天条件较弱，东西部经济发展的差距逐渐拉大。21世纪伊始，我国的综合国力已经具备扶持和加快西部经济发展的条件，国家于2000年开始实施西部大开发战略，最为标志性的是青藏铁路投入建设。此类重点工程的相继投入，为西部经济注入了活力，加速了西部经济和社会发展，客观上也增加了就业岗位并吸纳了流入人口。类似甘肃金昌、青海格尔木、新疆克拉玛依等工业移民城市，更是因为国家工业布局和大型开发项目的落地而迅速发展或者从无到有；西安、乌鲁木齐这样的大城市在西部大开发和经济全球化的浪潮中也呈现人口的虹吸效应。除甘肃省外，西北其他省区在2000年、2010年、2020年人口均有较大幅度增长，表3和表4反映的是这三个时间点西北五省区人口数量和增长幅度。表3显示的是2000~2020年西北五省区每10年的人口总数，表4显示的是1990~2020年30年间每10年西北五省区的人口增长情况。这两份数据显示，这一阶段除甘肃省人口有所下降外，其他四省区人口均在持续增长；人口增长速度最快和增量最大的都是新疆。

表3 西北五省区对应年份人口数

单位：万人

省 区	2000 年	2010 年	2020 年
陕 西	3605	3733	3953
甘 肃	2562	2558	2502
青 海	518	563	592
宁 夏	562	630	720
新 疆	1925	2181	2585

资料来源：全国第六、第七次人口普查数据。

表4 1990~2020 年西北地区人口增长情况

单位：万人，%

省区	2010~2020 年			2000~2010 年			1990~2000 年		
	增加人数	增长率	年均增长率	增加人数	增长率	年均增长率	增加人数	增长率	年均增长率
陕西	220	5.9	0.57	128	3.55	0.35	317	9.63	0.89
甘肃	-56	-2.19	-0.22	-4	-0.16	-0.02	325	14.52	1.32
青海	29	5.15	0.52	45	8.69	0.83	72	16.22	1.47
宁夏	90	14.28	1.35	68	12.10	1.15	96	20.72	1.84
新疆	404	18.52	1.71	256	13.30	1.26	409	27.01	2.34

资料来源：全国第六、第七次人口普查数据。

二 新时期西北地区人口发展的现状与特征

（一）人口增速放缓，人口增长在全国占比下降

人口流动与经济发展之间关系密切，在和平状态下人口流动遵循的基本原则是"人往高处走"，即区域经济总量越大，对人口的吸引力越强。新中国成立初期的"三线建设"，改革开放初期的计划生育，前者增加了西北人口总数，后者使得西北地区人口在全国的比重持续增加。如表5所示，2020年西北五省区占全国人口比重较2010年有所上升的只有甘肃省，上升了0.14个百分点，青海

省与2010年持平，其余三个省区均有所下降，下降幅度最大的是新疆，下降幅度达0.2个百分点。整体来看，西北地区在全国的人口占比是呈下降的趋势。

表5 六普与七普西北地区人口全国占比情况

单位：%

省　区	2010年比重	2020年比重
陕　西	2.80	2.79
甘　肃	1.77	1.91
青　海	0.42	0.42
宁　夏	0.51	0.47
新　疆	1.83	1.63

资料来源：全国第六次、第七次人口普查数据。

（二）人口向区域中心城市集中趋势明显

2000年以后，人口流动趋势除了向城镇集中之外，各个省区内、西北地区内部都呈现向中心流动的趋势。以宁夏为例，首府城市银川是人口增幅最大的城市，其后依次是吴忠市、石嘴山市、中卫市、固原市。市域人口增幅与经济总量基本一致，这也符合人口流动趋势"人往高处走"的一般性规律。具体情况见表6。

表6 宁夏各地级市人口增长情况

地级市	2020年七普常住人口（万人）	与2010年六普数据比较				与2019年抽样调查数据比较		
		六普常住人口（万人）	十年增量（万人）	十年增幅（％）	增幅排名	2019年常住人口（万人）	增量（万人）	增幅（％）
银川	286	199	87	43.72	1	229	57	24.89
吴忠	138	127	11	8.66	2	142	−4	−2.82
固原	114	123	−9	−7.32	5	125	−11	−8.80
中卫	107	108	−1	−0.93	4	117	−10	−8.55
石嘴山	75	73	2	2.74	3	81	−6	−7.41
宁夏	720	630	90	14.29		695	25	3.60

资料来源：全国第六次、第七次人口普查宁夏数据。

如表 7 所示，第七次全国人口普查结果显示，西北五省区的 53 个地级市、州中，10 年来人口总数下降的就有 23 个，这也是西北地区人口增速放缓的标志之一。国家统计局公布的《中国人口普查年鉴》显示，宁夏对区外人口的吸引力较弱，2020 年外来人口数量为 67.51 万人，是全国 5 个外来人口未超过 100 万的省份之一，仅高于青海和西藏。2022 年宁夏人口自然增长率为 4.41‰，在 30 个省份中排名仅次于西藏。2022 年，陕西省常住人口总量为 3956 万人，相较于上年的增长幅度减弱，仅增加 2 万人，表明西北地区人口增长速度放缓。

在整个西北地区的 53 个市、州中，除新疆外，省域内人口增长排名第一的均为省会、首府城市；在西北区域内人口增长最多的是西安市，2020 年西安市域总人口达到 1295 万人，对整个西北地区人口的虹吸效应明显。如表 7 所示，通过对西北 53 个地级市、州第七次人口普查数据比对，西安市当前为西北地区人口总数最大的城市，是经济总量和就业吸纳能力最强的超大城市，预计未来人口聚集能力会持续增强。其他省会、首府城市，如兰州、银川、西宁均为本省区内人口规模最大的城市，是省、区内其他地级市、州流出人口的主要流入地。而通过各地级市、州的人口分区县变化数据来看，各地级市、州政府所在县区又是市域内人口流动的主要流入地。

表 7 2020 年西北地区各地市、州常住人口排名

单位：人、名

排名	城市	2020 年（七普）	2010 年（六普）	增加人口	所属省份及排名
1	西安市	12952907	9073191	3879716	陕西 1
2	渭南市	4688744	5286077	-597333	陕西 2
3	喀什地区	4496377	3979362	517015	新疆 1
4	兰州市	4359446	3616163	743283	甘肃 1
5	乌鲁木齐市	4054369	3110280	944089	新疆 2
6	咸阳市	3959842	4289481	-329639	陕西 3
7	榆林市	3624750	3351436	273313	陕西 4
8	宝鸡市	3321853	3716737	-394878	陕西 5
9	汉中市	3211462	3416196	-204734	陕西 6
10	天水市	2984659	3262548	-277889	甘肃 2
11	银川市	2859074	1993088	865986	宁夏 1
12	伊犁州	2848393	2482627	365766	新疆 3

排名	城　市	2020 年（七普）	2010 年（六普）	增加人口	所属省份及排名
13	阿克苏地区	2714422	2370887	343535	新疆 4
14	定西市	2524097	2698622	−174525	甘肃 3
15	和田地区	2504718	2014365	490353	新疆 5
16	安康市	2493436	2629906	−136470	陕西 7
17	西宁市	2467965	2208708	259257	青海 1
18	陇南市	2407272	2567718	−160446	甘肃 4
19	延安市	2282581	2187009	95572	陕西 8
20	庆阳市	2179716	2211191	−31475	甘肃 5
21	临夏州	2109750	1946677	163073	甘肃 6
22	商洛市	2041231	2341742	−300511	陕西 9
23	平凉市	1848607	2068033	−219426	甘肃 7
24	巴音郭楞州	1613979	1278492	335487	新疆 6
25	昌吉州	1613585	1428592	184993	新疆 7
26	白银市	1512110	1708751	−196641	甘肃 8
27	武威市	1464955	1815054	−350099	甘肃 9
28	吴忠市	1382713	1273792	108921	宁夏 2
29	海东市	1358471	1396846	−38375	青海 2
30	新疆直属县	1231138	770871	460267	新疆 8
31	固原市	1142142	1228156	−86014	宁夏 3
32	塔城地区	1138638	1219212	−80574	新疆 9
33	张掖市	1131016	1199515	−68499	甘肃 10
34	中卫市	1067336	1080832	−13496	宁夏 4
35	酒泉市	1055706	1095947	−40241	甘肃 11
36	石嘴山市	751389	725482	25907	宁夏 5
37	铜川市	698322	834437	−136115	陕西 10
38	吐鲁番市	693985	622679	71306	新疆 10
39	甘南州	691808	689132	2676	甘肃 12
40	哈密市	673383	572400	100983	新疆 11
41	阿勒泰地区	668587	603280	65307	新疆 12
42	克孜勒苏州	622222	525599	96623	新疆 13
43	克拉玛依市	490348	391008	99340	新疆 14
44	博尔塔拉州	488198	443680	44518	新疆 15
45	海西州	468216	489338	−21122	青海 3
46	海南州	446996	441689	5307	青海 4

排名	城　市	2020 年(七普)	2010 年(六普)	增加人口	所属省份及排名
47	金昌市	438026	464050	−26024	甘肃 13
48	玉树州	425199	378439	46760	青海 5
49	嘉峪关市	312663	231853	80810	甘肃 14
50	黄南州	276215	256716	19499	青海 6
51	海北州	265322	273304	−7982	青海 7
52	杨凌区	253871	201172	52699	陕西 11
53	果洛州	215573	181682	33891	青海 8

注：咸阳剔除 2010 年西咸新区 605353 人，西安对应加上。

资料来源：第七次全国人口普查。

（三）人口素质显著提高与人力资源优化

人口素质也称人口质量，一般指身体素质、科学文化素质和思想道德素质。本文主要以教育发展和人力资本为变量衡量人口素质。如表 8 所示，从第七次全国人口普查各省区受教育程度数据看，各省区大专及以上学历人口占比为 15%～18%；高中和中专学历人口占比为 11%～16%，从这两项数据来看，当前西北地区人口素质显著提高，人力资源总体优化。从人力资源结构来看，大专及以上学历人才占比最高的是陕西省，小学学历人口占比最高的是青海省。

表 8　2020 年西北各省区受教育程度人口情况

单位：万人，%

省区	人口数	大专及以上		高中(中专)		初中		小学	
		人数	占比	人数	占比	人数	占比	人数	占比
陕西	3953	727	18	616	16	1343	34	857	22
甘肃	2502	363	15	324	13	686	27	746	30
青海	592	88	15	63	11	144	24	194	33
宁夏	720	125	17	97	13	214	30	188	26
新疆	2585	427	17	341	13	816	32	734	28

资料来源：第七次全国人口普查。

提高人口素质是解决当前我国人口问题的主要手段，西北地区的人口素质更是亟待提高。根据教育部 2023 年 6 月底公布的《2022 年全国教育经费执行情况统计快报》数据显示，我国 2022 年教育经费总投入为 61344 亿元，比 2021 年增加了 6%，其中财政性经费投入为 48478 亿元，比 2021 年增长 5.8%，这表明 2022 年国家财政性教育经费投入约占 GDP 的 4.006%。放眼西北，2022 年陕西省财政性教育经费支出为 1059.96 亿元，较上一年增加了 35 亿元；2022 年 1~10 月甘肃省财政性教育经费支出为 568.1 亿元，较上年同期增长 8.6%，占全省一般公共预算支出的 16.7%，教育经费投入增加明显。

（四）人口老龄化程度进一步加快

从表 9 显示的第七次全国人口普查人口年龄数据来看，西北地区人口老龄化现象正在加重。第七次全国人口普查数据显示，截至 2020 年底，西北地区中陕西、甘肃、青海、宁夏、新疆 65 岁及以上老年人口所占比重分别为 13.32%、12.58%、8.68%、9.62%、7.76%，均超过了国际上通行的 65 岁及以上老年人占比超过 7% 即为进入老龄化社会的标准，其中陕西和甘肃超过国际标准 5~6 个百分点，老龄化程度更深。这预示着未来几年内西北人口老龄化的压力将逐渐增大，需要加大对老龄保障体系的建设力度。

表 9 "七普"西北五省区人口年龄

单位：万人，%

省区	人口总数	年龄			比重		
		0~14 岁	15~64 岁	65 岁及以上	0~14 岁	15~64 岁	65 岁及以上
陕西	3953	685	2741	527	17.33	69.34	13.32
甘肃	2502	485	1702	315	19.38	68.03	12.58
青海	592	123	418	51	20.78	70.61	8.68
宁夏	720	147	504	69	20.41	70.00	9.62
新疆	2585	581	1804	201	22.48	69.79	7.67

资料来源：第七次全国人口普查数据。

（五）实现贫困人口的全部脱贫

我国的贫困地区大多分布在西南和西北，因此西北分布着许多国家级贫困县和相当数量的贫困人口，其中被称为"三西"的甘肃河西地区、定西市和宁夏西海固地区就是深度贫困的典型代表。20世纪80年代以来，国家投入了大量的人力、物力和财力到西北地区的脱贫攻坚事业中。经过几十年贫困治理，2021年习近平总书记在中国共产党百年华诞庆祝大会上庄严宣告我国全面建成了小康社会，这标志着中国脱贫事业取得了胜利，也表明包括西北地区在内的中华大地告别了绝对贫困。

（六）少数民族流动人口与族际交往交流交融范围进一步扩大

西北地区是我国主要的少数民族聚居区，有蒙古族、维吾尔族、回族、哈萨克族等世居少数民族，约占全国少数民族人口的1/3。2010~2020年的十年间，西北少数民族人口增幅保持稳定，与之前的少数民族人口在整体人口中占比较高相比，现期占比基本稳定，预计在未来这一比例也将保持相对稳定。第七次人口普查公布的西北地区少数民族人口状况如表10所示。第七次全国人口普查数据显示，2020年青海省常住人口中少数民族人口约293万人，少数民族人口占总人口比重约为49%。这意味着少数民族人口在整个青海省人口中占据了相当大的比重，也体现了青海省的民族多样性；新疆的少数民族总人口为1493万人，占总人口比重约为57.76%，是西北地区少数民族人口占比最高的省区，占比最低的是陕西省，仅为6%。少数民族人口所占比重，是衡量民族交往和民族关系的一个重要变量。以兰州为例，作为西北重要的交通要道和商贸集散中心，该市每年的少数民族流动人口约6万人，以回族和东乡族为主，作为省会城市的乌鲁木齐、银川、西宁也同样存在大量少数民族流动人口，各民族之间的文化、经济、社会交往频繁，社会融入进一步加深。

表10　西北地区少数民族人口数量

单位：万人

省区	2020年	2010年	2000年
陕西	22	19	18
甘肃	266	241	223
青海	293	264	236
宁夏	259	223	194
新疆	1493	1307	1143

资料来源：第七次全国人口普查数据。

三 新时期西北地区人口发展面临的问题与挑战

（一）区域人口分布的不均衡

西北人口分布结构不均衡主要表现为城乡分布的不均衡导致的村庄空心化现象及人口区域分布不均衡导致的人口向特大城市、较大城市和区域中心城市流动的单极流动现象。同时，西北地区人口不平衡还呈现地域特征，陕西、甘肃、宁夏人口相对集中，青海、新疆人口相对稀缺，集中区与稀缺区每平方公里人口数量差距较大。

（二）低生育率与生育意愿不强之困境

我国的生育率在 20 世纪 90 年代就已经低于更替水平，这与十多年来的计划生育政策有关，也与经济体制改革和社会转型带来的生育观念变化有关。根据国家统计局的数据，2000 年总和生育率为 1.22，2010 年为 1.18，2015 年生育率也只有 1.05，至此我国已经是全球生育率较低的国家了。进入 21 世纪以来，我国人口平稳低速增长。面对生育率逐渐走低的形势，党中央、国务院审时度势，分别于 2011 年、2013 年和 2016 年实施"双独二孩"、"单独二孩"和"全面二孩"政策，以提高生育率，平衡人口结构。西北五省区少数民族人口众多，少数民族的生育政策由民族自治地方和有关省、自治区根据国家的计划生育政策精神，结合本地实际，制定本地的生育政策，一般是一对夫妇生育两个孩子，有的可以生育三个或四个孩子。政策效应集中释放后，西北出生人口总量虽有所增加，但人口数量涨幅却不大。西北各省区在二孩政策逐渐放开与实施的过程中，客观上提高了生育率，但政策预期并未达成。

（三）人口区域合理化分布问题

当前我国人口呈现增减分化的特征，大城市的人口虹吸效应明显，西北的人口也具有这样的特征。整个西北地区西安的人口聚集效应明显，各省区省会（首府）城市的聚集效应明显，各地级市的聚集效应远远大于县城和县级市，而县城的人口聚集效应直接导致乡村人口空心化。首先是省际人口流出范围不断扩大，其次是县域人口持续减少，最后是省区内人口向省会（首府）城市、区域中心区、县流入特征明显。

（四）经济发展相对滞后，对人口的吸纳能力不足

人口的空间容量和经济容量不是一个概念。西北地区地大物博，在国土空间面积中占比很高，但 GDP 占比非常低，这是有目共睹的事实。当经济密度高于人口密度时，往往会吸引更多人口集聚，反之则呈现人口净流出。这也是沿海地区能够常年保持人口净流入状态、中西部省份大多为净流出的原因。总体而言，西北人口流动呈现省区内省会（首府）城市的虹吸效应、地级市内中心城市虹吸效应。整个西北地区，人口增量和增幅最大的是西安市；各个省区人口增量和增幅最大的基本上都是省会（首府）城市；各个地级市、州又呈现中心区、县人口增量和增幅最大的特点。这其实也反映出经济发展能力对人口形成虹吸效应的绝对优势，西北在全国人口总量中占比下降反映的也是经济问题。

四　新时期西北地区人口发展的战略思考与建议

西北地区人口发展战略是国家人口发展战略重要的组成部分，把人口发展放到战略高度并深入进行研究是解决西北人口问题的重要途径。

（一）制定西北区域人口发展战略并予以机制化

《国家人口发展规划（2016~2030 年）》是党中央、国务院根据国家生育政策和国民经济发展规划编制的，西北的人口问题应该放置于西北经济社会发展的大蓝图上定位和认识。面对当前西北人口发展问题，应立足西北人口的历史特征和现实状况，加强西北各省区区域和政府间合作，整合资源，优势互补，共同解决所面临的人口发展问题并形成合作框架和机制，使人口发展与生态、经济发展相协调。对欠发达的西北地区而言，确保人口数量、结构、分布在一个合理区间，有助于巩固脱贫攻坚成果，促进人口与经济、社会、资源、环境协调可持续发展。为此，必须利用智库和第三方力量加强人口发展态势的监测研判，依托国家人口基础信息库等平台，实现各部门间

人口服务基础信息融合共享、动态更新，密切监测生育形势和人口变动趋势。制定人口长期发展战略，完善人口空间规划布局，提高人口素质，促进人口长期均衡发展。

（二）以经济建设为中心，培育经济发展新动能，以高质量就业减缓人口净流出

从人口发展的战略选择看，经济发展能力是核心，因此应培育地方经济新的增长极以提高就业机会，吸纳劳动力人口。经济学上有梯度转移的概念，该理论主张发达地区应首先加快发展，然后通过产业和要素向较发达地区和欠发达地区转移，以带动整个经济的发展。目前来看，我国中东部地区经济总量占比较高，但伴随着土地资源紧张、生态环境保护需要、大城市和超大城市的发展症结难以纾解，东部部分产业向中西部转移是一种必然趋势。以宁夏银川市为例，由于土地、工资、气候等成本较低，已经日渐成为京津地区养老产业外溢的理想洼地，这样的产业转移会带动周边产业发展并增加就业机会，对吸纳劳动力人口和促进地方发展具有重要意义。类似这样的新的产业增长极在新疆、青海、甘肃也同样存在，应该因地制宜挖掘地方发展潜力，培育经济新的增长极，以就业机会吸纳人口，减缓人口净流出。

（三）扎实推进国家有关生育政策，通过政策刺激，保持适度生育水平

应全面落实中央鼓励生育政策，有效提升生育意愿，打造生育友好型社会。为应对人口年龄结构问题，中共中央政治局于2021年5月31日召开专题会议，研究生育政策问题，提出实施一对夫妻可以生育三个子女政策，并就有关配套支持措施进行了安排部署。2021年7月20日，中共中央、国务院《关于优化生育政策 促进人口长期均衡发展的决定》出台（以下简称《决定》），从九个方面提出配套支持措施，内容全面，措施精准，切中问题要害，具有系统性、全局性、历时性、前瞻性的特点，对推进我国人口健康发展具有重要的指导意义。从政策实施角度看，《决定》的出台只是万里长征走完了第一步，全面落实《决定》精神，把《决定》的要求落到实处，才是考验我们工作能力和水平的关键。落实《决定》要求是一项巨大的社会系统工程，牵扯到多主体

利益，需要我们认真研究，慎重对待。《决定》的出台，只是从政府层面对鼓励生育做出了具体要求，政策是否能够达到预期目标，既要考虑政府财力、物力、执行力，还要考虑政策与社会、家庭实际的适配性和我国发展阶段的环境约束，既要考虑现实，也要考虑可能。在制定相关法规政策时既要重视对《决定》的落实，也要明确政府、社会、家庭在生育中的职责和边界，理顺三者关系，平衡各方利益，照顾彼此合理关切，充分发挥社会和家庭在生育支持中的重要作用，打造政府、社会、家庭相互配合、分工协作的生育友好型社会。

（四）加快推进社会适老化改造，激发老年人的社会活力

面对日益严峻的人口老龄化形势，我们必须结合西北实际，未雨绸缪，促进人口长期均衡发展。西北的人口老龄化更是超前于经济社会发展水平，属于典型的"未富先老"。数据显示2020年西北五省区65岁及以上人口占总人口比重约为38%。这部分老年人中相当一部分人不仅具有生活自理能力，而且有劳动能力，甚至具备一定的文化知识和专业特长，热心社会公益事业和志愿服务，还能继续在社会上发挥余热，成为社会的建设者和服务者。而且这一群体也会形成巨大的消费市场，成为拉动经济的巨大力量。因此，应加快推进社会适老化改造，为老年人融入经济和社会创造良好的环境和条件，激发老龄社会活力，将积极老龄观和健康老龄化理念融入经济社会发展全过程，以积极行动应对人口老龄化。

（五）全面推进乡村振兴，促进城乡人口均衡发展

全面推进乡村振兴，提高人民群众收入水平和基层公共服务能力，是有效提升生育意愿的基础性工程。养育成本高、教育成本大、公共服务能力不足是制约西北人口发展的重要因素。全面实施乡村振兴，提高城乡居民收入水平，切实解决抚育、教育、医疗等方面存在的问题，是有效提升生育意愿，实现从多生到善养的重要途径。要从战略高度认识实施乡村振兴的重大意义，乡村振兴不仅关乎农业强、农村美、农民富，也是中国特色社会主义城镇化道路的实现载体和维护国家长治久安的重要依托。

从人口流动视角看，随着城镇化和农村改革的不断深入，农民与土地的关系发生了一系列变化，从"土地承包制"到"三权分置"，虽然土地性质没有

改变，但农民与土地的关系事实上发生了重大变化。土地大量流转，农民渐渐摆脱了土地的约束，实现了更大范围的迁徙自由。在促进经济社会发展、提高自身生活水平的同时，大量的人口向城市流动也对我国人口布局和城市社会治理产生重大影响和较大压力。实施乡村振兴战略，通过发展乡村经济，提升农村公共文化服务水平，推进农村的宜业宜居，吸引大量农民和社会各界人士回乡创业，保证了农业生产有充裕的人力资源，农村社会有富集的社会资本，实现了人口的城乡合理布局，为我国城镇化战略实施赢得重要的窗口期，化解人口向城市过度聚集产生的社会风险，有效避免在城镇化过程中大量失地农民进城导致的乡村破败和城市贫民窟现象，为维护国家粮食安全和社会稳定奠定坚实基础。

（六）完善公共资源配置，缓解人口输入形成的公共资源压力

改变现行公共资源按照行政区划进行分配的做法，建立以人口为基准的公共资源配置机制，解决因城镇化、移民搬迁等导致的人口资源与公共资源失配问题，有效缓解人口输入地区公共资源压力。受行政区划治理体制的约束，我国的公共资源配置是以行政区划为基础的，也就是说，国家在分配公共资源的过程中，是以省市县（区）为单位进行分配的。在城镇化和移民搬迁的背景下，原有的这种公共资源调配模式弊端逐步显现。公共资源说到底是为人服务，当人口向大中城市和沿黄两岸聚集，而公共资源并没有随人转移，将造成人口迁入地公共资源紧张而人口迁出地公共资源富集，有的地方还出现人浮于事、设备闲置的情况。优质公共资源向基层倾斜政策有利于实现教育、医疗卫生、公共文化等公共资源的公平与公正配置，满足人民群众对美好生活的新期待，但基于农村人口"空心化"的实际，在具体落地时应综合考虑实际需求，建立精准投送机制，避免指标化、标准化、一刀切等做法导致的优质公共资源浪费现象。

（七）加强立法，提升生育工作法治化水平

做好涉及计划生育方面法规政策的立、改、废工作，形成有利于生育的政策法规体系。依据国家法规政策，兼顾社会不同主体的多元诉求，充分发挥宁夏、新疆作为民族自治地方的立法优势，制定有利于各省区鼓励生育、符合实

际又切实可行的政策法规体系。《决定》高度重视法规制度的作用，明确指出要完善生育休假与生育保险制度、加强税收、住房等政策支持，保障女性就业合法权益，保持政策的连续性，对独生子女家庭、农村计划生育双女家庭和计划生育特殊家庭维持现有政策不变，同时，取消社会抚养费，并就有关后续问题做出安排。从国家层面看，目前《人口与计划生育法》已公开发布，西北五省区立法部门、实务部门要积极开展前期研究，系统梳理涉及计划生育的政策法规，以《决定》要求和修订后的《人口与计划生育法》为依据，结合地方实际，完善鼓励生育的法规政策体系，提升人口生育工作法治化水平。

（八）倡导积极健康的生育文化

首先，在全社会倡导积极健康的婚育文化，尤其是对婚龄、育龄人群要加强正确的婚育观教育。我国正处于社会快速转型阶段，个体主体意识的强化和青年人的婚恋行为及生育观念正在发生巨大变化，婚姻的功能正在急剧变化，生育的价值取向也正在有异于传统观念，其中不乏消极观念。其次，大力弘扬中华传统文化中的孝老育幼美德，以促进人口的年龄结构健康发展。最后，引导健康的家庭文化，建设和谐美好家庭，为人的健康发展提供美好环境。

参考文献

朱金堂：《西北人口四十年》，《西北人口》1991 年第 1 期。

陆杰华、谷俞辰：《优化中国人口发展战略的现实内涵、核心议题与实践路径》，《社会科学辑刊》2023 年第 4 期。

李清凌：《北宋的西北人口》，《河西学院学报》（哲学社会科学版）2002 年第 4 期。

马勇、顾玲、樊曦：《西北人口发展的必由之路》，《瞭望新闻周刊》2005 年第 43 期。

王军：《人口负增长背景下人口规模巨大的现代化及其人口发展战略》，《开放时代》2023 年第 4 期。

张刚：《以人口高质量发展支撑中国式现代化》，《人口与健康》2023 年第 6 期。

朱荟：《以中国式现代化助推人口发展战略新格局》，《社会科学辑刊》2023 年第 4 期。

B.16

中国西北地区高铁线路
优化问题研究

杨　波[*]

摘　要： 西北地区高铁网是我国现代综合交通运输体系的重要组成部分，相较全国而言，西北地区高铁发展相对落后，存在自然条件恶劣，建设难度大；经济基础薄弱，路网规模小；投资效益低，线路负荷重；战略意义显著，枢纽地位亟待强化等问题，本文提出积极争取高铁线路纳入国家规划、加大路网提速改造力度、充分发挥城际铁路补充作用、纵深挖掘对外开放平台优势、数智赋能高铁线路系统建设、信息技术助力路网优化提升等优化措施。

关键词： 高铁密度　经济密度　数智赋能　路网优化

高铁是交通运输现代化的重要标志之一，是体现国家工业现代化程度的衡量标准之一。我国高铁建设从无到有，经历了从引进到消化、从吸收到创新、从局部创新到完全自主创新的艰难历程，现今高铁发展已达到领跑世界的先进水平，正在逐步形成以"八纵八横"为主骨架，以高速铁路区域连接线衔接，以部分兼顾干线功能的城际铁路为补充的发达高铁网。

从 2003 年第一条客运专线的运营，到 2008 年 8 月 1 日中国第一条拥有完全自主知识产权、世界一流水平、运营时速可达 350 千米/小时的京津城际高速铁路开通运营，"自主创新"四个大字就这样牢牢地镌刻在中国高铁史的卷章里。中国高铁路网正在加快建设，从"四纵四横"客运专线网到"八纵八横"客运专线网基本形成，并力争到"十四五"末 250 公里及以上

---

　* 杨波，甘肃省社会科学院决策咨询研究所，主要研究方向为区域经济。

时速标准的高速铁路网对 50 万人口以上城市覆盖率达到 95% 以上，基本消除普速铁路瓶颈路段，为完善"十纵十横"综合运输大通道，构建现代综合交通运输体系提供战略支撑（见图1）。

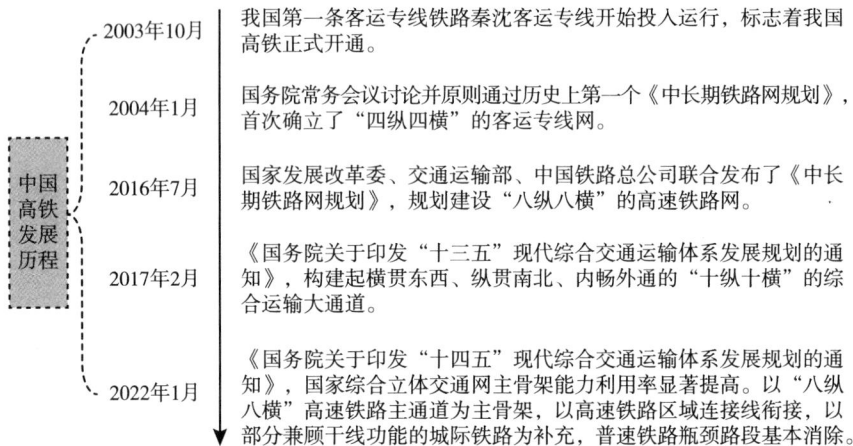

中国高铁发展历程	2003年10月	我国第一条客运专线铁路秦沈客运专线开始投入运行，标志着我国高铁正式开通。
	2004年1月	国务院常务会议讨论并原则通过历史上第一个《中长期铁路网规划》，首次确立了"四纵四横"的客运专线网。
	2016年7月	国家发展改革委、交通运输部、中国铁路总公司联合发布了《中长期铁路网规划》，规划建设"八纵八横"的高速铁路网。
	2017年2月	《国务院关于印发"十三五"现代综合交通运输体系发展规划的通知》，构建起横贯东西、纵贯南北、内畅外通的"十纵十横"的综合运输大通道。
	2022年1月	《国务院关于印发"十四五"现代综合交通运输体系发展规划的通知》，国家综合立体交通网主骨架能力利用率显著提高。以"八纵八横"高速铁路主通道为主骨架，以高速铁路区域连接线衔接，以部分兼顾干线功能的城际铁路为补充，普速铁路瓶颈路段基本消除。

图 1　中国高铁发展阶段示意

资料来源：根据国家和各地区统计公报，交通部、国家铁路集团有限公司资料汇总整理。

一　西北地区高铁发展现状

（一）西北地区高铁整体发展状况

1. 西北地区高铁发展相对迟缓

2010 年 2 月郑西高铁开通，奏响了西北高铁运营的序曲。截至 2022 年底，共有 10 条高铁线路开通运营（见图2），西北五省区高铁总里程达到了 4028 公里，从地理位置划分色块上不难看出，在七个地区中其占比最小（见图3）。

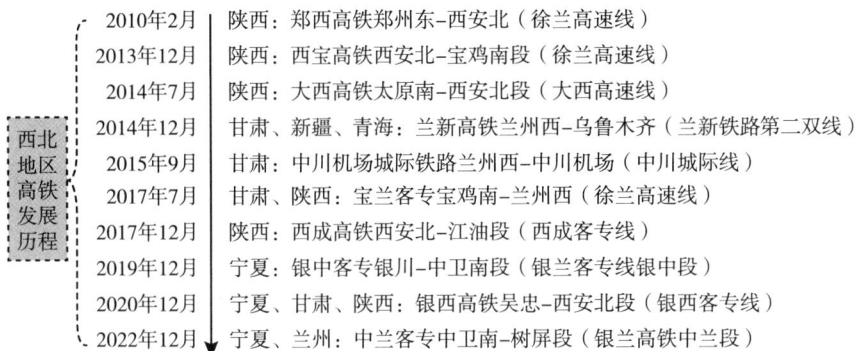

2010年2月	陕西：郑西高铁郑州东–西安北（徐兰高速线）
2013年12月	陕西：西宝高铁西安北–宝鸡南段（徐兰高速线）
2014年7月	陕西：大西高铁太原南–西安北段（大西高速线）
2014年12月	甘肃、新疆、青海：兰新高铁兰州西–乌鲁木齐（兰新铁路第二双线）
2015年9月	甘肃：中川机场城际铁路兰州西–中川机场（中川城际线）
2017年7月	甘肃、陕西：宝兰客专宝鸡南–兰州西（徐兰高速线）
2017年12月	陕西：西成高铁西安北–江油段（西成客专线）
2019年12月	宁夏：银中客专银川–中卫南段（银兰客专线银中段）
2020年12月	宁夏、甘肃、陕西：银西高铁吴忠–西安北段（银西客专线）
2022年12月	宁夏、兰州：中兰客专中卫南–树屏段（银兰高铁中兰段）

西北地区高铁发展历程

图2　西北地区高铁发展史示意

资料来源：根据国家和各地区统计公报、交通部、国家铁路集团有限公司资料汇总整理。

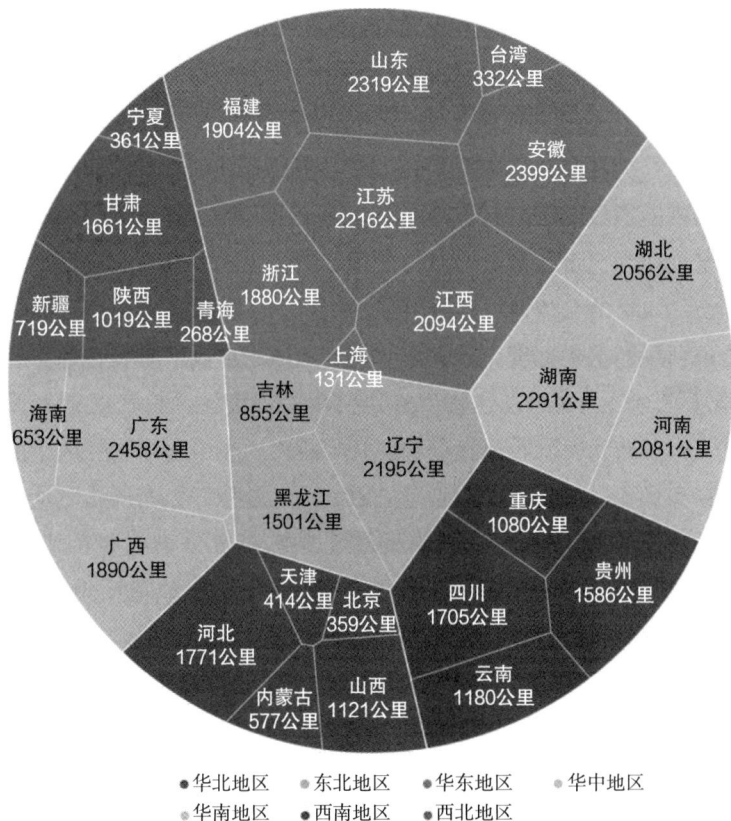

●华北地区　●东北地区　●华东地区　●华中地区
●华南地区　●西南地区　●西北地区

图3　按地理位置划分各地区高铁里程数比较情况（截至2022年底）

资料来源：根据国家和各地区统计公报、交通部、国家铁路集团有限公司公布数据汇总计算所得。

西北地区仅占全国高铁总里程的 9.35%，与高铁最发达的华东地区相比，占华东地区的 30.35%，不及 1/3（见图 4）。

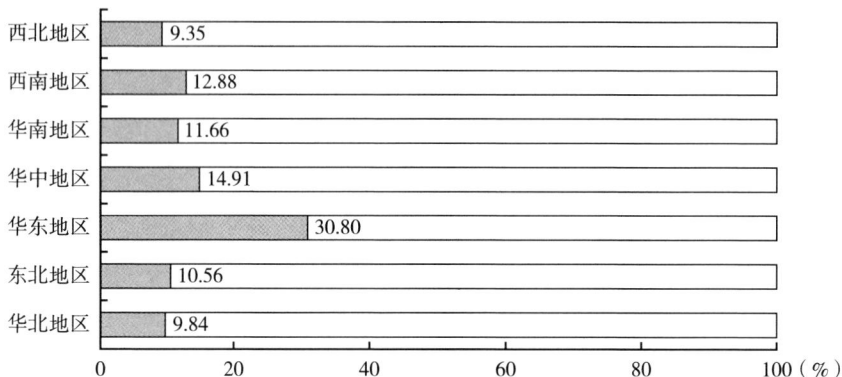

图 4　按地理位置划分各地区高铁里程数在全国占比情况

资料来源：根据国家和各地区统计公报、交通部、国家铁路集团有限公司公布数据汇总计算所得。

2. 综合密度指数差距明显

高铁密度作为衡量区域高铁实力的重要指标之一，在一定程度上反映出本地区的经济、人员的交流情况；经济密度则代表了区域单位面积上经济活动的效率和土地利用的密集程度，反映出该地区产值密度及经济发达水平，比人均GDP 更能反映一个区域的发达程度和经济集中程度；人口密度是衡量一个国家或地区人口分布状况的重要指标，在一定程度上影响国家高铁政策的制定及线路的布局和优化。按地理位置划分来看，西北地区三大密度指数均严重落后于全国平均水平，高铁密度、经济密度和人口密度分别占全国平均水平的30.39%、17.83%、23.61%；仅占头部地区的 8.33%、3.75%、6.39%，经济发展水平尤显落后（见表 1）。

表 1　按地理位置划分各地区综合密度比较情况（截至 2022 年底）

地区	高铁密度 （公里/万平方公里）	经济密度 （万元/平方公里）	人口密度 （人/平方公里）
华北地区	27.2	957.65	108
东北地区	56.3	716.80	119

地区	高铁密度 （公里/万平方公里）	经济密度 （万元/平方公里）	人口密度 （人/平方公里）
华东地区	157.3	6092.92	532
华中地区	113.8	2899.78	395
华南地区	64.3	2404.63	250
西南地区	23.5	579.33	87
西北地区	13.1	228.18	34
全国	43.1	1279.51	144

资料来源：根据国家和各地区统计公报、交通部、国家铁路集团有限公司公布数据汇总计算所得。

3. 高铁总里程增幅大但总量小

与 2021 年相比，2022 年甘肃和宁夏的高铁总里程均有所增长，增长率分别为 11.63% 和 14.60%，但就整个地区而言，西北地区总量偏小。其中，除了甘肃高铁总里程达到 1661 公里，在全国 34 个省份中居第 15 位以外，其他各省区均处于落后位置。陕西高铁总里程达到 1019 公里，居全国第 21 位；新疆高铁总里程达到 719 公里，居全国第 23 位；宁夏高铁总里程达到 361 公里，居全国第 27 位；青海高铁总里程达到 268 公里，居全国第 30 位（见图 5、表 2）。

（二）西北各省区高铁发展现状

1. 西北五省区高铁发展势头强劲

（1）陕西省高铁建设迅猛发展。2020 年以来，西延、西康、西十高铁建设全面启动，2023 年开工建设的鄂榆延高铁设计时速将达到 350km/h，延榆高铁也即将建设。2025 年西延高铁计划开通。预计 2026～2028 年，陕西省将迎来三条以上重量级高速铁路通车运行。在国家《"十四五"现代综合交通运输体系发展规划》中，陕西省省会西安被国家确定为国际综合交通枢纽城市，也是"全国铁路六大枢纽之一"。西安都市圈提出打造以西安为中心的"米"字形高铁骨干网络，即连通西南地区、华中地区、华北地区，并辐射西北地区。其中，西北地区主要通往兰州和银川，"米"字形高铁网建成以后，陕西最终将实现"高铁市市通"，实现区域协调同步发展。同时，西安、成都、重庆作为构筑西部地区轨道"金三角"的中心，势必能够充分释放内陆开放高地与高质量发展重要增长极的地域潜力。

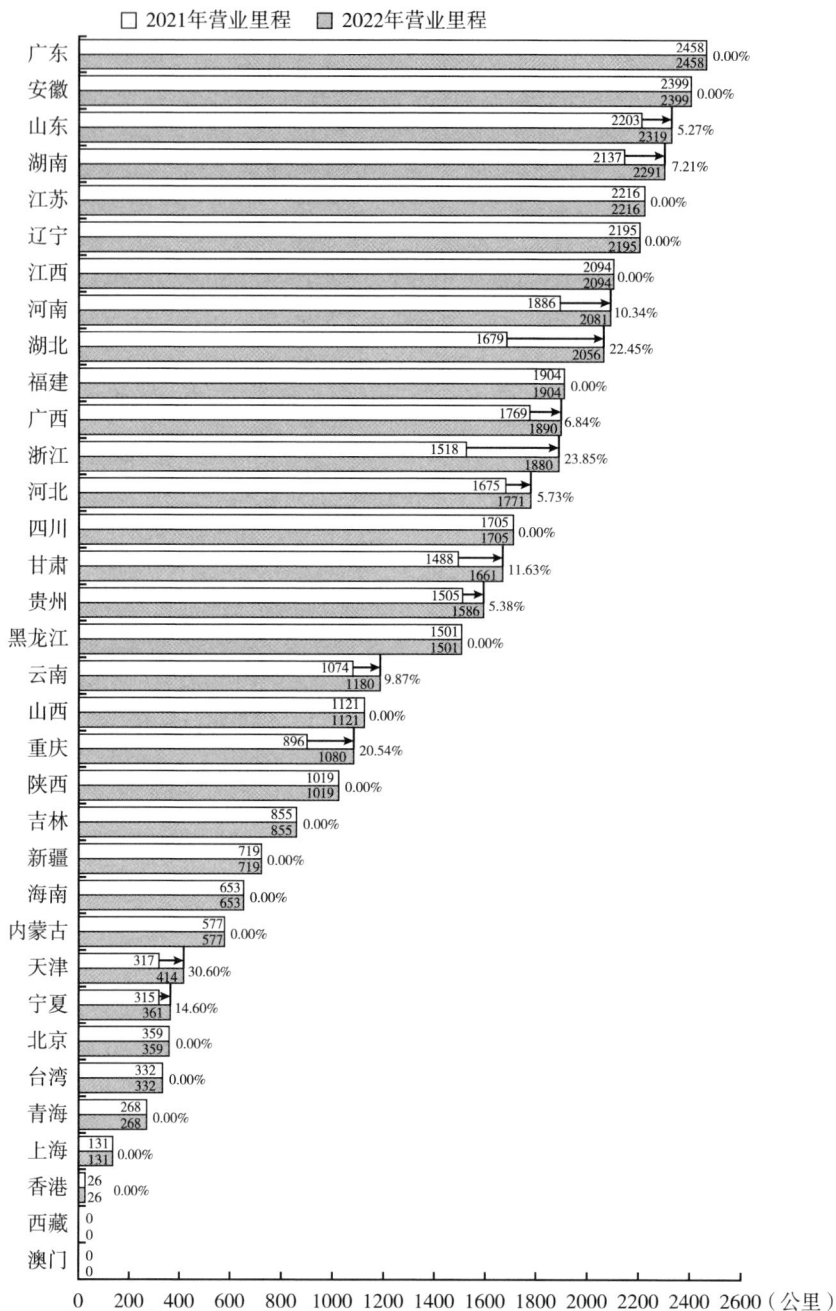

图 5　全国各省区市高铁总里程及增长率比较情况（2021~2022 年）

资料来源：根据国家和各地区统计公报、交通部、国家铁路集团有限公司公布数据汇总计算所得。

表 2　西北各省区高铁总里程及全国排名（截至 2022 年底）

单位：公里，千米/小时

省区	序号	铁路名称	省区内里程	设计时速	开通时间	全国排名
甘肃	1	兰新客专	799	250	2014 年 12 月 26 日	
	2	中川机场城际铁路	60	200	2015 年 9 月 30 日	
	3	宝兰客专	356	250	2017 年 7 月 9 日	
	4	银西高铁吴忠—西安段	273	250	2020 年 12 月 26 日	
	5	银兰高铁中卫—兰州段	173	250	2022 年 12 月 29 日	
		合计	1661			15
陕西	1	郑西高铁	152	350	2010 年 2 月 6 日	
	2	西宝高铁	167	350	2013 年 12 月 28 日	
	3	大西高铁太原—西安段	149	250	2014 年 7 月 1 日	
	4	宝兰客专	45	250	2017 年 7 月 9 日	
	5	西成客专	343	250	2017 年 12 月 6 日	
	6	银西高铁吴忠—西安段	163	250	2020 年 12 月 26 日	
		合计	1019			21
新疆	1	兰新客专	719	250	2014 年 12 月 26 日	
		合计	719			23
宁夏	1	银中客专	207	250	2019 年 12 月 29 日	
	2	银西高铁吴忠—西安段	108	250	2020 年 12 月 26 日	
	3	银兰高铁中卫—兰州段	46	250	2022 年 12 月 29 日	
		合计	361			27
青海	1	兰新客专	268	250	2014 年 12 月 26 日	
		合计	268			30

资料来源：根据国家和各地区统计公报、交通部、国家铁路集团有限公司公布数据资料汇总计算所得。

（2）甘肃省高铁发展区位优势显著。全省正在努力打造以省会兰州和兰州新区为中心的"准米字形"高（快）速铁路骨干网，并向周边县区辐射，预计到"十五五"中期实现市市通高铁。省会兰州从地理位置上来说，具有重要的承东启西、连接南北的交通区位优势，是连接西北地区和其他地区铁路重要的"中转站"，更是西北地区重要的主干道。一是兰州至乌鲁

251

木齐的兰新高铁被誉为现代"钢铁丝绸之路",是世界上一次性建成通车的距离最长、世界上最长高原高铁隧道、世界上穿越最长风区的铁路、世界上防风工程规模最大的高速铁路、国内最长的客运专线。二是2015年9月30日,通车运营的中川城际铁路是甘肃第一条城际铁路,连接兰州市区与兰州中川国际机场。三是兰汉十铁路是规划中的兰福高速铁路兰汉段,是甘肃省人民政府印发的《丝绸之路经济带甘肃段"6873"交通突破行动实施方案》中的高速铁路通道,是西北沟通华中、西南的最快捷高速铁路通道,规划设计速度为350千米/小时,远期将与西武高铁十堰站相衔接。四是宝兰高铁连接甘肃省兰州市与陕西省宝鸡市,由宝鸡南站至兰州西站。作为沿古丝绸之路而建的高速铁路,宝兰高速铁路开通后将连通起丝路沿线的西安、宝鸡、天水、兰州、西宁、乌鲁木齐等多个主要城市,形成新丝绸之路上的高速通道。五是正在建设的兰张三四线铁路是我国中长期铁路网规划中重要的高铁区域连接线,连接兰新高铁、宝兰高铁,中部连通"京兰通道"中的银兰高铁。2023年开工建设的兰张高铁(武威至张掖段),设计时速为250千米/小时,计划2024年开通。兰张三四线铁路有利于甘肃省河西走廊地区形成快速客运通道,也将成为兰州至新疆方向第二条高铁通道,将进一步完善西部地区高铁网络。

(3)宁夏高铁发展弯道超车。银兰高铁作为全区首条开通的高速铁路,连接了宁夏银川与甘肃兰州。2022年12月29日,银兰高速铁路中卫至兰州段的开通运营标志着银兰高铁实现全线贯通,至此兰州至银川最快不足3小时便可抵达。银西高铁则是一条连接宁夏银川与陕西西安的高铁,全线跨越宁、甘、陕三省区,建设过程中积极破解了荒漠戈壁、湿陷性黄土和缺少有砟高铁建设经验"三大"难题。按国家铁路规划,2024年包头至银川高铁的银川至惠农段计划开通,2025年包头至银川高铁的包头至临河段计划开通。

(4)青海省路网地位显著。省会西宁市作为重要的经济节点城市,路网地位突出。2022年10月29日,西宁至成都高铁正式开工,这是我国"八纵八横"高铁网兰州、西宁至广东兰(西)广通道的组成部分,沿线与已开通的兰新高铁、西成高铁、成贵高铁和在建的兰州到合作高铁,成都到兰州高铁等多条线路连通,全长836.5公里,时速200千米/小时,建成后西宁到成都最快4.5小时到达。线路的建成将加强兰西城市群与成渝城市群的交融,推动

"丝绸之路经济带"和"长江经济带"互联互通。

（5）新疆交通基础设施持续改善。初步形成以兰新铁路（兰新高铁）和南疆铁路为"Y"形主轴，以北疆环线、天山环线、东疆环线和南疆环线为基础的"四环"路网骨架。受地理位置所限，兰新高铁是疆内唯一的高铁线路，兰新高铁的建成对"丝绸之路经济带"拓展西向通道起到了重要的联通作用（见图6）。

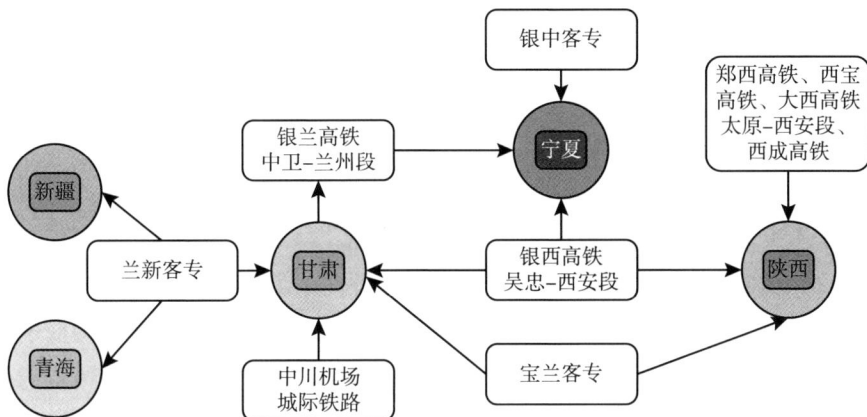

图 6　西北五省区高铁线路分布

资料来源：根据国家和各地区统计公报、交通部、国家铁路集团有限公司资料汇总整理。

2. 提质运营效果显著

2023 年 7 月 1 日零时起，全国铁路将实行新的列车运行图，西北铁路全面提质运营，铁路客货运输能力、服务品质和运行效率进一步提升。兰新高铁兰州至西宁段按时速 250 公里高标运营，首次开行西宁进京、进沪 G 字头动车组列车，北京西、上海虹桥至西宁分别最快 10 小时 16 分、12 小时 28 分可达，西宁至兰州运行时间压缩至 59 分钟；兰新高铁兰州至西宁段安排开行 G 字头动车组列车 4 列、D 字头动车组列车 70 列[①]。青藏铁路西宁至格尔木段列车运行时速提升至 160 公里，首次开行西宁至格尔木 4 列复兴号动车组列车，运行

---

① 王召杰：《全国铁路 7 月 1 日起实行新的列车运行图》，《人民铁道》2023 年 6 月 21 日，第1 版。

时间大幅压缩，最快 5 小时 59 分可达。① 银川至北京西首次开行经银西、徐兰、京广高铁的 G 字头动车组标杆列车 2 列，运行时间大幅压缩，最快 7 小时 20 分可达②。

3. 区域发展差距明显

甘肃、陕西作为国家综合立体交通网枢纽城市，高铁发展相对迅速，主骨架能力利用率显著，以其为中心的高铁区域连接线不断延展，兰州兼顾干线功能的中川机场城际铁路亦做到了有效补充。新疆、青海因地域因素，起步迟、里程少，高铁发展相对滞后。宁夏近年来高铁快速发展，五年内共开通了三条高铁线路（见表2）。

4. 综合密度指数有待提升

按省份来看，陕西和宁夏的高铁密度高于全国平均水平，甘肃低于全国平均水平4.1个百分点，新疆和青海则位列全国末位（澳门和西藏没有高铁，故不计入）；经济密度除了陕西高于全国平均水平外，其余四省区均低于全国平均值，甘肃、新疆、青海不及全国平均水平的半数；五省区人口密度均低于全国平均水平（见表1、表3）。

表3 西北地区各省区综合密度比较（截至2022年底）

地区	高铁密度（公里/万平方公里）	经济密度（万元/平方公里）	人口密度（人/平方公里）
甘肃	39.0	263	59
陕西	49.6	1594	192
新疆	4.3	107	16
宁夏	54.4	763	110
青海	3.7	50	8
西北地区	13.1	228	34

资料来源：根据国家和各地区统计公报、交通部、国家铁路集团有限公司公布数据汇总计算所得。

① 王召杰：《全国铁路7月1日起实行新的列车运行图》，《人民铁道》2023年6月21日，第1版。
② 王召杰：《全国铁路7月1日起实行新的列车运行图》，《人民铁道》2023年6月21日，第1版。

5. 各市州经济密度差距凸显

省份间差距明显。按经济密度排序，只有陕西的杨凌示范区和西安超过1亿元/平方公里，分别为1.234亿元/平方公里和1.138亿元/平方公里；在52个市州区中，0.1亿元/平方公里以上的有14个，38个市州区低于0.1亿元/平方公里。按2022年底GDP排序，达到万亿元的只有西安，GDP为11486.51亿元；榆林市紧随其后，GDP达到6543.65亿元，位列第二；在52个市州区中，只有19个市州区GDP高于1000亿元。其中，陕西省除了商洛市、铜川市和杨凌示范区GDP低于1000亿元外，其余的均过千亿元，在西北地区中整体经济发展水平最高；甘肃省除了兰州市和庆阳市过千亿元外，其余均低于1000亿元；宁夏、青海只有省会城市过千亿元；新疆半数过千亿元，整体经济发展水平较好（见图7）。

二 西北地区高铁线路设计中存在的问题

西北地区受地理条件、区域位置、经济基础、人口密度等综合因素影响，高铁线路整体布局少、时速低，路网建设相对落后，其主要原因如下。

（一）自然条件恶劣，建设难度大

西北地区地势起伏大，山大沟深，地表崎岖，地质条件复杂，地形多样，地震带多，地质灾害频发，线路选取受限制，工程量大，施工难。如兰新高铁2014年开通一年后，便开始频频遭受地质灾害，数次中断停运或降速、限速运行。2016年1月18日，青藏铁路公司线路巡检时发现，青海民和至乐都区间的张家庄隧道发生地质灾害。当年5月1日恢复运行，相关路段运行速度降至60千米/小时。当年7月12日，受持续降水等因素影响，民和南至乐都区间再次发生地质灾害，导致设备故障，兰新客运专线受到影响，兰州站和兰州西站发往西宁、嘉峪关、乌鲁木齐方向的多趟动车组列车和普速列车受到影响。线路于当年9月恢复，但通过速度仍然限制在60千米/小时。2018年12月，张家庄隧道所在山体发生变形，线路停运。2019年2月5日，对张家庄隧道实施较长时间的整治工程，一直持续到2020年10月11日，历时近两年。2021年5月31日，张家庄隧道再次发出警报，第四次停运。2022年1月8日，青海省门源县发生6.9级地震，兰新高铁浩门至军马场间损毁严重，西宁至张掖段的大梁隧道、

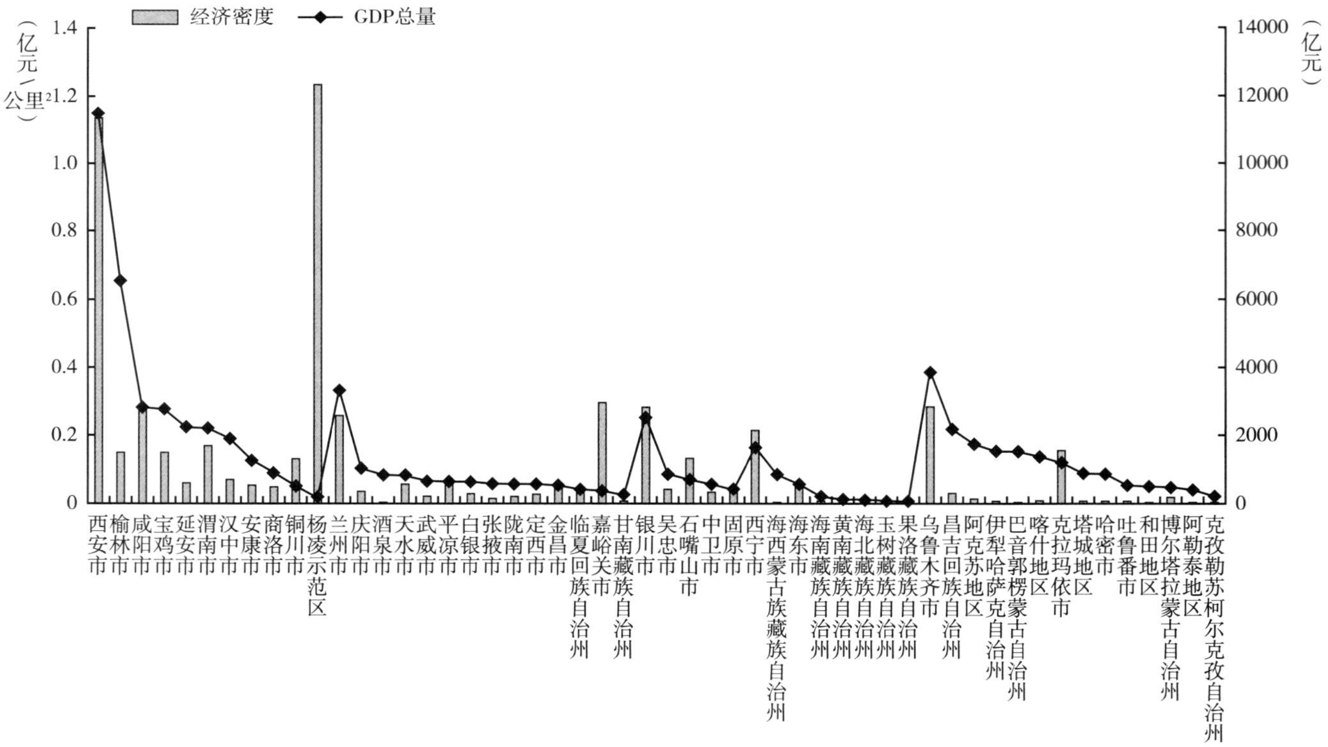

图 7 2022 年西北五省区各市州经济密度比较及 GDP 总量

资料来源：根据国家和各地区统计公报、交通部、国家铁路集团有限公司、地方政府公布数据汇总计算所得。

祁连山隧道、硫磺沟大桥亦遭到破坏。灾后，铁路部门组织了修复工程。与此同时，张家庄隧道绕避改线工程与兰州至西宁段提质达速改造工程同步开工。2022年9月15日，西宁市城北区九家湾东山发生山体滑坡，造成部分桥梁结构受损，即将开通的西宁至张掖段再次被中断。铁路部门多次对兰新高铁兰州至西宁段实施了线路整治和提质改造工程，并对西宁至张掖段实施了滑坡灾害治理工程，2023年7月1日，兰新高铁全线恢复售票运营。开通八年，数次停运，直接经济损失达数亿元。

（二）经济基础薄弱，路网规模小

西北地区高铁建设正在打通连接着各类资源的路网通道，但整体集成度和控制值、连接度三项指标均明显落后于华中、华东和华北等地区。在西北五省区中，除了西安外，其他中心城市的整体集成度、控制值和连接度都有待大幅优化。据2022年底34省区市（包含港澳台地区）GDP数据统计，陕西GDP达到32772.68亿元，居全国第15位；新疆GDP达到17741.34亿元，居全国第25位；甘肃GDP达到11201.6亿元，居全国第29位；宁夏GDP达到5069.57亿元，居全国第31位；青海GDP达到3610.1亿元，居全国第32位。除陕西外，西北地区经济实力普遍偏弱。由于经济的相对落后，高铁线路布局很少，线路仅10条，高铁线路主骨架仍显单薄。甘肃在西北地区区位优势明显，但高铁网短板也较为突出，通道单一，除了陇海—兰新主干通道外，省内及与周边省份的运能运力都未得到充分挖掘和发挥，截至2022年底仍有一半的市州不通高铁。新疆、青海都只有一条高铁通过，有些地区铁路是断头线，不能形成迂回通路，网络效益差。

（三）投资效益低，线路负荷重

西北地区高铁普遍技术标准低，除了入陕的郑西高铁、西宝高铁设计时速在350千米/小时外，其余线路均为设计时速在250千米/小时，给未来高铁提速改造增加了难度。因为地域宽广、人口密度低，故新疆、青海高铁线路设计的少，缺乏大能力通道和快速客运通道，线路负荷加重，运营紧张，路网性铁路枢纽和部分区域性铁路枢纽能力明显不足。同时，兰新高铁自开通运营以来，由于运输密度较低、投资收益不良好，一定程度上也影响了未来乌鲁木齐与北京的高铁直联。

（四）战略意义显著，枢纽地位亟待强化

西北地区战略地位突出。从"一带一路"倡议和西部大开发的国家战略考虑，发展同周边国家友好合作关系和打通内陆市场，亟待西北地区快速客运通道的加速建设。建设运能大、功能全、安全高效的快速大通道和大枢纽是西北地区高铁发展的迫切需要。

陕西省作为国内较早通达高铁的省份，2022 年底高铁通车里程 1019 公里，刚刚突破千公里大关，位居全国第 21 位。这一位次不仅与陕西省在全国的经济排名不相符，更是落后于西北地区的甘肃。大西安南部（尤其是人口和产业高度密集的西南），缺乏大型的对外综合客运枢纽。西安未来铁路枢纽总体布局为"四主一辅"，即四主（西安北站、西安东站、西安站、西安南站）和一辅（西安西站）。其中，西安南站作为客运格局中规划的大型枢纽，更是助力西安打造国际综合交通枢纽的重要工程，也是地铁 6 号线和规划中12 号线等的起终点。它地处高新区丝路科学城，是综合性国家科学城中心和科技创新中心的几何中心，辐射数百万人口和多个发展新区县，能加速推动人才、资金和产业等向西安片区聚集。目前亟须依托城际铁路带动西安南站发展，疏通枢纽通道。

三　西北地区高铁线路优化的建议

《"十四五"现代综合交通运输体系发展规划》提出，中西部地区要精准补齐交通网络短板，稳步提高通达深度，畅通交通网络微循环。从整个西北铁路网来说，西安是线网最密的城市，以西安为中心形成的都市圈是国家级的都市圈，与成都、重庆两个国家级都市圈相呼应，形成了轨道上的"金三角"。同时，兰州作为重要的西北枢纽，和西安共同承担着联结西北其他中心城市的作用。通过西安、兰州等中心城市修建的高速轨道连接都市圈周边的其他城市，促进周边城市的现代交通建设，利用中心城市的辐射能力带动整个都市圈一体化发展，同时，也将缩短与长三角、珠三角、京津冀等距离遥远但经济发达区域的来往时间，促进人流、物流、信息流、资金流等各要素的快速流通，这必将有力地促进西北地区经济社会高质量发展。

（一）积极争取高铁线路纳入国家规划

2021 年 3 月，国务院办公厅印发《关于进一步做好铁路规划建设工作意见的通知》（国办函〔2021〕27 号），给高铁的规划建设划了一道"红线"。要求高铁线路规划要在统筹区域经济社会发展、路网布局、运输需求、既有通道能力利用、资金筹措等因素的基础上建设，但国家"八纵八横"大通道项目以及西部地区路网空白项目除外。西北地区正好借助路网空白项目的建设契机，拓展高铁网络的通达深度，科学规划布局区域高铁线路，畅通干支循环，加速区域经济社会高质量发展。如：争取京昆通道西安至重庆段，包（银）海通道包头至延安、延安至西安段，京兰通道包头至银川段，青银通道太原至绥德段等主通道项目早日上马；积极创造西安至十堰等区域高铁项目建设条件，作为重要的通道补强或高铁区域连接线项目，争取纳入国家规划。

（二）加大路网提速改造力度

2023 年 6 月，陕西省发改委启动了"新时代陕西省铁路网高质量发展规划研究项目"招标，包含陕西汉中至四川阿坝（九寨沟）高铁和陕西省铁路网高质量发展提升工程两项，共计 1420 公里，覆盖西安、汉中、宝鸡、榆林、商洛、安康等 6 市。其中，铁路网高质量发展提升工程包括了兰州经汉中至十堰高铁陕西段、西安至合肥陕西段、宝鸡经汉中至巴中铁路、青银高铁通道榆林地区方案优化、陕北地区能源东出新通道 5 条新建铁路的前期研究工作。此规划实施将首先解决陕南地区的"交通瓶颈"问题，有两条线路涉及汉中。一条是陕西汉中至四川阿坝（九寨沟）高铁，另一条是"兰州-汉中-十堰"高铁陕西段，两条高铁交汇于汉中。结合已通车的"西成高铁"，汉中将成为陕西新的"米字形"铁路枢纽城市。安康拥有两条高铁成为"十字形"枢纽。其次，陕北铁路将得到跨越式提升。针对长期以来陕北高铁网缺失现象，此次，青银高铁通道榆林地区方案优化和陕北地区能源东出新通道，能够过境榆林，榆林将形成"十字形"高铁枢纽，交通能级与经济能级达到一致。

2023 年 7 月 7 日，陕西省《大西高速铁路提速改造工程勘察设计招标公告》正式发布，大西高铁时速将由 250 千米/小时提速到 300 千米/小时。

（三）充分发挥城际铁路的补充作用

国家铁路规划的原则是支持按城际铁路模式推动项目建设，并将在技术、建设、运输管理等方面给予支持。为此，针对市场有需求、资金有保障、条件能达标的市州，应该有序推进高铁连接线、延伸线等项目建设，充分发挥城际铁路的补充作用，扩大西北地区高铁网络的覆盖面。陕西省借力西安打造"轨道圈上的都市圈"政策契机，争取城际铁路进一步发展。建设潼关经西安至天水（大关中经济区）的城际铁路，有助于城市连绵区和城市群的发展需求。关中城市群城际铁路建设规划调整，包括"阎良（富平）至机场城际铁路"，此线路演变为地铁 17 号线，并与渭北万亿元级工业大走廊高度契合；"西安至法门寺城际铁路法门寺至绛帐段"和"西安至法门寺城际铁路眉县东至太白段"两条城际铁路的规划建设，有助于"西安南站"的启动。同时，争取西安地铁 17 号线延伸线能早日落户渭南市，以满足西安渭南 1 小时内通勤需求。甘肃省可将兰州至白银城际铁路规划纳入兰州铁路枢纽优化提质工程。

（四）纵深挖掘对外开放平台优势

甘肃、青海两省努力打通南向通道，构建西北、西南地区便捷联系的综合运输大通道。待兰合铁路开通，通过西成铁路南下，实现和成渝经济圈的快速直通直联，有效衔接丝绸之路经济带和西部陆海新通道，并畅通新疆向西南地区的延伸。《青海省综合立体交通网规划纲要》要将青海打造成西北西南便捷往来的新通道，西南地区将成为青海全方位开发开放的重要方向，高铁建设将利于西宁立体大交通格局的形成。

新疆积极创造条件，争取修建北疆、南疆高铁，即乌鲁木齐至喀什、乌鲁木齐至霍尔果斯高铁。尤其是正在规划的省域内部的超长距离乌鲁木齐至喀什的高铁线路，将加强首府乌鲁木齐和经济重镇喀什之间的联系，助推新疆经济社会高质量发展。新疆城市间距离较远，适合高铁高速运行；新疆地质结构相对稳定，施工难度会降低；新疆地广人稀，涉及的征迁等成本较低。针对高铁建设成本高、高铁运营成本高、客流量一旦达不到相应规模运营压力大的问题，可以分步进行，提质增速与对外开放同步推进。

先北后南，先修建乌鲁木齐至奎屯段高铁，再根据实际情况决定向西或者向南修建，最终将高铁通向祖国的最西端。

（五）数智赋能高铁线路系统建设

以数字化、网络化、智能化为主线，以技术装备智能化和新基建在高铁应用赋能为着力点，推动高铁系统智能升级和智慧发展，打造自主先进、安全可靠的现代智能高铁系统。

围绕高铁线路勘察和设计、建设和运营、安全和运维等领域，发展智能先进技术装备体系；以保障运行安全、提高运行效率、促进精益管理和增强服务体验为目标，加大新基建在西北地区高铁项目中的应用建设；强化技术创新应用赋能，推进现代技术在高铁建设中更广泛、成体系、规模化应用；完善智能铁路发展体系架构，细化发展路线和实施路径，加快推进智能高铁发展。

（六）信息技术助力路网优化提升

立足信息化、数字化，激发数据要素价值潜能，持续推进西北地区高铁路网信息化建设，确保西北地区高铁网络安全，以信息化、数字化转型推动生产方式、治理方式的根本变革。

构建现代信息基础设施。加快大数据中心建设，构建由主数据中心、同城双活数据中心（热备份数据中心和冷备份中心）、异地数据中心（灾备）、铁路局运行中心和站段边缘计算节点构成的云边结合的铁路行业云平台整体布局。建设高速、安全、泛在的新一代高铁信息网络。充分运用大数据、物联网、区块链、人工智能等新技术，推进一体化信息集成平台智能化升级，为各业务板块提供统一的主体和周边智能服务。

优化整合业务信息系统。深化业务领域信息系统建设，实现对各业务场景和作业环节全覆盖，提升跨部门、跨业务、跨层级业务协同能力。全面推进信息系统整合，推进信息系统横向集成、纵向贯通，实现信息资源集成共享、数据价值激发释放、信息技术与业务深度融合。加强国铁企业内外网建设，优化门户网站功能，提升数字化服务效能。

筑牢高铁网络安全屏障。深入推进高铁网络安全体系和保障能力建设，完善网络安全管理体系、技术体系和运维体系，建立内部攻防演练机制，不断提升网络安全人防、技防、物防水平，确保列车调度指挥等关键网络系统绝对安全。全面提升网络安全监测预警、应急处置和安全防护能力。加强重要数据分级分类管理，强化数据安全防护措施。统筹推进信息技术应用创新，加快重点领域信息基础设施及应用软件国产替代工作。

参考文献

王召杰：《全国铁路 7 月 1 日起实行新的列车运行图》，《人民铁道》2023 年 6 月 21 日，第 1 版。

B.17
中国西北地区打造红色旅游走廊研究

胡　芳*

摘　要： 中国西北地区红色文化资源富集，自然风光壮丽，具有打造红色旅游走廊的独特优势。本文系统梳理了西北五省区的红色文化资源、红色旅游经典景区和精品线路打造现状，以及自然与人文资源优势，指出其面临尚未就红色旅游走廊打造形成共识、资源挖掘保护不充分、对外宣传力度不大、资金和人才匮乏、红色旅游产业化水平低、开发模式和产品单一等问题。鉴于此，本文提出加强区域间的协作联动、科学规划红色旅游走廊、大力发展"红色+"旅游业态、建立多元化的投融资机制、加大红色旅游的数字化发展力度等对策建议。

关键词： 红色旅游　红色旅游走廊　西北地区

红色旅游是以革命传统教育和爱国主义教育为主题开展的富有中国特色的新型旅游形式，在铭记党的光辉历史、弘扬红色文化、传承红色基因、赓续革命精神方面发挥着重要作用。近年来，随着党史教育、"四史"教育、庆祝建党百年华诞、主题教育等活动的持续深入开展，寓教于游的红色旅游呈现蓬勃发展的趋势，在红色旅游经典景区建设和精品线路推出等方面取得了令人瞩目的成绩，而作为能整合各地资源、加强地区间协作、优化空间布局的红色旅游走廊建设尚处于起步探索阶段。中国西北地区是革命老区之一，红色文化资源富集深厚，民族风情绚丽多彩，自然风光雄奇壮丽，具有打造红色旅游走廊的资源基础与优势。本文结合西北五省区独特的红色旅游资源与自然人文环境，探讨其协同打造红色旅游走廊的现实路径。

---

* 胡芳，青海省社会科学院文史研究所研究员，主要研究方向为青海文学、民俗文化和历史文化。

一　西北地区打造红色旅游走廊的优势与潜力

西北地区是中国红色旅游资源的重点分布地区，新民主主义革命、社会主义革命和建设、改革开放和社会主义现代化建设新时期、中国特色社会主义新时代形成的红色文化与本土的历史文化、民俗文化和少数民族文化相互交织、交相辉映，形成了具有鲜明地域特色的红色旅游资源。目前，西北五省区的红色旅游资源以其深厚的红色文化积淀为根基，以红色旅游经典景区、爱国主义教育基地、红色旅游精品线路等为依托，以各地形态各异的自然风光和民俗风情为支撑，具有得天独厚的打造红色旅游走廊的独特优势。

（一）红色文化资源优势

西北地区革命历史悠久，红色文化资源积淀深厚，具有典型性和差异性，在党史、中国革命史和社会主义建设史上具有重要地位与价值。

1. 陕西省的红色文化资源

陕西省是革命老区，红色文化资源数量多、分布广、影响大，集中分布在陕北、关中和陕南地区，且主要以土地革命、抗日战争和解放战争时期形成的红色资源为主体。新民主主义革命时期，中国共产党在陕西相继建立了陕北、川陕、鄂豫陕革命根据地，使中国革命从星星之火发展为燎原之势；发动了彪炳史册的西安事变，促进了国共合作；中国共产党在圣地延安做出了关系中国革命前途命运的一系列重大决策，毛泽东主席也在延安撰写了大量关于中国革命政治路线、军事、党建等问题的代表性理论著作；陕北既是抗日战争和解放战争时期中国革命的指挥部，也是红军长征的落脚点。从土地革命到解放战争，这片红色的热土上发生了众多的革命事件、战斗战役、重要会议，留下了大量的革命遗迹、遗址、遗物、纪念馆和展览馆等，产生了"延安精神""西柏坡精神"等红色精神资源，这些红色旅游资源不仅是陕西乃至全国开展爱国主义、革命传统教育的核心资源，也是打造红色旅游走廊的重要依托。

2. 甘肃省的红色文化资源

甘肃省是红色文化资源大省，以新民主主义革命、社会主义革命和建设时期形成的红色文化资源为主体。甘肃是党中央最终确定红军长征落脚点的战略决策地和结束长征、实现革命力量大团结的会师地，1936年10月，红一、四方面军在甘肃会宁的大会师是中国革命走向胜利的转折点；甘肃是红西路军的主要征战地，从1936年10月起，红西路军在河西走廊浴血奋战、抛洒热血，谱写了英勇悲壮的不朽篇章；甘肃陇东南梁革命根据地是土地革命战争后期硕果仅存的红色根据地，为党中央和各路长征红军提供了落脚点。甘肃还是新中国重要能源基地和国防工业的摇篮，为社会主义建设事业做出了巨大贡献。这些丰厚的革命历史和生动的革命事迹留下了诸多遗迹、旧址、烈士陵园、纪念碑、纪念亭、纪念馆和革命文物，也产生了"长征精神""会师精神""南梁精神""红西路军精神""载人航天精神"等宝贵的革命精神和优良传统。

3. 宁夏的红色文化资源

宁夏回族自治区是陕甘宁革命根据地的重要组成部分，也是红军长征和西征时活动的重点区域，其红色文化资源与中国工农红军长征、红军西征和陕甘宁革命根据地的革命历史与活动密切相关。中国共产党在宁夏的重要活动有国民革命时期开展的成立宁夏特别支部和盐池支部、宣传革命思想等；土地革命时期，红军长征经过宁夏，积极宣传党的抗日主张，建立了盐池、豫旺、豫海、固北、固原等多个红色政权，其中豫海县回民自治政府的成立是我党历史上创造性地用马克思民族主义理论解决中国民族实际问题的一次伟大尝试；毛泽东主席于1935年10月率领中央红军翻越六盘山途经宁夏南部，受到了沿途群众的热烈拥护；全面抗战和解放战争时期，以盐池为代表，宁夏各县委积极开展支前工作，为保卫陕甘宁地区、支援边区建设和解放全中国做出了重要贡献。中国共产党领导宁夏回汉人民建立民族统一战线、拯救民族危难的光辉历史留下诸多革命遗迹、旧址、纪念碑、纪念馆、纪念园、红色歌谣和标语、题词等珍贵的红色文化遗产。

4. 青海的红色文化资源

由于特殊的地理位置和区域历史，青海的红色文化发展较晚，时间跨度较长，主要集中在土地革命、解放战争、社会主义革命和建设时期。土地革命时期，红军长征经过青海果洛班玛，被俘的红西路军战士与马步芳政权进行了不屈不挠的斗争；解放战争时期，习仲勋十七次争取昂拉千户项谦投诚,受到了毛泽东主席的高度赞扬;社会主义革命和建设时期,中国第一颗原子弹在海北州金银滩草原成功爆破,祖国"聚宝盆"——柴达木盆地被大规模开发,青藏公路、青藏铁路两条天路成功建设;改革开放和社会主义现代化建设新时期,玉树抗震救灾取得胜利;中国特色社会主义新时代,三江源生态保护卓有成效;等等。青海的红色资源既有物质形态的革命烈士纪念碑、红色遗迹遗址、纪念馆、革命文物,也有以意识形态形式呈现的"红西路军精神""两弹一星精神""柴达木精神""两路精神""玉树抗震救灾精神"等,这些文化资源是青海文化极其重要的组成部分,也是青海各族人民弥足珍贵的精神财富。

5. 新疆的红色文化资源

新疆地处西北"中苏大通道"和边疆民族地区,红色文化时间跨度长、类型多样、地域特色鲜明,其红色文化资源与红色特殊通道、保家卫国、屯垦戍边、民族团结、边防建设等相关。新疆的红色文化最早可追溯到俄国十月革命时期,由于新疆与苏俄有 3500 公里的边界线,伊犁、塔城等地成为马克思主义从苏联传入我国的重要传播通道。抗日战争爆发后,中共中央在迪化(今乌鲁木齐)设立了八路军驻新疆办事处,新疆成为接待往返于延安和苏联的共产党人、国际友人及运输国际援华物资的特殊红色通道。[①] 从抗日战争到社会主义革命和建设时期,新疆的红色文化资源主要有为新疆的解放、建设和社会稳定而流血牺牲的英雄人物事迹及诸多革命烈士陵园、兵团屯垦戍边的伟大实践、保家卫国的红色边防、民族团结的先进典型、公路建设的伟大成就以及两弹一星、新中国第一个大油田——克拉玛依等重大红色工程资源等。新疆的红色文化资源既有纪念场馆、烈士陵园、遗迹遗址、纪念碑、纪念馆、戍边哨所、边境口岸、建设和发展成就标志物、革命遗物,也有非物质形态的"兵团精神"及红色故事、歌谣、文艺作品等。

(二)西北地区的红色旅游经典景区、精品线路打造现状

1. 西北地区红色旅游资源概况

西北地区红色旅游景区数量众多、类型多样。据统计,陕西省有不可移动

---

① 赵莉娜:《文化润疆视域下新疆红色文化资源的保护与开发研究》,《新疆社科论坛》2022年第 3 期。

革命文物 1141 处，其中，全国重点文物保护单位 30 处，[①] 全国爱国主义教育示范基地 19 处，[②] 红色旅游经典景区 13 处，此外，还有陕甘宁和川陕渝 2 个红色旅游区，延安还获批创建全国唯一的革命文物类国家文物保护利用示范区。甘肃有 720 余处红色遗址遗迹，[③] 不可移动革命文物 483 处，其中 10 处为全国重点文物保护单位，[④] 红色旅游经典景区 10 处，全国爱国主义教育示范基地 21 处。宁夏有不可移动革命文物 80 处，红色旅游经典景区 4 处，[⑤] 全国爱国主义教育示范基地 9 处。青海现有不可移动革命文物 37 处，其中，全国重点文物保护单位 7 处[⑥]，红色旅游经典景区 5 家，全国爱国主义教育示范基地 8 处。新疆有不可移动革命文物 59 处[⑦]，红色旅游经典景区 12 处，全国爱国主义教育示范基地 11 处。

2. 西北地区红色旅游经典景区建设现状

红色旅游经典景区是打造红色旅游走廊的重要依托。按照中央办公厅、国务院办公厅印发的《2016~2020 年全国红色旅游规划纲要》要求，国家发改委、中宣部、财政部等 14 家单位联合印发了《全国红色旅游经典景区名录》，各省区共 300 处景区。

从表 1 可看出，西北五省区入选的全国红色旅游经典景区共有 43 处，约占全国总数的 14.3%。

---

① 陕西省文物局：《陕西省文物基本数据（2022 年版）》，http：//wwj. shaanxi. gov. cn/zfxxgk/fdzdgknr/tjxx/202302/t20230221_ 2275639. html，最后检索时间：2023 年 9 月 16 日。

② 陕西、甘肃、宁夏、青海、新疆西北五省区的爱国主义教育基地数据均从《全国爱国主义教育示范基地》中统计所得，央视网，https：//edu. cctv. com/special/agzyiyid/page/index. shtml，最后检索时间：2023 年 9 月 16 日。

③ 《甘肃的文化自信（九）》，https：//www. xiaohongshu. com/explore/63015c5c000000001b007e07，最后检索时间：2023 年 9 月 16 日。

④ 甘肃省文化和旅游厅：《新时代，陇原大地上的红色愈加鲜亮》，《中国文化报》2023 年 2 月 15 日，第 1 版。

⑤ 宁夏文化和旅游厅：《关于自治区十二届人大四次会议第 157 号建议协办意见的函》，https：//whhlyt. nx. gov. cn/zwgk/fdzdgknr/rdjyzxtabl/202108/t20210811_ 3643506. html，最后检索时间：2023 年 9 月 16 日。

⑥ 崔永焘：《青海：革命文物闪耀青海》，网易，https：//m. 163. com/dy/article/HHBCNO7205149KRV. html，最后检索时间：2023 年 9 月 16 日。

⑦ 王思超：《新疆公布第二批不可移动革命文物》，中国旅游新闻网，http：//www. ctnews. com. cn/hsly/content/2021-09/23/content_ 112054. html，最后检索时间：2023 年 9 月 16 日。

表1　西北五省区入选全国红色旅游经典景区名录

单位：处

省区	名称	数量
陕西	西安市红色旅游系列景区　汉中市川陕革命根据地纪念馆　延安市延安革命纪念地系列景区　咸阳市旬邑县马栏革命旧址　铜川市陕甘边照金革命根据地旧址　渭南市华州区渭华起义纪念馆　榆林市红色旅游系列景区　宝鸡市红色旅游系列景区　陕南红军革命根据地系列景区　咸阳市泾阳县安吴青训班革命旧址　黄陵县陕甘边小石崖革命旧址　靖边县小河会议旧址　富平县红色旅游系列景区	13
甘肃	甘肃红军长征红色旅游系列景区　兰州市城关区八路军兰州办事处旧址　庆阳市华池县陕甘边区苏维埃政府旧址　张掖市高台县高台烈士陵园　庆阳市环县山城堡战役遗址　平凉市中国工农红军长征界石铺纪念园　陇南市两当县两当兵变旧址　酒泉市玉门油田　张掖市山丹艾黎纪念馆　甘南州舟曲特大山洪泥石流地质灾害纪念公园	10
宁夏	六盘山红军长征纪念景区　吴忠市同心县红军西征红色旅游系列景区　吴忠市盐池县革命烈士纪念馆	3
青海	西宁市中国工农红军西路军纪念馆　海北州青海原子城遗址　玉树抗震救灾纪念馆　果洛州班玛县红军沟革命遗址　海东市循化县十世班禅大师故居	5
新疆	乌鲁木齐市八路军驻新疆办事处纪念馆　乌鲁木齐市革命烈士陵园　哈密市红军西路军进疆纪念园　克拉玛依市克拉玛依一号井　和田地区于田县库尔班·吐鲁番纪念馆　巴音郭勒州马兰军博园　伊犁林则徐纪念馆　克州阿图什市赛福鼎·艾则孜故居　石河子市红色旅游系列景区　农一师阿拉尔市三五九旅屯垦纪念馆　新疆生产建设兵团系列景区　新疆生产建设兵团第六师五家渠市军垦博物馆	12

资料来源：《全国红色旅游经典景区名录》，国家发展和改革委员会网站。

近年来，西北地区高度重视红色旅游发展，通过挖掘整理本区域红色文化资源、完善红色旅游发展规划、投入资金保护修缮红色旅游经典景区等措施，有效推动了红色旅游业的蓬勃发展，为红色旅游走廊打造奠定了坚实的基础。如，陕西近年来累计投入约300亿元用于革命旧址保护、革命纪念场馆建设和展示陈列等[①]；甘肃自2018年以来，累计投入资金1.47亿元，启动实施156

---

① 姚文琦、赵景龙：《陕西革命旧址现状和展示利用分析研究》，《渭南师范学院学报》2022年第1期。

项革命文物保护利用工程。① 宁夏的六盘山红军长征景区自 2017 年启动 5A 级创建工作以来，累计整合旅游建设资金 7.2 亿元，集中完善了景区基础服务设施和通达能力。② 青海省相继修建了海北原子城、班玛红军沟、循化红光村等红色遗址。近年来，国家、地方和民营企业在新疆累计投入了 15.94 亿元发展红色旅游，国家投资 3800 余万元对乌鲁木齐烈士陵园、林则徐故居、于田县库尔班·吐鲁木纪念馆等建设项目予以重点支持。③ 可以说，党的十八大以来，西北地区的红色旅游经典景区不断扩展，各省区逐步形成了涵盖新民主主义革命、社会主义革命和建设、改革开放和社会主义现代化建设新时期、中国特色社会主义新时代四个历史时期的红色旅游经典景区体系。

3.西北地区红色旅游精品线路打造现状

2021 年，为庆祝中国共产党建党百年华诞，文化和旅游部联合中央宣传部、中共党史和文献研究院、国家发展改革委推出了"建党百年红色旅游百条精品线路"，这些线路以重大革命历史事件为脉络，将党史上的重要地标、重要节点串联起来，展现了中国共产党领导全国各族人民在中国革命、建设和改革历程中取得的重大成就，形成了中国的"红色旅游地图"。

由表 2 数据可看出，西北五省区入选红色旅游精品线路的共有 14 条，占全国的 14%。

表 2　西北五省区入选"建党百年红色旅游百条精品线路"名录

单位：条

省区	线路名称			数量
陕西	红色陕西·圣地延安味道	能源陕北·科技西安	体验关中民俗·品味陕西	3

---

① 李海霞：《甘肃革命文物保护利用取得良好成效》，国家文物局网站，http://www.ncha.gov.cn/art/2023/2/7/art_722_179600.html，最后检索时间：2023 年 9 月 16 日。

② 马旭霞：《固原市红色文化资源保护挖掘开发利用问题的探究》，宁夏六盘山干部学院网站，http://www.lpsgbxy.cn/index/article/index-5429.html，最后检索时间：2023 年 9 月 16 日。

③ 都红岩、王永平、丁宁、张淼、杨光权：《用好红色资源 深化党史教育 推动新疆旅游高质量发展》，天山网，http://news.ts.cn/system/2021/06/22/036649972.shtml，最后检索时间：2023 年 9 月 16 日。

续表

省区	线路名称	数量
甘肃	红军会师·征途在前　壮怀激烈·初心不改　治沙典范·生态甘肃	3
宁夏	红旗漫卷六盘山　　金沙滩·山海情	2
青海	雪域高原·红色青海　神秘原子城·大国铸剑人　脱贫攻坚·花儿最艳	3
新疆	革命记忆·新疆足迹　爱国守边·青春无悔　屯垦戍边·红色兵团	3

资料来源：《文化和旅游部　中央宣传部　中共党史和文献研究院　国家发展改革委关于发布"建党百年红色旅游百条精品线路"的公告》，中华人民共和国中央人民政府网站。

此外，西北五省区还陆续推出了省级红色旅游精品线路，陕西于2021年5月围绕土地革命、抗日战争、解放战争、航空文化、红色工业、生态治理等主题推出了25条旅游线路名录；甘肃省于2022年10月围绕"三区三州红色旅游线路""长征丰碑　彪炳史册""红色沃土　滋养初心""巍巍祁连　浴血河西""时代楷模　赤子之心""生态文明　春绿陇原""脱贫攻坚　苦尽甘来"七大主题推出了35条红色旅游精品线路；宁夏于2021年4月围绕"长征精神""红色记忆""感受中国力量""美丽乡村"4个主题研学推出了22条红色旅游精品线路；青海于2021年5月围绕红军长征、西路军、两路建设、玉树抗震救灾、生态保护推出了10条红色旅游精品线路；新疆于2021年5月围绕八路军和西路军的革命事迹、解放军屯垦戍边事迹、石油和钢铁工业创始等主题推出了10条红色旅游精品线路。

近几年，随着党史教育、主题教育的深入开展，以及红色旅游经典景区、精品线路等的成功打造，全国乃至西北地区的红色旅游业蓬勃发展，展现出广阔的前景与潜力。据统计，"十三五"期间，全国红色旅游出游人数保持稳定增长，在全国国内旅游市场维持在11%以上的市场份额。[①] 其中，延安的红色旅游成绩十分亮眼，"十三五"期间到延安的游客人数为2.5亿人次，旅游综合收入突破1500亿元，红色教育培训达80万人。[②] 2021年，新疆生产建设兵

---

① 吴亚楠：《红色旅游市场多大　红色旅游行业发展前景潜力分析》，中研网，https://www.chinairn.com/scfx/20230419/174249445.shtml，最后检索时间：2023年9月16日。

② 阿琳娜、杨英琦：《陕西延安加快文旅深度融合　推进产业转型升级》，中国新闻网，https://baijiahao.baidu.com/s? id=1705165486578412842&wfr=spider&for=pc，最后检索时间：2023年9月16日。

团依托军垦文化和红色文化，大力发展红色旅游，全年累计接待游客 3118.73 万人，同比增长 36.82%，实现旅游收入 144.83 亿元，同比增长 63.22%。[①] 值得关注的是，红色旅游的客群趋于年轻化，"80 后""90 后""00 后"占比越来越高，红色旅游正在年轻人中形成新热潮。

（三）西北地区的自然与人文资源优势

红色旅游走廊的打造除了以红色文化资源、红色旅游景区为根基外，还需结合各地的自然风景和人文资源，融合发展，联合打造。西北地区的自然与人文资源具有以下优势。

1. 地域地貌广阔多样，自然风光壮丽优美

西北地区总面积为 304 万平方千米，约占全国土地面积的 32%，区域内名山众多、雪山高耸、沙漠广袤、戈壁散落、草原星罗、湖泊密布，自然风光雄奇壮丽、气象万千，是集中展示中国大美气象的自然风光旅游景区。目前，陕西省有华山、临潼骊山-秦兵马俑、黄河壶口瀑布、宝鸡天台山、黄帝陵、合阳洽川国家级风景名胜区 6 家，甘肃有麦积山、崆峒山、鸣沙山—月牙泉、关山莲花台国家级风景名胜区 4 家，宁夏有西夏王陵、须弥山石窟国家级风景名胜区 2 家，青海有青海湖国家级风景名胜区 1 家，新疆有天山天池、库木塔格沙漠、博斯腾湖、赛里木湖、罗布人村寨、托木尔大峡谷国家级风景名胜区 6 家，总共 19 家。这些风景名胜区往往与红色旅游景区相邻相近，景色优美，具有很强的旅游吸引力。

2. 历史文化底蕴深厚，民族文化绚丽多彩

西北地区是中华文明的重要发祥地和传承区之一，是丝绸之路、唐蕃古道的起点和途经地，是东西方文明交往交流交融的重要区域，历史文化底蕴深厚，文物古迹数量众多，是我国文化旅游的重点区域。如陕西境内有全国重点文物保护单位 235 处，甘肃有全国重点文物保护单位 150 处，宁夏有全国重点文物保护单位 38 处，青海有全国重点文物保护单位 48 处，新疆有全国重点文物保护单位 132 处，共计 603 处，约占全国重点文物保护单位总数 2352 处的

---

① 威亚萍、齐琳洁：《新疆兵团全力推动红色旅游发展》，中国新闻网，https://baijiahao. baidu.com/s? id=1726803463958585287&wfr=spider&for=pc，最后检索时间：2023 年 9 月 16 日。

26%。西北地区是多民族聚居区，除了新疆和宁夏是少数民族自治区外，青海、甘肃等地也是少数民族人口比例较高的地区。西北地区民族众多、宗教多元，在长期的历史发展中形成了儒家文化、道教文化、藏传佛教文化和伊斯兰文化和谐共生、多元一体的独特文化景观，其民族文化、宗教文化和民俗文化资源丰富、独具特色，具有较强的旅游吸引力。

3. 区位优势明显，旅游市场广阔

西北地区处于"一带一路"经济带的黄金地段，是联结中原与西部、中国西部与欧亚大市场的枢纽地区，区位优势十分明显。如，以西安为中心的关中平原城市群是"一带一路"的核心区，西安是亚欧国际交流的大都市；兰西城市群是"一带一路"的核心节点，以乌鲁木齐为中心的城市群是丝绸之路经济带的核心区，而国际大通道亚欧大陆桥在中国国内的3/4地段均在西北，西北地区担负着向西开放和打造亚欧非命运共同体的历史重任。近年来，西北五省区加大交通基础设施建设力度，优化重点旅游区域交通布局，规划共同建设大西北区域互联互通、快速便捷的旅游交通网络，其区域交通基础设施发展初见成效，公路、铁路、航空相结合的综合交通运输体系逐步完善。随着旅游交通条件的不断改善，加上西北地区沿边、沿河的区位优势，西北地区国内外客源市场不断得到拓展，其旅游市场前景广阔。

二　西北地区打造红色旅游走廊的劣势分析

受经济发展水平较低、基础设施较差等因素影响，西北的红色旅游走廊建设存在诸多不足与问题。

（一）尚未就红色旅游走廊打造形成共识

红色旅游走廊是红色旅游业迅速发展后产生的新概念，是整合各地红色文化资源、加强各地区红色旅游协作、推动红色旅游高质量发展的重要抓手。但目前社会各界对红色旅游走廊认知度不高，学界对其内涵、外延与构成要素尚未进行深入研究。西北五省区之间也没有形成联合打造红色旅游走廊的体制机制，红色旅游走廊打造尚处于起步探索阶段。

（二）资源挖掘保护不充分，对外宣传力度不大

近几年，从整体上看西北五省区在挖掘保护红色文化资源方面取得了显著成效，但也存在挖掘不充分、保护力度不够等问题。如，对流传于民间的红色传说、红色歌谣等的搜集整理尚未引起重视；一些散落于偏僻地区的革命遗迹遗址受破坏严重，甚至被拆除；大量的可移动革命文物散落民间，没有进行征集；等等。西北五省区的红色文化宣传方面存在方式单一、影响力不大等问题，如有些红色旅游经典景区的宣传工作仅限于印刷宣传材料、照片展览、出版相关著作等，宣传辐射范围小、效率低。

（三）资金和人才匮乏

西北地区经济发展相对滞后，而各省区的红色旅游景区、景点大多分布在偏僻地区，自身造血功能差，需要政府拨款支持，但地方财政经济总量小，对红色文化资源开发的投入较为有限，致使西北地区的红色旅游存在基础设施建设相对滞后、革命遗迹和遗址保护修缮力度小、展览陈列馆设施陈旧和维护资金不足等问题，严重制约了西北地区红色旅游走廊的打造进度。红色文化旅游走廊打造需要复合型的高素质专门人才，西北五省区的红色文化开发利用、景区策划和经营管理等人才严重缺乏，从事红色文学、红色影视、红色歌舞编创等的高层次创新创意人才也极其缺乏。

（四）红色旅游产业化水平低，开发模式和产品单一

西北地区的红色旅游景区景点分布分散，且大多处于偏僻山区、草原、戈壁等，加上受西北地区高铁不发达、景区景点之间距离遥远、地广人稀、生态环境脆弱、公路等级低等因素影响，红色旅游走廊打造面临可进入性差和宾馆、餐饮、通信、卫生等基础设施相对落后的困境，其智慧旅游建设、旅游服务意识等也远没跟上时代发展，红色旅游的产业化水平较低。西北五省区的市场经济和开放意识较弱，红色旅游资源开发模式雷同、产品单一，其红色教育尚停留在现场教学、图片、实物展览等传统形式上，以讲解和静态图文展示为主，缺乏参与式、体验式旅游项目，且新媒体在红色旅游中的参与度较低，也没有开发相应的红色文创产品等。

273

三　西北地区打造红色旅游走廊的对策建议

西北地区幅员辽阔，红色旅游资源丰富，要实现红色旅游整体有序高质量发展，必须站在全域的高度上优化红色旅游空间布局、科学打造红色旅游走廊。

（一）树立全域发展观，加强区域间的协作联动

树立全域发展观是现代旅游业的基本理念，西北五省区在地理上属于同一个单元，其红色旅游走廊打造必须树立全域发展观，对整个西北区域内的红色文化资源进行全面梳理，并打破行政区划壁垒，加强各省区间的沟通协作，结合实际建构西北红色旅游走廊的空间布局。因此，需要建立一个能对西北五省区红色旅游进行宏观统筹和协调发展的协作机构，从整体上对红色旅游走廊打造进行科学规划和有序推进。西北红色旅游走廊打造应是多元化的，既应包括全区域的、跨省区的，也应包括省域内的，各省区、省内各行政区的协作联动和文化资源整合是必不可少的，应有效整合各地的红色旅游资源。

（二）提炼红色旅游主题，科学规划红色旅游走廊

红色旅游本质上属于主题旅游，西北红色旅游走廊打造必须设计合理的红色旅游主题，并结合主题科学设计旅游线路、涉及区域及游览内容。红色旅游走廊打造也有层级之分，从整体区域来说，应打造一条以宣传弘扬党百年来在西北地区进行的革命和建设实践为主题的"西北百年红色记忆"旅游走廊，其东部以革命圣地延安为中心，西部以新疆乌鲁木齐为中心，打造一条贯穿陕西、甘肃、宁夏、青海、新疆的区域性红色旅游走廊。依托陕甘宁革命老区、西路军西征、"两弹一星"、生态保护等重大主题可打造跨省域的红色旅游走廊。如，陕甘宁革命老区红色旅游走廊东部应以延安为中心，西部以甘肃会宁为中心，中间还与宁夏六盘山地区相连接，打造以传承弘扬陕甘宁边区革命传统为主题的旅游走廊；西路军西征红色旅游走廊东部应以甘肃靖远为中心，穿越河西走廊，经过青海祁连县、甘新边界星星峡到新疆乌鲁木齐，打造一条以"巍巍祁连、浴血河西"为主题的红色旅游走廊；"两弹一星"红色旅游走廊

打造应以青海海北原子城为中心，向东往甘肃酒泉卫星城扩展，向西往新疆巴音郭勒州马兰红山军博园延伸，打造一条以"红色壮歌、科技强国"为主题的红色旅游走廊等。各省区域内还可以打造省域内的红色旅游走廊，如陕西可重点建设"红色陕西·精品延安"精品线路，将其打造成以接受革命历史教育为主题、从西安到延安的红色旅游走廊；新疆可重点建设"爱国守边·青春无悔""屯垦戍边·红色兵团"精品线路，打造以传承弘扬新疆生产建设兵团艰苦奋斗、屯垦戍边伟大精神为主题的屯垦戍边旅游走廊等。

（三）大力发展"红色+"旅游业态，增强红色旅游走廊的吸引力

西北地区红色旅游走廊打造要贴合市场、贴合游客多元化的旅游体验需求，要将红色旅游与历史文化旅游、自然风光旅游、民俗风情旅游等有机结合，加强与不同旅游形式之间的协调互动，实现深度融合发展模式。一是将各省区丰富独特的历史文化遗产与红色旅游相结合，发展"红色+历史"文化旅游。如陕西、甘肃、新疆都是文物资源大省区，其众多的文物古迹、文化遗存是打造红色旅游走廊重要的文化资源。二是将各省区的自然风景名胜区与红色旅游相结合，发展"红色+绿色"生态旅游。如陕西的华山、骊山，甘肃的鸣沙山、崆峒山、麦积山，宁夏的须弥山、六盘山，青海的青海湖、三江源，新疆的天山、库里塔格沙漠、博斯腾湖等自然风景名胜区，都可以纳入红色旅游走廊之中。三是将各省区独特的民族传统文化与红色旅游相结合，发展"红色+民俗"文化旅游。西北地区是多民族聚居区，各民族独特的饮食、服饰、节日、生产生活习俗对外地游客有较强吸引力，红色旅游走廊打造中应融入当地的民俗文化元素。

（四）建立多元化的投融资机制，改善红色旅游综合环境

西北红色旅游走廊打造是一项浩大的文化工程，需要社会各界的积极参与。必须充分发挥政府主导作用，持续加大政府对红色景区建设的投入力度，按照"分级管理、分级负担"的原则，把红色资源保护利用资金纳入经常性财政预算中。鼓励引导社会资本参与红色旅游，通过参股、减税等措施吸纳社会团体、企业和个人资本投资。加大金融机构对从事红色旅游中小微企业的扶持力度，有效解决红色旅游景区旅馆和餐饮、红色文创、旅行社等企业资金匮

乏、融资难问题。全面修缮各省区的红色遗址遗迹、更新充实陈列展品，提升红色旅游景区的整体品位。加快改善连接重点红色旅游景区景点的交通状况，形成快捷、便利的交通网络。加快改善红色旅游景区景点的住宿餐饮条件，加强环境治理，给游客提供安全舒适的旅游环境。加大人才培养和引进力度，通过培训学习等方式提升现有基层红色旅游从业人员的能力水平，遴选或引进政治素质高、管理能力强的复合型人才进入红色旅游管理层，优化红色文化研究队伍建设，加强对西北红色旅游走廊打造的系统深入研究等。

（五）加大红色旅游的数字化发展力度，助推西北地区红色旅游走廊打造

随着互联网、大数据、人工职能、区块链等数字技术的快速发展，红色旅游的数字化发展已成为大趋势。在西北红色旅游走廊打造尚未起步的当下，西北五省区应抓住国家推进实施文化数字化战略的时代机遇，运用数字化技术和数字化思维。一方面，率先通过建设红色文化资源数据库、线上展馆、红色"云家园"、线上演艺等形式，围绕各个主题探索性地打造全区域、跨省域或本省区内的数字红色旅游走廊，为线下实地打造积累基础与经验。另一方面，用数字化技术助推西北地区红色旅游走廊打造，西北五省区应以一体化思维加强红色文旅数字的资源共享和数据的互联互通，对西北地区红色文旅资源进行整体性挖掘和结构性优化，打破目前"各自为政"的红色旅游发展局面，集中打造主题突出、特色鲜明的全区域性、跨省域的红色旅游走廊。在西北地区红色旅游走廊的打造中，我们还需要加强对各省区红色文旅资源的数据化管理、提升红色展馆和红色演艺的数字化展示水平、加大红色旅游的数字化宣传力度、增强红色旅游数字品牌的核心竞争力等。

B.18
中国西北地区构建现代化产业体系研究

王宏丽*

摘　要： 构建现代化产业体系是推动经济高质量发展的重要举措。西北五省区致力于现代化产业体系建设，聚焦发挥优势、转化优势，大力发展符合本地特点的现代产业，为经济高质量发展奠定了坚实基础。当前，大力发展好实体经济、推动战略性新兴产业融合化集群化发展、夯实现代化基础设施体系建设、更进一步推动人才强省（区）战略，是西北五省区构建现代化产业体系的发力点和着力点。

关键词： 现代化产业体系　高质量发展　新发展理念　产业集群

2014年习近平主席提出构建现代化产业体系。之后，国家通过一系列政策措施来支持产业结构升级、技术创新和人才培养，致力于推动现代化产业体系建设。党的二十大报告再次明确构建现代化产业体系的重要内涵，突出"着力点放在实体经济上"。构建现代化产业体系，成为加快构建新发展格局、推动经济高质量发展的重要举措。

一　中国西北地区构建现代化产业体系的重要举措

构建现代化产业体系是中国各级政府推进经济高质量发展的首要任务，西北五省区加快构建现代化产业体系的顶层设计。

2021年7月，陕西省发布《陕西省人民政府办公厅关于进一步提升产业链发展水平的实施意见》，对陕西省"十四五"期间产业链的发展提出要求，

---

* 王宏丽，新疆社会科学院经济研究所，副所长、研究员，研究方向为区域经济学。

"力争到 2025 年，全省重点产业链总产值年均增速明显高于规上制造业平均水平，单位增加值能耗明显低于规上工业单位增加值能耗，省内配套能力显著提升，着力打造一批具有较强国际竞争力的'链主'企业和隐形冠军企业，培育形成一批世界一流、全国领先、陕西特色的产业集群。"2021 年 8 月，陕西省下发《提升全省重点产业链发展水平若干政策措施》，提出"提升链主企业产业带动能力、提升产业链企业创新能力、强化产业链招商补链延链、强化要素保障、完善链式工作机制"五个方面的重点工作。充分发挥优势，壮大产业链群，加快建设具有陕西特色的现代化产业体系，成为陕西省经济高质量发展的主旋律。2023 年，陕西省继续以"链长制"、"集群式"和"数字化"谋篇布局，大力发展壮大先进制造业，积极培育战略性新兴产业。陕西省提出"着力推进制造业 24 条、文旅产业 7 条、现代农业 9 条重点产业链建设"，精细化做好链长制工作机制；大力推进战略性新兴产业，开展先进制造业集群建设专项行动，着力培育一批国家级先进制造业集群和省级特色制造业集群，构建"企业集聚、项目集合、产业集群、要素集约、创新集成的产业生态体系"；做好数字化赋能，以数字产业化和产业数字化，加快传统产业、优势产业数字化、智能化、绿色化转型。①

甘肃省依托资源优势，以"强工业"行动为抓手，聚焦"强龙头、补链条、聚集群"，围绕"传统产业强链，新兴产业补链，重点产业延链"，推动石化、有色、装备制造等特色优势产业不断壮大，加速新能源、新材料、电子信息、生物医药、军民融合等战略性新兴产业发展，提出建设"以新能源装备、新材料为代表的现代化产业体系"，打造千亿元级产业集群和百亿元级产业园区，提升产业整体实力和综合竞争力。"链条锻造"是甘肃省建设现代化产业体系的着力突破点，突出做好"聚力实体经济振兴"。在改造提升传统产业方面，深入实施产业链链长制，大力支持传统产业高端化智能化绿色化改造，推动石油化工产业延链补链、有色冶金产业高端化延伸、钻采炼化、电工电气、数控机床等装备制造产业升级，强化能源生产和供应能力建设，实施 300 个以上"三化"改造重点项目。在大力培育新兴产业方面，提

---

① 《发挥优势加快构建现代化产业体系——访陕西省委书记赵一德》，中国经济网，http：//www.ce.cn/xwzx/gnsz/gdxw/202301/20/t20230120_38357160.shtml，最后访问日期：2023 年 10 月 9 日。

出加快发展新能源及装备制造产业，做强做大先进有色金属新材料、动力电池材料、钢铁新材料、先进石化化工新材料、无机非金属新材料、高性能纤维及制品和复合材料、前沿新材料等产业，推动生物制药、化学药及制剂创新绿色发展，加快全国一体化算力网络国家枢纽节点（甘肃）建设。在发挥优势壮大特色产业方面，大力发展现代寒旱特色农业，推进敦煌国际文化旅游名城及大敦煌文化旅游经济圈建设，加快实施文化旅游康养产业。在服务业发展方面，实施"服务业提升计划"，大力促进服务业同先进制造业、现代农业加速融合。①

青海省依托资源禀赋、发展优势和区域特征，紧紧围绕推进青藏高原生态保护和高质量发展，提出建设产业"四地"：世界级盐湖产业基地、国家清洁能源产业高地、国际生态旅游目的地和绿色有机农畜产品输出地，加快建设现代化产业体系。青海省制定印发《工业经济高质量发展"六大工程"工作方案（2022～2025年）》《招商引资"六大行动"工作方案（2022～2025年）》《数字经济发展三年行动方案（2022～2025年）》等政策文件，谋篇布局产业结构升级和高质量发展。在建设世界级盐湖产业基地方面，加快推进"钾、钠、镁、锂、氯"五大产业集群建设，推动盐湖产业与轻金属合金材料、高分子材料、新能源以及碳中和协同联动，着力强链延链补链建设，促进工业旅游融合发展。在建设国家清洁能源产业高地方面，充分发挥国家战略资源储备基地和能源基地作用，推进光热、地热、干热岩等清洁能源开发；持续加强骨干电网建设，构建新型电力系统；完善清洁能源消费体系；打造多元协同高效储能体系。在打造国际生态旅游目的地方面，推动"一环六区两廊多点"生态旅游发展新布局，促进生态旅游融合发展。在打造绿色有机农畜产品输出地方面，稳定提升牛羊肉、油料、青稞、枸杞等大宗绿色有机产品输出能力。同时，青海大力促进新能源、新材料、生物技术、绿色环保等新兴产业向高端延伸，发展新型金属合金、信息材料、储能材料、高强纤维及航空航天结构等新材料，发展光伏制造、风电装备、新能源汽车零部件等产业，以及推动发展高原生物医药和康养产业等，推进数字产业化、产业数字化，以现代产业布局推

---

① 《政府工作报告——2023年1月15日在甘肃省第十四届人民代表大会第一次会议上》，甘肃政务服务网，https：//zwfw.gansu.gov.cn/tanchang/zczx/zwxw/art/2023/art_ e3ef592366b 14b29b5519591ccf4d500.html，最后访问日期：2023年10月9日。

动高质量发展。①

宁夏提出建设"高端化、绿色化、智能化、融合化的现代化产业体系"。2023 年 4 月，宁夏发布《自治区人民政府办公厅关于深入推进新型工业强区五年计划的实施意见》，提出"着力推进产业振兴战略，实施产业体系提质升级行动，实施实体经济、新型工业和制造业强区联动计划，大力发展战略性新兴产业，加快培育增长点，打造增长极"。② 宁夏集中资源要素，集聚发展动能，集合产业优势，大力实施新型工业强区、特色农业提质、现代服务业扩容、数字赋能"四项计划"，加快推进"六新六特六优"产业发展格局，实施实体经济、新型工业和制造业强区联动计划，重点建设"七大产业基地"、打造"十条产业链"，着力打造支撑高质量发展的现代产业基地。"六新"产业分别为新型材料、清洁能源、装备制造、数字信息、现代化工和轻工纺织产业；"六特"产业分别为葡萄酒、枸杞、牛奶、肉牛、滩羊和冷凉蔬菜产业；"六优"产业分别为文化旅游、现代物流、现代金融、健康养老、电子商务和会展博览产业。"七大产业基地"分别是现代化工产业基地、新型材料产业基地、绿色能源产业基地、数字信息产业基地、高端牛羊肉生产加工基地、冷凉蔬菜基地和西部种业基地。"十条产业链"分别为光伏、储能材料、算力、先进半导体材料、高性能金属材料、高性能纤维、高端装备制造、乳制品、酿酒葡萄和枸杞深加工产业链。在数字赋能方面，推动数据链融合化，加快推动全国一体化算力网络宁夏枢纽建设，立足宁夏数字经济"一带一核一节点多区联动"的总体格局，建设全国一流的绿色数据中心集群，建设国家东数西算、信息技术应用创新、国家级数据供应链"三大基地"，打造黄河流域数字经济高质量发展示范带。③

新疆着力于优势资源转化，围绕重点产业做好延链补链强链，增强特色优

---

① 《青海以现代产业布局融入新发展格局——"加快'四地'建设，推动高质量发展"系列述评之一》，青海省人民政府网站，http：//www.qinghai.gov.cn/zwgk/system/2021/10/28/010395743.shtml，最后访问日期：2023 年 10 月 9 日。

② 《自治区人民政府办公厅关于深入推进新型工业强区五年计划的实施意见》，宁夏回族自治区人民政府网，https：//www.nx.gov.cn/zwgk/qzfwj/202304/t20230406_4021492.html，最后访问日期：2023 年 10 月 9 日。

③ 《2023 年宁夏回族自治区政府工作报告——2023 年 1 月 13 日在宁夏回族自治区第十三届人民代表大会第一次会议上》，宁夏回族自治区人民政府网站，https：//www.nx.gov.cn/zwxx_11337/nxyw/202301/t20230119_3924419.html，最后访问日期：2023 年 10 月 9 日。

势产业发展的接续性和竞争力，提出培育壮大特色优势产业，加快打造以"八大产业集群"为支撑的具有新疆特色的现代化产业体系。"八大产业集群"具体为油气生产加工、煤炭煤电煤化工、绿色矿业、粮油、棉花和纺织服装、绿色有机果蔬、优质畜产品、新能源新材料等战略性新兴产业集群。新疆通过建立产业发展政策体系、促进重大工业项目建设、推进特色优势产业发展、壮大专精特新企业规模等主要举措，推进特色优势产业高质量发展。在建立产业发展政策体系方面，2023 年 5 月，自治区党委印发实施《关于培育发展自治区特色优势产业集群的指导意见》，自治区发展改革委员会等有关部门推出 8 个产业集群行动计划、36 个重点产业链实施方案以及自治区实施省级领导联系重点产业集群产业链工作方案，推动完善产业集群"1+8+36+1"政策体系。同年，新疆实施《金融支持新疆"八大产业集群"发展若干措施》，启动"2+5"重点人才计划，全力打造"八大产业集群"人才链，夯实产业发展的人力基础。在促进重大工业项目建设方面，建立工业项目库，加快推进 50 项总投资 10 亿元以上、10 项总投资 100 亿元以上标志性重大工业项目建设。在推进特色优势产业发展方面，加快推进油气、煤炭、矿产、棉花等能源资源转化，着力补齐化纤、印染、服装、家纺、针织及设计等产业链供应链短板，加快建设棉花和纺织服装产业集群；加快推进肉羊、肉牛、奶业等优势特色产业延链强链。在壮大专精特新企业规模方面，新疆提出，力争在 2023 年新增自治区专精特新中小企业 200 家，国家级专精特新"小巨人"企业 20 家。争取石油石化、现代煤化工等重大项目纳入国家规划。[1]

二　中国西北地区构建现代化产业体系的主要成效

西北五省区立足自身优势，通过政策引导、资金支撑、机制保障等一系列举措，在产业结构升级、创新能力提升、核心竞争力提高、就业机会增加、人们生活水平和质量改善等方面都取得了不同程度的成效。

---

[1] 《关于印发 2023 年自治区国民经济和社会发展计划及主要指标的通知》，新疆维吾尔自治区人民政府网，http：//www.xinjiang.gov.cn/xinjiang/c112543/202302/d351fe18f40448189479 d3f7cd10907a.shtml，最后访问日期：2023 年 10 月 9 日。

（一）产业结构升级加快

经济运行平稳向好、产业结构升级加快，是西北五省区现代化产业发展的基本特征。工业新动能发展稳定，传统产业正在向高科技、高附加值和创新驱动的产业转型，新兴产业和战略性新兴产业快速发展。高端化发展趋势明显，服务业向现代化、智能化转型，新业态快速发展，数字经济表现活跃。产业聚集程度提升，战略性产业集群蓬勃发展，推动产业基础高级化和产业链现代化。

陕西省能源工业增长加快，1~8月份规上能源工业增加值累计增长1.2%；其中，石油和天然气开采业增长3.7%，石油、煤炭及其他燃料加工业增长1.4%，煤炭开采和洗选业增长0.7%；原煤产量增长1.3%，天然气增长3.5%，发电量增长5.6%。装备制造业增长较快，装备制造业增加值累计增长4.6%，有力地支撑了产业转型升级；汽车制造业增长28.3%，计算机、通信和其他电子设备制造业增长18.0%；太阳能电池产量增长1.2倍，变压器增长19.9%，汽车产量增长33.2%，其中新能源汽车增长41.0%。制造业重点领域投资提速，1~8月份汽车制造业投资同比增长19.6%，电气机械和器材制造业投资增长27.0%，石油、煤炭及其他燃料加工业投资增长29.5%。陕西省半导体产业规模已位居全国第4；光伏及配套产业年产值已超千亿元，新能源汽车产业快速发展，2022年产量规模已占到全国的14.1%，增速位居全国前列。

甘肃省抓好投资和工业两个主引擎，1~8月份规模以上工业增加值同比增长7.2%。固定资产投资同比增长8.2%，其中基础设施投资增长4.3%，制造业投资增长18.5%。第二产业投资同比增长35.2%，其中工业投资增长35.0%。[①] 2023年上半年，规模以上工业增加值同比增长6.8%，其中制造业增长9.3%。分行业上，有色金属冶炼和压延加工业、石油和天然气开采业、石油煤炭及其他燃料加工业、电气机械和器材制造业、烟草制品业增加值分别同比增长18.9%、7.1%、5.6%、1.0倍和10.7%。甘肃省固定资产投资同比增长13.4%，其中制造业投资增长33.8%；装备制造、高技术产业投资分别增

---

① 《2023年1~8月全省经济运行情况》，甘肃省统计局网站，http：//tjj. gansu. gov. cn/tjj/c109459/202309/173766600. shtml，最后访问日期：2023年10月9日。

长 72.2% 和 28.4%，工业固定资产投资对全省投资增长的贡献率达到 85.8%；战略性新兴产业培育加快，特别是新能源及其装备制造业发展提速，上半年新增装机规模 200 万千瓦，发电量 326 亿千瓦时，占比提高 5.22 个百分点；实施传统产业"三化"改造项目，持续深化央地合作，扎实推进工业招商引资。①

青海省 1~8 月份规模以上工业增加值同比增长 8.4%，34 个大类行业中有 15 个行业增加值保持同比增长，其中，计算机、通信和其他电子设备制造业同比增长 1.5 倍；规模以上企业的 119 种产品中有 52 种产品产量同比保持增长，其中，多晶硅同比增长 3.4 倍，单晶硅增长 1.8 倍，化学纤维增长 1.2 倍，碳酸锂增长 57.0%。工业企业产品销售率为 97.9%。② 2023 年上半年，青海省高技术产业（制造业）增加值占规模以上工业增加值比重为 29.1%，装备制造业增加值占规模以上工业增加值比重为 29.0%，制造业增加值占规模以上工业增加值比重为 74.1%。③

宁夏 1~7 月份规模以上工业增加值同比增长 7.8%。其中，轻工业增加值增长 15.8%；重工业增长 7.1%；规模以上制造业增加值同比增长 8.7%，制造业贡献较为突出。主要行业实现较快增长，规模以上煤炭行业增加值同比增长 10.9%，石油石化增长 10.4%，有色金属增长 13.8%，轻工业增长 15.1%，纺织业增长 66.7%，冶金增长 7.3%，电子（主要是晶硅材料）增长 44.3%，机械增长 9.3%。重点产品产量增长较快，例如单晶硅增长 1.4 倍，矿山专用设备增长 15.3%，工业自动调节仪表与控制系统增长 1.5%。1~7 月份，固定资产投资同比增长 7.5%。其中，第二产业投资同比增长 26.5%，工业投资同比增长 26.8%，制造业投资同比增长 9.1%。④

新疆 1~8 月份，规模以上工业增加值同比增长 4.6%。聚焦打造"八大产业集群"，新疆加快推进油气、煤炭、矿产、棉花等能源资源转化，推动特色

---

① 《2023 年上半年全省经济运行情况》，甘肃省统计局，http://tjj.gansu.gov.cn/tjj/c109459/202307/169907483.shtml，最后访问日期：2023 年 10 月 9 日。

② 《1~8 月全省规模以上工业生产主要情况》，青海省统计局，http://tjj.qinghai.gov.cn/tjData/newData/202309/t20230918_311118.html，最后访问日期：2023 年 10 月 9 日。

③ 《2023 年上半年青海省提质增效转型升级统计数据》，青海省统计局，http://tjj.qinghai.gov.cn/tjData/newData/index_1.html，最后访问日期：2023 年 10 月 9 日。

④ 《1-7 月份全区经济运行总体平稳稳中有进》，宁夏回族自治区统计局，https://tj.nx.gov.cn/tjxx/202308/t20230818_4225840.html，最后访问日期：2023 年 10 月 9 日。

优势产业延链补链强链。煤炭开采和洗选业增加值同比增长18.5%，有色金属冶炼和压延加工业增加值增长12.7%，石油、煤炭及其他燃料加工业增加值增长4.2%，石油和天然气开采业增加值增长3.4%。① 在石油石化方面，加快油气资源勘探开发和增储上产；在煤炭煤电煤化工方面，加快促进煤炭资源高效清洁利用；在绿色矿业方面，推进碳酸锂和锂盐等重大项目加快建设；在硅基新材料方面，加快多晶硅、高效光伏电池组件、高效单晶硅棒及硅片等项目投产。

（二）产业创新能力提升

产业创新能力不断增强是现代产业体系加速形成的核心。产业创新能力不断增强主要表现为技术创新、产品和服务创新、制度和管理创新、协同创新、创新文化和组织氛围。关键核心技术攻关不断取得突破，高素质人才不断积聚，这是产业创新的核心力量。

陕西省以西安综合性国家科学中心和科技创新中心建设为引领，持续加大科技创新驱动高质量发展的力度和成效。截至2023年9月底，陕西省技术合同成交额达2552.64亿元，同比增长55.28%；入库科技型中小企业17254家，同比增长8%；6441家高新技术企业通过评审，同比增长41%。在提升产业创新能力方面，陕西加快在旱区农业、能源、医疗等优势领域谋划布局实验室和基础设施。在聚焦攻关关键核心技术方面，组织实施6个科技重大专项、12个"两链"融合重点专项、14个企业联合专项，集中攻克关键技术360项，填补国内产业空白22项。在强化企业创新方面，支持各类企业组建20个共性技术研发平台、23个新型研发机构，打造具有竞争力的创新型产业集群；深入实施科技型企业"登高、升规、晋位、上市"四大工程。②

甘肃省科技创新赋能产业高质量发展，技术研发带动产品升级，产品升级推进产业结构优化、延伸产业链条以及发展战略性新兴产业。加速开展高纯铁、锰、金、银、铂、钯、钌等材料制备技术开发，以及光伏太阳能电池用系

---

① 《2023年1~8月新疆经济运行简况》，新疆维吾尔自治区统计局，http：//tjj. xinjiang. gov. cn/tjj/tjfx/202309/9ddfc9b690ba42a584e748ebb4a303a7. shtml，最后访问日期：2023年10月9日。
② 《陕西加快建设科技强省》，陕西省人民政府网，http：//www. shaanxi. gov. cn/xw/sxyw/202310/t20231014_ 2303466. html，最后访问日期：2023年10月15日。

列银粉、增材制造镍钴合金粉等新产品的研发，推动半导体、光伏太阳能等领域关键材料国产化进程。实施高新技术企业倍增计划，培育科技创新型企业集群，2023 年实现科技型中小企业达到 2510 家，同比增长 37%；高新技术企业达到 1683 家，同比增长 22.8%。实施企业技术创新能力提升行动，扩大科技型中小企业技术创新基金规模，支持规上企业建设研发机构，并从高校院所向企业选派首批 100 名科技专员，实施"银龄计划"引导退休科研人员服务企业创新等。[①]

青海省大力推动科技支撑生态文明高地、世界级盐湖产业基地、国家清洁能源产业高地、国际生态旅游目的地、绿色有机农畜产品输出地和十大国家级创新平台建设等十五个方面的重点工作。青海省加大提升企业科技创新质量，着力攻克生态环境、盐湖资源、清洁能源、高原医学等领域关键核心技术。2023 年实现 39 家初创企业入库国家科技型中小企业、65 家省级科技型企业被认定为高新技术企业。青海在清洁能源领域技术创新、建设规模以及利用效率等多项指标上位居全国前列，清洁能源装机占比达 90% 以上。

宁夏围绕"六新六特六优"等重点产业、重点领域组建国家和自治区重点实验室、工程技术研究中心等各类科技创新平台 735 家，推出一批重大技术成果。规上工业企业中有研发活动的企业占比达 40.2%。国家级高新技术企业有 489 家，自治区科技型中小企业有 2178 家，各类科技型企业超过 2800 家，年均增速超过 30%。宁夏在 2022 年成为建设全国首个东西部科技合作引领区后，已经累计实施 1500 余项东西部科技合作项目，联合共建 160 个科技创新平台和 9 个园区，9200 余名区外人才参与宁夏东西部科技合作。

新疆聚焦重点产业发展，着力解决关键核心技术，促进油气、煤炭、战略性矿产资源勘探开发利用，在太阳能、风能、特高压输变电、硅基新材料、棉花生产、马品种改良培育、高效节水、创新药研制等领域保持领先优势，成功创建阿克苏-阿拉尔国家高新区，加快以纺织服装、新能源新材料、精细化工、高端装备制造为主的特色产业发展，实现 1 个国家级、10 个自治区级创新平台，拥有自治区（兵团）级众创空间 2 个、其他各类孵化载体 5 个，规模

---

① 《以创新之力积聚发展动能》，中国甘肃网，http：//gansu. gscn. com. cn/system/2023/07/24/012996125. shtml，最后访问日期：2023 年 10 月 9 日。

以上企业 200 家、科技型中小企业 24 家、高新技术企业 25 家、自治区级专精特新企业 10 家。怀柔实验室新疆基地成功揭牌，成功创建昌吉国家农业高新技术产业示范区，库尔勒市成功创建全国首批创新型县市，科技创新赋能产业高质量发展环境进一步形成。①

（三）产业迈向融合化集群化智能化

西北五省区向产业融合化集群化发展，产业经济效益稳步增长，绿色产业发展势头明显，节能低碳成效显著，新发展理念引领下的高质量发展特征日趋显现。

构建具有地方特色的现代化产业体系是西北五省区的共同特点，围绕重点领域、重点产业、关键环节，谋划重点产业链延链补链强链，以重点项目带动为手段，精准招商，一产带一链，一链兴一群，由分散向集群，产业数字化、数字产业化，已经成为各省区共识。

三　中国西北地区构建现代化产业体系的制约因素

在加速推进现代化产业体系的进程中，西北地区也存在一系列制约因素，高质量发展面临着挑战和困难。同时，由于各区域发展资源条件、发展经济基础、发展制约因素等不同，各省区也存在差异性。

（一）实体经济高质量发展仍面临一系列困难

西北五省区实体经济高质量发展普遍面临的制约因素包括：位置偏远、交通不便、与国内其他地区的联系相对较弱。资源禀赋不足，西北五省区一般都具有丰富的能源资源，但水资源、土地资源相对存在区域性不足，企业创业发展成本高。市场规模相对较小，消费能力较弱，市场需求不足以支撑大规模的实体经济发展。企业信心不足，资金、人力资源等投入相对其他省区少，企业

---

① 《"新疆推进高质量发展"系列主题新闻发布会第十一场——"加快推进特色优势产业高质量发展　积极构建新疆特色现代化产业体系"新闻发布会》，中华人民共和国国务院新闻办公室，http://www.scio.gov.cn/xwfb/dfxwfb/gssfbh/xj_13856/202309/t20230925_770869.html，最后访问日期：2023 年 10 月 9 日。

科技创新水平相对较低，研发投入有限，缺乏核心技术和创新能力，极大限制了实体经济的转型和升级。同时，由于资金供给不平衡，实体经济发展也不均衡。一方面，中小微企业难以获得足够的融资支持，制约了其发展；另一方面，一些行业和地区存在过度融资和债务风险，需要进行风险防控和去杠杆化。

（二）承担生态环境保护与国家能源战略基地的双重重任

中国西北五省区都肩负着生态环境保护重任与国家能源战略基地重任，必须落实好双重责任的平衡。

陕西省拥有包括煤炭、石油、天然气和铀等丰富的能源资源，是中国重要的能源基地之一，在满足国家能源需求及能源领域发挥着重要的作用。能源资源的富集使诸如煤炭、化工等一些传统产业和高能耗、高污染行业绿色转型压力大，生态环境保护投入成本高，环境治理任务重，绿色发展和可持续发展要求高。

青海省拥有丰富的高原草甸、湿地、河流、湖泊和山地等生态系统，是中国的重要生态屏障之一、重要水源地之一和重点生态功能区之一。负有生态保护、生态修复、生态补偿和生态环境管理重要责任。

宁夏拥有包括沙漠、湖泊、河流和草原等丰富的生态资源，但也存在沙漠化、水资源短缺和生物多样性保护等环境保护问题。同时，宁夏拥有丰富的煤炭和石油资源，传统能源的开采和利用对环境产生一定的影响。

甘肃拥有丰富的高山、河流、湖泊、沙漠和森林等生态系统，是中国的重要生态屏障和重要生态功能区。同时，甘肃拥有煤炭、石油、天然气、风能和太阳能等能源资源。

新疆拥有广阔的高山、草原、河流、湖泊和沙漠等生态系统，是中国重要生态屏障之一和水资源保障区之一，设立了一批自然保护区。同时，新疆拥有丰富的煤炭、石油和天然气等传统能源资源，是中国的重要能源基地之一，拥有丰富的太阳能、风能和水能等可再生能源资源，是中国的清洁能源基地之一，也是中国的能源安全保障区之一，对中国能源安全具有重要意义。能源开发过程中可能会对生态环境造成一定的负面影响，包括土地破坏、水资源污染和大气污染等。需要减少对传统能源的依赖，加大对清洁能源和可再生能源的开发和利用。同时，新疆的生态环境脆弱，部分生态敏感区域和重要生态功能区与能源开发的需求存在空间上的冲突。这就需要在满足能源需求的同时，保护生态环境，促进经济和环境的协调发展。

（三）人才强省（区）战略实施成效逐渐弱化

相较于东中部地区，西北五省区经济发展仍有不同程度的差距，且基本都面临着人才流失和引进难的问题。一方面，一些高端人才和优秀人才流失到生活环境较为优越的内地地区，严重影响和制约了五省区的创新能力和竞争力。另一方面，吸引高层次人才和专业人才进入五省区难度大，需要加大人才引进和培养力度，提升资金保障力度，提高对人才的吸引力和留存率。现代化产业需要高素质、高技能的人才支撑，人才供需不匹配现象突出。

（四）制度创新能力、政策落实执行能力偏弱

制度创新是推动改革的重要手段。制度创新能力不足将难以提供切实可行的改革方案和制度设计，从而阻碍改革的进展。政府创新能力不足，制度滞后和僵化，对未来的变化和挑战缺乏前瞻性和预见性。制度创新缺乏灵活性，难以灵活应对复杂多变的问题和需求变化。制度创新需要各方的合作和协同，但如果制度创新能力不足，各利益相关方往往难以达成共识和合作。缺乏有效的协调机制和合作平台，制度创新往往难以推进和落地。为了提升制度创新能力，我们需要加强制度设计和研究的能力建设，培养创新思维和创新能力，加强各方的合作和协同，同时注重制度的前瞻性、灵活性和适应性，推动制度创新和改革顺利进行。

四 中国西北地区构建现代化产业体系的对策建议

构建现代化产业体系，是中国加快构建新发展格局、着力推动高质量发展的重大任务，亟须破解一系列发展难题，打牢现代化国家的物质技术基础，大力推动现代化产业体系建设。

（一）发展好实体经济打牢构建现代化产业体系的根基

振兴实体经济不仅是打牢构建现代化产业体系的根基，也是深化供给侧

结构性改革的重要任务。在信息化、数字化、智能化、智慧化不断涌现的时代，应发展好制造业、引领好创新驱动、运用好关键技术，切实破解实体经济发展难题。发展好制造业，第一，要巩固发展好传统产业，切实发挥出比较优势。西北五省区资源产业、能源产业优势明显，传统劳动密集型产业仍具有发展优势，要将传统优势产业提质增效，加大技术改造力度和加快转型升级，巩固好传统发展优势，提升发展实力。第二，推动制造业的转型升级和提质增效的战略性转变，搭建起现代化产业体系的基本架构。强化高端制造业引领，打造具有战略性和全局性的产业链，发展高端制造、智能制造，培育具有核心竞争力的主导产业，提高产品质量和技术含量，增强企业的核心竞争力。建立完善的产业链条，推动上下游企业的协同发展。第三，鼓励企业加大技术研发和创新投入，提升科技创新引领能力；鼓励企业与科研机构、高校等建立紧密的合作关系，加强产学研合作。加强技术创新和研发能力。推动科技成果转化，促进科技与制造业的深度融合。第四，加大基础设施建设投入，提高交通、能源、通信等基础设施的覆盖率和质量，切实改善物流和生产条件，降低企业运营成本。第五，改善营商环境，优化企业注册、审批和办理手续，降低制度性交易成本，提高企业投资和运营的便利性。加大对企业的政策支持，提供税收优惠和财政补贴等激励措施，切实提振企业信心。

（二）因地制宜推动战略性新兴产业迈向融合化集群化

因地制宜做好顶层设计，优化政策环境，制定相关规划和政策，明确发展方向和目标，以财政资金支持、税收优惠政策、创新创业扶持等系列政策引导、支撑战略性新兴产业的融合集群发展，引导企业合理布局和资源配置，避免同质化竞争，实现集群的协同效应，提升产业的整体竞争力和创新能力。在产业融合化集群化发展中，不同领域或相关产业的企业通过密切的合作与协同，实现资源的优化配置和技术的共享，提高整体竞争力和创新能力。这种集群化的模式有助于形成规模效应和协同效应，提升产业的综合竞争力，促进产业的创新和升级。推动促进产学研合作，鼓励企业与科研机构、高等院校等建立紧密的合作关系，加强技术研发和创新能力。支持推动科研成果转化为实际生产力，促进科技与产业的深度融合。打造和支持一批创新平台，如科技园区、孵化器、技术转移中心等，为融合集群的企业提供场地、资金、技术和市场等资源支持，促进创新创业活动。加大对人才培养的投入，培养融合集群发展需要的高素质人才。同时，积极引进高端人才和专业人才，补充融合集群发展所需的人才资源。加强产业链协同，推动融合集群内企业之间的合作与协同，形成完整的产业链和价值链。鼓励企业之间的资源共享、技术合作和市场拓展，提高整体竞争力。加大对融合集群发展的金融支持力度，提供贷款、融资、风险投资等金融服务，帮助企业解决资金难题，推动集群内企业的发展和壮大。

（三）构建现代化基础设施体系夯实现代化产业体系支撑

现代化基础设施体系是经济社会发展的重要支撑，也是现代化产业体系的重要支撑，因此要切实弥补西北五省区经济社会发展的短板和制约因素，强化现代化基础设施体系。第一，加强并完善高速公路、铁路、航空、港口、水运等交通运输基础设施，以及相关的物流和运输网络。切实提升高效、便捷和安全的交通运输服务能力，促进地区间、城乡间的互通。第二，打造包括电力、石油、天然气等能源的生产、输送和分配设施，以及相关的能源储存和转换设备等基础设施，为经济和社会发展提供可靠的能源供应，推动清洁能源的开发和利用。第三，加强通信网络、互联网基础设施、数据中心等信息技术设施，以及相关的通信设备和服务的信息通信基础设施建设。促进数字经济和信息化的发展，促使网络信息设施能够提供快速、稳定和安全的信息传输和通信服务。第四，加强诸如水库、水厂、供水管网、排水系统等水资源和水环境管理设施，以及相关的灌溉和防洪设施的水利基础设施建设，保障水资源的可持续利用和安全供应，提高水资源的利用效率和环境保护水平。第五，加强教育、医疗、文化、体育、社会福利等公共服务设施建设，夯实诸如公园、广场、道路照明等社会基础设施的规模和服务需求，切实提供公共服务和社会福利，提升居民生活质量和城市环境品质。第六，加强环境保护基础设施建设力度，建设污水处理厂、垃圾处理设施、环境监测设备等环境保护设施，以及相关的环境管理和保护措施。促进减少环境污染、保护生态环境，推动可持续发展和生态文明建设。

（四）综合施策，加大改革力度，切实做到能引进人留住人

建设现代化产业体系，人才是根本。通过综合施策和深化改革，引进人才并留住人才，为地方经济社会的发展提供强大的人才支持。优化人才环境，切实做好引进人才留住人才工作。优化人才政策，制定和完善人才引进和留住的政策措施，明细税收优惠、住房补贴、子女教育等福利待遇，吸引高端人才和亟须紧缺人才。加强人才引进，积极开展人才招聘和引进工作，通过高校合作、人才洽谈会、招聘会等渠道，吸引国内外优秀人才进入西北五省区工作和创业。完善人才发展环境，为人才提供良好的工作和生活环境，包括完善的基础设施、优质的教育医疗资源、丰富的文化娱乐活动等，提高人才的生活质量和满意度。加大对人才培养的投入，建设一流的高等教育机构和研究机构，提供高质量的教育和培训，培养适应产业发展需要的高素质人才，加强人才培养和发展。加强人才交流与合作，促进人才的共享和合作。进一步推动职称领域改革，建立健全人才评价、激励和管理机制，为人才提供广阔的发展空间和晋升机会，制定科学的职业发展规划，鼓励人才创新创业，激发人才的工作动力和创造力。加强人才服务与管理，提供个性化的人才服务，关心和支持人才的成长和发展，营造良好的工作氛围和团队合作环境。

参考文献

孙绍勇、张林忆：《建设现代化经济体系与拓展中国式现代化：战略定位、逻辑机理与路径优化》，《经济纵横》，http://kns. cnki. net/kcms/detail/22. 1054. F. 20230728. 1548. 002. html。

陈英武、孙文杰、张睿：《"结构–特征–支撑"：一个分析现代化产业体系的新框架》，《经济学家》2023 年第 4 期。

洪银兴、任保平：《数字经济与实体经济深度融合的内涵和途径》，《中国工业经济》2023 年第 2 期。

肖兴志、李少林：《大变局下的产业链韧性：生成逻辑、实践关切与政策取向》，《改革》2022 年第 11 期。

刘戈非、任保平：《新时代中国省域地方经济现代化产业体系的构建》，《经济问题探索》2020 年第 7 期。

任保平、张倩：《新时代我国现代化产业体系构建的工业化逻辑及其实现路径》，《江苏行政学院学报》2020年第1期。

惠宁、刘鑫鑫：《新中国70年产业结构演进、政策调整及其经验启示》，《西北大学学报》（哲学社会科学版）2019年第6期。

王云平：《高质量建设现代化产业体系：统筹发展和安全政策研究》，中国言实出版社，2023年7月。

中国科学院科技战略咨询研究院：《构建现代产业体系：从战略性新兴产业到未来产业》，机械工业出版社出版，2022年12月。

区域特色篇

B.19
陕西建设文化强省指标体系研究

张 燕*

摘 要： 文化是民族的血脉，是人民群众的精神支撑。党的十九大提出全面建成小康社会，文化建设是重要内容。建设文化强省是推进省域更好更快发展的重要战略之一。本文立足文化强省的概念及内涵，在分析陕西文化强省建设现实困境的基础上，依据陕西文化资源特色与实际，构建了陕西省文化强省指标体系，包括7个一级指标、23个二级指标以及94个三级指标，这一体系能够基本全面评估陕西文化强省发展的效果。此外，基于指标内容，本文分析了未来陕西建设文化强省的路径选择，可为行政决策提供可靠且有效的指导依据。

关键词： 文化建设 文化强省 文化资源特色 陕西

---

* 张燕，陕西省社会科学院文化旅游研究中心主任、三级研究员，主要研究方向为文化旅游、文化产业。

一 相关概念界定

（一）从文化大省到文化强省

文化强省包含两个层面，即文化自身强和文化助省强，文化强省不仅自身文化底蕴深厚，同时善于保护、开发和利用文化资源①。从陕西文化强省的内涵来看，就是建设"文化产业强""文化事业强""文化创意强""文化队伍强""文化影响力强"的文化强省。建设文化强省，一方面通过发展先进文化增强陕西经济社会发展的软实力，另一方面提高文化发展的各项综合指标，做西部文化事业的排头兵。

（二）文化强省建设中的文化内容

文化强省建设中的文化主要是指政府文化行政部门职责范围内的全省戏剧、电影、音乐、舞蹈、曲艺、美术、书法等文学艺术创作事业，图书馆、文化馆、博物馆、非遗馆和基层综合性文化服务中心等社会公共文化服务事业。文化产业领域包括演艺娱乐、动漫游戏、网络文化和数字文化服务、艺术品、创意设计、文化旅游、文化会展等行业，同时也包括文化遗产保护以及对外和港澳台的文化交流等领域。

（三）文化强省指标体系的界定

"文化强省"战略源于国家层面"文化强国"战略，实质是各省区市通过文化资源的创新和创造进一步释放文化资源潜能，增强文化软实力和文化的国际影响力。文化强省中的"强"主要体现在文化生产要素丰富流动创新力强、各界参与文化建设程度高、文化人才创造力优越、文化企业竞争力强、文化品牌知名度高等诸多方面。

文化强省指标体系是一种引入了统计学概念的方法，通过建立多层级的指

---

① 杨小龙、刘江萍、王延松：《陕西文化强省存在问题与对策研究》，《文化创新比较研究》2020年第6期。

标体系，以数字化、定量化的方式对省域文化建设和发展的状态和趋势进行评估和检验。这一体系为后续工作的优化提供了可靠的依据和方向。

二 陕西文化强省建设现状

陕西文化资源总量大且分布广，文化资源底蕴厚重且认同感强，在几千年发展过程中，积累了深厚的传统文化资源、革命文化资源、现代文化资源及生态文化旅游资源等，具备建设文化强省的资源基础。自 2005 年《陕西省文化产业发展纲要》首次提出陕西建设文化强省战略目标起，陕西不断推进"文化强省"战略。2007 年中共陕西省委第十一次党代会正式确立建设"西部文化强省"战略。2011 年省委决定实施建设文化强省"八大工程"，面向全国建设文化强省。新时期以来，陕西不断推进"文化强省"战略，立足"'一带一路'核心区"定位，通过建设"'一带一路'数字历史文化产业示范区"等一系列举措，加快追赶超越步伐，为文化强省建设奠定了坚实的政策基础和保障。目前，陕西省全社会文明素质普遍提升，公共文化服务体系已初步形成，文化产业整体实力稳定提升。陕西也积极推动优秀传统文化走出去，拓展交流平台，创新交流方式，文化强省建设取得了显著成效，但还存在一些现实问题。

（一）文化综合实力与先进省份差距较大

中国人民大学文化产业研究院发布的《2022 中国省市文化产业发展指数》① 显示，北京、广东、浙江、上海、江苏、山东、福建、四川、河南、湖北位列中国省市文化产业发展综合指数前十，代表着我国文化发展的领先水平。陕西文化产业发展综合指数稍弱，文化综合实力与先进省份相比还有不小差距，仍然具备较大发展空间。

（二）文化强省建设缺乏总体规划布局与指标体系要求

当前陕西文化强省建设工作呈现碎片化发展趋势，缺乏统一的目标体系、调度安排和实施步骤，没有出台文化强省建设总体发展规划和相关行动计划，

---

① 中国人民大学文化产业研究院：《2022 中国省市文化产业发展指数》，https：//mp．weixin．qq．com/s/p54JWHk4dms2EevqlCDeUA，最后检索时间：2023 年 3 月 30 日。

没有做到将文化强省建设工作"一张蓝图绘到底"。建设文化强省的指标体系不清晰,具体要达到的全方位、多层次标准尚不明确。

(三)体制机制改革亟待突破和创新

近年来,陕西文化管理体制机制改革主要集中在常规管理模式上,与先进省份相比突破性和创新性明显不够,文化事业发展在管理职能上存在缺位、发展文化产业抓手不足等问题。具体表现在以下方面:尚未制定公共文化事业金融改革政策、文化综合执法机构组建进展缓慢,以及推进"放管服"改革工作不够深入、缺乏党政一把手主导的公共文化服务协调机制等。

(四)文化综合创新力与转化率不足

陕西许多优秀文化资源尚未得到有效挖掘,未能有效转化为产品与产业生产力。一是主流文化缺乏创新意识,经典文化没有原创性。二是文物资源开发模式主要是建立博物馆和相关文化旅游景区,缺乏对文化资源的再创造,许多文物遗址等资源只是静态保护和展览。文化普遍缺乏艺术与科技创意的应用,表现形式相对单一。

(五)文化产业市场化程度低和竞争力较弱

文化市场发育程度较低,缺乏完善的市场机制,还需在建立文化市场体系方面加强努力。陕西拥有国内外影响力较大的文化企业还比较少,缺乏参与市场化运营的主动性。例如,陕西现在虽然有影视制作机构361家,但并未形成完整的影视产业链、产业集群和集聚区。让影视创作与文学创作、文娱演出、旅游观光相辅相成,已经是陕西影视界面临的现实问题。

(六)公共文化事业经费投入不足

文化需求旺盛,但陕西在公共文化事业经费投入方面仍然存在总量不足、比例偏低的严重问题,县及县以下的公益性文化馆(站)和图书馆活动经费严重短缺,导致基层文化活动所需的经费无法得到充分保障[①]。2021年,陕西人均文化事业费为68元,西部地区人均文化事业费为78元,陕西省人均文化事业费标准低于全国标准,甚至低于西部地区。此外,陕西文化发展资金主要

---

① 徐娟:《陕西文化强省建设的困境及对策研究》,中共陕西省委党校硕士学位论文,2014。

来自政府投入，融资渠道较为单一，民营文化企业规模较小，市场化运作程度较低，约束了文化事业的长远发展。

（七）文化产业规模小结构不合理

陕西当前文化企业呈现多、散、小的局面，中小文化企业数量占比较大，产业不聚焦，缺乏有全国影响力的大型龙头文化企业，支撑引领作用不强。最新资料显示：陕西文化企业为17705家，年营业收入达500万元以上规模的文化企业只有661家，规模以上文化企业仅占文化企业法人单位数的3.7%，低于全国平均水平1.5个百分点。[1] 2021年陕西规模以上文化企业有1606家，占全国的2%；营业收入1100亿元，占全国的0.9%，还不到四川省（3612.68亿元）的1/3。尽管2022年陕西省规模以上文化企业有1674家，实现营业收入1169.29亿元，比2021年增长2.9%，高于全国2.0个百分点，营业收入增速终于扭负转正，但是涨幅不大，整体水平低于其他发达省份。[2]

陕西文化产业结构不合理问题也十分突出，西安市在陕西全省文化产业增加值占比超过60%，文化产业长期呈现关中较强，陕南、陕北较弱的区域格局。

（八）公共文化产品和服务供给不足，服务不到位

虽然陕西公共文化服务体系基本形成，但受陕西公共文化服务资源存量不足、质量不高、配置不合理和城乡公共文化建设不平衡等因素制约，严重影响了居民的文化权益。陕西在公共文化服务体系建设过程中，过分重视城市文化设施而忽视农村文化设施，过度偏重公共文化硬件而忽视文化软件，过于注重公共文化设施而忽略公共文化管理，缺乏以群众文化需求为导向的公共文化服务模式，导致公共文化产品、服务供给不足，服务质量不够到位[3]。

（九）复合创新型文化人才短缺

对文化政务管理部门和各类文化行业的调研发现，几乎全省文化事业的各

---

[1] 陕西省统计局、国家统计局陕西调查总队编《陕西统计年鉴2022》，中国统计出版社，2022年8月。

[2] 陕西省统计局：《2022年全省规模以上文化企业运行情况》，http：//www.shaanxi.gov.cn/sj/zxfb/202302/t20230228_2276501.html，最后检索时间：2023年11月4日。

[3] 杨志今：《高度重视和保障人民群众的文化权益》，《中国文化报》2010年8月31日，第0001版。

个领域都存在人才短缺问题，文化人才短缺已成为制约文化强省建设的重要因素。截至 2021 年，全省注册的文化艺术从业人员有 25431 人，其中中高级专业技术人才数量达 4500 人，占比 18%；全省规模以上文化企业从业人员虽然达到 121396 人，但文化创意人才不足，尤其是缺乏经营型文化创意人才。陕西当前的文创人才主要局限在文艺创作范畴，文化创意策划人才、经营人才、管理人才稀缺，省会西安人才情况相对充裕，其余市县人才匮乏。

结合陕西省文化发展情况，构建科学合理的文化强省指标体系，对于改善文化发展环境、提升文化品质，具有极其重要的意义。通过建立指标体系，明确文化强省的发展目标，致力于推动陕西省优势资源的转化和利用，使其成为在全国范围内具有重要影响力的文化发展示范大省。

三　陕西文化强省指标内容与指标体系设计

（一）陕西文化强省指标体系的内容设计

构建文化强省指标体系，需要遵循整体性、科学性、可行性、动态性、发展性、可比性及数据权威性原则，在此原则基础上进行指标内容与体系的设计。

构建指标体系至少有三个重要功能，根据一般研究的观察：首先，指标体系可以清晰反映当前文化建设的工作重心和目标；其次，能够客观评估当前文化建设的成果和水平；最后，有助于准确把握当前文化发展的整体趋势。在充分借鉴其他省份的经验并结合本省资源特点的基础上，本文构建了陕西省文化强省指标体系，指标体系涵盖的七个方面相互依存、相互支撑（见表1）。

表 1　陕西文化强省指标体系

一级指标及权重	二级指标及权重	三级指标	三级指标及权重	
文化体制改革 （0.1）	文化管理体制 改革(0.3)	转企改制文化企业数量	1	0.3
		改革体制创新示范性比例	2	0.3
		文化事业单位管理模式创新效果	3	0.4
	文化发展投融资 体系建设(0.3)	文化发展专项资金增长率	4	0.4
		文化发展投融资渠道多元化	5	0.4
		文化发展投融资担保机构数量	6	0.2

一级指标及权重	二级指标及权重	三级指标	三级指标及权重	
文化体制改革 (0.1)	文化体制改革 成效(0.4)	新建公共文化事业机构数量	7	0.3
		大中型外向型文化企业和中介机构数	8	0.15
		改制后文化企业机构收益率	9	0.3
		改制后企业职工收入增长率	10	0.1
		改制后文化领域引进外资、技术数量	11	0.15
文化事业发展 (0.2)	文化事业经费 投入(0.2)	人均文化事业费增长率	12	0.2
		群众文化活动业务经费	13	0.2
		人均公共教育投入增长率	14	0.2
		农村文化建设专项资金增长率	15	0.2
		文化事业费占财政支出的比重	16	0.2
	公共文化服务 体系建设(0.6)	公共文化服务网络覆盖面	17	0.15
		每万人拥有公共文化设施面积	18	0.15
		公共图书馆数量及藏书量	19	0.15
		年公益性文化艺术展览场次	20	0.15
		非物质文化遗产工程数量	21	0.1
		农村文化活动文化室数量及面积	22	0.1
		广播电视村村通覆盖率	23	0.1
		社区和乡镇综合文化站覆盖率	24	0.1
	文物、文化遗产 保护(0.1)	文物保护投入资金	25	0.6
		文物保护单位数量	26	0.4
	哲学社会科学 研究(0.1)	哲学社会科学研究投入经费	27	0.4
		科研单位或国家、省部级科研项目增长率	28	0.3
		国家级社会科学重点研究基地数量	29	0.3
文化产业 规模(0.25)	文化产业 规模(0.3)	文化产业总值	30	0.25
		文化产业就业人数占总就业人数比例	31	0.2
		文化产业基地数量	32	0.35
		文化产业增加值占国民经济的比重	33	0.2
	文化产业 构成(0.2)	文化产品增加值	34	0.25
		文化服务增加值	35	0.25
		文化附加值增加值	36	0.15
		国家级文化产业园区(基地)数	37	0.2
		文化产业出口总额	38	0.15

续表

一级指标及权重	二级指标及权重	三级指标	三级指标及权重	
文化产业规模(0.25)	传统文化产业(0.25)	出版发行量及总产值	39	0.15
		印刷复制业收入	40	0.1
		影视业收入	41	0.15
		电影放映收入	42	0.1
		艺术表演团体演出收入	43	0.1
		娱乐业收入	44	0.1
		广告业收入	45	0.15
		会展业直接收入	46	0.15
	新兴文化产业(0.25)	文化创意产业收入	47	0.2
		数字出版产业收入	48	0.2
		新媒体产业收入	49	0.2
		动漫游戏产业收入	50	0.2
		文旅产业收入	51	0.2
知名文化品牌建设(0.1)	知名文化企业建设(0.2)	500强(中国)文化企业数量	52	0.2
		知名文化企业上市数量	53	0.4
		知名文化企业盈利能力	54	0.4
	地域特色文化品牌建设(0.5)	国家一级博物馆数	55	0.2
		国家4A级以上旅游景区数量	56	0.2
		国家重点文物保护单位数量	57	0.2
		省级重点文物保护单位数量	58	0.2
		世界文化遗产数量	59	0.2
	文化精品力作(0.3)	获国际、国内重大文艺奖项数量	60	0.6
		获国际、国内重大文学奖项数量	61	0.4
文化市场体系培育和管理(0.1)	文化市场体系培育(0.4)	文化用品及相关文化产品的生产与销售机构营业收入	62	0.3
		大型文化流通组织、文化产品物流中心数	63	0.3
		文化市场经营机构营业利润	64	0.4
	文化市场体系监督(0.3)	文化中介机构数量	65	0.3
		文化市场执法机构从业人数	66	0.2
		打击走私贩私等文化产品数量	67	0.3
		每百万人口文化作品版权登记数量	68	0.2
	文化消费市场建设(0.3)	人均文化消费支出	69	0.5
		文化产品丰富度	70	0.5

续表

一级指标及权重	二级指标及权重	三级指标		三级指标及权重
文化人才建设 （0.1）	基层文化人才 队伍建设（0.4）	各文化部门从业人数	71	0.2
		各文化部门从业人员平均年龄	72	0.2
		各文化部门从业人员学历	73	0.15
		各文化部门从业人员职称	74	0.2
		各文化部门从业人员收入	75	0.25
	高层次和高素质 文化人才队伍 建设（0.4）	文化人才高级职称数	76	0.2
		宣传文化系统"四个一批"人才数	77	0.2
		高层次传播人才数	78	0.2
		国家级科学文化领军人数	79	0.2
		全国文化领军人数	80	0.2
	文化人才培养 及建设投入 （0.2）	文化培训人均费用	81	0.4
		文化人才引进政策	82	0.4
		文化人才激励发展专项基金	83	0.2
文化功能 发挥（0.15）	引领效应（0.3）	对社会主义核心价值观认同度	84	0.3
		全国文明城市（区、县）数量	85	0.3
		文化凝聚力指数	86	0.4
	教育人民与服务 社会（0.4）	公民素质满意度	87	0.3
		全国爱国主义教育示范基地数量	88	0.25
		群众自发组织精神文明活动数量	89	0.25
		60岁以上大专以上文化程度占总人口的 比例	90	0.2
	推动发展（0.3）	文化产业对GDP的贡献率	91	0.3
		文化企业年增长率	92	0.2
		文化产业对就业贡献率	93	0.25
		年产值过10亿元的大型文化企业数量	94	0.25

（二）陕西文化强省指标体系构建方法

1. 指标分类

（1）采用理论指标和实践指标两个层面来构建陕西文化强省的指标体系。在理论上，通过对陕西文化强省内涵和要素的分析，确保指标能够全面科学地反映陕西文化强省的本质。同时，在实践中关注陕西文化强省工作重点难点，以保证指标具备可测性并对实际工作具有较强的指导性。

（2）使用客观指标和主观指标两个方面来进行评估。客观指标具有科学性，因为其数据统计明确、数据公开，并且能够确保评估结果的客观公正性；主观指标则从个人的角度出发，能够反映文化发展的精神层面。通过综合考虑主客观指标，能够更全面地评估文化发展的程度。

（3）指标选取考虑当前状态及近年来增长和发展情况，即静态指标和动态指标全面反馈和评估陕西文化强省发展状况。静态指标主要反映当前状态，核心反映人均占有量等因素；动态指标则能够更好地反映近年来的增长和发展情况。

2. 指标体系权重的确定

为保证指标体系的科学性，课题组在初步形成的陕西文化强省指标体系的基础上采取专家打分方式，对具体指标以及相应指标的权重进行评估，专家打分采用李克特五分量表法，得到各指标重要性的打分情况，并采用 AHP 层次分析法获得各级指标的权重。

3. 指标体系的计算方法

计算公式：

$$文化强省指数 = \sum_{i=1}^{m} w_i \times A_i$$

其中，A_i 表示第 i 个一级指标，w_i 表示 A_i 的权重，m 表示一级指标个数。

$$A_i = \sum_{j=1}^{n} b_{ij} \times B_{ij}$$

其中，B_{ij} 表示一级指标 A_i 的第 j 个二级指标，b_{ij} 表示 B_{ij} 的权重，n 表示 A_i 对应的二级指标个数。

$$B_{ij} = \sum_{k=1}^{w_{ij}} c_{ijk} \times C_{ijk}$$

其中，C_{ijk} 表示二级指标 B_{ij} 中的第 k 个三级指标，c_{ijk} 表示 C_{ijk} 的权重，w_{ij} 表示 B_{ij} 对应三级指标的个数。

三级指标的计算方法中第一种为反映动态增长的指标，如增长率指标，其计算方法：①全国数据；②陕西省数据；③陕西省比全国多或少百分之几，即（陕西省数据/全国数据-1）×100%；④陕西省得分=70×（1+陕西省比全国多或少百分之几）。第二种为反映当前状态的指标，如博物馆总量性指标，其计算方法：①全国人均水平＝全国数据/全国人数；②陕西省人均水平＝陕西省数据/陕西省人数；③陕西省比全国多或少百分之几，即（陕西省人均水平/全国人均水平−1）×100%；④陕西省得分＝70×（1+陕西省比全国多或少百分之几）。第三种为定性指标，如改革成效等指标，采用专家打分法完成。

文化强省指数发展程度有不同等级。当指数大于等于 90 时，表示文化强省的发展程度高；80～90，为较高程度；70～80，为中等程度；60～70，为较低程度；低于 60 则表示发展程度很低。

（三）陕西文化强省指标体系设计

该指标体系设计 7 个一级指标，23 个二级指标，94 个三级指标，通过这些多维度的指标来综合评估陕西文化强省战略的发展成效①（见表 1）。

陕西文化强省指标体系共有 7 个一级指标，内容相互联系、相互依存，形成整体。文化体制改革是文化强省的推动力，文化事业发展是文化强省的实施保障，文化产业规模是文化强省的关键环节，知名文化品牌建设是文化强省的抓手，文化市场体系培育和管理是文化强省的实施路径，文化人才建设是文化强省的全面保障，文化功能发挥是文化强省的终极目标。7个一级指标在文化强省建设中各自发挥关键作用，共同实现文化强省战略目标。

四　陕西建设文化强省的路径

（一）做好文化强省规划布局

加快制定《陕西文化强省发展总体规划》《陕西"十四五"文化强省发展规划和行动计划》，明确目标、划定职责、厘清界限、加强管理，形成共同推动和共享发展的文化建设局面。在社会主义文化建设中，要充分体现其特色，

---

① "构建文化强省（市）指标评估体系研究"课题组，陈澍、孟东方等：《文化强省（市）指标体系：逻辑演进抑或多维评估》，《改革》2011 年第 11 期。

突出先进文化的主导地位。同时，确定发展重点，特别是加快公益性文化事业的发展，提供公共文化服务和精神文化产品，并加快体制改革和机制创新。

（二）率先应用文化强省指标体系

1.开展陕西文化强省指标体系建设试点工作

开展陕西文化强省指标体系试点建设，重点考察陕西的三个地区（陕北、关中和陕南）在文化多样性方面的发展水平。同时，可对不同发展程度的市县进行比较，并重点考虑文化产业的发展状况。此外，加强质性研究的工作，因为文化具有其自身的特点，很多指标无法进行量化，必须结合调查、访谈等方式来评估文化的作用和价值[①]。

2.强化定期监测工作

一旦陕西文化强省指标体系经过试点确立，应迅速进入操作阶段，并通过定期监测来预测发展趋势。为了实现持续长期的监测，以及保证文化事业与文化产业的有序发展，还需要配套相应的管理手段和措施。

（三）彰显文化优势，打造文化品牌

首先，立足于陕西的关中、陕南和陕北地区的文化特色，注重深度开发文化资源的核心价值，积极推进文化精品繁荣计划。利用各种文化平台，不断推出具有思想性、观赏性的文学、戏剧、电视、电影、动漫、舞蹈、音乐、美术、书法、摄影、曲艺、杂技等文化艺术精品，培养人民群众喜闻乐见并能产生较大影响力的核心文化产品。

其次，大力推进文化与科技、金融、旅游、互联网等领域的深度融合，打造以"周原文化""红色圣地延安""两汉三国""秦岭生态"为核心的文化旅游品牌。强化文化产业市场化运作，提高产品的经济效益，增强文化产业活力度。

（四）完善现代公共文化服务体系

1.维护人民群众基本文化权益

推进基本公共文化服务均等化、标准化进程，加大文化事业经费投入，提

---

① 黄晓：《贵州文化强省核心竞争力及对策研究》，《理论与当代》2015年第3期。

高陕西人均文化事业费至全国标准以上。加大对老少边穷地区文化建设帮扶力度，推动革命老区、贫困边远地区公共文化服务发展。继续坚持政府主导，重视大型公共文化设施建设，注重市、县级文化设施的发展，加强公共文化设施建设①。形成覆盖省、市、县、乡镇（街道）、村（社区）五级完善的公共文化服务设施网络，满足人民群众日益增长的对公共文化产品的需求。

2. 确保公共文化服务设施全覆盖

坚持以各级政府财政投入为主导，逐年增加省、市、县三级公共文化服务体系建设的经费预算，努力在"十四五"期间使省、市、县三级公益文化设施建设的达标率达到95%以上。根据各地文化设施建设的实际情况，制定针对硬件建设与设备配套、日常运行维护、免费开放、公共文化服务购买等方面的专项政策。鼓励社会组织、机构和个人参与公共文化事业投资和建设，扶持和规范非国有图书馆、文化馆、博物馆等公共文化事业的发展。

3. 不断提升公共文化服务能力

加大公益性文化服务的覆盖范围，积极推进文化惠民工程，完善政府向社会购买公共文化服务的机制。制定指导性意见和目录，鼓励创新文化惠民项目，持续推出文化惠民演出、文化惠民卡等举措。加快推进公共文化服务体系示范区的建设。

4. 加强文化信息资源共享工程建设

推进文化数字服务普及城乡家庭，致力于建设文化的共享工程，打造资源丰富、技术先进、实用便捷、网络覆盖城乡的数字文化服务平台。持续实施"公益性电子阅览室建设计划"，通过文化共享工程工作网络，依托县级图书馆、文化馆、乡镇（街道）综合文化站以及村（社区）文化中心，建立公益性电子阅览室，为基层群众提供安全可靠的上网空间②。

（五）推动文化产业健康发展

1. 优化文化产业的空间布局

发挥保税区、文化产业园和文化云平台等重要项目的辐射、带动和示范作

---

① 邓银花：《乡村图书馆参与乡村振兴战略的作用机理和驱动因素研究》，《图书与情报》2020年第6期。

② 李荣华：《公共文化服务保障机制探析》，《老区建设》2015年第6期。

用。优化产业发展要素配置，聚焦重点产业项目，并进行项目储备、策划、包装和推介等工作，促使文化企业和项目向产业园区集聚。加快发展重点文化产业园区和特色文化产业群，迅速培育20个以上高起点、规模化，并代表未来发展方向的文化产业重点示范园区；建设100个以上具有明显集聚效应的文化产业示范基地；培育1000个以上特色鲜明、主导产业突出的重点特色文化企业和一批特色文化产业乡镇，打造一批具有特色的文化产品和品牌，快速形成支柱性的主导产业。

2. 加快文化与技术融合发展

以数字技术为中心，推进文化与技术深度融合，加速培育一批具有独特文化特色的科技创业项目。围绕西安高新区、曲江新区、沣西新城、长安大学城等区域，重点打造文化创意产业集聚区、西安国家数字出版基地、西安国家印刷包装产业基地、西安国家广告产业园、西部数字影视产业基地、西部体育用品制造基地、欢乐东方文化城、丝绸之路风情城、铜川药王中药文化产业基地、安康瀛湖旅游产业基地等一批辐射全省的文化产业基地项目。

3. 不断推出"文化+"新业态

围绕"文化+"理念，推动文化与相关产业的融合发展，注重培育新兴的文化业态，以优化和升级产业结构为目标。积极挖掘优质传统文化资源和地域特色文化资源，加强开发创意文化产品，推进出版发行、演艺、影视制作、工艺美术等传统产业的转型升级。重点支持网络视听、数字出版、数字文化创意、动漫游戏、移动多媒体、新科技体验、新型主题游艺等新兴文化业态的发展。同时，持续推进文化创意和设计服务与农业、体育、会展等相关产业的融合发展。

4. 构建统一开放的文化消费市场

推动与文化相关的教育培训、体育健身、演艺会展、旅游休闲、电影电视等产业的发展，同时引导和支持各类文化企业创新特色文化产品和服务，培养大众性文化消费市场，拓展农村文化市场。持续发布惠及民众的文化政策，充分发挥文化消费对双向拉动的作用。

（六）增加文化旅游产品的创新与供给

为了促进文化旅游发展，陕西省应充分整合资源，推动多种形式的专题旅游，提升文化旅游景区的高端特色和旅游基础设施的供给水平，打造一系列陕西国际文化旅游目的地品牌。

1. 大力发展休闲农业

鼓励和支持利用农村房屋、院落和承包的山水林地等，发展精品民宿、乡村客栈，形成星级旅游饭店、精品主题酒店、社会旅馆、特色民宿等配套发展格局。

2. 活化陕西文化遗产

将陕西丰富的文化遗产转化为生动的演出形式，利用声、光、电等科技手段将遗产本身打造成舞台效果下的艺术化产品，提升游客的审美体验。同时，结合民俗文化和民间工艺，开展相关体验旅游项目，推动传统工艺提升品质并建立自己的品牌，实现产业化发展的目标。加大文创产品、非遗技艺向旅游商品的转化力度，不断提升旅游商品、文创产品在旅游综合收入中的占比。

3. 创新博物馆的文创产品

鼓励各等级博物馆进行文创产品研发，打造博物馆文创 IP。首先，要深入挖掘馆藏文化，避免产品同质化。商品要在外观上呈现极强的藏品特性及文化特性。其次，要拓宽销售渠道，打破传统单一的销售方式，线下营销中要将销售产品的范围从博物馆内拓展到馆外。

4. 不断推进黄河流域的文化遗产分类、分级、分层管理和保护，谋划建设黄河文化旅游带，争取纳入国家相关规划

首先，从政府层面，组织相关部门持续推进黄河流域的文化遗产分类、分级、分层管理和保护，挖掘黄河流域陕西段文化内涵，各地密切配合建设黄河文化旅游带；其次，从企业层面，把握需求多元化、供给品质化、业态多样化，打造黄河文化旅游带旅游目的地品牌。

（七）深化文化体制改革

建立文化政务管理的协调机制。这一机制应是党委的统一领导、政府的组织实施、宣传部门的协调指导、文化行政主管部门的具体落实，以及各相关部门之间紧密配合的领导体制和工作机制。同时，进一步明确有关职能部门的管理职责和工作责任，解决当前文化政务管理中存在的职能错位问题。此外，进一步落实公益性文化事业单位的法人自主权，建立公益性文化事业单位的法人治理结构，提升发展活力。推动公共图书馆、博物馆、美术馆、文化馆、科技

馆等公益性事业单位的结构性改革，鼓励和吸纳公益性文化事业单位以外人员进入决策层，扩大参与公益性文化事业单位决策和监督的人员范围。

（八）加快陕西文化"走出去"步伐

1. 加强对外宣传和文化交流

推动陕西文化"走出去"纳入国家"一带一路"总体战略布局，加强对外文化交流专项资金支持力度，提高陕西文化的国际影响力。应积极参与和承接国家举办的重大对外交流活动，继续立足"'一带一路'核心区"定位，与共建"一带一路"国家开展多层次多类型的文化交流和合作。通过此方式，扩大陕西省文化影响力并促进与共建"一带一路"国家之间的共同发展。

2. 不断推进对外文化贸易工作

完善支持文化产品和服务"走出去"的政策措施。第一，发挥国家文化出口基地的引领作用，搭建起集文化 IP 挖掘、创意设计、品牌孵化、海外推广等于一体的文化出海全链条服务保障体系；第二，建立陕西文化出口重点企业项目名录库，对这些企业和项目进行精准扶持；第三，培育一批有竞争力的面向国际市场的文化企业和中介机构，开发出更多境外和省外观众易接受的文化产品和服务；第四，鼓励并支持陕西文化企业在省外和境外设立实体；第五，鼓励并支持陕西优秀的文化产品和服务通过商业运作的方式进入境外市场。

（九）培养高质量的文化复合型人才

培养和引进创意设计、技术研发、经营管理和营销策划等领域紧缺型、高端型和复合型人才，同时加快培养高素质、专业化人才队伍的步伐。为此，陕西省应建立和完善人才引进制度，采取政策激励和员工持股等方式来吸引各类文旅人才。同时，应充分利用陕西省内的教育资源，通过联合培养和社会机构培训等方式来培养文化复合型人才。

总之，加强陕西文化强省指标体系建设，完善指标体系的构建内容具有重要的意义和作用[1]。为促进和推动陕西文化强省战略目标早日实现，陕西根据

---

[1] 赵玉娟：《关于大连文化强市建设指标体系研究》，《大连大学学报》2014 年第 2 期。

文化强省指标体系，判断文化发展的走势，进而提高科学决策水平，为推动陕西省文化大繁荣大发展做出贡献。同时，陕西文化强省指标体系是一个系统工程，需要在实践中对指标体系进行完善，使该体系真正发挥"晴雨表"作用。

B.20
甘肃工业高质量发展中产业
优化升级路径研究

马继民*

摘　要： 甘肃作为我国老工业基地，经过多年发展，形成了较为完善的现代工业体系。进入新时期，甘肃工业高质量发展取得了新成效。然而，在发展中依然存在结构失衡、新旧动能转换不畅、产业层次低、竞争力不强等问题，亟待通过增强工业实力、优化空间布局和产业结构、推进产业融合和绿色转型、企业创新发展等途径推动产业优化升级。

关键词： 甘肃工业　高质量发展　产业升级

　　甘肃作为新中国成立初期我国工业重要战略布局地区之一，历史悠久、底蕴深厚。经过70多年发展，甘肃已从基础薄弱的老工业基地发展成为国家重要的能源、原材料工业基地，构建起了较为完备的现代工业体系，形成了一批特色鲜明、优势突出的主导产业。然而，甘肃工业具有典型的资源型重化工业特征，在高质量发展中面临着产业结构失衡、新旧动能转换不畅、产业层次较低、产业竞争力不强等严峻挑战，迫切需要摆脱传统工业发展的路径依赖，加快产业优化升级，推动产业能级的整体提升。

一　甘肃现代工业高质量发展现状

　　甘肃现代工业发展肇始于新中国成立初期，经过"一五"、"二五"及

＊ 马继民，甘肃省社会科学院资源环境与城乡规划研究所副研究员，主要研究方向为区域经济、工业经济、城乡规划研究。

"三线"时期大规模工业建设，形成了以石油化工、有色、冶金、机械电子等为主导的现代工业体系。进入新时期，在工业强省战略和"强工业"行动实施带动下，甘肃现代化工业体系建设迈出了新步伐，工业主导地位进一步巩固和强化，传统产业转型升级步伐不断加快、战略性新兴产业加速成长、绿色转型突破发展，奠定了甘肃工业高质量发展的坚实基础。

（一）工业基础稳固提升，现代工业体系日趋完备

一是工业经济总量稳步增长，工业主导地位日益突出。2022 年甘肃实现工业增加值 3297.2 亿元，较 2018 年增长 46.3%，年均增速达 9.3%（见图1），工业增加值占 GDP 比重为 29.4%，较 2018 年提高了 2.1 个百分点，特别是制造业占 GDP 比重提高到 20.2%，居全国第一。主要工业品产量稳定增长，一批"甘肃制造"产品实现了国内首创，打破国外垄断，石油钻机、中成药、花卉等更多的工业产品出口海外，工业在全省经济发展中的主导地位日益突出。

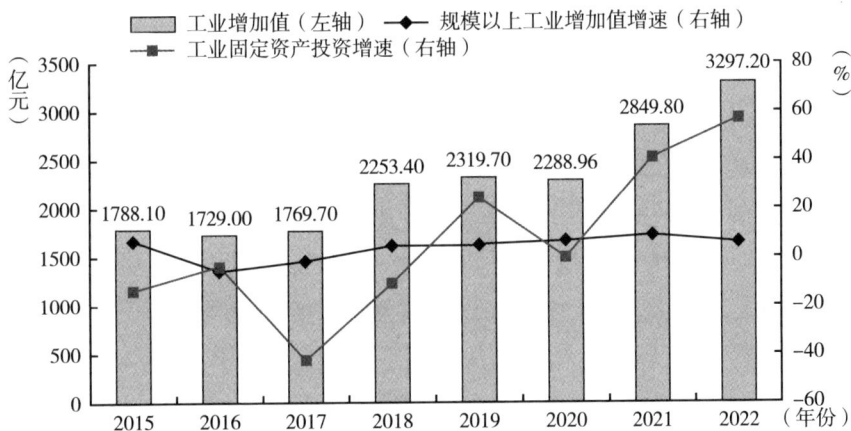

图 1　甘肃工业发展增长情况（2015~2022 年）

资料来源：根据 2015~2022 年《甘肃省国民经济和社会发展统计公报》计算整理。

二是工业投资企稳回升，投资结构趋于优化。受市场环境影响，甘肃工业投资波动较大，工业固定资产投资在经历了 2015~2018 年连续负增长后，2019 年开始企稳回升，且增速不断加快。2022 年全省工业固定资产投资同比增长

57.0%，较 2019 年增长了 32.6 个百分点，年均增速达 22.2%（见图 1）。2022 年，甘肃制造业投资同比增长 46.9%，其中，制造业技改投资、装备制造业投资和高技术制造业投资同比分别增长 54.4%、68.9% 和 14.7%①，工业投资结构更趋优化，高技术产业引领作用突出，产业升级态势明显。

三是现代工业体系日趋完备，特色主导产业优势突出。甘肃在持续壮大传统优势产业基础上，加快发展以新能源、新材料、高端装备制造、大数据、生物医药等为重点的战略性新兴产业，形成了多点支撑的新型工业发展格局。构建起了包括石油化工、有色、冶金、电力煤炭、建筑材料、先进装备制造、循环经济、生物医药、大数据、新材料和新能源等产业在内的甘肃特色现代化工业体系，并形成了一批特色鲜明、产业基础良好、产业主导地位稳固，具有一定竞争优势的主导产业。2022 年，全省规模以上工业中，石化、有色、电力、冶金、机械、食品、煤炭七大工业支柱产业占全省规模以上工业增加值比重达 87.6%。

（二）产业结构不断优化，产业链条渐趋完善

一是传统产业焕新升级步伐加快。近年来，甘肃不断加大应用先进适用技术改造传统产业的力度，以延链补链为重点推动石油化工、有色、冶金、煤炭、建材、装备制造、农（畜）产品加工等传统产业向高端化、智能化、绿色化发展。截至 2022 年底，甘肃石化、冶金、有色三个优势产业通过"三化"改造达到全国先进水平，传统优势产业活力不断增强。金川公司通过推动镍钴产品向新能源电池材料转型，带动形成金昌新能源电池材料产业链；陇东能源化工基地围绕石油、煤炭加工转化产业链，建成全国首个百万吨级页岩油开发示范区。

二是战略性新兴产业聚集成势。以新能源、新材料、生物医药、大数据、高端装备制造等为代表的战略性新兴产业展现出了强劲势头和巨大潜力。2022 年，甘肃规模以上工业企业中战略性新兴产业、高技术产业、装备制造业增加值比重分别较 2018 年提高了 7.5 个、29.5 个和 7.7 个百分点②。新能源、新

---

① 《稳中有进稳中提质稳中增效——2022 年全省工业经济保持稳定增长》，https：//www.lzbs.com.cn/special/2023/gslh/content_504372822.htm，最后检索时间：2023 年 7 月 4 日。

② 依据《甘肃发展年鉴 2022》整理计算。

材料、大数据、高端装备制造等产业集群提速发展，全球最大的电解铜箔生产基地在甘肃已具备雏形；全省百万吨级负极之谷在兰州新区加快形成；全省千亿元级大数据产业集群在庆阳加快建设。

三是两化融合深入推进，产业链条渐趋完善。近年来，甘肃大力推进新型信息基础设施和工业互联网基础平台建设，2019 年至今，已累计建成 5G 基站 31580 个，工业互联网平台 15 个，实现了全省市州、县区和重点工业园区 5G 网络信号全覆盖，工业骨干企业信息技术装备大多达到国内先进水平，重点行业骨干企业生产装备自动化和半自动化率达到省内领先水平。数字企业建设工程稳步实施，已累计培育省级智能工厂 7 家、数字化车间 35 个。企业经营管理数字化普及率、数字化研发设计工具普及率、关键工序数控化率分别达到 56.7%、53.9%、50.6%[①]。围绕石油化工、有色、冶金、新材料、装备制造、电子、信息、生物医药等重点产业，甘肃着力打造了 7 条主产业链，细分了 65 条分产业链，培育认定了 53 户重点链主企业，全省优势产业链的韧性进一步增强。2022 年，全省精细化工产业链实现产值 400 亿元，同比增长 60%以上[②]。

（三）工业绿色转型成效显著，产业发展新动能不断增强

一是工业绿色低碳循环生产体系初步构建。2019 年至今，全省已累计培育各类型绿色制造体系建设载体 42 个，国家级绿色工厂 51 家，绿色园区 6 家；省级绿色工厂 104 家，绿色园区 5 家[③]。以资源化和再利用为主要特征的循环型工业体系基本形成，石化、有色、冶金、建材等重点行业企业节能降碳成效显著，能源利用率持续提升。工业废物产生量、排放量总体下降，工业废水、工业废气、工业二氧化硫、工业氮氧化物、工业烟（粉）尘排放量稳步下降。

二是新能源产业发展提速增效。近年来，甘肃加快构建清洁低碳能源体系，建成了全国首个千万千瓦级风电基地和一批百万千瓦级光伏发电基地。

① 《扎实推进"三化"改造 助推工业扩量提质》，《甘肃日报》2023 年 2 月 17 日，第 8 版。
② 盛云峰：《实施强工业行动 助推甘肃经济高质量发展》，https：//baijiahao.baidu.com/s？id=1754233994632273747&wfr=spider&for=pchttps：//baijiahao.baidu.com/s？id=175740290477092 7125&wfr=spider&for=pc，最后检索时间：2023 年 7 月 4 日。
③ 《扎实推进"三化"改造 助推工业扩量提质》，《甘肃日报》2023 年 2 月 17 日，第 8 版。

2022 年，全省清洁能源发电装机容量占总发电装机容量的比重达 65.9%，其中风能和光伏等新能源发电装机容量达 3490.4 万千瓦，占总发电装机容量的 51.5%，较 2019 年提高了 9.4 个百分点（见图 2），成为省内第一大电源，新能源发电装机容量占比位居全国第三，全省规模以上工业新能源发电量占工业发电总量的 26.6%。随着陇电入鲁工程的实施，"绿电"正源源不断地向东部地区输送，形成了"新能源+煤电+特高压"绿色高效发展模式。

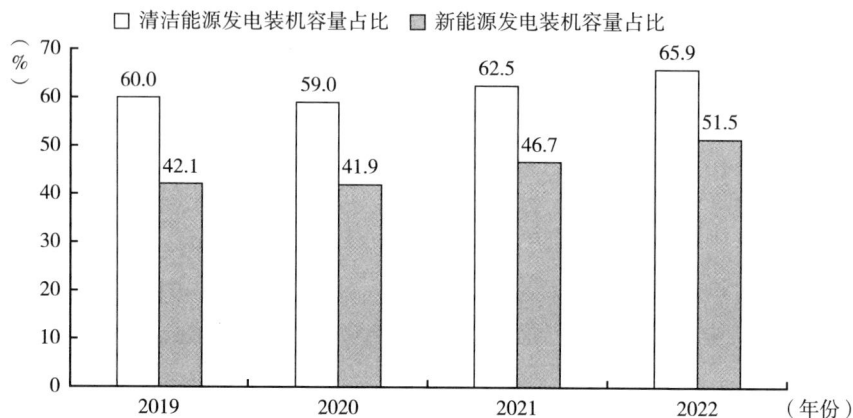

图 2 甘肃清洁能源和新能源发电装机容量占比情况（2019~2022 年）

资料来源：根据 2019~2022 年《甘肃省国民经济和社会发展统计公报》计算整理。

三是工业产业发展新动能不断增强。甘肃加快构建以清洁生产、节能环保、清洁能源、先进制造、中医中药、数据信息等为重点的十大生态产业体系，推动全省工业产业体系发展动力从依靠资源投入为主向依靠技术进步为主转变。2022 年全省十大生态产业增加值达 3278.77 亿元，占全省地区生产总值的比重达到 29.3%，较 2018 年提高了 11 个百分点（见图 3），生态产业规模不断扩大，成为全省工业高质量发展的新动能和重要支撑。

（四）工业企业蓬勃发展，产业生态不断改善

一是工业企业发展规模和实力持续壮大。截至 2022 年底，全省规模以上工业企业单位数量达到 2395 户，工业企业总资产额为 14787.9 亿元，分别较 2018 年增长了 25%、22%。工业企业发展质量和效益显著提升，2022 年，全省规模以上工业企业实现利润 594.6 亿元，较 2018 年增长了 2 倍多，年均增

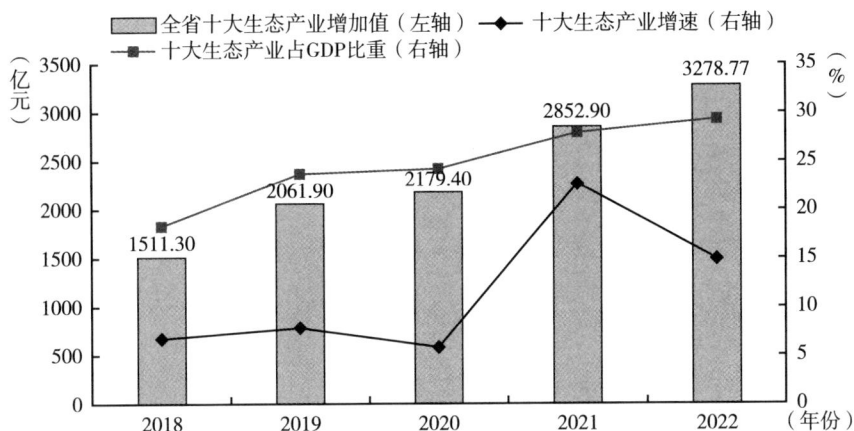

图 3 甘肃十大生态产业发展情况 （2018~2022 年）

资料来源：根据 2018~2022 年《甘肃省国民经济和社会发展统计公报》计算整理。

速达 22%（见图 4）。甘肃能化集团、甘肃电投集团、兰石重装、长城电工成功入围 2022 年中国能源企业（集团）500 强。

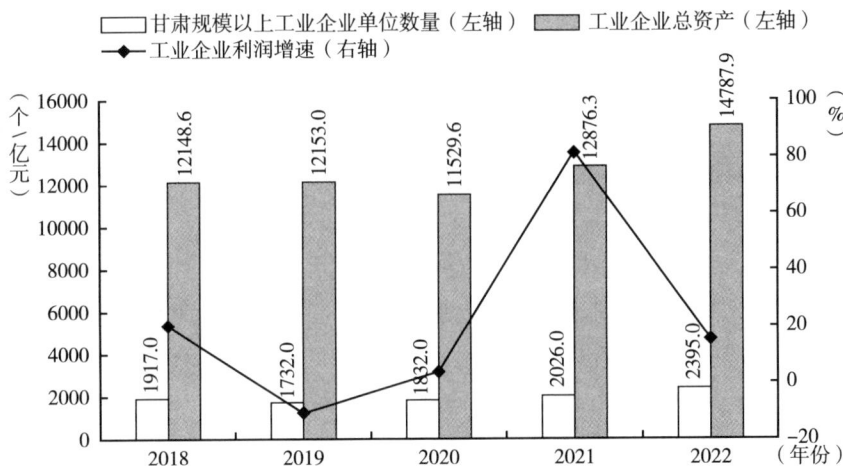

图 4 甘肃规模以上工业企业单位数量、总资产和利润
发展情况 （2018~2022 年）

资料来源：根据 2018~2022 年《甘肃发展年鉴》《甘肃省国民经济和社会发展统计公报》计算整理。

二是企业创新体系建设步伐不断加快，产业发展动力强劲。全省工业企业创新日益活跃，截至 2022 年底，全省科技型中小企业达到 2510 家，较上年增长 37%，高新技术企业数量达到 1683 家，较上年增长 22.8%。企业研发载体不断涌现，培育认定省级企业技术中心、行业技术中心等各类创新主体 64 家，全省创新联合体达到 10 家①。

三是大中小企业融通发展形势良好。目前，全省共引进世界 500 强企业 35 家、中国 500 强企业 63 家、民营 500 强企业 74 家，有 6 家甘肃省属企业入围中国企业 500 强。已培育国家级专精特新"小巨人"企业 12 家、省级"专精特新"中小企业 208 家、省级创新型中小企业 567 家。省属企业对全省工业支撑作用显著增强，12 户省属链主企业与上下游 6614 户大中小企业融通发展，带动 960 户重点链辅企业实现工业产值 844 亿元②。形成了骨干龙头企业持续壮大、中小企业专业化能力显著提升、融通发展的良好产业生态格局。

二 甘肃工业产业高质量发展中面临的问题分析

"十四五"期间，甘肃工业发展的内外部环境更趋复杂，在内外因素共同作用下，甘肃工业在高质量发展中面临新的形势和挑战。出口导向减弱，内生经济乏力，石油化工、有色、冶金等支柱产业面临宏观需求掣肘、上游成本高涨的压力；现代工业体系建设面临技术人才短缺和劳动力成本上涨的宏观环境；区域竞争更趋激烈，区域性产业被周边地区竞争挤压替代的风险和压力日益增大。与此同时，甘肃现代工业产业体系仍不完善，产业发展还面临着工业增长乏力、产业结构不合理、产业层次偏低、市场竞争力弱、市场活力不足、资源要素制约等诸多问题。

（一）工业经济发展动力弱化，产业亟待优化升级

甘肃经济规模总量偏小，支撑现代工业体系的基础偏弱。2022 年

---

① 《甘肃省科技型中小企业达 2510 家》，《甘肃经济时报》2023 年 2 月 17 日，第 1 版。
② 《甘肃省属企业主要经济指标再创新高》，https://baijiahao.baidu.com/s?id=17574029047 70927125&wfr=spider&for=pc，最后检索时间：2023 年 7 月 4 日。

甘肃地区生产总值为 11201.6 亿元，仅占全国总量的 0.9%。人均地区生产总值仅 44968 元，与全国平均水平相差 1.9 倍，在西北五省区中处于最低水平。2022 年，甘肃工业增加值占 GDP 比重为 29.4%，比全国平均水平低 3.8 个百分点，在西北五省区中也处于最低水平（见表 1）。

表 1　2022 年甘肃与全国、西北五省区对比情况

地区	地区生产总值（亿元）	人均地区生产总值（元）	工业增加值（亿元）	工业增加值占GDP 比重(%)
全国	1210207	85698	401644	33.2
陕西	32772.68	82864	13158.3	40.2
宁夏	5069.57	69781	2093.96	41.3
甘肃	11201.6	44968	3297.2	29.4
青海	3610.07	60724	1228.67	34
新疆	17741.34	68552	6022.82	33.9

资料来源：根据全国与西北五省区的《2022 年国民经济和社会发展统计公报》计算整理。

长期以来，甘肃经济增长主要依靠第二产业带动，尤其是工业。但近年来，全省工业经济发展增速放缓，特别是工业和制造业的占比和增速均出现阶段性大幅下滑，经济增长的格局发生了较大变化。2022 年甘肃第二产业增加值占 GDP 比重为 35.2%，增速达 4.2%，分别较 2015 年下降了 1.54 个百分点和 3.2 个百分点。2022 年甘肃规模以上工业企业增加值增速为 6%，较 2015 年下降了 0.8 个百分点（见图 5、图 6）。以甘肃第三产业现有的规模和层次来看，第三产业发展仍以交通运输仓储和邮政、批发零售、住宿餐饮三大传统服务业为主，还未达到以三产为主导的高质量发展阶段，第三产业占比较高主要是工业发展缺失所造成的。这表明，甘肃工业大规模扩张发展时代已经过去，经济增长动能处于换档期，正在从工业经济主导型向服务经济主导型转变，亟待加快工业产业优化升级。

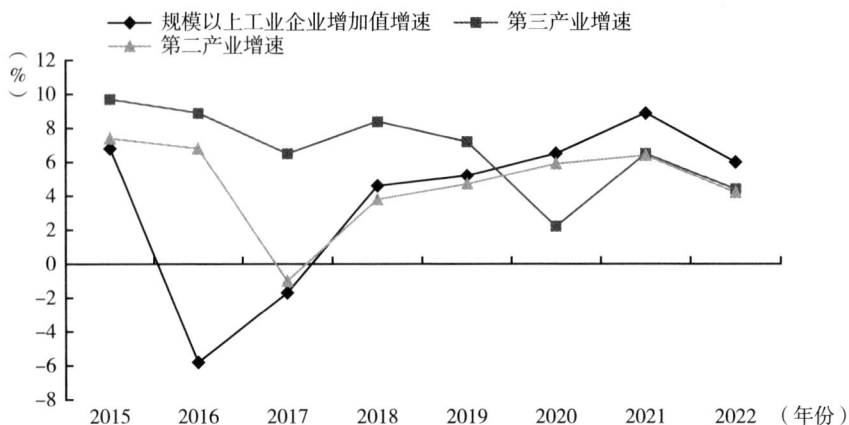

图 5　甘肃第二、第三产业及工业增速变动情况（2015~2022 年）

资料来源：根据 2015~2022 年《甘肃省国民经济和社会发展统计公报》计算整理。

图 6　甘肃第二、第三产业及工业占比变动情况（2015~2022 年）

资料来源：根据 2015~2022 年《甘肃省国民经济和社会发展统计公报》计算整理。

（二）工业产业发展层次偏低，产业结构严重失衡

甘肃工业发展高度依赖资源开发利用，长期以来工业领域的投资大多锁定在资源型产业中。2022 年，全省规模以上工业中，煤炭、电力、有色、冶金、

石化、建材重点资源型产业增加值占规上工业增加值的比重为81.3%，较2015年提高了14.7个百分点。甘肃工业向低加工度的能源、原材料产业集中的势头仍在延续和加强，短时期内甘肃工业发展仍无法摆脱资源路径依赖。同时，传统主导产业整体处于产业链中低端，产业链条短。以低附加值产品为主的产业结构特征明显，工业产品中，能源、原材料产品占70%以上。由于工业经济效益低下，传统产业和企业的再投入和再生产能力受到一定制约，因此，只能长期锁定在较低的加工层次和行业中。

从工业内部结构来看，甘肃轻重工业比例失衡，轻工业发展滞后，重化工业结构特征明显。近年来，甘肃重工业所占比重呈逐年上升趋势，轻工业占比则由2015年的19.13%下降为2022年的13%（见图7）。在重工业产品中，采掘业和原材料工业产品约占重工业产品的90%。轻工业内部结构也存在断层缺位的问题，轻工业产品主要集中在食品、造纸、纺织、建材等少数行业，而品牌服饰、家具加工、家用电器、集成电路和粮油加工等高附加值行业的发展仍然滞后。

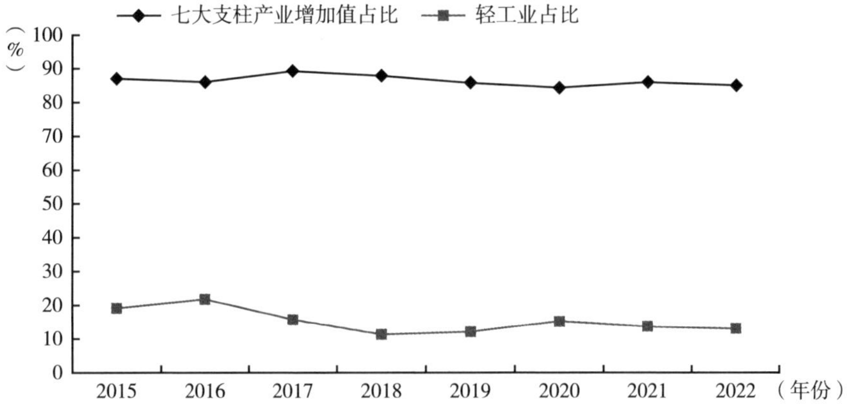

图7 甘肃支柱产业占比和轻工业占比变动情况（2015~2022年）

资料来源：根据2015~2022年《甘肃发展年鉴》计算整理。

（三）新旧动能转换不畅，产业发展韧性不强

从行业发展情况看，截至2022年末，全省石化产业占规模以上工业增

加值的比重高达35.1%，较2015年提高了4.6个百分点，资源型行业独大的局面进一步增强。由于高附加值、高技术含量的高新技术制造业发展不足，工业增长过于依赖石化、有色、钢铁等少数资源型产业和企业，因此，经济增长周期对工业增长的负面影响大于正面影响，一旦出现生产经营波动，直接影响全省工业经济稳定增长。近两年来，受到供给端产能过剩、需求端不振、原料涨价和能源成本抬升等多重因素的影响，占甘肃工业总量56%以上的石化和有色、冶金行业市场行情整体不景气。全省化工和新材料行业生产企业遭遇了前所未有的困境，企业订单量呈现坠崖式下滑，价格战日趋激烈，经营亏损严重，被迫减产或停产的企业日渐增多。虽然，近年来"互联网+"、大数据、高端装备制造、生物医药、新能源汽车等新兴产业发展较快，但这些新兴产业仍处于发展起步阶段，规模偏小，新发展动能短期内还难以弥补传统产业下滑带来的影响。

（四）产业空间布局不优，产业同质化竞争日趋激烈

从省内产业布局来看，由于各地产业发展基础和资源禀赋不同，全省各市州县出台的产业规划互补性不强，产业链跨区域协作较弱，造成全省区域间产业布局重叠率过高，没有形成特色产业鲜明、主导产业突出的空间格局。近年来，在国家大力发展战略性新兴产业政策导向下，各地又纷纷争抢布局以新能源、半导体材料、氢能、储能、电池等为代表的新兴产业，各地产业选择同质化倾向明显，进一步加剧了区域间产业同质化竞争态势。

从全国形势来看，当前全国各省市区都聚焦实体经济高质量发展，加快构建现代化产业体系，竞相开展了新一轮的招商引资。如西北五省区中，陕西提出着力构建以高端装备、电子信息、现代化工、新材料、生物医药、大数据等为重点的产业发展计划；宁夏提出打造新材料、新能源、新食品加工"三新"千亿元级和百亿元级的产业集群；青海提出打造盐湖资源综合利用、新能源、新材料、有色、冶金、大数据六大重点产业集群；等等。这些产业与甘肃目前着力打造的产业存在高度重叠性。甘肃工业产业中高品质、高复杂性、高附加值产品供给能力不足，且在人才技术、营商环境、产业政策、园区基础条件等方面并不具备绝对比较优势，因而被其他地区竞争挤压替代的压力和风险日益增大。

（五）市场主体缺乏活力，产业优化升级动能不足

甘肃长期的重化工业结构发展特征，形成了以国有大中型企业为主导和支撑的产业组织结构，具有垄断性、大型化、一体化的行业特性。目前，一方面，全省规模以上工业企业中，国有及国有控股大中型企业虽占全省总数的6.94%，但其资产总额、营业收入、利润总额分别占全省总额的 53.6%、69.3%、61.9%。2022 年，甘肃入选中国企业 500 强的六家企业全部为省属国有企业，且集中在钢铁、有色、冶金和建筑等传统产业。另一方面，以私营企业为主的中小微工业企业发展严重不足。从企业规模水平来看，规模以上工业小微企业数量占全省总数的88.9%，但其资产总额、营业收入、利润总额却分别仅占全省总额的35.3%、20.9%、22.4%；规模以上工业企业中私营企业数量占全省的48.8%，其资产总额、营业收入、利润总额分别仅占全省总额的11.5%、12.5%、6.9%[①]。大部分中小企业受制于自身规模和盈利水平，没有形成规模体系化发展，导致全省经济和工业发展过分依赖少数大中型国有企业，工业经济发展的市场主体活力严重不足。同时，大部分中小企业受制于自身技术创新能力，所生产的产品层次不高，附加值低，竞争力普遍不强，企业利润水平一直维持在较低的水平，企业普遍处于低速低效运行状态。从甘肃近年来规模以上工业企业数量增长情况来看，规模以上工业企业年新增数量缓慢且匮乏，2022 年甘肃规模以上工业企业仅比 2015 年增加了 247 个（见图8），由于新增企业较少，仅靠存量企业自身进行技改转型，工业产业转型升级的动能明显不足。

（六）紧约束下资源要素供给与产业发展矛盾突出

由于长期依赖资源型重化工业发展，甘肃资源承载力不断下降，各种资源要素难以支撑现代工业产业体系发展。突出表现在，一是工业经济增长与能耗总量控制的矛盾日益突出。能耗"双控"政策对甘肃重大工业项目落地和企业的生产经营造成了较大影响，亟须一定规模的新增能源消费量支撑来应对碳达峰和碳中和过程中工业的高质量发展。二是土地资源对工业发展约束作用日

---

① 依据《甘肃发展年鉴 2022》整理计算。

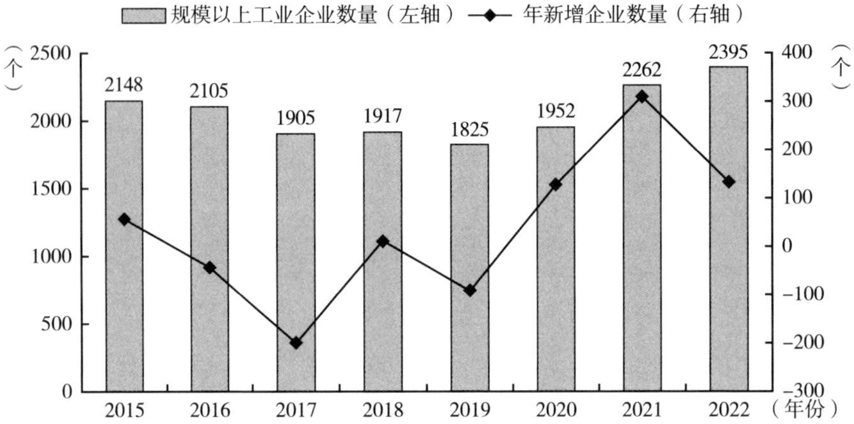

图8 甘肃规模以上工业企业数量及增长变动情况（2015~2022年）

资料来源：根据2015~2022年《甘肃发展年鉴》计算整理。

益增大。由于用地成本、劳动力成本、物流成本相对较高，甘肃各工业园区不同程度地存在空间紧张、土地地价高等问题，缺乏对大项目落地的优势和吸引力。三是人力、资金和技术资源要素制约明显。随着人口"红利"和劳动力资源优势渐失，甘肃企业发展面临劳动力短缺和劳动成本上涨，尤其是专业技术人才与产业技能人才严重缺乏等问题。广大中小企业和民营企业融资难、融资贵现象也较为突出。企业研发投入能力有限，关键核心技术和共性技术供给不足，导致许多传统产业转型缺乏技术支撑。同时，由于实体工业企业盈利能力下降、转型升级困难，甘肃对科技创新、现代金融、人力资源等高端要素吸引和集聚能力也正在逐步减弱。

三 甘肃工业高质量发展中的产业优化升级路径

进入发展新阶段，面对新形势和新问题，甘肃必须全面贯彻落实党的二十大关于发展实体经济的战略部署，坚持以工业高质量发展为主题，着力构建具有甘肃特色的现代化工业产业体系，促进产业结构整体优化提升，不断增强产业核心竞争力和可持续发展能力。

（一）夯实工业经济基础，构建现代工业产业新体系

一是坚持做大做强优势主导产业，改造提升传统特色产业。充分挖掘石化、有色、冶金、煤炭、装备制造、农副产品加工等传统优势主导产业的发展基础和增长潜力，对未来新建产能应考虑到潜在的竞争压力，优化产业布局和调整产业结构，做大主导产业的总量规模。增强优势主导产业活力和竞争力，大力发展石化延伸产品、精细化工产品、镍铜钴新材料、特种不锈钢、高端铝制品等，提升精深加工产品产能规模和质量效益。加强对传统产业核心基础零部件和元器件、工业软件、先进基础工艺、检验检测平台、关键基础材料和产业技术基础的研发和应用，补齐产业基础短板。提升产业发展层次和核心竞争力，运用先进适用技术和设备全面提升传统产业生产工艺水平，以"5G+工业互联网"等新技术和管理创新为重点，持续提升企业技术水平、产品质量和企业管理水平。

二是加快新旧动能转化，培育壮大战略新兴产业。以增量提质为目标，发展壮大新能源、新材料、先进装备制造业、生物医药、绿色环保、新一代信息技术等产业集群，着力提升产业科技含量。大力培育发展军民融合、航空航天配套产业、半导体材料、氢能、新能源电池、储能和分布式能源、核产业、区域应急、城市矿产与表面处理等发展潜力较大的新兴产业，构筑甘肃工业新兴产业的新支柱。

三是全面提升产业要素供给质量，构建现代工业产业新体系。依托甘肃现代化工业体系和现有产业基础，延伸制造企业服务链条，加快推进工业和生产性服务业融合发展，推动工业服务化转型发展，打造产业增长新引擎。在健康养老、绿色金融、数字经济等领域，培育发展一批具有发展前景的产品服务产业。重点发展：大健康产业，依托甘肃生物医药产业基础，围绕健康医药、健康医疗、健康养生、健康养老、健康药食材、健康运动等，打造以医、养、健、管为支撑的大健康全产业链；大金融产业，以兰州新区绿色金融改革创新试验区建设为契机，推动现代金融服务业与生态环保产业深度融合，打造以兰州新区为核心，与兰州和白银共同构成金融"金三角"的兰州绿色金融中心，破解生态环保产业融资难题，建设区别于国内其他城市的特色区域性金融中心；大数字产业，依托庆阳"东数西算"国家算力枢纽节

点建设，促进数据要素跨域流动，促进算力赋能数字经济、人工智能等产业的高速发展。推进商贸、物流、金融等服务业数字化转型，打造"数字甘肃"。

（二）优化产业空间布局，打造产业集群新优势

一是优化全省工业空间布局，推进产业融通发展。围绕甘肃"一核三带"区域发展战略，协调区域工业发展战略，在全省形成分工合理、错位发展、优势互补、产业融通的产业集聚发展新格局。以兰州、兰州新区和白银市为中心，着力打造绿色化工、高端装备制造、新材料、生物医药、数字经济等特色产业聚集发展区；以河西走廊经济带为中心，布局清洁能源及新材料产业集群发展区；以陇东南经济带为中心，打造综合能源和先进装备制造产业集群发展区。积极开展跨区域跨行业和上下游企业间的产业协同和技术合作攻关，增强产业链韧性。聚焦石化装备、电工电气装备、新能源装备、高档数控机床、轨道交通装备、通用航空装备、节能环保装备、有色金属材料和先进化工材料等优势产业集群，推进产业链纵向延伸和横向耦合，提升产业链水平。依托天水星火机床、天水锻压机床装备制造产业集群优势，打造全国性的工业母机产业制造基地以及工业母机行业"一带一路"示范基地。依托金昌新材料基础优势，打造镍钴新材料国家创新中心，建立镍基材料期货交割库，利用技术优势保持和提高对资源的掌控能力。

二是加强省域区际产业合作，形成产业协同发展新格局。深度融入兰西城市群、关中平原城市群、西部陆海新通道、黄河流域经济带等区域发展战略，深入分析相关省份在优势主导产业上的互补性和差异性，合理利用与优化配置要素资源，促进产业合理分工，提升甘肃在全国范围内产业发展联动和全局统筹水平，增强产业发展的协同性和整体性。

三是提升专业园区承载力，推动产业集聚高效发展。围绕全省13个百亿元级工业园区建设，发展主业突出、产业链完整、竞争力强的产业集群，引导产业园区特色化、差异化和协同化发展。着力提升各产业园区承载能力，创新产业园区发展模式，提高产业园区公共信息、技术、物流等服务平台和社会事业的配套服务水平。支持各产业园区整合企业，统一享受大工业用电电价、参与电力直接交易。

（三）着力提升产业层级水平，培育产业发展新动能

一是推进产业基础高端化和产业链现代化。以产业升级、产业集群和产业链延伸为目标，积极吸纳国内产业、资本、技术、人才等要素，优先引进行业龙头企业等，对接现有骨干企业，着力提升优势主导产业。依托现有工业基础和特色产业优势，打造一批上下游关联、横向耦合发展、具有较强竞争力和影响力的优势产业链。推动产业链创新升级，积极融入全球价值链，深化与"一带一路"国家和地区的产业合作。提升中高端产品供给能力，围绕价值链部署创新链，培育新技术、新产品、新业态、新模式，优化产品结构，增加产品附加值，推动产业向中高端迈进。

二是加快"两化"深度融合发展，推动产业智能化升级。深化工业互联网、工业大数据、人工智能等新一代信息技术与工业全要素、全产业链、全价值链的融合应用，强力支撑产业结构调整、动力转换，优化升级。推进工业互联网与制造业融合创新，在高端装备制造、新材料、数据信息、绿色化工等重点领域推动互联网与制造业融合应用示范项目，促进工业全产业链、全价值链信息交互和集成协作。加快工业网络化、智能化、柔性化和服务化发展，促进工业企业由主要提供工业产品向提供工业产品和服务转型。发挥大健康产业与大数据产业综合优势，打造智慧医疗、智慧制造等新业态、新模式。

三是加快工业绿色化转型，培育产业发展新动能。积极推进全省重点行业和企业实施绿色战略、绿色标准、绿色管理和绿色生产，促进企业产品和设备绿色改造与升级。加速传统煤化工向现代精细煤化工转型升级，有效提升煤基产品附加值，打造煤基多联产循环经济体系。依托甘肃省国家级循环经济产业示范区建设，形成"资源—产品—废弃物—再生资源"闭环式循环经济发展模式，大力推进资源再生循环利用产业规范化、规模化发展，大力发展再制造产业。优化工业用能结构，推动能源体系绿色低碳转型。积极落实钢铁、有色、石化、煤电、供热等重点领域碳减排任务，推进冶炼、交通、建筑等重点行业绿电替代。实施"新能源+制造业"综合利用工程，研发运用新型储能技术，推动建立甘肃新能源供应链、产业链、价值链体系。

（四）持续推动企业创新发展，增强产业发展新活力

一是提升企业融通发展水平。围绕绿色化工、新材料、先进装备制造、生物医药、新能源等重点产业，持续做大规模以上工业企业总量，发展领先核心企业，形成一批具有生态主导力的产业链龙头企业，构建优质企业培育梯队。强化上下游企业协同配套，鼓励支持大企业与中小企业形成大的配套产业联盟，将一般零部件制造、非核心业务扩散到中小配套企业；大力培育一批拥有核心技术和拳头产品、服务于制造业关键基础细分产品市场的"专精特新"中小企业，打造细分领域"行业小巨人"，引导成长性好的小企业"规下转规上"，鼓励中小企业向区域内的大企业提供配套产品；加快构建基于工业互联网的分享制造平台，有效对接各类企业闲置资源和闲置产能，推动制造能力的集成整合、在线共享和优化配置，畅通大中小企业融通发展渠道。

二是强化企业创新主体地位，提升工业企业核心竞争力。以建设国家、省级企业技术中心为依托，打造制造产业技术创新联盟，引导资金、技术、人才向研发平台聚集，提升企业创新能力和水平，加大关键共性技术和"卡脖子"技术攻关。大力培育科技型中小企业、高新技术企业、"专精特新"隐形冠军、科技"小巨人"、创新型企业、"瞪羚"企业等，构建形成从雏鹰企业到高成长型企业的梯度培育体系。引导企业建立健全质量管理体系，推广先进质量管理办法，提升产品质量，打造知名品牌。实施品牌战略，保护传统品牌，做优现有品牌，大力开展驰名商标、著名商标、地理标志创建活动。

三是打造中小企业和民营企业创新发展的良好环境。设立支持中小企业发展专项资金，加大对"专精特新"中小企业发展和产业技术联盟、新型研发机构建设的支持力度。引导民营企业建立现代企业制度，鼓励有实力的企业和民间资本参与国有企业改革。支持兼并省内同行业中小企业，形成集团型经济联盟。加强企业人才队伍建设，加大人才开发投入力度，引导支持企业到省内外招聘高层次人才，努力培育造就一批领军拔尖人才、科技创新人才和技能应用人才。鼓励企业以期权、股权等中长期激励方式吸引和留住人才。大力弘扬企业家精神，鼓励更多社会主体投身创业创新，在政策和社会环境上形成和强化创新创业、爱护企业家精神的环境。

（五）强化要素供给，营造产业高质量发展新环境

一是加强工业用地供给保障。全面实行"标准地"制度，科学设定工业用地的固定资产投资强度、年土地产出、年土地税收、环境标准等使用标准和要求，提高土地集约利用程度。实行用地计划配合工业项目的配置方式，对于被纳入国家和省级重大项目清单、需单独选址的项目，优先配置项目计划指标。积极推进工业用地市场化配置，对工业用地实行长期租赁、先租后让、租让结合、弹性出让等供应方式。盘活闲置土地和低效用地，加快闲置厂房零租金使用改革，提供租金优惠政策，提升本地厂房的使用效率。

二是加强人力资源要素保障。采用智力服务、业余兼职、人才聘用、人才租赁、服务外包、项目订单等方式强化高端人才引进。加强技术技能人才培训，引导企业聚焦用工需求，联合高职院校开展技术培训。着力打造有"企业家"精神的管理团队和有"工匠"精神的高技能工作队伍，加大对企业员工的培训力度，全面提升人力资源素质。

三是强化企业发展资金要素保障。充分发挥财政资金引导示范作用，建立工业企业贷款风险补偿金或贴息资金，做大政府性融资担保机构，缓解企业融资难融资贵问题。针对重点项目，探索企业－投融资平台－金融机构三方投资的模式。有效扩大民间投资，在土地供应、区域开发、重大项目等方面制定适宜的进入和鼓励政策，提升民间资本的市场竞争力。

四是加强生产要素保障能力。促进物流企业与工业企业加强合作，提高大宗工业原材料和工业产品等大宗货物转运效率。大力发展智慧物流，在仓储系统中应用物联网等新技术。提升电气水等工业用能的供给能力，高效运用大数据、云计算、移动互联网等新技术，优化政府企业服务能力。推进政务数据向企业开放与共享，用于数据校核、业务协同、社会研究等领域，提高数据、信息等新生产要素的效益。

参考文献

陈明：《乡村现代化中的空间秩序与治理演进——中日空间治理政策的一个延伸比

较》,《杭州师范大学学报》(社会科学版)2022年第2期。

林善浪:《中国应对全球产业链重构的破局之策》,《人民论坛·学术前沿》2022年第7期。

林玉妹、秦淑娟:《制度创新:共同富裕取得实质性进展的关键》,《海派经济学》2022年第4期。

"世界开放报告"课题组:《从中国制造迈向中国创造》,《经济日报》2022年11月11日。

习近平:《在民营企业座谈会上的讲话》,《人民日报》2018年11月1日。

B.21
中国西北地区特色农业
及其产业链延伸研究

赵 颖*

摘 要： 西北地区特色农业布局不断优化，农产品供给稳步增长，特色品牌效应初步显现，产业链条逐步完善，产业效益不断提升。但不容忽视的是，西北地区特色农业发展仍然面临着基础设施存在短板弱项，产业结构单一、产业链条短、龙头企业带动不强，品牌竞争力不强，科技人才资源不足等严峻挑战。加快基础设施建设，建链延链补链、做强优势特色产业，讲好品牌故事提升品牌竞争力，加大科技研发和人才培养力度等无疑成为加快西北地区特色农业发展的着力点和突破口。

关键词： 特色农业 建链延链补链 产业链 西北地区

特色农业是指具有独特的资源条件、明显的区域特征、特殊的产品品质和特定的消费市场的农业产业。中国西北地区主要包括陕西省、甘肃省、青海省、宁夏回族自治区和新疆维吾尔自治区 5 个省区，面积 311.62 万平方公里，约为全国总面积的 1/3，人口数量 10358 万人（截至 2022 年底），约占全国总人口的 7.34%。西北地区地域辽阔，光、热、水、土资源丰富，物种资源多样，发展特色农业的优势和潜力巨大。特色农业可以释放区域自然资源禀赋优势，极大地丰富和优化农产品产业结构，促进差异竞争、错位发展，以供给的差异化和品质化更好地匹配市场需求，促进农产品向高水平供需平衡跃升。经过多年的发展，西北地区特色农业已具有一定的基础，特色农业已经成为强化

---

* 赵颖，宁夏社会科学院农村经济研究所副所长、副研究员，主要研究方向为农业农村经济。

区域竞争优势、加快农业提质增效的重要抓手，对推进产业兴旺、实现农业高质量发展与乡村振兴具有重大意义。

一 中国西北地区特色农业及其产业链发展现状

（一）西北地区基本概况

宁夏回族自治区地势南高北低，呈阶梯状下降，气候属典型的大陆型气候，2022年总人口728万人，占西北五省区总人口数的7.0%。陕西省的地势南北高、中间低，地形多样，纵跨三个气候带，南北气候差异较大。2022年总人口3956万人，占西北五省区总人口数的38.2%。甘肃省地势自西南向东北倾斜，地貌形态复杂，气候类型多样，经常受到干旱、暴雨、洪涝、冰雹、大风、沙尘暴和霜冻等气象灾害的影响。高寒和干旱是长期制约甘肃农业生产和农村经济发展的最大瓶颈。2022年末总人口2492万人，占西北五省区总人口数的24.1%。青海省山脉纵横，湖泊众多，峡谷、盆地遍布，地形复杂，地貌多样，是农业区和牧业区的分水岭。新疆维吾尔自治区属于典型的温带大陆性干旱气候，水资源时空分布极不均衡，是全国五大牧区之一。2022年总人口2587万人，占西北五省区总人口数的25.0%。

西北五省区按土地利用类型划分，耕地面积最多的为新疆维吾尔自治区，占西北地区总耕地面积的41.5%；其次为陕西省，占30.7%；甘肃省最少，仅占3.3%。园地和林地面积最多的为宁夏回族自治区，分别占到西北五省区总面积的42.4%和26.7%。草地面积最多的为新疆维吾尔自治区，占西北地区总草地面积的47.3%（见表1）。

表1　2022年西北地区人口数量及土地利用情况

省份	人口数量及占比		土地利用类型及占比							
	2022年（万人）	占比（%）	耕地（千公顷）	占比（%）	园地（千公顷）	占比（%）	林地（千公顷）	占比（%）	草地（千公顷）	占比（%）
陕西	3956	38.2	5209.5	30.7	428.6	15.0	7962.8	17.0	14307.1	13.0

省份	人口数量及占比		土地利用类型及占比								
	2022 年（万人）	占比（%）	耕地（千公顷）	占比（%）	园地（千公顷）	占比（%）	林地（千公顷）	占比（%）	草地（千公顷）	占比（%）
甘肃	2492	24.1	564.2	3.3	62.3	2.2	4603.6	9.8	39470.8	35.9
青海	595	5.7	1195.4	7.1	91.5	3.2	9526	20.4	2031	1.8
宁夏	728	7.0	2934.3	17.3	1214	42.4	12476	26.7	2210.3	2.0
新疆	2587	25.0	7038.6	41.5	1070.1	37.3	12212.5	26.1	51986	47.3
总计	10358	100	16942.0	100	2866.5	100	46780.9	100	110005.2	100

资料来源：《中国统计年鉴 2022》。

（二）特色农业产业布局不断优化，农产品供给稳步增长

宁夏围绕实现农民增收，持续做好土特产大文章，聚力打造葡萄酒、枸杞、牛奶、肉牛、滩羊、冷凉蔬菜"六特"产业，不断推动特色农业提质增效。"六特"农业产业产值占全宁夏农业的80%以上。2022 年宁夏全年蔬菜产量 527.92 万吨，比上年下降 1.0%；枸杞产量 8.63 万吨，比上年增长 0.4%；肉类总产量 36.77 万吨，比上年增长 4.1%[①]。

陕西大力发展优势特色产业，基本形成渭北陕北苹果、陕北羊肉、关中奶畜、陕南生猪、秦巴山区茶叶"五大特色产业带"。2022 年陕西果业增加值722.2 亿元，比上年增加 62.2 亿元，可比价增长 5.2%[②]。特色农业已成为陕西产业兴旺目标实现的重要抓手[③]。

甘肃立足寒旱特色，打造现代丝路寒旱特色农业，初步建设形成以"肉牛、肉羊、蔬菜、苹果、马铃薯、中药材"六大特色主导产业为主，小庭院、小家禽、小手工、小买卖、小作坊"五小"产业为补充的产业发展格局[④]。2022 年，甘肃全年蔬菜产量 1736.6 万吨，比上年增产 4.9%；中药材产量

---

① 《2022 年宁夏回族自治区国民经济和社会发展统计公报》。
② 《2022 年陕西省果业发展统计概览》。
③ 马宁：《新发展理念引领陕西特色农业高质量发展的实现路径》，《现代化农业》2023 年第 6 期。
④ 许开录、张立衡：《甘肃现代丝路寒旱特色农业的内涵、问题与发展对策》，《生产力研究》2022 年第 6 期。

137.5 万吨，比上年增产 4.6%；园林水果产量 575.4 万吨，比上年增产 6.7%；全年猪牛羊禽肉产量 141.5 万吨，比上年增长 5.6%①。2022 年，甘肃已建设 4 个国家级产业集群和 35 个特色产业强镇。

青海依托牦牛、藏羊、青稞、油菜、枸杞、马铃薯等六大特色优势产业，形成了国家、省、市级和县（区）级逐级创建、层层推进的现代农业产业园区建设体系。2022 年，青海粮食播种面积累计完成 303.47 千公顷，比上年增加 1.06 千公顷。在粮食产量方面，连续 15 年全年粮食产量稳定在 107.27 万吨以上。其中，青稞的种植面积达到 92.69 千公顷，产量相比上年增加 2.01 千公顷。经济作物的播种面积较上一年增加了 1.26 千公顷，达到 282.72 千公顷。其中，蔬菜的播种面积也有显著提高，达到了 43.37 千公顷，较上年增加了 1.07 千公顷；药材种植面积 32.36 千公顷，较上年减少 3.61 千公顷；蔬菜食用菌的产量也有所增长，同比增长了 1.1%，达到了 151.81 万吨②。

新疆积极争取中央财政支持，先后开展了六个农业优势特色产业集群建设，包括新疆薄皮核桃、库尔勒香梨、新疆葡萄、新疆伊犁马、新疆褐牛等。2022 年，新疆全年猪牛羊禽肉产量 190.94 万吨，较上年增长 4.3%；全年特色林果产量 1815.60 万吨，较上年增产 1.5%；全年棉花产量 539.06 万吨，较上年增产 5.1%③。通过不断发展和壮大六个特色优势产业产业集群，全产业链产值突破 100 亿元，对于推动新疆农业经济增长和提升农民收入起到积极作用。

根据西北五省区特色，农业类型综合划分为粮食、蔬菜、水果、畜牧业、乳制品、中药材、其他等 7 类。五个省区特色农业基本都占到 3 类以上，其中，共有的特色农业为畜牧业，陕西为生猪肉，其他省区为肉牛、羊；特色蔬菜主要集中在甘肃、青海、宁夏 3 个省份，特色中药材集中在甘肃、宁夏 2 个省份。陕西茶叶、宁夏葡萄酒、新疆棉花为独有的特色农产品（见表 2）。

---

① 《2022 年甘肃省国民经济和社会发展统计公报》。
② 《青海省 2022 年国民经济和社会发展统计公报》。
③ 《新疆维吾尔自治区 2022 年国民经济和社会发展统计公报》。

表 2　西北地区特色农业产业情况

序号	特色产业分类	陕西	甘肃	青海	宁夏	新疆
1	粮食			√		
2	蔬菜		√	√	√	
3	水果	√				√
4	畜牧业	√	√	√		√
5	乳制品	√			√	
6	中药材		√		√	
7	其他:葡萄酒、茶叶、棉花	√			√	√

（三）打造特色优质品牌，产业效益不断提升

提升打造标准，巩固品牌发展基础。宁夏在品牌发展方面做了一系列工作，其中包括编制完成乳制品、肉牛等 11 个产业的全链条标准体系，这些标准体系有助于规范相关产业的生产和经营活动，提升产品质量和市场竞争力；构建农产品投入品在线监管体系，通过该体系，可以对农业生产中使用的投入品进行实时监控和管理，确保其符合相关质量要求，并保障农产品的安全性；构建农产品质量安全追溯体系，对农产品从种植、生产到销售的整个过程进行溯源管理，确保产品的质量和安全可追溯。通过以上措施，宁夏在夯实品牌发展基础上，在品种培优、标准建设、质量管理等关键环节得到强化，为特色产业的可持续发展打下了坚实的基础。陕西针对特色农业现状，累计建成高标准农田 1421 万亩，占全省耕地面积的 32.28%。2020 年陕西全省 1889 万亩有效灌溉面积中，节水灌溉面积 1403 万亩，占全省设施灌溉面积的 59.4%。出台《陕西省耕地质量保护办法》，推行轮作休耕制度，全省耕地质量持续提高。紧盯农业面源污染秸秆、畜禽粪污两大源头，推进饲料、肥料、基料"三料"转化，全省畜禽粪污综合利用率达 85.9%，秸秆综合利用率达 88.4%。

特色品牌初见成效，产业效益不断提升。甘肃聚焦"调结构、提质量、促融合、强主体、育品牌"的地方特色产品，突出抓好地方特色产品建设，先后出台《甘肃省现代丝路寒旱农业优势特色产业三年倍增行动计划总体方案（2021~2023 年）》《甘肃特色农产品及食品加工产业链实施方案》《"甘

味"品牌建设实施方案（2023~2025 年）》《关于以养殖业为牵引带动农业产业结构优化升级实施方案》等一揽子政策，有效推动特色产业规模不断扩大、质量不断提高、效益持续提升。陕西以"3+X"工程为核心，积极提升农产品品质、推进区域品牌建设，形成"区域公用品牌+企业品牌+产品品牌"的特色农业品牌集群，品牌溢价增值效应不断增强，特色农产品综合竞争力不断提升。宁夏在农产品领域积极打造 7 个中国特色农产品优势区，形成了一系列具有地域特色的名片，如贺兰山东麓葡萄酒、中宁枸杞、盐池滩羊、宁夏牛奶和六盘山牛肉等，这些农产品通过独特的地理环境和气候条件，以及精心的种植、养殖和加工技术，呈现独特的品质和口感。宁夏还致力于培育和认定优质农产品品牌。迄今为止，已经累计培育并认定了 574 个特色优质的农产品品牌，这些品牌代表着宁夏地区丰富多样的农产品资源得到市场和消费者的认可。其中，"贺兰山东麓葡萄酒"以近 350 亿元的综合产值跻身全国地理标志产品区域品牌榜第 9 位[1]。通过打造特色优势区和培育优质农产品品牌，宁夏在推动本地农业发展、提升农产品竞争力方面取得了显著成效。

（四）产业集群不断壮大，产业链条逐步完善

宁夏在"六特"基础上，根据资源优势和发展前景，坚持走区域化布局、规模化种养、标准化生产、产业化经营之路，不断完善农业特色产业体系，不断推进农业特色产业体系建设步伐。在滩羊产业方面，宁夏培育了 14 家龙头企业（其中国家级 2 家，自治区级 12 家），其中包括 9 家养殖加工和销售一体化的企业，2 家专注于养殖和种羊繁育企业，3 家从事皮毛加工企业，具备 314.5 万只屠宰加工能力；培育了 32 个企业商标（如"宁鑫"等），形成了较为完整的滩羊产业链加工体系[2]。陕西在"五大特色产业带"的基础上，建成乳制品、苹果、猕猴桃、蔬菜、食用菌、茶叶、家禽、生猪、肉牛肉羊等 9 条特色农业全产业链，特别是园林水果产业集群不断壮大，产业特色更加突出[3]。甘肃在一揽子政策扶持下，特色产业链条逐步完善，建成 4

---

[1] 拓兆兵、许凌：《宁夏推动特色农业提质增效》，《经济日报》2023 年 7 月 2 日，第 1 版。
[2] 王倩等：《宁夏滩羊产业高质量发展现状与思路》，《中国畜牧业》2022 年第 11 期。
[3] 马宁：《新发展理念引领陕西特色农业高质量发展的实现路径》，《现代化农业》2023 年第 6 期。

个国家级产业集群和 35 个特色产业强镇，六大特色产业全产业链产值达到
4325.4 亿元①。

二　中国西北地区主要特色农产品产业链分析

（一）枸杞产业

枸杞产业规模不断扩大，产业布局不断优化。枸杞是宁夏的"红色名片"
和"地域符号"，已有 600 多年的栽培历史。枸杞产业是宁夏最具有地方特色
和品牌优势的战略性主导产业，处于全国枸杞产业的领军地位。20 世纪 90 年
代起，宁夏枸杞向周边省份扩大种植，特别是近 10 年，青海、甘肃、新疆等
部分地区，都把枸杞产业列为当地产业结构调整的重要内容，西北地区枸杞产
业规模不断增长、产业布局不断优化。2022 年，宁夏、青海、甘肃、新疆枸
杞总种植面积超过 100 万亩，西北地区枸杞种植面积已占中国枸杞种植总面积
的 90% 以上。宁夏是中国枸杞主要产区之一，种植面积 43.5 万亩，生产 30 万
吨的鲜果，鲜果加工转化率为 30%。通过深加工，宁夏开发出十大类、100 多
种产品，综合产值较上一年增长了 10%。西北枸杞产业布局方面，宁夏形成
"一核二带"，即以中宁县为核心，清水河流域和银川平原枸杞产业带作为两
翼；甘肃形成三市五县的枸杞主要产区，即酒泉玉门市、瓜州县，白银市靖远
县、景泰县，武威市民勤县；青海则凭借特殊的气候和土壤条件，形成以海西
蒙古族藏族自治州柴达木盆地、海南藏族自治州共和县为主的枸杞产区；新疆
打造了博尔塔拉蒙古自治州精河县、北屯市、阿勒泰地区福海县等新兴的枸杞
产区。这些主要枸杞产区通过种植、加工和销售等环节的协同发展，推动了当
地经济的增长，为枸杞产业繁荣发展做出了重要贡献。

铸精品区域公用品牌，推动枸杞产业高质量发展。全国枸杞品牌注册企业
数量高达 38268 个，西北五省区企业数量占全国的 70.7%。其中，宁夏 14037
个，占全国总数的 36.7%；甘肃 7268 个，占全国的 19.0%；青海 3590 个，占
全国的 9.4%；新疆 1779 个，占全国的 4.6%。全国 12 个著名枸杞区域公用品

---

① 何建华：《甘肃特色农业高质量发展探究》，《天水师范学院学报》2023 年第 2 期。

牌中西北地区就拥有 10 个，其中宁夏有"宁夏枸杞"等 3 个区域公用品牌，甘肃有"靖远枸杞"等 5 个区域公用品牌，青海的"柴达木枸杞"，新疆的"精河枸杞"，这些区域公用品牌在推动现代枸杞产业高质量发展中发挥着不可替代的作用。

科技助力枸杞产业链向中高端不断完善。宁夏建立了世界上唯一的枸杞种质资源圃和国家枸杞种质资源库，首次成功解析出枸杞的高精度基因组，绘制出基因图谱，为进一步研究和利用枸杞的遗传资源提供了重要支撑。在此基础上，研究人员初步构建现代枸杞高效分子育种平台，为传统育种向定向高效的精准育种转变提供了技术支持。现有研究表明，枸杞中的多种成分可以调节人体免疫功能、清除慢性炎症，对于慢性病治疗和延缓衰老有很大作用。在科技的助力下，宁夏枸杞 20 余款特膳食品、8 款保健产品不断完善，枸杞糖肽、护肝片等功能性食品已进入医院营养配餐渠道，枸杞中高端产业链逐渐完善。

（二）马铃薯产业

马铃薯西北种植区包括甘肃、青海、宁夏、新疆和陕西北部。2022 年宁夏马铃薯播种面积为 121.01 万亩，马铃薯产量（折粮）达 32.59 万吨；陕西马铃薯产量为 208.9 公斤（折粮）；甘肃马铃薯种植面积为 104.7 万亩；青海马铃薯种植面积为 8.67 万公顷，年产马铃薯 200 余万吨。西北马铃薯主要种植区域围绕品种选育、脱毒种薯生产、综合技术推广等方面重点推进，马铃薯实现了从"温饱土豆"到"脱贫土豆"再到"致富土豆"的华丽转身。

科技助力选育优质品种。青海在马铃薯育种领域具有先发优势，也是全国最重要的马铃薯繁种基地。先后选育出了 20 多个高原系列和青薯系列的品种。其中，青薯 9 号表现突出，在产量、广适性及抗病性方面取得重大突破，以超过 5000 公斤产量创下高原旱地单产纪录。其因卓越表现被农业农村部认定为马铃薯主推品种。甘肃在马铃薯领域进行了种质资源创新工作，成功选育出一批抗旱、高淀粉和优质的新品种。不仅确保了西北地区马铃薯种质创新所需的基因资源安全，也为该领域的发展提供了基础性保障。为了进一步推动马铃薯产业发展，甘肃农科院马铃薯所进行大量的种质保存工作。已经成功保存 7226 份次的马铃薯种质资源，引进 238 份次的各类种质资源，配制 2681 个杂交组合，为后续育种工作提供了丰富的材料。为了确保长期稳定的种质资源供应，甘肃常年保存着 800 份次以上的国内外马铃薯种质资源，这些资源不仅为生产和科研提供支持，还为育成新品种做出了重要贡献。陕西子长市引进抗病抗旱能力强的新品种，依托市薯类研究所搭建"研究所+乡镇+农户"马铃薯良种三级繁育体系，严格按照合理密植、配方施肥、病虫害专业化防治等关键技术，推广早熟地膜马铃薯、优质高产马铃薯等品种，马铃薯种植面积稳定在 23 万亩，年产量 35 万吨。

优化提升马铃薯产业链。宁夏固原市马铃薯加工产业是当地重要的支撑产业，万吨以上马铃薯淀粉加工企业有 19 家，年产能近 30 万吨，实现产值近 10 亿元。生产加工企业设备及技术工艺处于国内先进水平，加工本地马铃薯辐射带动周边省区，形成了以固原市为重点的淀粉及其产品加工集聚区，年累计生产马铃薯淀粉 13 万吨，淀粉年产量约占全国总产量的 20%，衍生制品 2 万吨，已成为全国马铃薯淀粉主要的生产和集散地。甘肃安定区在马铃薯产业方面形成了一条"淀粉加工、精淀粉、变性淀粉、全粉、高附加值的主食化产品"完整的加工产业链条，在增加农民收入、促进区域地方经济社会发展方面发挥了巨大的作用。

（三）奶产业

加强奶源基地建设，不断夯实产业基础。宁夏是全国奶牛养殖最集中的省区之一，规模化奶牛场达到 355 个，规模化养殖比例达到 99%。全国日产生鲜乳 10.8 万吨，宁夏国土面积仅占全国总面积的 0.69%，日产生鲜乳 1.2 万吨，生产的奶产品 95% 以上销往全国各地。宁夏奶牛存栏量达到 84 万头，同比增长 19.7%，增速居全国第一，奶产业全产业链产值超过 700 亿元。陕西将奶山羊作为特色农业"3+X"工程的重点产业，羊乳制品占国内市场份额的 85%，良种规模、产业聚集度、市场占有量等 7 项指标均稳居全国第一位，在行业内形成"世界奶山羊看中国，中国奶山羊看陕西""陕西奶山羊，中国羊乳领头羊"的共识。

发挥"黄金奶源"区位优势，推动产业集群发展。宁夏地处"黄金奶源带"，以打造中国"高端奶之乡"为目标，推动牛奶产业向高端化、绿色化、智能化、融合化方向发展，成为全国重要的优质奶源基地和高端乳制品生产基地，被农业农村部誉为全国奶业优质安全发展的一面旗帜。宁夏牛奶产业区域布局不断优化，形成以银川市和吴忠市为核心、石嘴山市和中卫市为两翼的牛奶产业带。甘肃形成 5 个奶产业优势区：河西走廊优质奶业优势区，以优质饲草基地和智慧牧场为主的"种养加一体化"产业体系；中东部种养循环奶业优势区，发展全株青贮玉米及优质苜蓿生产，推进种养结合、循环发展，就近保障城乡乳品供应；高原牧区牦牛奶业优势区，重点养殖牦牛和娟犏雌牛、犏雌牛，着力发展高原优质特色奶；以巴氏乳和奶酪为特色的奶绵（山）羊特色奶业优势区；以龙头企业带动，推行"农户+牧场+乳企"利益联结机制的乳产品加工贸易集中区。甘肃武威市引进伊利，依托绿色生产及智能制造示范应用项目，形成"1+6+N"的奶产业集群发展格局，2022 年累计产量 17.8 万吨，产值 12.66 亿元，促进了经济结构的根本性调整，为打造河西走廊黄金奶源基地奠定坚实的基础。甘南建成国家级、省级牦牛乳系列产品技术研发中心，华羚、燎原、雪顿等龙头企业集群发展。

奶产业成为乡村振兴第一赛道。陕西将奶山羊产业发展与产业脱贫、乡村振兴紧密结合，将贫困户嵌入奶业发展链条，鼓励引导群众围绕奶畜产业，积极从事饲草种植、养殖、加工、物流等各环节劳动生产，探索形成了基地带动、分户扩群、入股分红、协议种草、技术培训、转移就业等 6 种奶畜产业扶贫模式。户均增收 3 万元以上，奶山羊产业已成为区域农民增收的主要来源和主导产业。甘肃武威市流转农村土地 30 多万亩，吸纳当地 6000 多名人员就业，人均月工资近 4000 元。

三　中国西北地区特色农业及其
产业链发展存在的困境

（一）基础设施存在短板弱项

与国内先进的农业大省相比，西北地区特色农业基础设施建设相对落后。第一，在农业基础设施建设方面不完善，缺乏高效的灌溉系统，农作物生长受到了一定的限制，产量和质量无法达到最佳状态。第二，在物流基础设施建设方面，物流体系建设不完善，虽然在乡村振兴政策推动下，西北农村地区已基本实现了"路路通"，但因物流成本高等因素，物流服务没有办法做到精准覆盖，大多数地区的物流集中站较少且距离较远，无法实现高效快捷的配送服务，乡村产业的产品和口碑"走出去"仍有一定难度。基础设施不完备已成为许多乡村特色农业产业化发展的掣肘。第三，在网络设施建设方面，西北地区乡村由于地处偏远，人口居住分散，缺乏信息化设备和技术支持，网络建设和运营维护成本较高，信号塔难以架设，宽带覆盖率低，网络条件仍不发达，导致信息传递不畅、数据处理效率低下，影响当地农产品电商的发展。

（二）产业结构单一，产业链条短，龙头企业带动力不强

西北地区特色农业发展较快、经济效益突出，但仍然存在一些问题。第一，西北地区农业产业结构单一，产业化经营规模较小，上市农产品绝大部分是抵御自然灾害和市场风险能力较弱的初级产品。西北地区马铃薯种植机械化程度较低，种植模式相对粗放。马铃薯主要产区耕地面积较小，大多数农户只能使用中小型机械进行种植，劳动力成本较高，规模化生产难以实现。并且受到自然环境的限制，多采用手工插秧和人工除草等传统的方式进行耕作，种植模式导致土地利用率不高。马铃薯、枸杞、葡萄等特色农业产品每年容易受到霜冻、洪水、干旱和冰雹等自然灾害的影响，导致产量减少。第二，农产品的深加工能力相对较低，产业融合度不高，产业链条较短。宁夏地区在奶源供应方面占有率并不高，产能也相对较小，现有乳制品深加工能力薄弱，这也限制了行业的进一步发展。枸杞加工流通企业与专业大户、合作社等种植主体之间缺乏紧密联系，种植主体之间难以分享产业链增值收益。同时，产业融合度不高也限制了整个枸杞产业链的发展。同质化竞争激烈。优质枸杞在价格上没有得到充分体现，市场竞争力不足。大部分枸杞公司将干果作为经营产品之一，由于缺乏差异化策略，同质化竞争日趋激烈，企业在市场中难以脱颖而出，影响整个产业链的发展。液态奶占据了将近80%的市场份额，而其他形式的乳制品占比相对较低。这种不均衡导致了每年春节前和10月出现周期性的奶源过剩和奶源短缺现象。奶农与乳制品加工企业之间缺乏稳定、有效的合作模式和利益分享机制，这也导致了奶源竞争激烈，优质奶源变得匮乏。第三，龙头企业在带动作用方面有待加强。缺乏凝聚力的行业导致龙头企业未能发挥引领作用，各产区之间也没有建立良好的合作关系。宁夏多数滩羊企业处于产业链前端、价值链低端以及创新链末端位置，缺乏强大的市场开拓能力和对农户发

展的有效带动作用①。此外，在全产业链构建和生产要素跨界配置等方面融合不够完善。因此，需要进一步完善联农带农机制，并加强精深加工和中高端市场开拓工作，在产业链条的前端、价值链的低端和创新链条上做出更多努力。

（三）品牌竞争力不强

第一，农业品牌建设成本高，品牌缺乏核心竞争力。特色农产品在策划、设计、推广、运营上成本投入较高，普通企业难以保障资金投入。在打造特色农产品品牌上，一品多牌现象较为普遍，消费者认可程度不高。如优质的宁夏枸杞在价格上没有得到充分体现，导致市场竞争力不足。葡萄酒行业在品牌建设方面也存在缺失，在国内和国际市场上没有真正叫得响的品牌，消费者对于如何选择适合自己口味的葡萄酒感到困惑。第二，企业竞争力弱，抗风险能力不足，这主要是西北地区生产经营条件和科学技术水平等因素的影响所致。特色农产品优势产业竞争能力弱并且市场占有能力不强，这导致了产业优势不明显。产业"优"而无"势"，产品"特"而不"强"的现象较为普遍②，在特色优势产业的发展壮大与优化升级方面存在一定困难。第三，对外宣传力度不强，品牌知名度较低，缺乏有效的品牌推广和保护机制。宁夏栽培葡萄品种众多，但尚未形成被广泛认可的代表性品种。与世界上著名的葡萄酒产区相比，中国西北地区的葡萄酒缺乏独特的优势特色，尚未有像法国赤霞珠、美国增芳德、澳大利亚西拉、新西兰长相思以及阿根廷马尔贝克这样有代表性的酿酒品种。

（四）科技人才资源不足

科技是制约西北地区农业发展的一个瓶颈。第一，缺乏创新意识和创新能力，一些管理者和从业者受限于固有认知经验，思想较为保守，很难接受新鲜事物，新技术、新品种推广到这部分群体存在一定的困难。例如，市面上宁夏枸杞产品重复率高、营销模式同质化现象严重。宁夏滩羊精深加工、高附加值

---

① 王倩等：《宁夏滩羊产业高质量发展现状与思路》，《中国畜牧业》2022年第11期。
② 任慧等：《宁夏特色优势产业发展研究及农业产业发展前景》，《农业展望》2023年第3期。

产品开发等关键技术的研发和推广还处于起步阶段①，中小规模养殖场户的经营管理理念相对滞后，普遍片面追求增重效果和出栏体重，对于科学配制饲料等技术应用的积极性不高。第二，由于农业生产具有一定的特殊性，新技术在推广中容易受阻。一是受到自然环境和地理条件的限制，不同地区的土壤、气候、水资源等因素差异巨大。针对特定地区推广新技术和新品种时需要进行适应性调整，这增加了新技术和新品种推广的复杂性和成本；二是农业生产周期长和具有不确定性，气候、病虫害等不确定因素的影响较大，在推广新技术和新品种时需要进行大规模模拟试验验证，增加了时间成本和风险；三是农业生产涉及农户、企业、政府、研究机构等多方参与者之间的协调与合作。由于各方利益不一致、信息不对等，协调难度大，也增加了推广成本。

西北地区农村人口严重老龄化，劳动力供给不足，老年人因身体原因不能从事体力劳动，青壮年外出打工因城市"虹吸效应"而不能经常返乡，这导致了两种类型人才资源短缺。一是缺乏具有创新精神和勇气的创业高素质人才，在率先找到与当地高度契合的特色农业，带领村民挖掘新业态、发展新产业方面缺乏探索者和带头人。二是缺乏高技能新型职业农民，懂技术、懂农业，发展特色农业产业的实践者较少②。

四　中国西北地区特色农业及其产业链延伸的对策建议

（一）加快基础设施建设

为了促进西北地区特色农业的发展，一是在改善特色农业生产条件、促进特色农业发展等方面加大农田高效灌溉基础设施等投入力度，提高特色农产品的生产效率和品质。二是为了方便农副产品对外销售，健全当地物流网络体系，建立对外销售的多元物流网络，建立高效、可靠的冷链物流系统，确保农

---

① 王倩等：《宁夏滩羊产业高质量发展现状与思路》，《中国畜牧业》2022年第11期。
② 曹均学、代文姣：《我国特色农业产业化发展的困境及路径分析》，《绥化学院学报》2023年第3期。

产品能够快速、安全地送达消费者手中，提升消费者对农产品的信任度。三是优化网络布局结构，提供稳定、高速的宽带网络，完善其他网络基础设施建设对于农村电商至关重要。

（二）建链延链补链，做强做大优势特色产业

第一，做强做大农业优势特色产业，持续完善特色农业产业体系。特色农业是提增农业质效的重要内生力量。做优做强特色农业，有利于促进西北地区特色农产品质量、效益和竞争力的多层次、多领域提升，真正由以增产为导向转变为以提质为导向，实现产品优质、生产高效、产业增效、农民增收。一是突出特色，推进"一村一品""一乡一业"。以宁夏滩羊产业为例，提升中部干旱带滩羊核心区发展优势，优化滩羊改良区在引黄灌区的布局，支持滩羊核心区和工业大县整合优势资源，加大整乡整村推进力度和养殖基地建设力度，形成集聚效应，提高产业发展集中度。二是尽快补齐中高端市场，开发适合中餐饮食习惯的精细化滩羊肉分割工艺，滩羊肉分级定价，提高冷鲜肉的生产和销售比重。三是在建立连锁经营、网络营销、产品直送等多形式营销体系的同时，采取实体门店线下、线上购物方式，引进先进精深加工和冷链配送设备，形成"企业直销店+品牌专卖店+零售店+超市专柜+网络电商"的销售模式。

第二，积极培育、引进有实力的龙头企业。西北地区应当积极引进龙头企业，完善联农带农机制。通过订单生产、信贷担保、承贷还贷、股份合作、保护价收购等多种方式，鼓励龙头企业不断增强实力，充分发挥龙头带动作用，在农户合作方面发挥引领作用，不断延伸奶制品、果品、冷凉蔬菜等特色农业产业链，提高产品销量及其销售率，带领农民增收致富。

第三，建立深度高效的"三链融合"发展机制。三产融合是特色农业产业化发展的必由之路。打造三产融合新载体，形成以一两种产业为主导，多样态农业共同发展的抗风险模式。延长产业链，提高附加值，打造产业新业态。宁夏重新取得枸杞竞争新优势，需要将传统种植业向以有机、休闲为特色的现代农业转型，提高枸杞产品的多样性，拉长特色农业产业链，逐步整合现有生产同类产品的深加工企业。

（三）讲好品牌故事，提升品牌竞争力

第一，加强品牌和商标保护意识。如加强对贺兰山东麓葡萄酒国家地理标志专用标识的管理，规范应用产区公共品牌标识，对已有的公共品牌进行维护、治理和推广。根据不同消费群体的需求，打造具有各自风土特色的酒庄风格品牌，通过经营创新在深耕酿造、风土品种、产品特色、地理标识使用管理等方面提升品牌价值。第二，通过政府、商会联合、企业多级联动，优化品牌培育环境，加大市场促销力度和网上网下销售渠道建设，促进区域农产品提高知名度和影响力，扩大市场占有率，为促进农民持续增收积极贡献力量。第三，数字化赋能，促进特色农产品品牌竞争力不断提升。通过物联网、云计算、大数据、区块链等技术，对葡萄从种植、生产、酿造，到仓储物流、线上营销等进行全生命周期数字化管理，确保每一瓶葡萄酒从产地到生产到流通的全过程来源可追溯、去向可查询，提升消费者对产区品牌的价值认同。

（四）加大科技研发和人才培养力度

1. 加强特色农产品科技创新支撑

第一，在加强特色农产品科技创新的过程中，提高思想认识是首要任务。一是各级政府和相关部门应增强对特色农产品科技创新的重视，并将其纳入战略规划中。二是加强宣传和引导工作，提高西北地区农民对特色农产品科技创新的认识和意识。通过举办培训班、开展宣传活动等形式，广泛宣传成功案例和典型经验，向广大农民普及相关知识和信息，增强他们对科技创新的兴趣和参与度。三是针对西北地区特色相关涉农企业和重点农业种植区域，开展有针对性的宣传活动，让农业经营主体深刻认识到现代化农业科技的价值，并主动参与其中。激发更多人投身于特色农产品科技创新。

第二，在加强特色农产品科技创新的过程中，结合各地资源禀赋以及特色农业发展目标，构建一个科学、高效的特色农产品科技创新体系至关重要。一是充分发挥地域优势与资源禀赋。西北五省区自然条件类似，但有着不同的地域优势和资源禀赋，应有针对性地选择适宜种植或养殖的作物品种，开展相应的科研攻关和推广示范工作。同时，也需要注重保护生态环境，在科技创新过程中兼顾可持续发展。二是将科技创新与发展目标紧密结合，加强与科研机

构、高校等专业团队的合作交流。特色农产品科技创新需要依托科学研究和专业知识，在实践中进行不断探索和验证。建议组织专家学者走进农田，与农民面对面交流，共同探讨解决特色农产品科技创新中的难题。

第三，加强对特色农产品科技创新的政策引导和资金支持。西北地区各政府应出台相关政策和措施，为特色农产品科技创新提供必要的支持和保障。例如，设立专项资金，加大对科研机构的支持力度，鼓励其深入田间地头，开展有针对性的科研工作，支持特色农产品科技创新项目的研发和推广；加大财税优惠力度，降低企业和个人参与特色农产品科技创新的成本等；加大奖励力度，用于支持农业科技成果转换应用奖励，从而激发广大科技工作者的创造热情和创造活力。通过这些举措，特色农业就能够进入创新驱动的健康发展模式，为特色农产品科技创新提供坚实的支撑。总之，只有多措并举，才能够激发各方积极性、凝聚共识，在推动特色农产品科技创新上取得更大突破。

2. 加大特色农产品人才培养力度，人才培养从源头抓起

一是制定完善的政策措施，鼓励有潜力和有意愿从事特色农业研究与生产的青年学子选择相关专业，并给予资金、奖励等方面的支持。同时，在高校教育领域，要加强对特色农业相关专业课程设置和教学质量监控，提升学生综合素质和实践能力。二是注重实践与理论相结合。除了传统的课堂教学外，要加强实践环节的设置，开展农田实习、社区服务等活动，让学生在实践中不断提升自己的专业技能和解决问题的能力。同时，要加强与企业、农民合作组织等单位的合作，提供更多实践机会和平台，培养学生创新思维和团队合作精神。总之，在加大特色农产品人才培养力度方面，需要全社会共同努力，形成政府、机构、企业等多方合力。只有通过系统性、全方位地提升特色农产品人才队伍素质和创新能力，才能够更好地满足市场需求，推动特色农产品产业的可持续发展。

参考文献

张红丽、温宁：《西北地区生态农业产业化发展问题与模式选择》，《甘肃社会科学》2020 年第 3 期。

B.22
中国西北地区藏医药事业
高质量发展研究报告

罡拉卓玛　加羊达杰*

摘　要： 进入新时代，西北地区认真贯彻落实习近平总书记对中医药工作的重要指示，采用"藏医院+基层卫生院"的发展模式，加强藏医药专业人才队伍建设，促进藏医药基层服务体系的完善，进而提升藏医药服务能力水平。充分发挥藏医药在健康西北民族地区建设中的独特优势，推动藏医药事业的规范化，基本实现藏医药医疗服务全覆盖，为西北地区藏医药事业高质量发展打开了新格局。

关键词： 藏医药事业　高质量发展　西北地区

藏医药作为中华传统医药学的重要组成部分，具有深厚的文化传承与历史传统，彰显了对中华民族优秀文化的坚守与传承，承载对中华民族藏医药文化价值的肯定。党的二十大报告强调"促进中医药传承发展"，为藏医药事业发展提供了根本遵循，对藏医药事业发展做出了全面部署。

党的十八大以来，在党中央的大力支持下，藏医药在继承传统的基础上，坚持传承精华、守正创新，整合优势资源、创新体制机制，为推动西北地区中藏医药事业传承创新发展注入了强大信心和力量。藏医药一直以来都坚持发挥自身的特色优势，在医疗服务和产业等领域持续展开积极行动，力求为藏医药事业的健康发展开创新的局面。随着社会的发展，西北地区在积极创建"全国基层中医药工作示范县"的过程中，主动吸收中医和西医的先进技术，加

---

* 罡拉卓玛，青海省社会科学院藏学研究所副研究员，主要研究方向为藏学、宗教学；加羊达杰，青海省社会科学院藏学研究所副所长、编审，主要研究方向为翻译、民族学。

强实施，协同合作，致力于打造藏医特色，发挥和保持藏医药优势，为藏医药事业高质量发展奠定了坚实的基础。

进入新时代，西北地区大力推进藏医药事业发展，以"藏医院+基层卫生院"的模式采用"城市和基层"的双向发展方式，推动藏医药事业的规范化，服务能力明显提升，特色专科建设成效显著，形成集藏医药医疗、服务、教研、药物研发于一体的综合性医疗事业发展模式，充分彰显了"中藏医力量"，为西北地区社会发展做出了积极贡献。

一　西北地区藏医药事业高质量发展现状

西北作为多民族杂居地区，中藏医药在保障农牧民群众健康方面发挥了至关重要的作用。为了更好地满足西北地区农牧民群众的医疗需求，青海、甘肃等省份大力推广和弘扬中藏医文化。同时，这些地区也致力于提升藏医院与基层卫生院所中藏医药科室的功能，强化藏医药专业人才培养，加强基层的藏医药服务体系，提高藏医药服务整体水平，积极发展藏医药产业，努力实现藏医药医疗服务的全覆盖。

（一）医疗机构

近年来，各级部门高度重视藏医药工作，加大资金支持，并着重强化藏医院及基层医疗卫生机构标准化建设，不断加强藏医院人才队伍建设。截至2023年，青海以省藏医院为主线，与基层24家县级藏医药医疗机构形成了协同发展的格局。积极推动在乡镇卫生院建设"中藏医馆"，并在村级卫生室设立"中藏医阁"，配备针灸、艾灸、火罐等中藏医基本诊疗器具，同时推广药浴和艾灸等疗法。这一系列措施为广大群众提供了更广泛的藏医医疗服务，让更多的群众受益于藏医疗效，实现了藏医院医疗机构及服务的全覆盖。每年增加人员编制，吸收藏医药人才，提升藏医药的医疗和服务质量。此外，还加快了藏医药相关批准文号的办理流程，进一步推动了藏医药事业的高质量发展。

2022年，甘南藏族自治州有县级以上中藏医院共9所、二级甲等民族医院5所、二级甲等中医院1所、高等藏医药教育机构1所。各级公立中藏医院总床位数752张，床位使用率为73%。全州各级医疗机构在编中藏医人员686

人，占医技人员总数的24%，6所二级中藏医院的中藏医药业务收入占医院总收入的63%；就诊治疗率达70.88%。截至2023年10月，青海省和甘肃省甘南藏族自治州等地所有的社区卫生服务中心和97%的乡镇卫生院能够提供6类以上藏医药服务。甘肃省甘南藏族自治州县级以上公立中藏医院已全面参与公立医院综合改革，所有综合医院、妇幼保健机构和社区卫生服务中心都设立中藏医科，并配备中藏药房，基本实现了县域藏医医疗机构的完全覆盖。

（二）藏医药产业

长期以来，受西北地区文化环境等因素影响，中藏医已融入农牧民群众的日常生活，成为他们最频繁的医疗选择。为了促使藏医更加深入人们并提升其服务质量，西北地区各级政府认真贯彻落实党中央的方针政策，加大资金投入力度，突破藏医学诊疗技术，扩大藏医药产业规模，为藏医药高质量发展奠定坚实基础。随着藏医药需求的不断增加，西北地区先后成立了青海金诃藏药股份有限公司、青海格萨尔王藏药制药有限公司、青海久美藏药药业有限公司、青海晶珠藏药高新技术产业服务有限公司、甘肃奇正藏药、甘肃佛阁藏药有限公司等大型制药企业。同时，依托藏医药资源优势和深厚的文化底蕴，着力打造中国健康事业的标杆企业，将融合青藏高原特色与藏医药学理论精粹的精品藏药呈现给社会。

藏医药在加快生产企业发展的同时，不断推进藏医药产业链发展，优化医疗机构内部制剂。青海省藏医院制剂厂房生产丸剂、散剂等12种藏药剂型，年生产量能达到200吨以上，336种藏药制剂被列入医保支付范围。截至2023年，青海省黄南藏族自治州藏医院自主加工藏药制剂，自制品种达255种，其中156种已取得省内制剂批号，全州年制剂药品生产量达80吨。甘肃省甘南藏族自治州夏河县藏医院制剂室通过GPP认证，生产汤、丸、散、膏等出自《四部医典·后续部》的8种传统剂型和280余个制剂品种，其中获院内制剂批号51个品种、七十味珍珠丸、二十五味珊瑚丸等珍宝类藏药5种，藏药"佐太"研制成功，其中胃肠道良药"洁白丸"闻名遐迩。如图1所示，截至2020年，藏医药产业的专利申请数全国排名中，青海省达到210件，位居全国藏医药产业专利申请数首位；甘肃省为110件，位列全国第三。

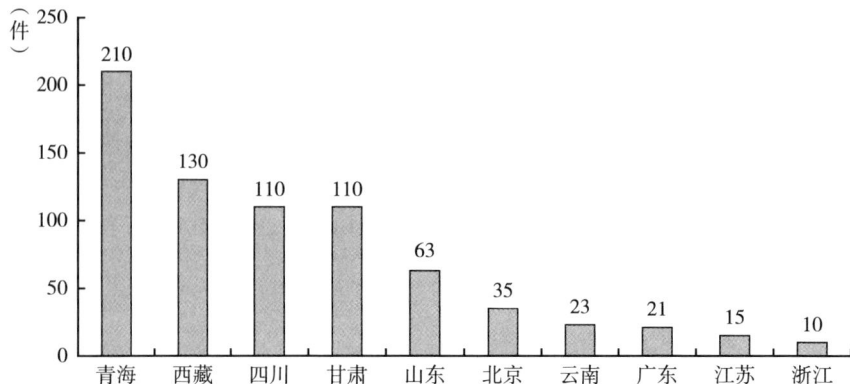

图1　2020年藏医药产业的专利申请数全国排名

资料来源：何长廷、多杰：《基于专利分析的我国藏医药产业发展研究》，《中国现代中药》2020年第7期。

目前，西北地区藏医药已形成医疗、保健、科研、教育、产业、文化全面发展的新局面。在推进藏医药产业方面，青海、甘肃两省成立了藏医药产业发展领导小组，力图使藏医药生产走上更加标准化、规范化的道路；2022年，青海藏药生产企业销售额突破25亿元，藏医药生产企业上缴税收3.5亿元；到2023年，"中国藏药资源库"正式建成并投入使用，至今中国藏药资源库已录入了1541种药材的文字信息，完成审核并发布319种；同时录入了590首方剂信息，完成审核并发布523首。

（三）藏医药服务能力水平

藏医药是中国传统医药的重要组成部分之一，有着悠久的历史和丰富的理论体系，涵盖了藏族地区特定的医学理论、诊断方法、药物制备和治疗技术。随着现代科学技术的进步和社会发展，西北地区开展科学研究，在提高药物质量和疗效的标准化管理以及现代化诊疗技术等领域取得了进步，藏医药服务正在努力实现现代化。为了加强藏医药服务的能力，青海大学藏医学院和甘肃省甘南州藏医药研究院等机构提供了相关的教育和培训项目。党的十八大以来，青海省在部分地区提升了藏医药医疗服务质量，积极推广在县级以上藏医院中设立"藏医康复科""藏药浴"等科室，诊疗肠胃病、类风湿等慢性病①。同时，在基层公共卫生服务中，充分发挥藏医药的优势和作用，为重点人群和慢性病患者提供"藏医治未病"的藏医药健康管理服务。目前，西北地区农牧民群众藏医药健康管理参与率均已超过65%，藏医药医疗服务基本满足了他们的预防和健康保障需求。

2023年，西北地区各级部门持续支持藏医药发展，先后出台了一系列政策文件，进一步加强对藏医药的保护、研究和推广，鼓励藏医药与现代医学相结合，提升其在医疗服务中的地位和作用。同时，结合现代医学技术和研究方法，更新医疗设备和技术，进行藏药的研发和标准化工作，以提升服务效率和质量。

（四）藏医药人才队伍

受地理环境和民族文化的影响，西北地区大部分少数民族长期信赖藏医药。藏医药在这一地区具有良好声誉和广阔的发展前景。随着国家对藏医药药品监测及审批的不断细化，藏医院诊疗技术及人才队伍面临新的挑战。为了有效解决这些问题，西北地区采取了藏医药继续教育、师承教育和进修培训等方式，多渠道培养加强基层藏医药人才队伍建设，努力达到基层医务人员对藏医药基本知识和技能培训的全覆盖。

2023年，青海省5000余名藏医药人才共同参与藏医药科学研究和医疗服务创新，推动藏医药领域的科技进步，提高服务的质量和水平。此外，还建立起多层次、多领域的藏医药人才培养模式，为提升西北地区藏医药服务能力奠定了坚实的基础。这有助于培养更多高素质的藏医药专业人才，为涉藏地区广大群众提供更加有效的医药服务保障。青海省黄南藏族自治州四家公立藏医院在职员工共有700余人，其中副高及以上的专业技术人才有35人，约占5%，获得硕士学位的专业技术人才共有20余人，约占3%。从职称和学历结构来看，近年来黄南州藏医院聘用具有研究生学历的专业技术人才趋势明显。

西北地区在大力优化藏医药人才队伍结构的同时，积极落实党中央的相关

---

① 青海省海东市卫生健康委员会：《青海省海东市推进中藏医药传承创新发展成效明显》，《中国农村卫生》2022年第6期。

政策，制定了藏医药人才引进制度，以"柔性+直接"的双重引进策略，结合"薪酬+优惠"的引进机制，吸收省内外的高层次人才。这些措施极大地加强了藏医药人才队伍的整体实力，为藏医药的进一步发展提供了强大的驱动力。

二　西北地区藏医药事业高质量发展成效

在党和政府的大力支持下，西北地区通过加大医疗机构的建设和设施改善力度，注重藏医药人才培养，保护藏医药知识和传统疗法的民族文化，提高藏医药服务的科学性和准确性。近年来，各级政府不断加强发展藏医药事业的责任感和紧迫感，准确定位西北地区藏医药发展，制定《青海省"十四五"中藏医药发展规划》《甘肃省"十四五"中医药发展规划》等政策。在这一系列措施的推动下，西北地区不仅有效缓解了群众"看病难、看病贵"的问题，还使得藏医药服务的质量和准确性得到明显提升。藏医药的传承和创新能力持续增强，人才培养成果显著，产业也展现出融合的发展趋势，充分彰显了藏医药在健康西北民族地区建设中的独特优势。

（一）守正创新，加强藏医药标准化体系建设

在国家标准化建设的统一指导下，各级部门根据藏医药产业发展的需求，出台了一系列政策支持国家标准化工作。这些政策为从源头保障藏医药质量的标准化体系建设提供了指导。藏医药标准化是多个环节，如生产、供应、使用和管理等共同遵循的规范，为确保藏医药质量提供了重要的基础。藏医药标准化体系建设是国家战略需求及行业发展和产业提升的必然趋势。

近年来，青海省共投入 4.9 亿元资金，重点建设基层中藏医院基础设施，配备各种诊疗设备 21033 件，共投资 1.2 亿余元①。根据 2022 年国务院颁布的《"十四五"中医药发展规划》的有关规定，制定了《青海省基层中藏医药服务能力提升工程"十四五"行动计划实施方案》。其中，明确要求提高和完善藏医药材和饮片标准、完成藏医药材生产和经营质量管理规范，建设

---

① 余静：《创新思维　多措并举　实现基层中藏医馆全覆盖》，《中国农村卫生》2022 年第 9 期。

从原料药材到药品的中药标准化示范产业链，并为藏医药材品种建立完整的追溯体系。

（二）激发活力，加强藏医药与文旅产业融合发展

藏医药与文旅产业融合发展，是指将藏医药文化元素融入旅游景区中，为游客打造具有特色的文化体验，西北地区利用其独特的藏医药文化，创建藏医药博物馆、文化街区和体验中心，通过实地展览、演示和互动体验，让游客了解并感受藏医药知识和文化。西北地区结合藏医药文化特色，开发和推广藏药保健品、藏医药美容品等，以及与藏医药相关的手工艺品和纪念品等具有地方特色的藏医药商品，满足游客对藏医药产品的需求，促进藏医药传统文化的传承和发展，推动旅游产业的提升和经济发展。

为了进一步提升藏医院与健康服务的融合度，西北地区采取了一系列措施。结合文旅产业，与旅游酒店、餐饮和交通等产业进行深度合作推出了藏医药养生餐饮和SPA等服务，为游客提供了全方位的养生体验。同时，青海和甘肃两省建设具有引领带动作用的养生旅游保健基地，逐步构建养生保健机构与医疗机构协同发展的养生保健服务网络。积极推进藏医药与养生旅游产业逐步融合，针对市场需求，加快培育藏医药养生旅游新业态，策划开发藏医药养生保健旅游精品线路，在青海省藏医院、青海大学藏医学院、甘肃中医药大学藏医学院、黄南州藏医院、夏河县藏医院等地开发特色藏医药文化体验、藏医药保健体验、藏医药产品体验等康体旅游活动，让游客深度感受藏医药文化的魅力。同时，加快推进藏医药养生保健产品进景区、进宾馆、进餐馆的步伐，满足不同人群、不同年龄、不同层次人群的消费需求。支持各地举办或参加各类藏医药健康服务展览等，开展藏医药健康旅游交流合作，扩大西北地区藏医药养生保健旅游的知名度和影响力。

（三）创新思路，提高藏医药人才培养质量

西北地区积极加强与高等医学院校和研究机构的合作，设立专业课程、开展实践教学和临床实习，引进先进的教育理念和教学资源，建立健全藏医药人才培养的教育体系。同时制定和实施相关的行业标准和质量监管机制，确保人才培养的质量和规范，提高人才培养的质量和水平。同时依托青海大学藏医学

院、甘肃中医药大学藏医学院等藏医药人才培养基地，不断优化藏医药人才结构、提升培养层次，累计培养 5000 余名西北地区藏医药专业人才。先后选派藏医药业务技术骨干到省内外医疗卫生机构、藏医学院进行培训深造，每年聘请西藏、四川等地知名老藏医专家授艺讲课，加强藏医药交流与人才队伍建设。2022 年，青海省海南藏族自治州注重中藏医药人才的培养，选派 69 名针灸骨干人才参加全省岐黄针灸培训，举办适宜技术推广培训共 22 期、培训1445 人次①；甘肃省甘南藏族自治州以民间老藏医的师承授徒等方式，共培训和培养藏医药人才达 1000 人次，藏医药专业技术人才断层问题有所缓解。

为了不断壮大藏医药人才队伍，西北地区以"名医、名科、名院"建设为重要抓手，运用全科医师转岗、住院医师规范化培训、师徒传帮带等多种形式，强化师承教育，持续加强藏医药医疗卫生和服务人才培养，提升藏医人才队伍水平，加强藏医诊疗技术的应用。2022 年，青海省海北藏族自治州刚察县与山东援青医疗专家组的 10 名专家建立"一对一"师带徒关系，培养适用型人才，培养科室骨干 3 名，不断加强提升业务水平。"十四五"期间，西北地区将继续完善藏医药人才培养策略，运用好现代科学技术和传统研究方法，加快藏医药科技成果推广应用，全面推动藏医医疗、教育、科研和产业高质量发展。

（四）造福群众，提升藏医药健康服务能力水平

为了更好地满足西北地区居民的健康需求，青海和甘肃两省着重将西医和藏医药相结合，建立了多家藏医药诊疗中心和综合医院。这些机构为患者提供了全方位的医疗服务，包括诊断、治疗、康复和预防等。同时，加快了对藏医药医疗设施的建设和更新，提升了医疗设备和技术水平。引进先进的医疗设备，推广先进的诊断和治疗技术，提高诊断准确性和治疗效果。加大对藏药研发和药物质量监管的力度。提升药物研发的科学性和创新性，以确保藏药的质量和安全性。进一步加强了药品监管，打击假冒伪劣药品，保障患者用药安全。

---

① 青海省海南藏族自治州卫生健康委员会：《中藏医药发展取得新进展》，《中国农村卫生》2022 年第 4 期。

西北地区各级藏医院始终坚持其独特的藏医药特色，探索藏西医结合之路，以此不断加强藏医药综合管理，使藏医药技术水平和服务能力不断得到提高，服务领域进一步拓展。尤其是在基层医疗机构，通过应用藏医特色的艾灸、火罐、药浴等疗法，能够为患者提供更加全面和个性化的治疗方案。特别是甘肃省甘南藏族自治州利用现代科学技术，自主研发了 1080 余种常用藏药制剂，将 399 种藏药制剂纳入省级医保支付范围，基本满足了本地藏医院的临床用药需求。2022 年，青海省 65 岁以上老年人接受中藏医药健康管理服务率达 84%，0~3 岁儿童接受中藏医药健康管理服务率为 80%，西北地区群众享受藏医药服务的可及性在不断提高。

迈入新征程，西北地区将继续弘扬藏医药文化，加强藏医药文化发展的顶层设计，推动创造性转化、创新性发展。随着社会经济高质量发展、健康中国战略的积极推进，以及藏医药科技成果的推广应用，2023 年 3 月，青海省藏医院联合中国建设银行青海省分行打造的"互联网藏医院"正式上线，提供线上挂号问诊、在线复诊、处方开立（汉藏双语）和药品配送等全流程医疗服务，有效解决了农牧区群众看病难、语言沟通不便等问题，极大地提升了藏医藏药医疗服务的便捷性。

（五）传承精华，发挥藏医药特色优势

西北地区利用藏医药的理论和方法，结合藏医药特色，提供养生调理方案和个性化的健康指导，开展健康养生保健服务，发展健康旅游和养生服务，打造以藏医药为核心的养生旅游产品，提供养生体验、草原疗养、藏式温泉疗养等服务。在治疗疾病的过程中，充分发挥藏医药的优势和特色，综合运用藏药、针灸、推拿等疗法，提供个性化、整体化的诊疗方案。加强对藏药资源的保护和合理利用，推广优质的藏药资源，开发和应用藏药的药理活性成分，提高药效和疗效，拓展其在临床和保健领域的应用。

西北地区藏医医疗机构坚持"院有专科、科有专病、人有专长"的办院理念，突出和发挥特色优势。其中，青海省黄南藏族自治州藏医院已建成 8 个重点特色专科，不断打造成青海省中藏医药发展的新高地；甘肃省甘南藏族自治州在建国家和省级重点中医药专科 4 个，完成建设 5 个，其中 2 个国家级专科分别为州藏医研究院在建项目脾胃病专科和风湿病专科，6 个省级重点专科

分别为甘肃省藏医药研究院附属医院藏医特色外治专科、碌曲县藏医院藏医肝胆专科和藏医外治科、甘南州藏医医院脑病科、临潭县中医院针灸专科、卓尼县中医院针灸专科、迭部县藏医院藏药浴专科。这些特色专科的建立使藏医药在胃肠消化道、风湿关节炎、心脑血管及肝胆等疾病方面的独特疗效在临床实践中得到凸显。

三　西北地区藏医药事业高质量发展思路

近年来，西北地区以深化医药卫生体制改革为契机，依托特色中藏医药产业优势资源，坚持"中藏西医结合、创新与传承并举、保护与发展共融"，把推进中藏医药发展作为推动民族团结进步、促进经济发展和社会和谐的重要任务，聚力抓重点、强弱项、促落实，推动藏医药传承创新发展。

（一）立足自身实际，加快藏医药传承创新发展

为了认真落实党中央对中医药事业发展的重要指示，西北地区应继续加强对藏医药经典文献的研究和整理工作，将其内容系统化地传承，应建立藏医药经典文献数字化数据库，不断总结整理临床经验和注释经典医著。同时，应重视师徒传承的方式，培养年轻的藏医药人才。进一步深化"传帮带"制度，鼓励老一辈藏医药专家对年轻从业者进行深度交流和指导，传授临床经验和诊疗技能，利用现代科技手段，将藏医药与人工智能、大数据、生物技术等进行融合，加快藏医药的创新发展，开展民间验方和适宜技术的收集与整理及传统藏药炮制技术标准化研究，探索藏医药的疗效机制和药理作用。

在各级部门的协力支持下，提高基层医疗机构覆盖率、提升藏医药服务能力水平、优化藏医药人才队伍结构，加强现代化药物制备技术在藏医药中的应用，引进现代化的药物制备设备和技术，推动藏药制药工艺的创新和标准化，提高藏药产品的质量和疗效，为藏医药的传承创新提供支持和平台。充分挖掘藏医药文化资源，开发藏医药文化产品，打造藏医药文化品牌，做好藏医药非物质文化遗产保护和传承工作。制定相关政策，出台财政资金支持、科研项目资助、人才培养奖励等政策措施，激励从业者和研究机构投入藏医药的传承创新工作，大力推广藏医药独特有效的诊疗技术。

（二）坚持守正创新，加强藏医药交流与相互促进

建立藏医药交流平台和网络，组织定期的藏医药学术会议活动，促进不同地区之间的交流与合作，实现藏医药领域的信息共享。组织藏医药从业者的培训班和学术考察活动，举办藏医药文化展览、艺术表演和传统医药知识的分享活动，向公众展示藏医药的独特魅力，增强人们对藏医药的认知和了解。建立合作机制和项目合作基金，鼓励各地区的藏医药机构、研究机构和医疗机构开展合作项目，共同推动藏医药的发展和应用。

西北地区的藏医药事业发展要以"现代生态藏医药理疗服务中心"为目标，结合"十四五"卫生健康事业发展规划，设立藏医药文化宣传、展示和体验点，加强藏医药的交流与相互促进，建立与西藏、四川等地在藏医药领域的深度交流与合作，推动藏医药在理论研究、临床应用和保健领域的发展，把资源优势转化为经济优势。

（三）提高标准质量，加强药剂挖掘与研发

标准化是藏医药可持续发展的重要前提，对提高藏医药事业的竞争力和影响力具有重要意义。西北地区要根据藏医药的特点和需求，制定药剂研发的指导方针和标准，建立形性指标、化学指标、生物指标等综合质量指标体系，通过合理的药剂组方及提取工艺、制剂技术等手段，提高藏药的药效和稳定性，满足临床应用和市场需求。深入挖掘和整理方剂、药物组方、用药经验等传统的药剂知识，建立药剂知识库和数据库，记录保存传统药剂知识，为现代研发提供参考依据。同时结合现代科技手段，应用先进的技术和仪器设备，提高药物成分的分离、纯化和鉴定能力，推动药剂的创新和开发，加速药剂研发过程。在药剂研发过程中，严格遵守国家药物研发的法规和标准，注重药物的安全性评价、药物相互作用研究、药物质量控制等方面的工作，确保药剂的合规性和安全性。

重点发挥藏医药在治疗类风湿、心血管、消化等疾病方面的优势，加强与临床医疗机构的合作，开展临床试验、观察研究和临床指南的制定，推动药剂在实际医疗中的应用和推广，促进药剂的临床转化和应用，加快藏医新药研制。按照市场标准，采用现代科学技术，加强对"七十味珍珠丸""洁白丸"

"仁青芒觉""仁青常觉"等疗效确切、质量安全品种的二次开发，提升藏药产品质量，促进产品标准化。

（四）加快体系建设，加强藏药材种植和资源保护管理

在西北地区开展全面的藏药资源调查和评估工作，确定潜在的药用植物、动物和矿物资源，了解资源的分布、数量、质量和可持续利用情况，为药剂挖掘和研发提供基础数据。保护藏药材生长所需的自然生境，采取措施防止过度采伐、非法采集和生态环境破坏，坚持合理采挖与保护相结合，加强对生态环境的监测和管理。通过选择和繁育适应当地生态环境的良种，提高藏药材的品质和产量。

精准定位西北地区的气候特点，建立种植基地、藏药材标准化种植基地，加强人工栽培、种植（养殖）技术研究，提供统一的管理、监测和质量控制标准，保证藏药材的品质和安全性，进而引导有实力的企业通过招商引资等方式投资药材规范化和规模化种植（养殖）及加工，力争建成标准化特色品种藏药材种植基地。鼓励有机种植和认证，推动有机认证标准的制定和实施，减少对化学农药和化肥的依赖，保证藏药材的纯度和无污染性，提高藏药材的市场竞争力和附加值。同时，开展宣传活动、培训课程和示范项目，加强对种植者的宣传和教育，提高对藏药材资源保护重要性的认识。

B.23
新疆外贸高质量发展的综合评价及影响因素分析[*]

方 波 帝娜·阿德力[**]

摘 要： 近年来，新疆对外贸易在外贸体量、贸易结构优化和贸易合作主体上均取得较好成效，但与"一带一路"高质量发展和中国式现代化建设的需求比较仍存差距。本文基于熵值法与马氏距离改进的 TOPSIS 方法对新疆 2002～2020 年的外贸发展水平与发展质量进行综合评价分析，结果显示：新疆外贸高质量发展的综合水平快速提升，质量水平呈倒"U"型，增长较为缓慢，"量"与"质"发展不同步。通过回归分析发现，新疆外贸在高质量发展中，外贸竞争力的影响系数最大，外贸的发展与结构的改善对新疆外贸高质量发展产生了积极的推动作用，但经济基础和外贸规模对外贸高质量发展水平的提升没有充分发挥作用。基于上述研究结果，本文认为为提高新疆外贸高质量发展水平，亟须巩固并加强与周边国家的贸易合作，加快推进中国（新疆）自贸试验区建设；改善整体投资环境，加大招商引资力度；加强自身产业结构调整，进一步发挥自身产业优势；加快旅游产业创新发展，推进新疆更高水平对外开放。

关键词： 外贸发展 高质量发展 新疆

党的二十大报告指出："高质量发展是全面建设社会主义现代化国家的首要任务""坚持高水平对外开放，加快构建以国内大循环为主体、国内国际双

---

* 本文为新疆社会科学院基金项目"高水平开发背景下新疆对外经贸高质量发展研究"（23QYJ05）的阶段性研究成果。

** 方波，新疆社会科学院中亚研究所实习研究员，主要研究方向为国际贸易、计量经济学；帝娜·阿德力，新疆社会科学院中亚研究所实习研究员，主要研究方向为区域国别学。

循环相互促进的新发展格局"①。在建设中国式现代化的历史征程中，坚持以更高水平开放，推动新疆经济贸易合作高质量发展，是完整准确贯彻新时代党的治疆方略，全面建设社会主义现代化新疆，为全面推进中华民族伟大复兴做出新疆贡献的重要步骤。

2001年加入世界贸易组织（WTO）后，中国积极融入经济全球化进程，充分发挥国际分工中的比较优势作用，大量吸引外资，引进先进技术，规模效应持续扩大，人口红利彰显，创造出强大的消费市场、全球供应链市场和相当规模的中高收入群体。但随着"欧债危机"、美国金融危机和新冠肺炎疫情的爆发，全球经济陷入低迷，尤其是美国实行贸易保护政策，实行美国优先战略，并挑起中美贸易冲突，明显颠覆了包括推动贸易自由化的国际经贸规则在内的诸多政策安排。由此，传统的贸易方式已然无法为我国的经济高质量发展带来活力。我国主动提出"双循环"策略，通过释放国内强大的消费市场潜能，加快形成两个循环相互促进的新发展格局。中国的贸易发展战略也将从"以外促内"转为"以内促外"②，外贸高质量发展势在必行。

一　新疆对外贸易现状分析

（一）贸易体量不断扩大，进出口结构有待进一步优化

2022年，新疆对外贸易总额为366.84亿美元③（见图1），尽管2002~2022年新疆地区的外贸体量明显上升，但总体规模仍较小。2022年广东省的对外贸易总额为12355.28亿美元④，是新疆地区的33.68倍。从进口和出口上看，2002年新疆的进口和出口分别占新疆贸易总额的50%左右，2022年分别为15.19%和84.81%。

---

① 习近平：《高举中国特色社会主义伟大旗帜　为全面建设社会主义现代化国家而团结奋斗——在中国共产党第二十次全国代表大会上的报告》（2022年10月16日），新华社，http://www.gov.cn/xinwen/2022-10/25/content_5721685.htm，最后检索时间：2023年4月4日。

② 蔡宏波、童顺：《扩大高水平对外开放对形成国内统一大市场的影响：理论逻辑与中国经验》，《北京师范大学学报》（社会科学版）2022年第4期。

③ 数据来自2002~2022年新疆维吾尔自治区国民经济和社会发展统计公报，占比和增速是通过相关数据计算得出。

④ 《2022年广东省国民经济和社会发展统计公报》。

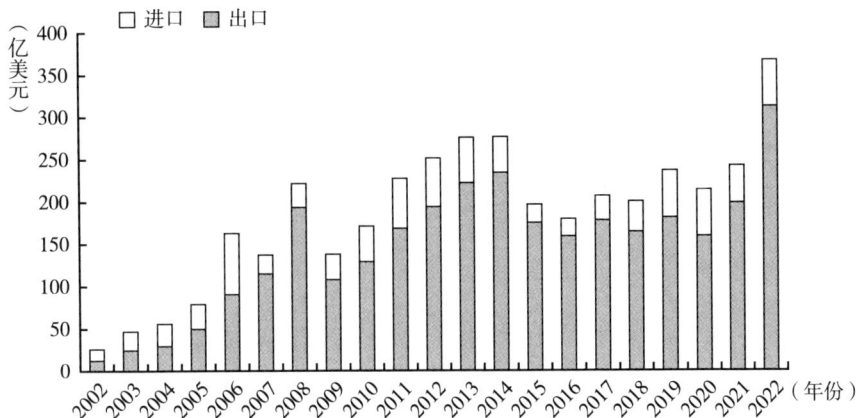

图1　新疆对外贸易额（2002~2022年）

从贸易体量上看，2002年新疆的外贸进出口总额为26.92亿美元，2022年达到了366.84亿美元，约是2002年的13.63倍，且此数值还受到了新冠肺炎疫情的影响。虽然21年间新疆对外贸易的体量提升巨大，但是从全国贸易占比来看，新疆对外贸易的总额占全国贸易总额比重较小，与沿海港口的贸易额差距悬殊。2022年新疆的出口约是进口的5.58倍，进出口差距过大，进出口结构有待进一步优化。

（二）边境小额贸易占据主导地位，高新技术产品贸易额显著增长

2013~2022年，新疆一般贸易状态稳定，约占新疆贸易总额的36.56%[①]；边境小额贸易基本稳定，占新疆贸易总额的一半以上；加工贸易额在新疆的贸易总额中占比中长期偏低，保持在1%~2%水平。从产品类别上看，2013~2022年，新疆的高新技术产品贸易总额高速增长，年均增长12个百分点。与之相比，机电产品贸易总额变化不大，2013年新疆机电产品进出口总额为60.99亿美元，2021年为59.64亿美元[②]。

从主要贸易方式上看，2013~2022年，边境小额贸易是新疆地区外贸的支

---

① 数据来自2002~2022年新疆维吾尔自治区国民经济和社会发展统计公报，占比和增速是通过相关数据计算得出。

② 《2022年新疆维吾尔自治区国民经济和社会发展统计公报》对于机电产品贸易总额没有公布。

柱型贸易方式，边境小额贸易总额占新疆贸易总额六成以上，贸易额也快速增长，且这种增长速度是由边境小额贸易出口额的快速增长所拉动。新疆的一般贸易额趋势稳定，占据新疆贸易总额的四成左右，新疆的一般贸易出口额占出口总额的比例基本稳定，进口额的占比呈现大幅度上升趋势。新疆地区的加工贸易额占新疆贸易总额比重仅有 1%~2%，且呈下降趋势。

（三）贸易合作主体呈现多元化、多极化趋势

从 2023 年 1~8 月数据[1]看，新疆的主要贸易合作市场在中亚和俄罗斯，在中亚地区，哈萨克斯坦一直是新疆传统的贸易伙伴，新疆与哈萨克斯坦的贸易额最大，约占新疆 2023 年 1~8 月贸易总额的 41%，其次为吉尔吉斯斯坦，占比为 33%。

2013~2022 年，新疆与中亚国家和俄罗斯之间的贸易合作规模稳步扩大，新疆的对外贸易地区日益呈现多元化、多极化的特点，但目前以哈萨克斯坦为代表的邻国依然是新疆最主要的贸易合作伙伴。

从新疆的贸易主体看，目前新疆的主要贸易伙伴是中亚国家和俄罗斯，虽然与南亚、欧洲、亚太、北美等国家存在贸易合作关系，但贸易规模较小，贸易体量不大，新疆目前的进出口市场比较集中，而集中的外贸市场会加剧企业的内部竞争，产生明显的外贸摩擦，相对集中的出口会阻碍出口市场的进一步拓展。

（四）独特的禀赋与政策优势，贸易潜力巨大

新疆的贸易潜力来自独特的区位优势、资源优势、政策优势和人文优势。近年来，中央和自治区多次就"一带一路"高质量发展和建设好新疆丝绸之路经济带核心区提出要求，进一步明确，推动新疆高水平对外开放，加快申建中国（新疆）自贸试验区，推动丝绸之路经济带核心区高质量发展，积极打造亚欧黄金通道和向西开放桥头堡[2]。在国家和自治区的共同努力下，新疆的对外开放与贸易合作取得了显著成效，贸易体量迅猛增长，贸易结构不断优化，贸易水平持续提高。

---

[1] 来源于 2023 年 1~8 月新疆海关数据，http://urumqi.customs.gov.cn/urumqi_customs/556675/556651/556655/index.html，最后检索时间 2023 年 10 月 11 日。

[2] 《自治区党委十届六次全会召开》，《新疆日报》2022 年 11 月 21 日，第 A01 版；《自治区党委十届七次全会召开》，《新疆日报》2023 年 1 月 6 日，第 A01 版。

二 新疆外贸高质量发展的综合评价

为实现对新疆外贸高质量发展的综合评价，本文构建了新疆外贸高质量发展的评价指标体系（见表1）。整个指标体系主要包含外贸高质量发展的经济基础、社会基础、外贸规模、外贸发展程度、外贸竞争力、外贸潜力六个层面31个指标。

表1　新疆外贸高质量发展的评价指标体系

目标层	指标层Ⅰ	指标层Ⅱ	公式或含义	正逆指标
外贸高质量发展指标	经济基础（X_1）	地区生产总值（N1）	地区GDP数据	正指标
		人均社会消费品零售总额（N2）	社会消费品零售总额/地区常住人口	正指标
		人均固定资产投资（N3）	固定资产投资总额/地区常住人口	正指标
		人均可支配收入（N4）	地区可支配收入总额/地区常住人口	正指标
		金融机构存款（N5）	金融机构各项存款（亿元）	正指标
		金融机构贷款（N6）	金融机构各项贷款（亿元）	正指标
	社会基础（X_2）	R&D经费（N7）	R&D经费	正指标
		铁路网密度（N8）	铁路里程/地区面积	正指标
		公路网密度（N9）	公路里程/地区面积	正指标
		货运量（万吨）（N10）	货运量（万吨）	正指标
		客运量（万人）（N11）	客运量（万人）	正指标
	外贸规模（X_3）	实际利用外资（N12）	实际利用外商直接投资额	正指标
		外贸总额（N13）	进口总额+出口总额	正指标
		旅游外汇收入（N14）	入境旅游消费（万美元）	正指标
		旅游人数（N15）	入境旅游人数（万人）	正指标
		对外直接投资（N16）	新疆对外投资（万美元）	正指标
		外贸方式合作营业额（N17）	对外承包工程和劳务合作实际营业额（万美元）	正指标

目标层	指标层 I	指标层 II	公式或含义	正逆指标
外贸高质量发展指标	外贸发展程度（X_4）	外商依存度（N18）	外贸直接投资/GDP	正指标
		外贸依存度（N19）	外贸总额/GDP	正指标
		进口依存度（N20）	进口额/GDP	正指标
		出口依存度（N21）	出口额/GDP	正指标
		国际旅游收入占比（N22）	国际旅游收入占比/GDP	正指标
	外贸竞争力（X_5）	外贸总额（N13）	进出口总额	正指标
		实际利用外资（N12）	外商直接投资	正指标
		外贸依存度（N19）	外贸依存度：进出口总额/GDP	正指标
		服务业对GDP贡献率（N23）	第三产业增量/GDP增量	正指标
		服务业对GDP拉动（N24）	第三产业增量/GDP增量*GDP增长率	正指标
		贸易优化度（N25）	一般贸易/加工贸易	正指标
	外贸潜力（X_6）	加工贸易占比（N26）	加工贸易/贸易总额	逆指标
		边境贸易占比（N27）	边境贸易/贸易总额	正指标
		进出口能源密度（N28）	能源进口额/能源出口额	正指标
		在校大学生人数（N29）	普通高等学校大学人数（万人）	正指标
		外贸方式合作合同额（N30）	对外承包工程和劳务合作新签合同金额（万美元）	正指标
		利用外资协议额（N31）	签订利用外资协议额（万美元）	正指标

（一）综合评价模型及其计算步骤

1. 外贸高质量发展水平的评价模型

熵是热力学的概念，主要用于刻画指标信息的离散程度。熵值法赋权的主要思想是：指标的熵值越小，则指标的离散程度越大，稳定性越低。熵值法是一种客观评价方法，主要用于多对象、多指标的综合评价，本文将利用这一方法对新疆外贸高质量发展水平进行评价。

（1）对原始数据指标进行无量纲化处理：

$$正向指标：n_{ij} = \frac{N_{ij} - N_{\min}}{N_{\max} - N_{\min}} \tag{1}$$

$$逆向指标: n_{ij} = \frac{N_{max} - N_{ij}}{N_{max} - N_{min}} \tag{2}$$

其中，N_{ij}表示第 i 年 j 项指标标准化后的变量值；n_{ij}表示第 i 年第 j 个指标的实际变量值。正向指标表示指标值越大为越优的指标，逆向指标表示指标值越小为越优的指标，本文除了第 26 个指标为逆向指标外，其余的都为正向指标，本文将原始指标值进行标准化后，对标准化后的值利用熵权法进行赋权。

（2）计算第 i 年在第 j 项指标上的贡献度

$$P_{ij} = \frac{n_{ij}}{\sum_{i=1}^{m} n_{ij}} \tag{3}$$

（3）计算第 j 项指标的信息熵

$$e_j = -k \sum_{i=1}^{m} P_{ij} \ln P_{ij}，其中，k = \frac{1}{\ln m} \tag{4}$$

（4）计算第 j 项指标的效用值

$$d_j = 1 - e_j \tag{5}$$

（5）计算各指标的权重

$$w_j = \frac{d_j}{\sum_{j=1}^{n} d_j} \tag{6}$$

（6）构建外贸高质量发展水平的综合评价模型

$$Y_i = w_j \times n_{ij} \tag{7}$$

其中，w_j 表示各指标权重，n_{ij}表示第 i 年各指标标准化后的值，Y_i 表示第 i 年外贸高质量发展水平，Y_i 越大，表示外贸高质量发展水平越高。

2. 外贸高质量发展质量的评价模型

外贸高质量发展水平是通过对各指标发展总量赋权累和的方法来测度外贸经济高质量发展的总量水平。我们利用基于马氏距离的灰色 TOPSIS 方法对外贸经济高质量发展的"质量"做出评价。TOPSIS 法的原理是基于归一化后的原始数据，将各指标选出最优和最劣，形成最优方案与最劣方案，但传统的 TOPSIS 方法在应用于外贸经济高质量发展评价中具有局限性，因此本文借鉴钱琳等人[1]的基于马氏距离的灰色 TOPSIS 评价模型替代传统方法。这一方法的优势在于马氏距离可以有效消除变量间的相关性，保持结果的可信度，同时减少大量运算，使多属性指标决策方法更为细腻。具体过程如下。

（1）根据初始矩阵确定正理想解 X_+ 与负理想解 X_-，计算各个年份与正理想解和负理想解的马氏距离：

与正理想解的马氏距离：

$$d(A_j, n_+) = \sqrt{(n_i - n_+) \sum{}^{-1} (n_i - n_+)'} \tag{8}$$

与负理想解的马氏距离：

$$d(A_j, n_-) = \sqrt{(n_i - n_-) \sum{}^{-1} (n_i - n_-)'} \tag{9}$$

（2）计算灰色关联度系数 ξ_{ij}^+，ξ_{ij}^-，并计算第 i 年的灰色关联度 r_i^+ 和 r_i^-：

$$\xi_{ij}^+ = \frac{\Delta_{\min} + \rho\Delta_{\max}}{\Delta_{ij}^+ + \rho\Delta_{\max}}, \xi_{ij}^- = \frac{\Delta_{\min} + \rho\Delta_{\max}}{\Delta_{ij}^- + \rho\Delta_{\max}} \tag{10}$$

其中，Δ_{ij} 为每个年份与正负理想解之间的绝对差值，P 为分辨系数，一般取 0.5。第 i 年与正负理想解的灰色关联度为：

$$r_i^- = \frac{1}{s} \sum_{j=1}^s \xi_{ij}^-, r_i^- = \frac{1}{s} \sum_{j=1}^s \xi_{ij}^- \tag{11}$$

（3）对马氏距离和灰色关联度进行无量纲处理

$$D_i^+ = \frac{d^+}{\max_i d_i^+}, D^- = \frac{d_i^-}{\max_i d_i^-}, R_i^+ = \frac{r_i^+}{\max_i r_i^+}, R_i^- = \frac{r_i^-}{\max_i r_i^-} \tag{12}$$

（4）将处理过的马氏距离与灰色关联度进行处理

$$H_i^+ = \alpha D_i^- + \beta R_i^+, H_i^- = \alpha D_i^+ + \beta R_i^- \tag{13}$$

其中，α 与 β 分别反映了对位置和形状的偏好程度，其取值分别取 $\alpha = \beta = 0.5$。

---

[1] 钱琳、钱存华、瞿仪：《"一带一路"战略下江苏外向型经济发展能力研究——基于马氏距离的灰色 TOPSIS 评价模型》，《数学的实践与认识》2017 年第 4 期。

（5）综合评价第 i 年的相对贴近度 C_i^*

$$C_i^* = \frac{H_i^+}{H_i^+ + H_i^-} \qquad (14)$$

相对贴近度 C_i^* 越大则表示越靠近正理想解，越优，反之则劣。

（二）评估结果及其分析[①]

1. 外贸高质量发展水平的评价结果分析

（1）总体动态变化结果

总体来看，2020 年新疆外贸高质量发展水平综合得分为 0.525（见图 2），约为 2002 年综合得分的 6.55 倍，呈现大幅上升趋势，水平提升明显。分时段看，2002~2016 年新疆外贸高质量发展水平呈逐年上升趋势，2016~2017 年呈下降态势，2017~2019 年重现上升趋势，2019~2020 年再度下降，且 2020 年下降明显。

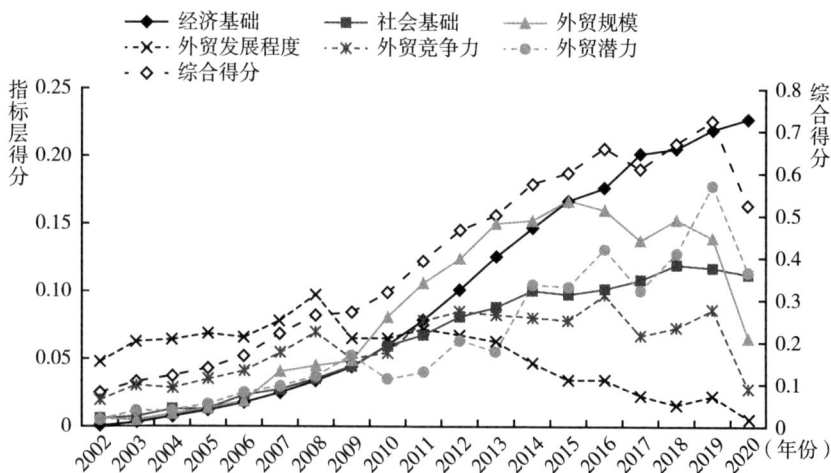

图 2　新疆外贸高质量发展水平各指标层和综合得分（2002~2020 年）

① 本文数据主要来源于《新疆统计年鉴》（2003~2021 年）和《新疆维吾尔自治区国民经济和社会发展统计公报》（2003~2022 年），截至 2023 年 8 月，《新疆统计年鉴》更新至 2021 年。中国 2001 年加入 WTO，考虑到经济数据的滞后性，故本文选取数据的起始年份为 2002 年。

从一级指标层的权重看，经济基础、社会基础、外贸规模、外贸发展程度、外贸竞争力和外贸潜力的权重分别为 24.29%、14.23%、21.87%、12.82%、14.05% 和 21.12%，经济基础的权重最大，外贸发展程度的权重最小。由此可见，对新疆外贸高质量发展影响较大的指标分别为经济基础、外贸规模和外贸潜力，而社会基础、外贸竞争力和外贸发展程度的影响次之。

从一级指标层数据的表现看，2008 年之前，经济基础、社会基础、外贸规模、外贸发展程度、外贸竞争力和外贸潜力都稳步上升，由此拉动了外贸高质量发展水平的快速增长，受 2008 年全球金融危机的影响，新疆的外贸竞争力和外贸发展程度出现较大幅度下降，由于其他 4 个指标并未受到较大影响，新疆外贸高质量发展水平仍呈上升趋势，但上升趋势明显放缓。2020 年受全球新冠肺炎疫情影响，除经济基础和社会基础这两个指标受到影响较小外，其余四个指标均受到较大影响，新疆外贸高质量发展水平出现了较大下滑。

（2）外贸高质量发展的经济基础

从综合评分来看（见图 3），新疆外贸高质量发展的经济基础指标层始终呈正增长，对新疆外贸高质量发展水平的提升始终起到基础的支撑作用。

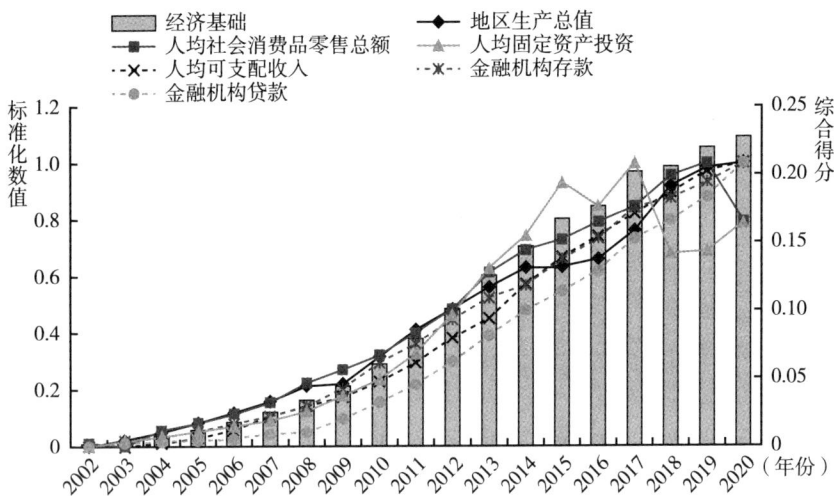

图 3　新疆外贸高质量发展的经济基础（2002~2020 年）

总体上看，2019 年以来，新疆外贸高质量发展的经济基础呈现逐年上升的趋势，2020 年的综合得分为 0.23，约为 2002 年的 565 倍，年均增长 29.68

倍，增长幅度显著，在所有指标层中增长最为稳定。从构成经济基础的二级指标层来看，2002～2017 年其六个指标都呈现稳步增长态势，2017～2020 年各个指标增长并不同步，人均固定资产投资在 2017 年达到最大值，人均社会消费品零售总额在 2019 年达到最大值，其余四个指标均在 2020 年达到最大值。

（3）外贸高质量发展的社会基础

社会基础主要反映了地区经济发展所需要的软硬环境，从综合得分来看（见图 4），新疆外贸高质量发展的社会基础指标层在这 19 年间整体呈现波动上升态势，具体来看，2002～2014 年呈现逐年正增长态势，2014～2015 年出现下降态势，2015～2018 年呈现逐年正增长态势，2018～2020 年呈现逐年下降态势。2020 年新疆外贸高质量发展的社会基础综合得分为 0.11，是 2002 年的 18.92 倍，增长幅度明显，但相比较经济基础的增长幅度和评分而言，其数值都较小，可以看出，相比较于经济基础，社会基础对新疆外贸高质量发展的影响相对有限。

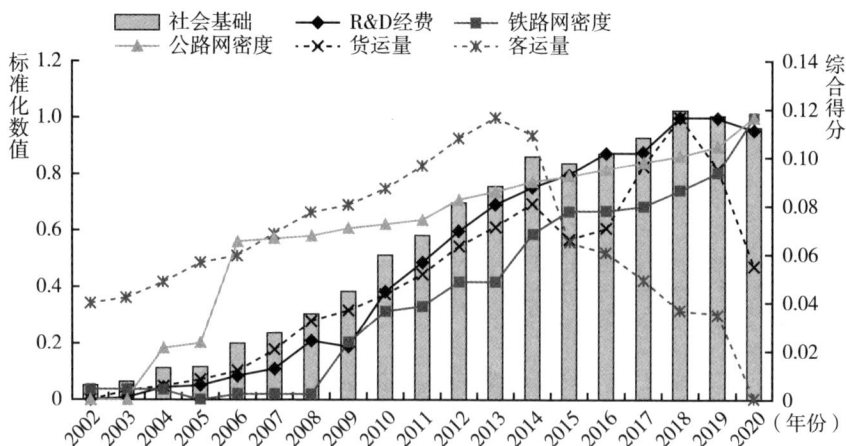

图 4　新疆外贸高质量发展的社会基础（2002～2020 年）

从构成社会基础的二级指标层数据表现来看，2002～2013 年，这五个指标均呈现逐年上涨态势，2014～2020 年各个指标增长态势不同步，客运量指标在2013 年达到最大值，之后逐年下降，R&D 经费和货运量在 2018 年达到最大值，铁路网密度和公路网密度于 2020 年达到最大值。2018 年虽然客运量指标呈现下降态势，但其余四个指标都呈现上升态势，且 R&D 经费和货运量指标达到最大值，这导致了新疆外贸高质量发展的社会基础达到峰值0.12，虽然2020年铁路网密度和公路网密度达到最大值，但是其余指标都呈现下降态势，尤其是客运量指标跌到最小值，这些导致了社会基础指标出现下降态势，由此它也制约了新疆外贸高质量发展水平的提升态势。

（4）外贸高质量发展的外贸规模

新疆外贸高质量发展的外贸规模2020年指标得分为0.066（见图5），为2002年的10.71倍，总体呈现倒"U"形发展态势。从发展阶段看，2002~2015年，总体保持稳定增长态势，2015年后指标得分呈现下降态势，受疫情影响，2020年下降幅度最大。

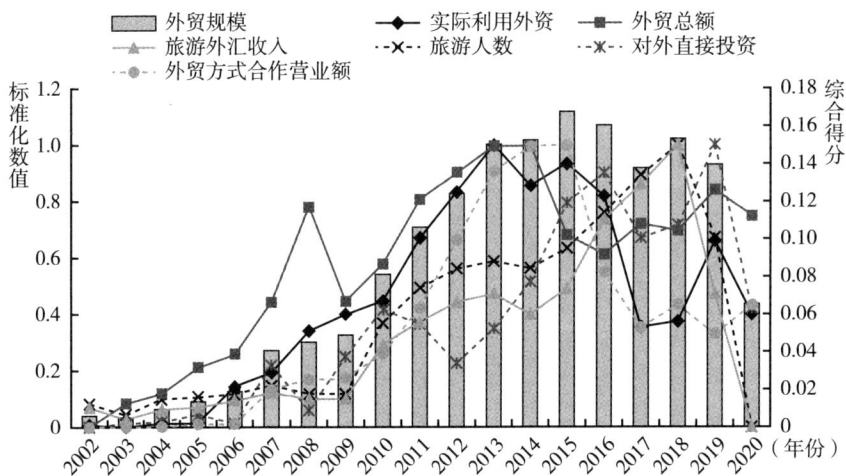

图5　新疆外贸高质量发展的外贸规模（2002~2020年）

从构成外贸规模的二级指标层数据表现看，2002~2020年，6个指标总体呈现波动上升状态，但变动幅度不一。2015年外贸方式合作营业额达到最大值，由此拉动了外贸规模的扩大，并达到峰值，虽然2018年旅游人数和旅游外汇收入均达到最大值，但其余指标增长缓慢，导致2018年外贸规模指标得分低于2015年。受疫情影响，虽然2020年外贸方式合作营业额有较小幅度的提升，但是，其余的5个指标均呈现较大幅度的下降，导致了外贸规模的显著下降，相比于2019年，2020年外贸规模指标得分下跌了0.074，可以看出，疫情对于新疆外贸规模的冲击明显。

（5）外贸高质量发展的外贸发展程度

2002~2020年，新疆外贸发展程度呈现倒"V"形特征（见图6），总体发展呈现波动下降态势，降幅较为明显。具体来看，2002~2008年，新疆外贸发展程度呈现波动上升趋势，2008年达到最大值，2008年后，其发展呈现波动下降态势。2008年外贸发展程度指标得分为0.0976，占新疆外贸高质量发展水平综合评分的37.24%，此后这一占比逐年下降，直到2020年，此占比仅有1.1%，降幅显著。

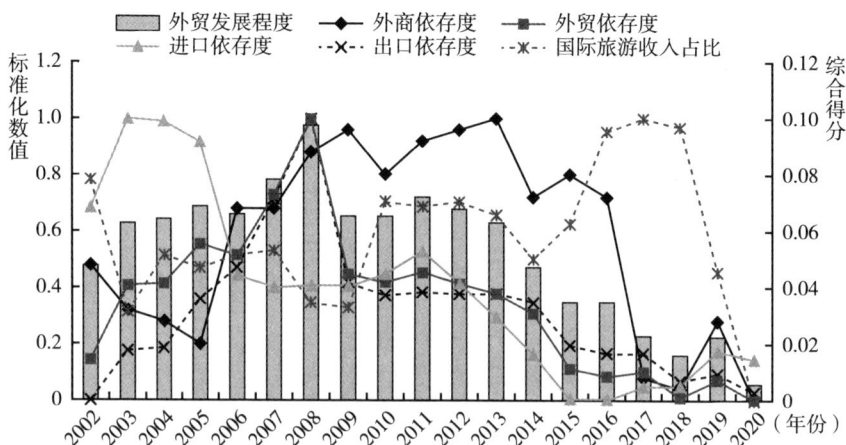

图6　新疆外贸高质量发展的外贸发展程度（2002~2020年）

从构成外贸发展程度的二级指标层数据表现看，2002~2020年，除出口依存度和外贸依存度的走势保持一致外，其余3个指标的走势各有不同。2008年外贸依存度和出口依存度均达到最大值，由此拉动外贸发展程度的增长，并达到峰值。从各个指标的走势可见，出口依存度和外贸依存度的走势与外贸发展程度指标走势保持高度一致，说明出口依存度和外贸依存度对新疆外贸发展程度的影响较大。

（6）外贸高质量发展的外贸竞争力

新疆的外贸竞争力整体呈波动上升状态（见图7），2019年的外贸竞争力指标得分0.0864，为2002年的4.41倍，增幅较大。受疫情影响，2020年外贸竞争力指标得分为0.0279，较2019年下降明显。

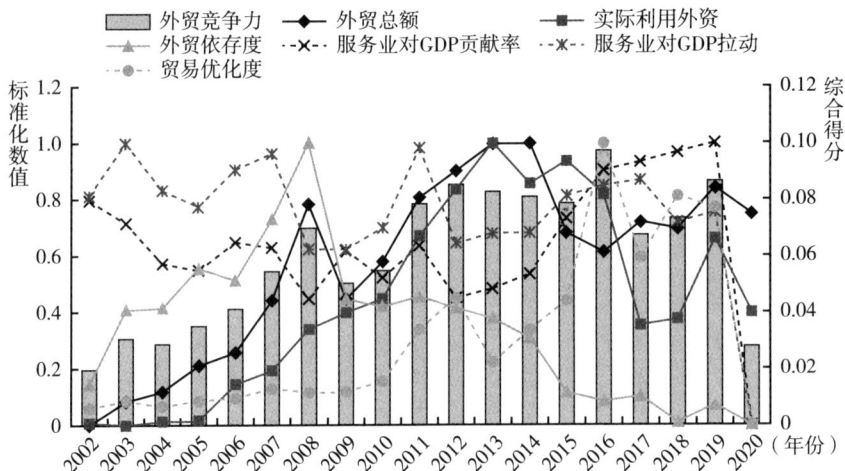

图7　新疆外贸高质量发展的外贸竞争力（2002~2020年）

从构成外贸竞争力的二级指标层数据表现看，2002~2020年，外贸总额指标整体呈现波动上升趋势；实际利用外资则呈现倒"V"形特征，2013年到达顶峰，虽然此时外贸总额也达到最大值，但是贸易优化度却大幅度下降，其他两个指标增长缓慢，导致2013年外贸竞争力并没有达到最大值；外贸依存度也呈现倒"V"形特征，指标在2008年达到最大值；服务业对GDP贡献率和服务业对GDP拉动指标整体上呈现相近的变化趋势，2002~2019年，整体保持稳定态势，受疫情影响，2020年出现大幅度下降，均达到最小值；贸易优化度与外贸竞争力指标走势保持高度一致，结合贸易优化度的权重，可以看出贸易优化度指标对新疆外贸竞争力有着举足轻重的影响作用。

2020年构成外贸竞争力的二级指标层数据均呈现大幅度下降态势，其中贸易优化度和服务业对GDP贡献率指标降幅最大，由此导致2020年新疆外贸竞争力得分出现大幅度下降，可以看出，疫情对新疆外贸竞争力的影响显著。

（7）外贸高质量发展的外贸潜力

2002~2020年，新疆外贸潜力呈现波动上升态势（见图8），2020年新疆外贸潜力指标得分为0.114，为2002年的23.25倍，增长幅度明显，从具体发展阶段看，2002~2009年保持稳定增长，2009~2020年，呈现波动增长态势，其中2019年增长幅度最大。

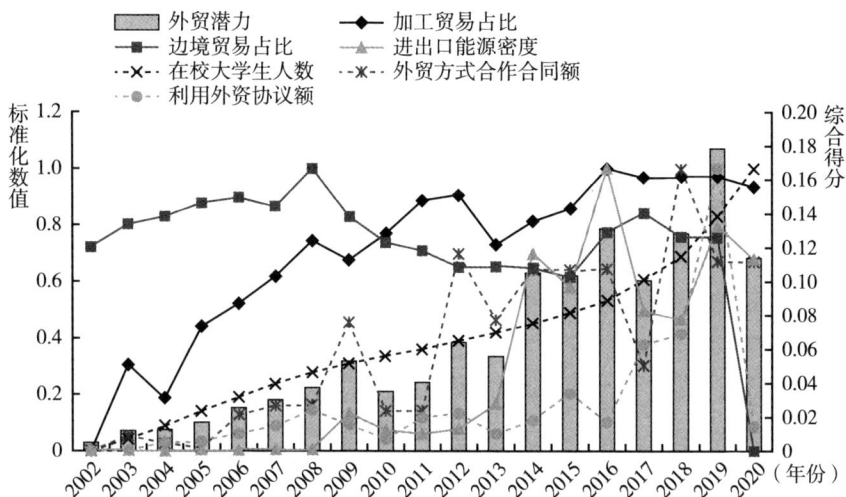

图 8　新疆外贸高质量发展的外贸潜力（2002～2020 年）

从构成外贸竞争力的二级指标层数据表现看，2002～2020 年，加工贸易占比逆指标呈现逐年上升趋势，对新疆的外贸潜力有持续的拉动作用；边境贸易占比指标在 2002～2019 年基本保持稳定，且占比始终保持高位，但 2020 年占比大幅度下降，达到历史最低位；进出口能源密度呈现波动上升趋势，整体上升幅度明显；在校大学生人数指标始终呈现稳步增长状态；外贸方式合作合同额指标整体呈现波动上升状态，且波动幅度较大，波动频率频繁；利用外资协议额指标则与外贸潜力的走势保持高度一致，由此可以看出利用外资协议额指标对外贸潜力有较大的影响作用。

2. 外贸高质量发展质量的评价结果分析

从质量评价的总体来看，新疆外贸高质量发展的质量水平呈现倒"U"形发展态势（见图 9），质量评价得分小幅度上涨，新疆外贸高质量发展的质量水平有小幅度改善，表明各指标呈现了一定的均衡发展态势。从具体发展阶段看，2002～2014 年总体呈现波动上升态势，且在 2014 年达到最大值 0.61，是2002 年的 1.84 倍，说明 2002～2014 年，各指标变化较为均衡，指标呈现正增长态势的较多，呈现负增长态势的较少，2014～2020 年，总体呈现波动下降的态势，表明各个指标的变化不均衡，各指标呈现正负增长态势。

371

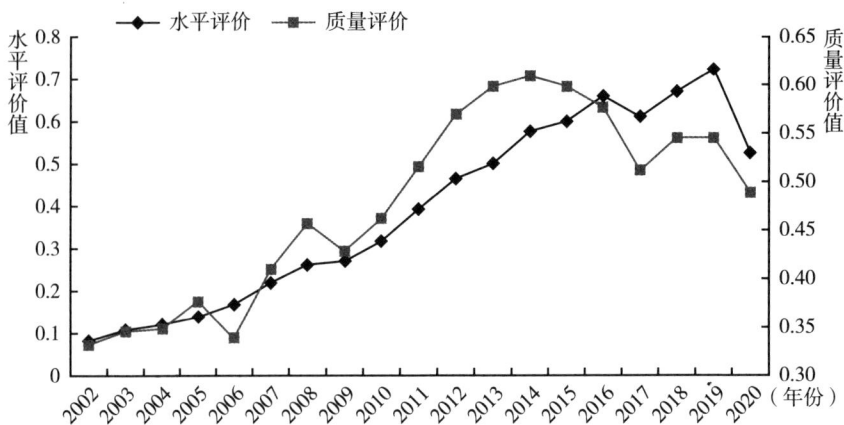

图9 新疆外贸高质量发展水平和质量评价值（2002~2020年）

从质量水平的变化上看，2006~2008年增长幅度最为显著，说明这三年间，组成新疆外贸高质量发展的各指标发展最为均衡。2016~2017年和2019~2020年这两个时间段，其下降幅度最为明显，说明这两个时段内，新疆外贸高质量发展的各指标发展最不均衡。

从质量评价与水平评价的对比看，新疆外贸高质量的"质"比"量"的发展速度慢，且有小幅波动，各项指标发展呈现一定的均衡发展态势，但总体发展态势不够良好，尤其是在2014年以后。19年间，新疆外贸高质量发展的质量水平从0.33增长到0.49，距离正理想值差距虽然越来越小，但前进步伐较为缓慢。

三 新疆外贸高质量发展的影响因素分析

为更加深入分析新疆外贸高质量发展水平的影响因素，本文将采用多元回归分析进行探究。本文以经济基础（X_1）、社会基础（X_2）、外贸规模（X_3）、外贸发展程度（X_4）、外贸竞争力（X_5）、外贸潜力（X_6）二级指标层得分数据为自变量，以新疆外贸高质量发展水平综合得分（Y）为因变量进行回归分析。其回归结果如表2所示。

表2 回归分析结果（2002~2020年）

变量	回归系数	P 值	t 统计量
X_1	0.873 ***	0.000	6.91
X_2	0.820 ***	0.005	3.39
X_3	0.737 ***	0.000	5.81
X_4	−0.233	0.334	−1.01
X_5	1.533 ***	0.000	5.13
X_6	0.860 ***	0.000	7.83
Constant	0.0521 ***	0.000	5.61

资料来源：Stata 计算得出。

回归方程为：

$$Y = 0.873X_1 + 0.82X_2 + 0.737X_3 + 1.533X_5 + 0.86X_6 + 0.0521$$

从回归结果看，对新疆外贸高质量发展水平评价得分影响最大的为外贸高质量发展的竞争力，这体现出了外贸高质量发展的内涵，同时也说明外贸的发展与结构的改善对新疆外贸高质量发展产生了积极的推动作用。但从二级指标层的具体发展情况来看，外贸依存度的低水平发展趋势已经对外贸竞争力产生了消极影响，进而影响了新疆外贸高质量发展水平的提升。

从回归结果与各一级指标的权重看，经济基础和外贸规模的评分权重排名分别为第一和第二名，而回归系数却分别排在了第二和第五名，说明在新疆外贸高质量水平的现实发展中，经济基础和外贸规模对外贸高质量发展水平的提升没有发挥应有的作用。需要强调的是，外贸发展程度的权重排名第六，但回归系数已不显著，说明新疆的外贸发展程度不足，其对外贸高质量发展水平的影响微弱，从二级指标层的表现来看，这主要是因为近年来外贸依存度越来越小和国际旅游收入占比大幅度下降。

从评价结果来看，虽然新疆外贸高质量发展的经济基础、社会基础和外贸潜力稳步提升，其固定资产投资额也得到快速发展，但外资利用额和外贸依存度却没有得到长足的发展，而是呈倒"U"形发展态势，说明近年来，随着经济形势的变化，外资投资对投资区域的软环境要求逐步提高，新疆在人才吸引、科研发展和创新能力等方面存在不足，进而限制了外商投资的发展和外贸依存度的提高。

结　论

本文研究发现，2002~2020 年新疆外贸得到了较好的发展，其发展水平显著提升，虽在 2017 年和 2020 年有较大幅度的下降，但整体发展呈现逐年上升趋势。2002~2020 年，新疆外贸高质量发展的质量水平呈现倒"U"形发展态势，年均上涨 2.55%，在 2014 年达到最大值，且总体上升幅度较小，表明新疆外贸高质量发展的质量水平于 2014 年后表现欠佳，各项指标的发展存在不均衡性，尤其是在 2017 年和 2020 年其表现较差。对比来看，2002~2020 年新疆外贸高质量发展的"量"与"质"发展不同步，"量"的发展较快，"质"的发展较慢。

从 2002~2020 年新疆外贸高质量发展的影响因素来看，在新疆外贸高质量水平的现实发展中，外贸竞争力的影响系数最大，外贸的发展与结构的改善对新疆外贸高质量发展产生了积极的推动作用，但经济基础和外贸规模对外贸高质量发展水平的提升没有发挥应有的作用，且新疆的外贸发展程度不足，对外贸高质量发展的影响已不显著，很大程度上制约了新疆外贸高质量发展的水平。

综上，影响新疆外贸高质量发展水平提升的根本仍然是经济基础水平的提升，外贸的发展程度是制约新疆外贸高质量发展的主要因素，从影响外贸发展程度的因素来看，近年来，外商依存度、外贸依存度和国际旅游收入占比都呈下降状态。为提高新疆外贸高质量发展水平，建议：第一，不断加强与周边国家的贸易合作，加快推进中国（新疆）自贸试验区建设，加大开放水平，提升外贸对GDP 的拉动作用，进而提高外贸的高质量发展程度。第二，改善整体投资环境，加大招商引资力度，加强自身产业结构调整，发挥自身产业优势，加大力度吸引人才，提高创新力度，加大科研投入和基础设施建设力度。第三，加快旅游产业发展，吸引国内外游客的旅游消费，带动国际投资，促进新疆外贸产业创新发展。

皮 书

智库成果出版与传播平台

✤ 皮书定义 ✤

皮书是对中国与世界发展状况和热点问题进行年度监测，以专业的角度、专家的视野和实证研究方法，针对某一领域或区域现状与发展态势展开分析和预测，具备前沿性、原创性、实证性、连续性、时效性等特点的公开出版物，由一系列权威研究报告组成。

✤ 皮书作者 ✤

皮书系列报告作者以国内外一流研究机构、知名高校等重点智库的研究人员为主，多为相关领域一流专家学者，他们的观点代表了当下学界对中国与世界的现实和未来最高水平的解读与分析。

✤ 皮书荣誉 ✤

皮书作为中国社会科学院基础理论研究与应用对策研究融合发展的代表性成果，不仅是哲学社会科学工作者服务中国特色社会主义现代化建设的重要成果，更是助力中国特色新型智库建设、构建中国特色哲学社会科学"三大体系"的重要平台。皮书系列先后被列入"十二五""十三五""十四五"时期国家重点出版物出版专项规划项目；自2013年起，重点皮书被列入中国社会科学院国家哲学社会科学创新工程项目。

皮书网

（网址：www.pishu.cn）

发布皮书研创资讯，传播皮书精彩内容
引领皮书出版潮流，打造皮书服务平台

栏目设置

◆ **关于皮书**

何谓皮书、皮书分类、皮书大事记、
皮书荣誉、皮书出版第一人、皮书编辑部

◆ **最新资讯**

通知公告、新闻动态、媒体聚焦、
网站专题、视频直播、下载专区

◆ **皮书研创**

皮书规范、皮书出版、
皮书研究、研创团队

◆ **皮书评奖评价**

指标体系、皮书评价、皮书评奖

所获荣誉

◆ 2008 年、2011 年、2014 年，皮书网均
在全国新闻出版业网站荣誉评选中获得
"最具商业价值网站"称号；

◆ 2012 年，获得"出版业网站百强"称号。

网库合一

2014 年，皮书网与皮书数据库端口合
一，实现资源共享，搭建智库成果融合创
新平台。

皮书网

"皮书说"
微信公众号

权威报告·连续出版·独家资源

皮书数据库
ANNUAL REPORT(YEARBOOK) DATABASE

分析解读当下中国发展变迁的高端智库平台

所获荣誉

- 2022年，入选技术赋能"新闻+"推荐案例
- 2020年，入选全国新闻出版深度融合发展创新案例
- 2019年，入选国家新闻出版署数字出版精品遴选推荐计划
- 2016年，入选"十三五"国家重点电子出版物出版规划骨干工程
- 2013年，荣获"中国出版政府奖·网络出版物奖"提名奖

皮书数据库

"社科数托邦"
微信公众号

成为用户

登录网址www.pishu.com.cn访问皮书数据库网站或下载皮书数据库APP，通过手机号码验证或邮箱验证即可成为皮书数据库用户。

用户福利

- 已注册用户购书后可免费获赠100元皮书数据库充值卡。刮开充值卡涂层获取充值密码，登录并进入"会员中心"—"在线充值"—"充值卡充值"，充值成功即可购买和查看数据库内容。
- 用户福利最终解释权归社会科学文献出版社所有。

数据库服务热线：010-59367265
数据库服务QQ：2475522410
数据库服务邮箱：database@ssap.cn
图书销售热线：010-59367070/7028
图书服务QQ：1265056568
图书服务邮箱：duzhe@ssap.cn

社会科学文献出版社 皮书系列
SOCIAL SCIENCES ACADEMIC PRESS (CHINA)

卡号：239281245529
密码：

S 基本子库
SUB DATABASE

中国社会发展数据库（下设 12 个专题子库）

紧扣人口、政治、外交、法律、教育、医疗卫生、资源环境等 12 个社会发展领域的前沿和热点，全面整合专业著作、智库报告、学术资讯、调研数据等类型资源，帮助用户追踪中国社会发展动态、研究社会发展战略与政策、了解社会热点问题、分析社会发展趋势。

中国经济发展数据库（下设 12 专题子库）

内容涵盖宏观经济、产业经济、工业经济、农业经济、财政金融、房地产经济、城市经济、商业贸易等 12 个重点经济领域，为把握经济运行态势、洞察经济发展规律、研判经济发展趋势、进行经济调控决策提供参考和依据。

中国行业发展数据库（下设 17 个专题子库）

以中国国民经济行业分类为依据，覆盖金融业、旅游业、交通运输业、能源矿产业、制造业等 100 多个行业，跟踪分析国民经济相关行业市场运行状况和政策导向，汇集行业发展前沿资讯，为投资、从业及各种经济决策提供理论支撑和实践指导。

中国区域发展数据库（下设 4 个专题子库）

对中国特定区域内的经济、社会、文化等领域现状与发展情况进行深度分析和预测，涉及省级行政区、城市群、城市、农村等不同维度，研究层级至县及县以下行政区，为学者研究地方经济社会宏观态势、经验模式、发展案例提供支撑，为地方政府决策提供参考。

中国文化传媒数据库（下设 18 个专题子库）

内容覆盖文化产业、新闻传播、电影娱乐、文学艺术、群众文化、图书情报等 18 个重点研究领域，聚焦文化传媒领域发展前沿、热点话题、行业实践，服务用户的教学科研、文化投资、企业规划等需要。

世界经济与国际关系数据库（下设 6 个专题子库）

整合世界经济、国际政治、世界文化与科技、全球性问题、国际组织与国际法、区域研究 6 大领域研究成果，对世界经济形势、国际形势进行连续性深度分析，对年度热点问题进行专题解读，为研判全球发展趋势提供事实和数据支持。

法律声明

"皮书系列"（含蓝皮书、绿皮书、黄皮书）之品牌由社会科学文献出版社最早使用并持续至今，现已被中国图书行业所熟知。"皮书系列"的相关商标已在国家商标管理部门商标局注册，包括但不限于 LOGO（▧）、皮书、Pishu、经济蓝皮书、社会蓝皮书等。"皮书系列"图书的注册商标专用权及封面设计、版式设计的著作权均为社会科学文献出版社所有。未经社会科学文献出版社书面授权许可，任何使用与"皮书系列"图书注册商标、封面设计、版式设计相同或者近似的文字、图形或其组合的行为均系侵权行为。

经作者授权，本书的专有出版权及信息网络传播权等为社会科学文献出版社享有。未经社会科学文献出版社书面授权许可，任何就本书内容的复制、发行或以数字形式进行网络传播的行为均系侵权行为。

社会科学文献出版社将通过法律途径追究上述侵权行为的法律责任，维护自身合法权益。

欢迎社会各界人士对侵犯社会科学文献出版社上述权利的侵权行为进行举报。电话：010-59367121，电子邮箱：fawubu@ssap.cn。

社会科学文献出版社